宗教与哲学

第十辑

Religion and Philosophy

Vol.10

赵广明 / 主编

社会科学文献出版社

SOCIAL SCIENCES ACADEMIC PRESS (CHINA)

目　录

宗教哲学

经典诠释

宗教哲学

黑格尔与自由儒学的可能性

邓安庆[*]

摘　要： 儒学如果能作为现代中国人安身立命的哲学，必须有一个立足于传统精神的现代转型。"自由儒学"作为当前一些学者提出的儒学转型目标，有其旺盛的生命力，但需要得到哲学上深入的奠基性阐明。牟宗三先生曾借助于重解康德道德哲学试图延续儒学常道，但传统儒学与康德理性批判哲学在基本精神和方法上都有根本的对立之处，使得越来越多的人对牟先生的努力越来越不满意。黑格尔表面上看是儒学的尖锐批评者，对孔夫子的道德哲学评价极低，但是，如果我们系统地看待黑格尔对中国哲学的评论，黑格尔的评价实际上呈现出两种明显的"低评"与"高评"的指导性方向：如果把孔夫子的道德哲学往实用性的"道德训诫""人生指南"方向上解释，那么他的评价就非常低，因为这显现不出真正的道德自由；如果把其道德哲学往"道"（天道、人道）的"哲学"上阐释，因而是向着"普遍的""精神"方向上阐释，那么他对中国哲学实际上也做出了极高的评价。因为"精神"作为宇宙万物的"内在生命"力量不仅是"伦理"也是"道德"的灵魂与核心。精神具有一种自我创生的自由的生命与灵魂，如果"儒学"能够按照黑格尔的指引朝向"精神化"的方向阐释，那么儒学也能像黑格尔的精神哲学一样，将自身内在的生命力量呈现为一种自我创生并造化出伦理秩序的自由哲学。

关键词： 自由儒学　黑格尔　道德哲学　精神哲学

---

* 　邓安庆，复旦大学哲学学院教授。

　　中国儒学界也许是由于牟宗三先生推崇康德道德哲学，一般比较喜欢从康德来理解和推进儒家哲学，还有人借助于尼采把康德称作"哥尼斯堡的中国人"来强化儒学与康德之间的关联。但仅仅从外在来看，康德与儒家的差别实在太大：康德是真正的科学家，而儒家基本上是不懂"科学"的中国式"书生"；康德思维注重逻辑，而且是"先验逻辑"，而儒家注重人生经验和内心体悟；康德力求"纯粹哲学"，强调理性的"公开运用"，而儒家常常是"实用理性"优先，学术服务于政治需要；儒家重视家庭，强调传宗接代，而康德终身未婚；儒家重视国家，康德却强调个体自由和社会自由。牟宗三看重康德由道德自律开启理想社会来接续儒家"内圣外王"之道，然而，康德是以"自律"解释"自由"，由自律之自由，凸显出自由为道德与法律的基础，同时又体现出"自由"是对普遍法则之敬重：主观任意的主观准则必须自觉自愿地接受普遍有效的伦理先天法则之规范才是道德性的。因而康德由自律之自由开启理想社会之路，是一条立法主义的法治之路：法权伦理关系通过"权利绝对命令"区分"我的""你的"以确立相互之间的"法权义务"从而保证社会生活的"外在自由"，自律的道德以反思的自由确保先天有效的伦理法则为主观有效的道德准则立法，以道德准则同任性的感性偏好的斗争勇气彰显个人的德性品质确立道德义务。因而这条通过立法主义开启理想社会之路，是一条自由之路，是正当（正义）优先于善（主观良知）的制度主义之路，而不是儒家的内圣外王的心性主义之路。自律的自由和对普遍法则的敬重才是康德道德哲学的"情理"结构，不从这种情理结构而从心性、良知塌陷，"圆善"等来理解康德，几乎可以说都在某种程度上是对康德道德哲学的偏离。

　　同样从外表上看，德国哲学家中与儒家最相像的人，实际上是那个批评儒家最厉害的人，即黑格尔。黑格尔的实践哲学是伦理本位的，这一点最类似于儒家，其"伦理"秩序的建构也走家（从"私家"到"公家"：市民社会）、国、天下（外部国家和历史）之路，因而，黑格尔几乎像儒家一样具有强烈的"家国情怀"，尤其是，晚年黑格尔也像一般儒家那样跟官方走得近，对官方顺从多，而丧失批判和反抗的意志。有一个关键的事件说明黑格尔是一个胆小怕事而向官方妥协并表达顺从的人：1819年秋的大学生政治运动被镇压，他的学生和同事遭到拘捕和解雇时，黑格尔政治态度的转向和他与施莱尔马赫的激烈争吵。事情是这样的，柏林大学法学教授德·魏特本来是与黑格尔和施莱尔马赫一起参与过大学生联谊会的诸多活动者之一，被学生共同视为精神领袖，但由于支持学生的政治谋杀行动而在随后的政治镇压行动中被柏林大学按照新颁布的"卡尔斯巴德法令"开除。在对此事的反应上，当过柏林大学校长的著名神学家施莱尔马赫能坚定地反对大学屈服于政府的决定——开除德·魏特，并发动了教师签名和对德·魏特的互助捐助活动，而黑格尔不但拒绝签名而且声明："国家有权力解雇一位教师，如果他只是向国家伸手要他的工资的话。"因此，施莱尔马赫大骂黑格尔这一行为是"卑鄙的"，黑格尔政治态度发生遽变并与施莱尔马赫发生激烈争吵。"虽然施莱尔马赫在 11 月 16 日为这句'不久前真不应该从我嘴里溜出的不礼貌的话'而道歉，并表达出这一愿望：与黑格尔'就一个在我们目前的局势中有很重大现实性的对象进行沟通'。但是，黑格尔在他的回答中没有逾越冷静礼貌的限度，他解释道，要是他真的'有兴趣'沟通，他们的看法是可以达到'平衡'的（《黑格尔往来书信集》第二卷，第 221 页），但他没有相反地改变他的看法。"①

从黑格尔的这些性格特点来看，他跟儒家的类似只是形式上的，他既不是一个儒家式的谦谦君子，更不是一个只讲道德奉献、甘愿牺牲己利而不要求自己权利的人，他为文化付出艰辛，为真理和科学辛勤操劳，但一有机会向部长大臣写信，就会表达工资不够用，提出希望能增加薪水之类的要求。② 当然，他也绝不是我们通常贬斥的依靠政治强权而无独立自主精神的"腐儒"。除开他性格上谨小慎微、明哲保身的缺点之外，他在哲学上的成就却堪称一个"为天地立心，为生民立命，为往圣继绝学，为万世开太平"的大儒，对此，应该不会有人反对。

---

① Hegel, Vorlesungen über Rechtsphilosophie 1818 - 1831, Edition und Kommentar in sechs Bänden von Karl-Heinz Ilting, Erster Band, fromman-holzboog 1973, S. 63
② 黑格尔在 1822 年 6 月 6 日为了改善薪金向（当时的文化部部长）阿尔腾斯泰因写过请求信，而在 6 月 25 日就收到了这位大人的答复，承诺他将得到每月超乎寻常的 600 塔勒，为此黑格尔在 7 月 3 日又给这位部长写了封感谢信："在此工作中，为了它的幸运的成功，精神的自由和快活也是特别所要求的，而承蒙阁下隆恩大德的承诺，使我完全平心静气并在多方面给予了我鼓舞人心的信任之毫不含糊的证明之后，我就毋需担忧，由于操心外在的事务变得灰头土脸并因此而使工作受到干扰……"（参阅黑格尔《法哲学原理》附录，邓安庆译，人民出版社，2016，第 488 页）

当然，对于哲学而言，这些外表上的相似性说明不了任何问题。我们需要分析的倒是，从他对儒家哲学的批评里是否有可能在为儒家哲学进行辩护，我们是否能从黑格尔对于哲学的要求出发，确认有一种自由儒学的可能性。中国哲学界至今没有人认真地分析和对待黑格尔的批评，或者简单地斥之为根本不懂中国哲学，这不是对待黑格尔批评的应有方式。

一 黑格尔对孔子的评论

在《哲学史讲演录》第一卷讲"中国哲学"时，黑格尔首先评价的是孔子。

他首先承认，孔子是哲学家，这种哲学在莱布尼茨时代曾轰动一时，但同时说，孔子的道德教训"是一种道德哲学"（第 119 页），① 这种定位肯定是对的，没人会反对。他进而说《论语》"所讲的是一种常识道德，这种常识道德我们在哪里都找得到，在哪一个民族里都找得到，可能还要更好些，这是毫无出色之点的东西。孔子只是一个实际的世间智者，在他那里思辨的哲学是一点也没有的——只有一些善良的、老练的、道德的教训，从里面我们不能获得什么特殊的东西。西塞罗留下给我们的《政治义务论》便是一本道德教训的书，比孔子所有的书内容丰富，而且更好。我们根据他的原著可以断言：为了保持孔子的名声，假使他的书从来不曾有过翻译，那倒是更好的事"（第 119~120 页）。

这段评论，有的是可以接受的，譬如说孔子是"实际的世间智者"，讲的是"常识道德"等。至于别的民族的道德教训的书是不是比孔子的更好、更丰富，这自然是需要讨论的，而且也可能会推翻黑格尔的定论。在这里，我们当然可以指出，黑格尔并没有发现孔子道德哲学的实质，他只是看到了《论语》中非常表面的东西，而没有看到孔子"哲学"上的论证。如果不从孔子的"哲学"上立论，那么黑格尔自己对孔子道德上的赞扬就是矛盾的：他说"当我们说中国哲学，说孔子的哲学，并加以夸羡时，则我们须了解所说的和所夸羡的只是这种道德。这道德包含有臣对君

---

① 黑格尔：《哲学史讲演录》第 1 卷，贺麟、王太庆译，商务印书馆，1983，下文凡引此书，直接在引文后标注页码。

的义务，子对父、父对子的义务以及兄弟姊妹间的义务。这里面有很多优良的东西，但当中国人如此重视的义务得到实践时，这种义务的实践只是形式的，不是自由的内心的情感，不是主观的自由"（第125页）。如果孔子只是谈论具体的君臣、父子、夫妇及兄弟姊妹之间的义务，那你怎么又会承认它是一种道德哲学呢？对于义务，无论是君臣之间，父子之间，还是夫妇之间和兄弟姊妹之间，虽然具有"形式的一面"，但最具特色的无疑是内容上的，而有内容的义务，恰恰不是口头上谈谈，而是必须发乎情止乎礼地践行的，怎么能说不是出自内心的情感和自由呢？这倒是提醒了我们，儒家伦理是可以从人们出于自觉自愿地履行义务证明它是可以成为"自由儒学"的，这一点请容我们随后再来讨论。

二　对易经哲学的评论

从对孔夫子常识道德的批评，说它一点抽象思辨的东西也没有而过渡到对"易经哲学"的评论，黑格尔承认"中国人也曾注意到抽象的思想和纯粹的范畴"，"也达到了对于纯粹思想的意识，但并不深入，只停留在最浅薄的思想里面"（第120页）。但在另一处，他又说："在中国人那里存在着最深邃的、最普遍的东西及其与外在、完全偶然东西之间的对比。这些图形（指的是八卦）是思辨的基础，但同时又拿来卜筮。"这就承认了易经哲学有纯粹的思想和思辨。只不过，他还是认为易经"从思想开始，然后就流入空虚，而哲学也同样沦为空虚"（第122页）。"沦为空虚"的理由就是易经思维"里面一点概念也没有"，把抽象的范畴，如山、泽、风、雷直接地放在最感性的对象里。"在这些概念的罗列里找不到经过思想的必然性证明了的原则。"（第124页）

三　对道家的评论

道家哲学在中国哲学中是最为思辨的，其思辨的辩证法应该说并不亚于黑格尔。而黑格尔对道家哲学又做出了哪些评论呢？

"老子的著作也是很受中国人尊敬的；但他的书却不很切实际，而孔子的却更为实际。"（第 126 页）孔子那里一点思辨的东西也没有的缺点，在道家这里弥补了，黑格尔承认"中国哲学中另有一个特异的宗派，这派是以思辨作为它的特性，我们也可以把它叫作一个特殊的宗教"（第 125 页），这就是道家。道家不仅重"思辨"，也有了概念，即"道""理性"。黑格尔说："'道'在中文中是'道路，是从一处到另一处到交通媒介'，因此就有'理性'、本体、原理的意思。天之道或天的理性是宇宙的两个创造性的原则所构成。地之道或物质的理性也有两个创造性的原则'刚与柔'（了解得很不确定）。'人之道或人的理性包含有爱邻居和正义'。所以道就是'原始的理性，nous（Intelligenence），产生宇宙、主宰宇宙，就像精神支配身体那样'。"（第 126 页）由此可见，黑格尔对道家的评价是非常正面的，他说《道德经》开头的那段话说到了"普遍的东西，也有点像我们在西方哲学开始时那样的情形"（第 127～128 页）。他甚至在某种意义上承认了，道家的"无"达到了其"逻辑学"相同的认知水平："绝对的来源，是无。由此我们就可以说，在道家以及中国的佛教徒看来，绝对的原则，一切事物的起源、最后者、最高者乃是'无'，并可以说，他们否认世界的存在。而这本来不过是说，统一在这里是无规定的，是自在之有，因此表现在'无'的方式里。这种'无'并不是人们通常所说的无或无物，而是被认作远离一切观念、一切对象，也就是单纯的、自身同一的、无规定的、抽象的统一。因此这'无'同时也是肯定的；这就是我们所叫作的本质。"（第 131 页）

这段评论体现了黑格尔将道家思想提高到与自己同样的思辨水平，是高得不能再高的评价了。究竟有多高呢？我们比较他对西方哲学史上第一次把哲学提升到"绝对"高度的谢林的如下评价就可知道了："到了现在，世界精神达到了。""亚里士多德第一次说出，nous 是思维的思维。其成果就是思想，它是在自身内的，它同时又包含宇宙于其中，并把它转变成理智的世界。""那最有意义的，或者从哲学看来唯一有意义的超出费希特哲学的工作，最后由谢林完成了。"[1]

可见，黑格尔对中国哲学并无偏见，他的评论是按照他的"哲学门

---

[1]　黑格尔：《哲学史讲演录》第 4 卷，贺麟、王太庆译，商务印书馆，1978，第 373、340 页。

槛"所进行的，哲学的内容是思想，思想要以概念达到其普遍性，把表象世界丢在一边，独立地处理自己的事务。因而，思维是自由的，而世上只有人类能思维，因而也只有人类是自由的。哲学既不以特殊的感性表象为对象，因为它以普遍者为思想内容，也不以事物背后业已存在的隐秘的基质（Substrat）为对象，因为即便有这样的东西的话，它作为哲学思考的对象也必须取得真正思想的形式而表达出来，成为最后的、构成绝对基础的东西。因此，他对中国哲学的评论实际上既有低评，也有高评，都是按照其哲学思辨的要求来进行的。当然，他也并非仅仅把思辨水平的高低作为唯一的标准。譬如，他认为，在印度教、基督教思想中，许多教父都是伟大的哲学家，其思辨水平非常之高，基督教文明的形成也应该归功于他们，但是，他们的思想同样与哲学史无关，不得算入哲学史范围之内，因为"他们的思辨思想一部分应属于别的哲学，譬如柏拉图的哲学……这些思辨思想的另一部分系出自宗教的思维内容，这内容作为教会的教义是他们思想的基础，首先是属于教会信仰的范围。因此，这些思想是建筑在一个前提下的。它们算不得真正的哲学，这就是说，算不得建筑在自身上的思想，而是为了一个固定的观念和哲理而活动"（第90页）。所以，在黑格尔哲学观念中，除了形式上的"思辨"之外，有两点是必不可少的：普遍之思想和独立之精神。宗教性的哲学，有了普遍性的思想和深刻的思辨，但依然由于缺乏独立之精神，被他排除在哲学史之外。而他所谓"独立之精神"，指的是所思的普遍性内容必须是无前提的、内在地自身规定的思想，因而不是受任何教条之束缚的而是自由地从自身出发的思想。这就是他所说的自由之思想。

真正的哲学于是就从普遍的思想，独立而自由的思想取得自身的规定性。黑格尔对中国哲学的评论，无疑指出了思考和评论的根本方向。中国哲学作为塑造了一个伟大的古代文明的哲学，应该是可以经受住这一检验的。在道家哲学中黑格尔高度肯定其思辨水平和所到达的对宇宙之最终本原的"绝对"之"无"性的"本质"规定，自由的思想应该完全达到了黑格尔哲学之规定。但是，为什么中国哲学依然被从总体上排除在哲学史之外呢？

黑格尔看到的是如下三种儒学：（1）常识儒学；（2）被现实政治"独

尊的儒术"；（3）被当作不能质疑与批判的"儒教"。常识儒学因此"常识性"只讲风俗化了的道德伦理规条，当然达不到普遍的思想，因而不可能是自由的儒学（道德哲学）。被现实政治"独尊的儒术"，所有的"纲常"唯君唯上，成为治民、愚民和驭民的工具，从而只能是专制统治的工具，而不可能是自由的儒学。被当成"儒教"的儒学，在黑格尔眼中也是不可能成为自由的哲学的，因为其内容必须服务于宗教性的教义，对教宗的思想只能信仰、传道，而不能质疑与批判，因而不能成为自由儒学。

在这三种儒学之外，黑格尔的评论实际上还蕴含着一种可能，即承认孔子有"道德哲学"，而从这种"道德在中国达到了很高的教养"出发，有一种真正高思辨水准的儒学之可能性，将这种可能性揭示出来，那就是自由儒学的可能性。

黑格尔看到《论语》中的谈话，没有思辨的东西，是常识道德的综合，这只是一个方面，但他确实没有看到《论语》中朝向"道德形而上学"提升的方向，这是非常可惜的，因为这样一种师生间就不同处境中的不同问题进行交谈而得出道德哲学的方式，是与黑格尔那种按照严密的逻辑推导的方式完全不同的。但我们都知道，孔夫子的最大贡献绝不是就前人所说过的道德说教进行了总结，而是提出了一个哲学的概念："仁"。"仁"作为伦理与德性的原则来解释各种习俗的"礼节"、礼制，"以仁释礼"。"礼乐规范"是经验的，"礼乐制度"是历史的，而"仁"是一个哲学的概念，就像柏拉图和亚里士多德以"正义"来阐释人类城邦共存的伦理原则一样。没有"仁"这个概念的提出，就没有儒家的伦理原则，因而也就没有儒家的道德哲学或哲学。

因此，孔子道德哲学的核心就是阐发"仁"的伦理意蕴。"仁者，爱人"这一核心的阐释，把"人"这个普遍概念从身份、等级和相互对待的相对伦理关系——君臣、父子、夫妇、兄弟中解放出来，成为无待性的"绝对"伦理原则："爱人"。所以，儒家道德哲学实际上可以沿着两条路径：由"仁者，爱人"上溯到"天道"之"生生大德"的"道德形而上学"进路和由"仁者，爱人"下行为"亲亲""尊尊"之生活儒学的伦理原则。前者作为道德形而上学，由仁（绝对原则）之普遍性，人（类族）之普遍性，"爱"（道行）普遍性，而证明自然天道的"生生"大德之理，这是一种"由仁义行，而非行仁义"①的"道行自由"；而后者作为人在伦理生活中的"行仁义"，如孟子曰："仁之实，事亲是也"（《孟子·离娄上》）。在此"生活儒学"层面，人是身份化、等级化、角色化的，但都因为遵循"仁者，爱人"的绝对伦理原则，"入则孝，出则悌"，"己欲立而立人，己欲达而达人"，而成就了儒家德性自由人格。在这里，"己"是普遍个体性的，"人"则是抽象普遍性的。己—人伦理关系，通过"己欲立而立人，己欲达而达人"证成了自由的生活儒学之原则或德性自由人格。"行仁义"之自由也成了"为人"之根本：

> 其为人也孝悌，而好犯上者，鲜也。不好犯上而作乱者，未知有也。君子务本，本立而道生，孝悌也者，其为人之本欤？（《论语·学而》）

由此看来，我们还是要回到黑格尔，他为什么看不出儒家道德哲学以自由为根基呢？

黑格尔一方面说，"什么地方普遍者被认作无所不包的存在，或什么地方存在者在普遍的方式下被把握或思想之思想出现时，则哲学便从那里开始。……思想既是自由的，则它必须深入自身，因而达到自由的意识"（第93页）。作为儒学宗师的孔子，其原创性的儒学思想，既然是一种道德哲学，自然是达到了把"普遍者"（仁、本、道、己、人）认作无所不包的存在，达到了思想在其自身中展开的自由意识。孔夫子在中国哲学中的地位完全可以比拟苏格拉底在西方哲学中的地位，苏格拉底的哲学从他提出"认识你自己"开端，而黑格尔为什么认同这一开端呢？在《精神哲学》中，黑格尔这样说：

> 认识你自己这个绝对诫命的含义，无论从它本身来看，或就其在历史上被宣告出来时来看，都不只是对于一个人的特殊的能力、性格、倾向和弱点的自我知识，而是对于人的真实方面如同自在自为的

---

① 钱穆：《庄子纂笺》，三联书店，2010，第69页。

真实方面意义的，即对于人作为精神的本质自身的知识。①

其实，孔夫子儒学不可避免地具有其超越的道德形而上学维度，在此维度上，人之为人的人不是实际伦常角色中的君臣、夫妇、父子、兄弟，而是一个抽象的人之人格，只有人之人格挺立起来了，天、地、人三才挺立，天道、地道与人道相通相应，"本立而道生"才为人确立普遍而自由的伦理精神。"为人也孝悌"最终是要让人成为一个顶天立地的"人"，由此才是"己立"的精神向度。在此意义上，《孝经》才如此述孔子之言："天地之性人为贵"，才有《礼记·礼运》云："人者，天地之心也。"而张载说，儒学要"为天地立心"时，要立的就是人的仁者之心，仁爱之精神。这是儒家对普遍的"己"与"人"的普遍知识。

当然，除了这一道德形而上学的维度之外，儒学，特别是孔子《论语》中的儒学也非常容易让人从君臣、父子、夫妇、兄弟这些习俗的人伦关系来论人，这就把与天地相参的普遍之人，化解为实际人生中的特殊的、角色化的人。在此世俗的、实际的人生中，仁当然落实为具体的礼制原则，即事亲之实，从而在"亲亲""尊尊"中很难超脱出来，很难成为"老吾老以及人之老，幼吾幼以及人之幼"的"大同社会的""公民"。黑格尔显然看到《论语》中这一"仁之实"的部分，而看不到孔夫子"以仁释礼"是在求普遍的正义和道德。黑格尔自己承认："如果我志在求正义，求道德，则我的意志是以普遍性为对象，且必以普遍性为根据……当它以普遍性为意志的对象时，则它便开始有了自由。"（第95页）

当然这种自由依然是抽象的意志自由。在求道德的儒学中，作为道德的主观意志的自由，无疑是存在的。不承认这一点，把儒家式道德全都诠释为"他律之道德"显然不符合儒家伦理的实情。把"心性伦理"这一脉都诠释为"自律的道德"，应该是没问题的，因此，真正的道德是建立在自由意志基础上，这一现代的观念在儒家中是必须得到承认的。因为道德立法的主体最终都是回到个体性的"己立"。

但当黑格尔把自由意识作为进入哲学史的门槛时，他不是以这种道德

---

① 黑格尔：《哲学科学百科全书Ⅲ：精神哲学》，杨祖陶译，人民出版社，2015，第1页。

上的意志自由，而是以整个民族的自由意识为标准：

> 一个有了这种自由意识的民族，就会以这种自由原则作为它存在的根据。……如果我们说，哲学的出现属于自由的意识，则在哲学业已起始的民族里必以这自由原则作为它的根据。从现实的自由和政治的自由之发苞开花，必与自由的意识相联系着。现实的政治的自由开始于当个人自知其作为一个独立的人，是一个有普遍性的本质性的，也是有无限价值的时候，或者当主体达到了人格的意识，因而要求本身得到单纯的尊重的时候。这样，对于对象的自由思维就包含了对绝对的、普遍的、本质的对象的思维。所谓思维就是一个对象提高到普遍性的形式。①

于是，在这一点上黑格尔显然抓住了中国民族精神的根本缺陷，即在少数哲学家、民族精英的道德哲学中存在的自由意识还远远不够提升为民族整体的自由意志：以自由作为民族共同存在的根据。因为确实如黑格尔所见，东方长期的专制主义使得统治者虽然自称为天子，但在统治者的意识中根深蒂固的只有主人和奴隶的关系，意志不可能从狭隘的人伦关系中摆脱出来，从而只陷入狭隘人伦的统治关系中，君为臣纲、父为子纲、夫为妇纲成为现实的权力原则，人之为人的独立的个体主体性的道德自由就淹没在这种他律伦常中。黑格尔通过对西方哲学史的长期考察，看得非常清楚，道德的主观的意志自由如果不能在法权关系中获得"定在"（Dasein），那么这种内在良心的自由是很容易在主观性的无限泛滥中变质，成为"坏良心"。而道德的意志自由如果要获得定在，就必须实现道德与政治的分离，道德上主观意志的善不能独立地变成法律，相反，主观意志的善不能以主观的良心为判准，而要以先天立法的普遍有效的伦理法则（天理）为判准，这样的法律就是以自由为目标的，因而是善法。他清楚地看到了中国式道德的虚妄性，一是在主观性的道德意志的立法环节，缺乏个体自主的反思自由；二是在法律中不承认人的权利和敬重普遍有效的法则，从而仅

① 〔德〕黑格尔：《哲学史讲演录》第 1 卷，贺麟、王太庆译，商务印书馆，1983，第 94 页。

仅从主观良心而不从普遍法则的必然规定言道德，所以他说，在中国人那里，道德义务本身就是法律、规律、命令的规定。所以中国人既没有"我们所谓的法律"（以权利为核心的正义），也没有我们所谓的道德（人格主体的自由立法），而是一个国家的道德，因而变成了一种外在的他律性的命令。从而，他指出了中国儒学伦理的根本缺陷在于：

> 在东方精神诚然是在上升，不过在这个阶段里，主体还不是人格。……个人所能达到的最高境界——永恒的福祉，被表象为沉浸在实体中，为意识之消逝，因此实体与个体间就漫无区别了。既然最高的境界是没有意识的，于是一个毫无精神意味的境界就出现了。于是，作为个体存在的人就与这实体对立着，实体是普遍的，个人是个别的。
>
> 这种东方人的境界，诚然并不是没有品格的高尚、伟大和崇高，但仅表现为自然的特性或主观的任性——而没有伦理和法律的客观规定：为全体所尊重，通行有效于全体，并且为全体所承认。（第97页）

一旦我们不再从主观任性来看待那作为伦理、道德和法律之基础的自由，而从自由之定在的法律制度、伦理生活去正当地理解个体自由与国家实体之间的关系，那么个体自由对于国家实体之积极的正面的意义就能获得意识并大白于天下。

因此，无论是从中国整个现代化的思想进程还是从儒学发展的内在要求出发，我们都能感受到一种自由儒学正是我们民族精神之必然的良知呼唤，只有在这种良知呼唤中，自由的现实性才可能通过法律和伦理生活获得客观呈现，个体自由及其作为一个人格的内在尊严之获得承认和保障的现代文明，将会成为我们古老的优秀的传统文化得以复兴的通道。儒家自由精神已经在历史的必然性中认识了它自己，它也只有在世界精神的这种必然性的大潮中获得真正的自由。没有这种必然性的任性的自由，是自由的反面，是空洞而虚妄的，而在精神认识其自身之自由的客观化必然进程中获得的法治与伦理的自由，就使得我们传统儒学的自由元素，获得其新生，成为现实的定在的自由。伦理和道德都是这种新生精神的表达，它不能也不会永远停留在古代。伦理学探讨的"应该",指向的是未来而不是过去。就像任何时候的"文艺复兴"都不可能回到古代的文艺一样,而是在一个指向未来的现实中让其获得真正的新的生命。自由儒学就是传统儒学生命的新生,它将为我们开辟一个让我们真正活得像一个人的自由与尊严的伦理生活世界。

从敬畏感到良知

——康德宗教哲学视角下的道德生活

谢文郁*

　　摘　要：康德在他的宗教哲学视角中设计一种道德生活。就其基本思路而言，这种道德生活和他在实践理性批判中的道德概念没有区别。不过，康德是在分析基督教中展示这个道德生活的。在这个展示中，康德通过分析人在根本恶中的生存状态，寻找走出这种状态的根本动力，展示了一种不断完善自身而进入道德法则在现实生活中得以完全落实的道德生活。具体而言，这个根本动力就其起源来看便是作为禀赋倾向的道德敬畏感，在意志自由地建构本性中进入本性，从而生成义务意识，引导意志不断地重构本性和改良行为，进而达到对道德法则的明确意识（作为良知），成为引导道德生活的主导力量。也就是说，推动并维持人的道德生活的根本力量便是道德敬畏感—义务意识—良知。

　　关键词：康德　道德生活　敬畏感　义务　良知

　　康德的第二批判通过对人的行为规范分析，揭示了其中的绝对命令（categorical imperative，或译为范畴要求）在道德生活中的终极性意义，从而呈现了一种在形式上具有完善性的道德生活。然而，这个形式上的道德生活能否在现实生活中得以落实呢？换个角度看，人在现实生活中的行为规范虽

---

　　*　谢文郁，山东大学犹太教与跨宗教研究中心教授。

然内在地接受绝对命令的约束，却无法完全遵守绝对命令，从而无法过一种完全的道德生活。因此，如何引导人在现实生活中进入完全的道德生活（也称为善的生活）就成了康德宗教哲学的中心关注。

在康德看来，阻拦人在现实生活进入道德生活的关键在于根本恶，即人在现实生活中设定了一套恶的行为准则；人越是遵守这套行为准则，人在行为上就越恶。这种生存状态在基督教那里称为"原罪"（与上帝隔离的状态）。因此，寻找走出根本恶的生存状态的力量就是人进入道德生活的关键所在。根本恶源于人在自己的本性（作为主观根据）中采纳了恶的行为准则，因此，本性的改变或重构就是走出根本恶的唯一途径。康德称此为"心灵改变"。

一个在根本恶中生存的人是不知道自己在作恶的，反而觉得自己是在严格遵守所设定的行为标准。不难指出，要在实践中走出根本恶，人需要一种生存力量推动他进行本性重构和行为改良。康德提出了人的道德敬畏感这一禀赋倾向。就其原始形式而言，道德敬畏感是人的原始禀赋在面向实践时出现的倾向。这个倾向指向道德法则。不过，作为动机或动力，它首先要进入人的本性，并在本性中占据重要地位，生成义务意识，进而发展成为一种良知意识。这个在道德敬畏感—义务意识—良知主导下的实践活动，康德称之为道德生活，或善的生活。笔者想通过分析康德在《仅论理性界限内的宗教》① 一书的相关文字，追踪道德敬畏感如何在本性中占据重要地位，到义务意识的形成，再到良知发挥引导作用这个过程，呈现康德的道德生活概念。

---

① 康德这本论宗教的著作，德文原名是 *Die Religion innerhalb der Grenzen der bloßen Vernunft*（1793），本文的讨论参考了德文原文，和英译本：*Religion within the Limits of Reason Alone*, tr. Theodore M. Greene and Hoyt H. Hudson, New York: Harper Torchbooks, 1960。不过，引文都来自《单纯理性界限内的宗教》，李秋零译，中国人民大学出版社，2003。本文在引用时标出该译本页码。附加说明一下，我这里之所以采用《仅论理性界限内的宗教》这个译名，是考虑到书名翻译有助于我们理解康德的写作意图。对于一些重要概念的翻译问题，本文还会专门讨论。

一　道德敬畏感作为道德生活的起点

康德的道德哲学似乎一致被认为是理性的。不过，在他的实践理性批判的相关著作中常常出现"道德敬畏感"这种提法。如何理解这种提法在英语康德学界中一直争论不休。由于道德敬畏感在康德的著作中被归为道德生活的起点和动机，为了维护康德的理性主义道德学说，人们往往强行把康德"道德敬畏感"解释为理性的。① 笔者不打算在这里卷入这场争论，更无意于为康德的理性主义进行辩护。有一点值得指出，人们在讨论道德敬畏感时似乎不太关注《仅论理性界限内的宗教》一书的相关文字。这是一个很奇怪的现象。康德的实践理性批判呈现了一种形式化的道德原则，并不涉及具体的道德生活。然而，在论宗教的这本书中，康德企图通过分析基督教的一些核心观念来呈现一种历史的现实的道德生活。道德敬畏感在这个道德生活中具有起点和动机的地位和作用。我们先来读一段文字：

> 人格性的禀赋是一种易于接受对道德法则的敬重（Achtung）、把道德法则当作任性的自身充分的动机的素质。这种易于接受对我们心中的道德法则的纯然敬重的素质，也就是道德情感。这种情感自身还没有构成自然禀赋的一个目的，而是仅仅当它是任性的动机时，才构成自然禀赋的一个目的。（11）

---

① 英语康德学界在涉及道德敬畏感问题时深受 Thomas Nagel 的影响。在 *The Possibility of Altruism*（Princeton：Princeton University Press，1970）一书中，Nagel 称赞康德伦理学的主体理性主义立场。为了跟进 Nagel 的思路，人们开始努力把敬畏感处理为一种理性。比如，Andrews Reath 在 "Kant's Theory of Moral Sensibility：Respect for the Moral Law and the Influence of Inclination"（*Kant-Studien*，80：284—302，1989）一文中，努力把敬畏感区分为"理智部分"和"情感部分"，并认为康德只是在其"理智"意义上使用该词。Sharon E. Sytsma 的 "The Role of Achtung in Kant's Moral Theory"（*Auslegung*：Volume 19，Number 2，Summer 1993）一文仍然纠结于敬畏感是否为理性的这一问题，尽管作者企图通过追究道德动力问题而强调敬畏感的非理性因素。近年来，人们的注意力有所转向，开始分析康德著作中的情感认知问题。参阅 Kelly Sorensen 和 Diane Williamson 主编的 *Kant and the Faculty of Feeling*（Cambridge University Press，2018）一书的多篇文章。认知问题是理性问题。就总的方向而言，英语康德学界持守着康德的理性主义立场，反对康德诠释的非理性化倾向。

禀赋指人生而俱来的各种可能性，是人的生存基础。我们先来处理几个概念的理解问题。康德认为，所有的人都有一种指向道德法则的原始性情感，即敬重感（Achtung）。如果它所指向的对象是一种绝对的力量，那么，Achtung 也可以理解为敬畏感。因此，笔者在以下的讨论中都称此为敬畏感。引文中出现的"自然禀赋"，笔者认为译为"本性禀赋"较好，即在本性中的各种禀赋。康德在此之前讨论了"任性"（Willkur）这个概念。康德认为，意志可以区分为 Wille（意志）和 Willkur（任性、选择者）。任性（选择者）是意志在面向实践时的决定者。选择者在进行选择时是有根有据的，即在本性（作为主观根据）的基础上进行的。也就是说，原始禀赋作为人的生存可能性，并非每一个禀赋都会成为人的实践活动的参与者。只有那些进入本性中的禀赋才会参与人的实践活动（作为一个目的）。作为本性组成部分的禀赋倾向称为本性禀赋（区别于那些未被组合的禀赋）。同样，敬畏感作为一个原始禀赋倾向，它必须进入本性，成为本性中的一个组成部分并作为动机，才能在本性中指向道德法则，作为一个目的而参与到实践活动中。因此，它是一个本性中的禀赋。

"本性"一词是康德在书中进行深入分析并给出特别界定的概念。① 简言之，本性是意志在原始禀赋倾向的基础上进行自由运作而在一定的结构中组合一些禀赋倾向所形成的。本性形成之后，选择者（任性）就以它为基础而自由地采纳各种行为准则，并以此为人的行为规范。如果这个本性在结构上颠倒了道德次序，比如，让其他的禀赋倾向（如某些欲望或企求）在次序上高于或先于道德敬畏感，那么，选择者在自由中采纳的行为准则就是恶；进一步，他在实践上越是遵守所采纳的行为准则，他就越恶。这样，他就生活在根本恶当中。

如何从根本恶中走出来呢？康德认为，本性中的道德敬畏感是关键所在。关于道德敬畏感，康德还有这么一条界定："第三种禀赋则以自身就是实践的，即无条件地立法的理性为根源。"（12）这个句子涉及敬畏感和理性之间的关系。中译在文字上有点不顺。在文字上略加调整一下，可以

① 笔者在其他两篇文章中对本性概念的界定和本性的内在构造都进行了深入分析。读者如需详细了解其中的相关论证，请参阅《康德宗教哲学的问题意识和基本概念》（《中国社会科学评价》2018 年第 4 期）和《意志的主体与对象》（《哲学动态》2020 年第 1 期）。

这样说：道德敬畏感是实践的，在根源上是理性的。一种情感如何能够在根源上就是理性的呢？可以这样理解，在西方思想史上，"理性"一词的原始含义是秩序。近代以来，在主体理性主义的界定中，理性指的是以主体意识为基础而建立起来的关于必然性的认识。这里的"必然性"指的是一种完善的秩序。康德基本上是在主体理性主义思路上。道德法则在康德的界定中指称人类行为的最高秩序范畴。在人的原始禀赋中指向这最高范畴的倾向（情感）当然在根源上是理性的。或者说，人在禀赋中有各种倾向（或情感），其中有很多并不是理性的；但是，它们之中的指向道德法则的那个倾向（情感）则在根源上是理性的。因此，道德敬畏感在根源上是理性的。

这里，笔者并不关心道德敬畏感是不是理性的这个问题，① 本文关心的是，道德敬畏感是如何进入人的道德生活的？在康德的思路中，如果道德敬畏感能够进入人的本性并作为一个指向道德法则的动机或动力，那么，即使本性是恶的（因道德敬畏感被置于次要地位），人也可以在道德敬畏感的驱动下，通过"心灵改变"而重建本性（提升道德敬畏感的地位），使之去恶向善，进入良性的道德生活。为此，康德特别强调，道德敬畏感作为原始禀赋倾向是不会丧失的。不过，康德认为，对于任何一个人来说，道德敬畏感在他的本性结构中可以居重要或主导性地位，也可以居次要或无关紧要的地位。如果是前者，即"建立道德法则作为我们所有准则的最高根据的纯粹性"，那就表明这个人的本性结构是健康的，他"已经踏上了在无限进步中接近圣洁性的道路"（36）。如果这个人进而在现实生活中坚定地按照这些行为准则去做，他就可以成为有德性的人。因此，这个人在过一种道德生活。

但是，如果是后者，因为道德敬畏感在本性中无法起作用，或者其作用微乎其微，那么，"他只有通过一种再生，就好像是通过一种重新创造，以及通过心灵的改变才能成为一个新人"（36）。这就是说，他的本性需要

---

① 因为康德认为道德敬畏感在根源上是理性的，所以英语康德学界对此一直纠缠不清。就界定而言，在主体理性主义语境中，情感被理解为非理性的。于是，人们无法逃避这个问题：道德敬畏感如何既是理性的，又是非理性的？关于这个问题的讨论，参阅笔者在前面的注释中列举的文献。这个问题的根源在于：主体理性主义在情感问题上充满盲点。限于主题，这里不拟深入分析。

重新建构，用康德的话来说："必须通过人的意念中的一场革命（一种向意念的圣洁性准则的转变）来促成。"（36）顺便指出，引文中的"意念"（gesinnung，英译为 disposition）指称一种倾向。"圣洁性准则"则是指道德法则。本性是这样一种存在，它在一定结构中组合了各种禀赋倾向；其中的每一个倾向都是 Gesinnung（意念）。本性重构或革命归根到底是这些倾向的重新组合，提升道德敬畏感在本性中的地位和作用。可以看到，康德谈论的本性重构（心灵改变），是要建构一种以道德敬畏感为主导的本性，并在此基础上过一种道德生活，不断完善自身。

康德认为，本性革命得以发生的内在动力在于启动并强化存在于本性之中的道德敬畏感，使之上升为义务意识（道德意向，或道德意念）。只要义务意识出现了，并渐渐地主导人的生存，人就可以过一种不断完善的道德生活，因为"义务命令我们做这件事"（36）。这里，义务意识是如何产生的这个问题就突出了。对此，康德有点随意地指出："经常激励自己的道德使命的崇高感，这作为唤醒道德意念的手段，是特别值得称颂的。"（39）这种说法的随意性在于：如果人的实践（遵循行为准则）是以自己的本性为主观基础的，那么，人的意识就不可能摆脱本性的主导性。也就是说，"激励—唤醒"这个手段对于一个生存在根本恶中的人来说，是不可能成为经常性手段的。康德还需要给出更为充足的理由。

在第二卷的开篇，康德进一步指出，在本性革命中，人需要有足够的勇气，因为他面对的是自己的本性。人在实践中是顺从自己的本性的，因为它是意志（选择者）采纳行为准则时所依赖的主观根据。因此，即使人在主观意愿上追求道德生活，人也缺乏勇气和足够动力进行本性革命。除了前面谈到的"激励—唤醒"这种随意的说法，康德这里提及斯多亚学派伦理学中的勇敢原则，认为："要求勇敢，就已经足以有一半称得起德性了。"（44）斯多亚学派伦理学的根本原则是节制自己生活，使之完全在理性控制下归于秩序化。在康德看来，这条原则和本性革命要做的事是同一件事。然而，斯多亚学派认为，要做到理性秩序化，就必须严格控制自己的欲望和情感，最高境界是做到"无情"状态。对此，康德批评他们搞错了对象。但是，无论如何，康德认为，"勇敢"很重要；同时，勇敢所面对的对象也很重要。人是要对自己的本性进行革命，必须勇敢地面对。不难看到，在谈论斯多亚学派的勇敢原则时，康德真正关心的是如何把道德敬畏感提升到如勇敢那样的动力水平。①

二 作为历史启示的义务意识

康德在《仅论理性界限内的宗教》的第一版序言中谈到，一方面，作为纯形式的道德，在实践理性中是自给自足的，因而不需要宗教的参与（1）；另一方面，对于一个在根本恶中生活的人来说，他必须"为自己的义务设想一个终极目的，来作为义务的结果"（4）。从这个角度看，"道德不可避免地要导致宗教"（4）。就这里的文字表达而言，"义务"是关键词。义务作为一种意识指向道德法则，是道德生活的必要力量。② 就人的现实生活而言，道德敬畏感仅仅是一种禀赋倾向；而且，它在本性建构中往往被置于微不足道的地位。因此，问题的关键在于，它是如何上升为义务意识的？从一种禀赋倾向转变为一种义务意识是一种革命性的转变。当然，这个转变是意志自由运作的结果，但它的实现对于道德生活具有决定性意义。康德的宗教哲学便是企图追踪这个转变的现实进展，并给出了实践理性的时间模式和偶态模式（modality）。具体而言，康德企图通过对基督教的一些核心因素的分析，演示义务意识的培养和形成过程。

在第二卷的第一章第一节，康德从道德榜样的角度把基督设想为一个理念或道德理想，并认为基督作为上帝之子在世人面前表达了"人类义务"。他说："这个人不仅自己履行所有的人类义务，同时也通过教会和榜

---

① 康德在第一卷的"总的附释"中还专门批评了基督教的恩典概念，认为恩典作为外在力量无助于人的本性革命。具体的文本分析和讨论可参阅谢文郁《本性重建如何可能?》（《中南大学学报》2020 年第 5 期）。

② 关于康德"义务"概念的综合性讨论，可参阅舒远招《论康德三部伦理学著作中的义务论》（《云梦学刊》2020 年第 4 期）。不过，舒教授关于康德义务论的评论似乎过于强调它的有限性，忽略了它的绝对性。舒教授写道："他的义务论立足于人的意志的有限性和非神圣性，认为道德法则对于人而言是一种命令。"在谈到康德把这种理性的义务类比上帝的义务这种说法时，舒教授认为，康德并不是强调上帝的绝对者身份。显然，舒教授是过于轻视康德把道德义务和上帝义务在类比上放在同等位置上这一点了。在第三卷的"总的附释"中，康德用"神圣的"来描述义务意识的对象。实际上，如果缺乏这种绝对性，义务是不可能为道德生活提供必要的力量的。

样，在自己周围的尽可能大的范围内传播善。"（49）人的义务意识是如何出现的？在康德的分析中，从历史的角度看，基督的出现是一个关键事件。这个理念本身表达了一种义务意识，通过教会而传送给他人，形成一个伦理共同体，并在其中作为榜样而让众人都形成义务意识，在人类社会中引导一种道德生活。

康德首先将基督事件作为一个理念进行了深入分析。他说："我们只能在这样一个人的理念下，设想上帝所喜悦的人性的理想。"（49）基督事件是一个历史事件。如果基督呈现了人性理想，那么，这就表明，至少在基督这个历史人物中，人的敬畏感已经上升为义务意识了。即使在全人类中只有耶稣拥有义务意识，在康德看来，任何其他人都可以在对这个上帝之子的信仰中"自觉到这样一种道德意念，即他能够信仰并且确立以自己为基础的信赖"（50）。也就是说，如果其他人相信基督，他们就能够从基督那里接受一种道德意向，生成自己的义务意识。这个生成过程对于每一个人来说都是一场革命，因为这些仿效基督的榜样而生成义务意识的人都会经历一种本性重构，提升道德敬畏感的地位，形成一种具有道德次序的结构作为采纳行为准则的主观根据。康德说："这是一种思念的变革，它必然也是可能的，因为它就是义务。"（56）总之，通过对基督的信仰，并以之为榜样，义务意识在这个人的生活中就开始成为主导原则。

当然，人们会追问，人为什么要相信基督并从基督那里接受并生成义务意识呢？这个问题的背后预设，康德认为，乃在于人们对基督这个理念的实在性的追问。在接下来的论证中，他给出了一个偶态式的说明。他说："从实践的方面来看，这一理念在自身之中完全拥有其实在性，因为这种实在性就在我们那在道德上立法的理性之中。"（50）可以这样理解这段话。在康德关于本性概念的分析中，我们看到，道德敬畏感作为一种禀赋倾向是自在的、与生俱来的、不会丧失的。意志在构造本性时可以不把道德敬畏感置于重要地位，但不可能让它消失。进一步，本性之所以需要重构就在于，道德敬畏感在本性结构中未能占据重要位置而导致道德次序颠倒；因此，它会不断地推动意志进行本性重构，直至它在本性中占据重要位置。当然，意志在对禀赋倾向进行组合时是一种自由运作，而不是一种设计好了的活动，因而在组合中如何置放道德敬畏感的地位具有偶然性。但是，无论如何处置道德敬畏感，都不可能让它丧失。因此，道德敬畏感作为禀赋倾向，意志在进行本性重构时必然会感受到来自这种倾向的不断冲动，因而总是有机会把道德敬畏感置于重要地位乃至最高地位。这个可能性（理想性的理念）是实实在在的。

如果历史上出现了基督，那就是说，这个可能性在基督身上实现了。换个角度看，基督在他的义务意识中指向道德法则，并且，在他的现实生活中完全由这个理念主导；在这个历史事实中，这个理念就在现实世界中成就在个人身上了。在康德看来，这正是基督教关于基督的宣称所传达的核心信息。对于众人来说，他们在根本恶生存状态中挣扎，并在道德敬畏感的推动下自由地建构一种具有道德次序的本性。现在，基督作为一个理想的榜样呈现在他们面前。作为一个理念，它可以与他们本性中的道德敬畏感相呼应，推动他们在本性重构中突出这种禀赋倾向，形成一个具有道德次序的本性（革命成功），并在此基础上采纳符合道德次序的行为准则（开始改良）。这个过程的结果便是他们的义务意识的产生。康德谈道："这也就是说，他借助于自己的榜样（就道德理念而言）为每一个愿意和他一样的人打开了自由的大门。"（75~76）

在第二卷的"总的附释"中，康德把这个理念在时间中的出现称为"奇迹"（或神迹）："他在尘世的出现以及他离开尘世，他那充满了种种业绩的人生和受难，都纯粹是奇迹。"（79）就康德的文字而言，他用较大的篇幅来否定经验世界的奇迹。① 但是，他承认耶稣事件是一个奇迹。

对于康德的这一奇迹观，只要回到他关于本性重建的相关论述中，我们就不难理解。奇迹指的是不在因果律中的事件。反过来说，凡在因果律中可以解释的事件都不是奇迹。只要我们进入自由运作这个层次，任何一个组合都可以称为奇迹。康德在分析意志的自由运作时，把本性建构归为自由运作的产物；同时认为，意志（选择者）是在本性（主观根据）的基础上自由地采纳行为准则。意志的这两层自由运作是康德的实践理性分析

---

① 近代主体理性主义的知识论强调在感觉经验基础上进行逻辑推论和建构，排斥在经验知识中纳入任何关于奇迹的描述。所谓的奇迹充其量不过是当下尚未得到解释的经验事件。参阅休谟《人类理解研究》（关其桐译，商务印书馆，2000）第十章"论奇迹"。康德是一位主体理性主义者，也在这个思路中。

的关键点。意志自由地建构了道德次序颠倒的本性；同样地，意志也可以自由地进行本性重构。在自由运作中，即在本性建构和重构中，产生一种恶的本性还是善的本性都是可能的。如果产生一种善的本性，鉴于无法给自由运作提供一种因果性的解释，那么，我们就可以称为奇迹。也就是说，在意志的自由运作中是可以谈论奇迹的。对于康德来说，虽然义务意识在人的道德生活中到处都可以感受到，但是，义务意识现实地产生于意志的自由运作这件事上，确实是一种奇迹。

而且，康德是在时间模式中来理解这个奇迹的。就历史而言，基督教产生于基督事件。在实践理性分析中，每一个人都拥有与生俱来的道德敬畏感；每一个人都是在意志的自由运作中组合一些禀赋倾向而构造本性，从而可能建构一个完善本性作为理想人格。但是，在历史上恰好在某个人身上构造了一个完善本性，其中的道德敬畏感居最高位置，进而产生道德义务意识，主导着他的道德生活。这样一个事件却是偶然的。基督事件便是这样一个偶然事件。康德把这种在历史上偶然发生的事件称为历史的启示。可以这样说，在历史上一旦出现这样的人，他在本性建构中形成了一个具有完善道德次序的本性；在此基础上形成了完全的义务意识，那么，当他在他的义务意识中说话做事时，他的言行就是向众人启示了那完善的道德法则。

这个人就是启示者。不管这个人是谁，只要他出现了，他的义务意识就会传递给其他人，并组成一个伦理共同体，形成一个传统。他说："如果我们假定上的规章性法则，并且把宗教设定为我们对这些法则的遵循，那么，对这种宗教的认识就不是凭借我们自己的单纯理性，而是只有凭借启示才是可能的。"（99～100）就语言表达而言，康德的启示概念和基督教的启示概念并不一致。在基督教内，启示是一个主体对另一个主体彰显自己的旨意。上帝是一个独立的主体，有自己的心思意念。如果他不在人面前启示自己，人就不可能知道上帝的旨意。这种启示称为基督教中的历史启示。而康德所理解的绝对者是道德法则，是人在原始禀赋倾向中指向的最高者。当一个人在内心中体会到这个最高者时，他的敬畏感就转变为义务意识。这种启示称为理性宗教中的神性启示。从这个角度看，这个义务意识既是他在内心中对道德法则的意识（作为纯粹理性宗教中的神性启示），也是上帝通过启示加在人心中的意识（通过教会宗教中的历史启示）。在康德看来，教会宗教中所坚持的历史启示和理性宗教中的神性启示，在本质上是一回事。实际上，神性启示是历史启示的纯粹化形式。①

　　进一步，康德称在启示中生成的义务意识所指向的对象为神圣的奥秘的。他谈道："作为某种神圣的东西，它必然是一个道德的对象，从而也就是理性的一个对象，并且可以被内在地认作对于实践的运用来说是充足的；但是作为某种奥秘的东西，它对于理论的运用来说却不是充足的。"（142）就语言使用而言，"神圣"一词指的是绝对性。康德认为，道德对象是神圣的，同时也是理性的。康德的实践理性批判并不是要取消道德生活中的神圣性或绝对性。不过，在他看来，基督教中能够称为神圣的东西，其实也就是道德对象（道德法则）。当我们使用"奥秘"一词时，因为这个完善的道德生活尚未达到道德法则的完全落实，因而对于我们现在的生活来说，它只是一个在道德生活中向往的目标，是一个未来事件；从这个意义上看，它是一个奥秘。

　　我们进一步理解这段话。在康德看来，这个神圣的东西实践上已经在发生作用了；它在调节人在道德生活不断地指向道德法则，走向完善性，因而是实实在在地在发生作用。因此，在实践上它是内在充足的。但是，为什么在理论运用中是不充足的呢？可以从这个角度理解，在康德的语言使用中，知识包含了形式和质料。在纯粹理性批判中，时空直观形式和范畴形式是在感觉经验中和质料相结合，形成经验知识的。这一点，我们可以在理论上对形式和质料做出充足的说明。科学知识在这方面是充足的。但是，在道德生活中，范畴形式（绝对命令）虽然具有绝对的要求，但没有完全在人的现实生活中得以落实，比如，在根本恶中的生存状态，范畴要求是被拒绝的。因此，在理论上我们无法给出形式和质料相结合的充足说明。或者说，我们关于道德生活的理论说明（作为一种完整的知识）是不充足的。基于这一点，康德所理解的道德生活在现实中是一个不断完善

---

　　① 参阅康德这段文字："纯粹的理性宗教，作为在所有的人身上都不断地发生的神性的（尽管不是经验性的）启示，在其原则中必然蕴涵着向事物的那种新秩序过渡的根据。"（123）文中的"经验性的"一词，指的是历史启示。在康德看来，神性启示中对道德法则的展示和历史启示中对上帝旨意的彰显，是一回事。

的过程。从这个角度看，在理论上，这个神圣的东西是一个奥秘。

至此，康德认为："对某种我们同时又看到神圣的奥秘的东西的信仰，可以或者被看作是一种神圣启示的信仰，或者被看作是一种纯粹理性的信仰。"（142）康德此前用"类比"一词来描述道德义务和上帝义务之间的关系，并努力把基督教解释为一种作为表象的道德宗教。在他看来，基督教实质上是在践行一种道德宗教。当然，作为一个表象，基督教在现实运作中，从道德宗教的角度看，是很不纯粹的。对于基督教教会中的那些不纯粹部分，即与道德宗教无关的因素，康德认为，是可以在道德宗教基础上进行纯粹化的。就基督教教会的未来走向和实现而言，或从上帝的国得以实现的角度看，完全可以理解为道德宗教的完全实现。因此，这三种东西，即"对神圣的奥秘的东西的信仰"（指向上帝）、"神圣启示的信仰"（指向基督）、"纯粹理性的信仰"（指向道德法则），其实是一回事。

三　良知作为成熟的义务意识

考虑到基督教教会内存在着与道德生活无关甚至相冲突的因素，康德认为，我们必须认真考察并指出这些因素，提醒人们对它们有所意识，进而阻止它们对道德生活的妨碍。这个问题是第四卷的主题。康德对教会管理和信徒生活进行了一些分析，指出，在真假事奉、宗教妄想、邀恩手段等问题上都有与道德生活相冲突的现象。① 康德从道德生活原则出发相当不客气地批评这些现象，并建议教会努力加以改善。但是，应该如何进行改善呢？康德的建议并没有求助于教会的力量，而是企图在道德生活中寻找内在力量。在康德看来，纠正这些因素以引导一种道德生活，人还需要

---

① 康德在第四卷中所涉及的教会问题，就康德自己的亲身经历而言，都是现实问题。不过，从神学的角度看，康德是哲学家，缺乏足够的神学训练和深入的神学反思；而且，受限于他的理性宗教角度，可以说，康德对他所观察到的教会问题的批评并未切入要害。限于本文的主题，笔者不打算在这里对这些批评展开反批评。2020 年 4~8 月，笔者参加了熊馥译同学组织的康德宗教哲学读书小组，读完《仅论理性界限内的宗教》一书，共 15 次阅读和讨论（整理后都发表在微信公众号"言四幸"中）。笔者的发言整理后有 6 万余字。其中，对于康德在这方面的论述，笔者从路德宗神学的角度进行了深入评论。

一种主导性力量，他称之为良知。①《仅论理性界限内的宗教》中关于良知的界定着墨不多，但把它放在道德生活中的重要位置上。我们来读一些康德的文字：

> 这里的问题不是良知应当如何被引导（因为良知不需要引导者，有良知就够了），而是怎样才能把良知本身用作最令人忧虑的道德决定中的引导。（197）

> 良知是一种自身就是义务的意识。（197）

> 我们也可以这样定义良知：它是自己对自己做出裁决的判断力。……良知并不是把行动当作隶属于法则之下的案例来裁决的。（198）

我们先对这些文字的理解做一些讨论，然后再从康德思想和整个西方思想史的角度进行深入分析，展示康德这里对"良知"一词的使用。不难看出，在康德这段文字中的良知是作为道德生活的引导者，而不是判断

---

① 国内关于康德的良知概念的研究尚未展开。舒远招和肖柳芙有一篇合作文章《良意，良情，良知之统一——康德良心概念解读》（《湖南社会科学》2007 年第 6 期）。这篇文章的概念区分有点混乱，比如，康德在讨论本性时区分了好的和恶的，或好心（gutes Herz）和劣心（böses Herz）。文章没有对此进行分析，就称这里的"好心"为良心。邓晓芒在"康德道德宗教精义"（载《康德哲学诸问题》增订本，文津出版社，2019，第 122~138 页）中也涉及了康德良知概念。不过，文章对于良知在道德生活中的作用缺乏深入分析，并在宣称良知为信仰自由留下地盘时显得十分武断。这些讨论对于如何理解康德的良知概念这个问题都过于粗略。这些年来，英语界对这个问题一直保持着足够的热度，如，Allen Wood 在斯坦福大学网站的个人网页上（https://web.stanford.edu/~allenw/webpapers/KantOnConscience.pdf）一直挂着一篇论康德良知概念的文章（Kant on Conscience），企图对康德的良知概念做一个全面的阐述。Wood 认为，康德的良知可以从两个方面去理解，即作为道德敬畏感和作为自我道德判断法官，认为前者只是后者的组成部分。Emre Kazim 的 *Kant on Conscience: A Unified Approach to Moral Self-Consciousness*（Leiden, Netherlands: Brill, 2017）追踪了学界现存的各自康德良知概念界定，如作为实践理性，作为一种情感，作为一种能力，作为一个法庭，作为判断，作为上帝的声音等，认为这些理解所呈现的康德良知概念具有内在一致性。笔者这里无意提供一个整全的康德良知概念，而只是就康德在宗教哲学领域的一些文字展开分析。

者。"自己对自己做出裁决的判断力"这种表达是要把良知和判断者加以区隔。判断者一词的含义是：一个主体根据已定的判断标准进行判断。这是"道德决定"这个动作所包含的。也就是说，如果良知是判断者，它就必须在某个行动中根据已定的判断标准进行判断以做出决定。显然，康德明确否定了良知作为行动中的决定者（判断者）。这里出现的两个"自己"，其中，第二个"自己"是行动中的决定者。由于这个"自己"在行动决定时会犯错误，比如，所使用的行为准则是恶的，在判断时考虑不周等，因此，在这个决定者或判断者之上必须有一个纠正者。康德称此为引导者。这个引导者便是由第一个"自己"来执行的。因此，第一个"自己"是拥有良知的主体。

我们进一步分析。在康德看来，第一个"自己"是具有某种义务意识的主体。这种义务意识便是良知。我们在分析义务意识时指出，作为一种指向道德法则的意识，它的最早形式是一种源于禀赋的道德敬畏感。意志在进行本性建构（自由地组合禀赋倾向）时，道德敬畏感会被置于不同的地位，比如，在道德次序颠倒的状态中，道德敬畏感在本性中的地位是不重要的。此时，道德敬畏感虽然会推动本性革命（心灵改变），但其地位仅仅是在本性中的一种禀赋倾向，因而无法对人的道德生活起引导作用。只有道德敬畏感在本性中居于主导地位时，无论是通过自身体会（如历史上的启示），还是通过历史上的启示者的榜样（如基督教的耶稣），主体的义务意识才开始形成。义务意识是由道德敬畏养育而成的。随着主体的义务意识越来越明朗，它对道德法则的指向也越来越明确，进而就渐渐地上升为良知。良知作为一种义务意识对道德法则有明确的认识。当然，从道德敬畏感，到义务意识的形成，到良知意识的出现，这是一个过程。正是因为对道德法则具有明确的意识，良知就能够在意识的层次上引导人的道德生活，不断完善自身，进入完全遵守道德法则的生活中。

在评论亚伯拉罕把儿子当作祭物对上帝献祭事件中，康德说："不顾这种信仰所要求或者所允许的事情也许会不义的这种可能性，也就是冒着违反一种自身确定无疑的人类义务的危险而去接受这种信仰，这是没有良知的。"（199）这段文字可以帮助我们进一步理解康德的良知概念。前面提到，良知是自己对自己做出判决的判断力。这里文中的"这种信仰"是指第二个"自己"。在一种历史性的信仰（或信念）中，人们依据这些信念所做出的判断可能是不义的，因为这些信念本身并不完善。如果严格按照这些并不完善的信念去做行动判断，那就可能行出不义之事。如果在这些信念之上没有更高的引导者，那么，人就会冒着违反人类义务的危险。康德特别指出，如果把这种在某种信念中进行判断当作最高判断，那是没有良知的。因此，在康德看来，在这种行动判断之上必须有良知引导。

我们知道，良知概念在西方思想史上起于保罗的书信。① 总的来说，良知概念是从正义意识中引申出来的。希腊思想史在悲剧意识中追问正义的根源，发现正义概念内在地隐含了终极性要求。在柏拉图看来，只要把握了真正的善，人的自我意识找到了真正的起点，从而能够在判断选择中做正确的选择，就能够过一种正义的生活。然而，真正的善只存在于神的意识中。保罗在这个思路中指出，在圣灵的感动中人就直接分享神的意识，从而拥有良知。在良知中，人能够从真正的善出发，过一种正义的生活。保罗用因信称义这种说法来处理正义概念。就其原始界定而言，良知是一种与终极存在有直接关系的意识。不过，对于保罗来说，人只能在信心中和神发生关系。或者说，在保罗的文字中，良知更多的是一种情感性的意识，而不是一种真理性知识，

中世纪思想家就意愿而言是企图诠释保罗的良知概念。不过，由于过于强调理性的作用，他们关于良知概念的处理失去了终极性意味。比如，托马斯·阿奎那认为，良知是人在面对行动时根植于理性的善恶判断。人在进行善恶判断时可能出错，因而人的良知可能犯错误。对于一个人来说，最重要的是要把握真理性知识，即通过学习神的话语来建构一个具有真理性的良知。只有把握了真理性知识，人的良知在进行善恶判断时才不会出错。人是在自己的良知中进行善恶判断的，因而对于人来说，良知具有终极权威性；但是，由于人在良知中会做出错误判断，良知在神的审判中没有终极权威性。对于阿奎那来说，只有拥有真理性知识的良知才是神所喜悦的。

康德是在路德宗语境中接受教育和进行思想的，因而路德关于良知的

---

① 谢文郁：《古希腊哲学中的良心与真理》，《社会科学》2018 年第 2 期。

界定也值得我们重视。路德在他的著作中对良知的使用十分频繁，认为良知对于人来说是最高判断者。不过，人的本性已经败坏，当人依靠这败坏本性进行良知判断时，就判断的对错而言，人的良知判断不是终极可靠的。就这一点而言，路德仍然在中世纪的良知概念中。不过，路德对于良知的地位更为强调。一方面，人只能根据良知做判断；即使良知有可能出差错，人在做判断时绝不能违背良知。他十分强调，违背良知是危险的。从这个意义上看，良知对于人来说是唯一的最高判断者。然而，另一方面，路德同样十分看重的是，人的良知在神的恩典中是可以改变的。改变良知这件事只有上帝能做。路德认为，上帝可以采取各种方式来改变人的良知。随着人的良知的改变，人给出的判断也会改变。在新的良知基础上做出的判断，必然不同于在旧的良知中做出的判断。但是，人在任何情况下只能在良知中进行善恶判断。总的来说，路德的良知概念肯定了良知对于人的善恶判断来说乃最高判断者，同时允许良知在上帝的作用下被改变。这种关于良知的使用，笔者称之为路德的双重权威说。①

对康德影响最大的应该是卢梭的良知（也译为良心）观。我们知道，卢梭的《爱弥儿》对康德有深刻的影响。卢梭并没有提供多少关于良知概念的讨论。不过，他关于良知的一些文字具有强大的感染力："良知啊，良知！神圣的本能；不朽的上天神灵；那些无知有限然而聪明自由的存在物的可靠向导；不失落的善恶判断者，是你使人像神一样，是你成就了人的本性，是你让人拥有道德。"② 对于卢梭来说，良知具有终极性的判断权。而且，良知是永远不会犯错误的。这个关于良知的界定不同于中世纪的和路德的良知概念，但是，就良知具有终极性意义而言，卢梭的良知概念和保罗的良知概念相通。不过，保罗是在圣灵意义上谈论良知的终极性，而卢梭把良知归为人的某种内在力量。康德则几乎完全接受了卢梭关于良知无误及其对道德生活的引导作用的说法。不同的是，康德企图对良知的终极性做出说明。

我们指出，康德在使用良知概念时强调它和终极性的道德法则的关系。在他看来，在良知意识中呈现的道德法则是明确的。作为拥有终极性

---

① 谢文郁：《神的话语和人的良心：路德的双重权威问题》，《求是学刊》2003 年第 7 期。
② Jean-Jacques Rousseau, *Emile*, tr. Allan Bloom, New York: Basic Books, Inc., 1979, p. 290.

道德法则的意识，良知在自己裁决自己时也就是终极性的。可以这样分析。人在进行行为判断时依据已定的准则。举例而言，这些已定的准则在运用中必须满足普遍立法这一道德法则要求。如果人在判断时所依据的准则未能满足这个范畴要求（绝对命令），那么，良知就会对这个判断进行裁决，引导意志自由地重新构造本性，并在新本性基础上采纳新的行为准则，以满足普遍立法这个范畴要求。这是一个在良知引导中以满足道德法则的绝对命令为取向的不断完善的过程。

康德的良知概念，就其语境而言，是从卢梭的良知概念出发回应路德的良知概念。路德是在因信称义的思路中使用良知概念的。他同意良知判断对于人来说是终极性；但是，良知本身在神的恩典中是可以被不断改变和完善的。对比之下，康德则强调良知是一种终极性的意识，是对道德法则拥有明确意识的意识。正是因为良知是这样的意识，它才能以道德法则为目标而引导人心改变，使之不断完善而趋向道德法则而落实在现实生活中。路德和卢梭—康德的良知观对人的生存必须进入不断完善的过程这一点有共同的认识。不过，路德认为，人的完善是由神的恩典这种外在力量所引导的；而康德则认为这个过程是由良知这个内在的终极性意识所引导的。

总结一下本文的思路。康德在分析实践理性时设计了一种理想性的道德生活。这种道德生活是针对人如何走出根本恶的生存状态而设计的。在康德的理解中，人的生存原始状态是各种原始禀赋（作为生存可能性）。当这些禀赋面对实践时，它们就会呈现为各种禀赋倾向。人的意志自由地组合其中一些禀赋倾向，构造了一个本性（道德敬畏感在其中可能不居重要位置）。进一步，意志（选择者）以本性为主观根据而自由地采纳一组行为准则（道德次序可能被颠倒了）。这两层自由运作在现实生活中造就了根本恶的生存状态。然而，在禀赋倾向中的道德敬畏感是指向道德法则的；它会推动意志进行本性重构，提升道德敬畏感的地位，纠正被颠倒的道德次序。它是如何工作的呢？康德认为，道德敬畏感作为禀赋倾向是不可能丧失的，因而它在意志自由地构造本性时占据重要位置这一点永远都是可能的。也就是说，意志自由地构造本性时总是可能构成这样一个本性，其中，道德敬畏感居重要乃至主导地位。这种可能性是如何实现的呢？康德接着谈到，在历史上，无论什么人，只要这种本性被构成，他的道德敬畏感就会转化为道德义务意识。如果历史上出现了这样一个拥有义务意识的人，他的出现当然是一个奇迹，但也是有必然性的，因为这样的人出现的可能性是永远不会丧失的。基督教的耶稣便是这样一个人。人们在以这个人为榜样时就会形成一个伦理共同体；同时，这个榜样的作用也会激发共同体成员的道德敬畏感，使之上升为义务意识。这个过程也就是所谓历史的启示，所形成的伦理共同体便是教会宗教。在这样的伦理共同体中生活，人们的义务意识渐渐地成熟，发展为良知。良知是道德生活的引导者，它引导人们不断重构自己的本性，改良自己的行为，以符合道德法则的范畴要求，最后在现实生活中完全落实道德法则，进入完善性，即目的国。这也称为上帝的国。

康德的道德论证与实践悖谬

——艾伦·W. 伍德在《康德的道德宗教》中的解读与评述

李科政[*]

摘　要： 康德对"灵魂不朽"与"上帝存在"的道德论证一直饱受争议，不少学者认为，这些论证不仅跟康德在伦理学上的根本立场相冲突，也跟他的整个批判哲学格格不入。在《康德的道德宗教》中，艾伦·W. 伍德的核心目标就是要为康德的论证提供辩护，证明它们配得上成为批判哲学中最为优秀的部分之一。伍德指出，在康德的道德论证中，"灵魂不朽"与"上帝存在"是为了解决人类存在者在实践生活中必须面对的两个 absurdum practicum（实践悖谬）而提出的。它们使我们能够把道德意志的必然客体即至善设想为可能的，以便确保我们的道德行动不至于沦为非理性的，以及确保我们不至于在自己眼中成为一个彻底的恶棍。道德论证是从道德法则的客观实在性出发，通过一个实践的归谬法（reductionad absurdum practicum），确立起对"灵魂不朽"与"上帝存在"的信念。根据康德的观点，这仅仅是一种主观上充分的而非客观上充分的"视之为真"（Fürwahrhalten）。因此，它们既不是对任何理论知识的主张，也截然不同于那种毫无根据的、主观上就不充分的臆信。而且，这种论证的有效性依赖于意志行动与信念投奉之间的一种必然联系。

关键词： 康德　伍德　道德论证　实践悖谬　灵魂不朽　上帝存在

---

* 李科政，中国人民大学哲学院副教授。

借艾伦·W. 伍德（Allen W. Wood）的《康德的道德宗教》（*Kant's Moral Religion*）问世之机，笔者简要地介绍一下他对康德在《实践理性批判》中所提出的道德论证的理解，并加以适当的评述。尽管这本著作写于50年前，并且在今天看来，伍德的理解或许存在这样那样的问题，但笔者相信，他的总体思路是正确的，并且除了有助于消除对康德思想的一些常见误解之外，还有助于深入反思我们对自己决心要为之奋斗无论何种目标的信念。在这本著作的"中译本序言"中，伍德告诉他的中国读者：

> 那些对有神论的宗教信念并不特别感兴趣的人，也应对康德的道德论证的基础大感兴趣，因为，这一基础也适用于诸多并不被视作宗教问题的事情。当我们把自己投奉于一个目的，尤其是一个重大的、野心勃勃的目的……我们都直接地涉及某种与康德的论证密切相关的东西。因为，对任何其命运不确定的目的的投奉都在理性上要求对这一目的的可能性的赞同，而且，这种联系为我们在实践上对一些理论主张的赞同提供了一个理由，这一理由全然独立于我们用于支持它们的证据。①

在上述引文中，伍德突出强调了意志行动与信念投奉之间的必然联系。在他看来，这种联系不仅构成了康德的道德论证（在论证上的）一个重要基础，还能广泛地应用于对其他领域的诸多问题的思考之中。然而，笔者打算把这个问题放到论文最后的部分来讨论，这不仅因为它毕竟不是《康德的道德宗教》的核心内容，也因为唯有在澄清了康德道德论证的一般思路与具体细节之后，这个问题的基础性地位才能更好地凸显出来。

一　康德的道德论证与伍德的解读思路

在《实践理性批判》（1788）所要证成的三个公设及其命题中，"意志自由"是直接与道德法则相关并且从一开始就得到讨论的。根据康德，意

---

① 艾伦·W. 伍德：《康德的道德宗教》，李科政译，中国人民大学出版社，2020，第3页。

志自由是作为道德法则的可能性条件而得以证成的——如果意志不能独立于自然的因果性而规定自身，那么，对一切理性存在者都普遍有效的道德法则就是不可能的。因此，康德说自由是道德法则的 ratio essendi（存在根据），道德法则是自由的 ratiocognoscend（认识根据）①。尽管康德对意志自由的论证没少遭受批评，但他对另外两个命题，即"灵魂不朽"与"上帝存在"的论证，显然更加容易招惹争议。康德对这两个命题的论证正是伍德关注的焦点，同时也是本文关注的焦点。

　　根据康德，不同于意志自由，灵魂不朽与上帝存在"只是一个由道德法则来规定的意志的必然客体的条件"②——这个必然客体就是"至善"（das höchste Gut），即德性与幸福的结合。康德对这两个命题的论证大致如下。（1）灵魂不朽：德性是配享幸福的条件，从而也是至善的条件。然而，道德上的完善，即"意向与道德法则的完全适合"，康德称之为意志的"神圣性"（Heiligkeit）③，这是人在今生尽其所能也无法达到的，且是"惟有在向着完全适合的一种无限进展的进步中才能被发现"④。这种"无限的进步"的可能性必须以"同一个理性存在者的一种无限绵延的实存和人格性"为条件，⑤ 也就是所谓"灵魂不朽"。（2）上帝存在：至善要求德性与幸福的必然结合。然而，尽管德性要求人独立于自然的必然性是自己行动的原因，但他却并不同时是"世界与自然的本身的原因"。⑥ 这意味着，道德法则中根本就没有"道德性和与之成比例的幸福"之必然结合的根据。⑦ 因此，这种必然结合的可能性就必须以"自然的一个拥有与道德意向相符合的因果性的至上原因"为条件，并且为此还必须是"一个通过知性和意志而是自然的原因（因而是创造者）的存在者"⑧，也就是人们常说的"上帝"。

---

① 康德：《实践理性批判》（注释本），李秋零译注，中国人民大学出版社，2010，第 2 页脚注（5：4）。
② 康德：《实践理性批判》（注释本），第 2 页（5：4）。
③ 康德：《实践理性批判》（注释本），第 114 页（5：122）。
④ 康德：《实践理性批判》（注释本），第 115 页（5：122）。
⑤ 康德：《实践理性批判》（注释本），第 115 页（5：122）。
⑥ 康德：《实践理性批判》（注释本），第 117 页（5：124）。
⑦ 康德：《实践理性批判》（注释本），第 117 页（5：125）。
⑧ 康德：《实践理性批判》（注释本），第 117 页（5：125）。

根据伍德的统计，康德曾在其不少于 11 种著作中谈到过他对自由、不朽与上帝的道德论证，尽管"它们在明晰性与详尽性上程度不等"。① 早在《纯粹理性批判》（1781~1787）的"先验方法论"的第二篇"纯粹理性的法规"中，康德就曾初步谈到过这些论证。② 而且，这些论证还频频出现在康德的晚期著作中，包括《道德形而上学》（1797）③、《什么叫做在思维中确定方向》（1786）、《论万物的终结》（1794）与《论哲学中一种新近升高的口吻》（1796）④，以及包括《逻辑学讲义》、《波瓦尔斯基版实践哲学》（*Praktische Philosophie Powalski*）与《波利茨版哲学的宗教学说》（*Philosophische Religionslehrenach Pölitz*）。⑤ 然而，尽管康德如此看重这些论证，但在他的许多读者（包括许多康德哲学的辩护者）眼中，它们都不仅难以令人信服，并且似乎难以同批判哲学的其他卓越部分相媲美。例如，诺尔曼·康浦·斯密（Norman Kemp Smith）和刘易斯·怀特·贝克（Lewis White Beck）就认为，这些论证实际上是"理论的"而非"道德的"。⑥ 然而，伍德相信，这种观点是对康德的这些道德论证的错误解读，而且，他似乎已经说服了贝克。⑦ 埃里希·阿迪克斯（Erich Adickes）相信，康德在其《遗著》（*Opus Postumum*）中放弃了他的道德论证⑧，但仅仅因为这些论证没有在《遗著》中出现。而且，伍德在《康德的道德宗教》中，也对

---

① 艾伦·W. 伍德：《康德的道德宗教》，第 9 页。
② 康德：《纯粹理性批判》（注释本），李秋零译注，中国人民大学出版社，2011，第 520~539 页（A795-831/B823-B859）。
③ 康德：《道德形而上学》（注释本），张荣、李秋零译，中国人民大学出版社，2013，第 254~257 页（6：480-484）。
④ 《康德著作全集》第 8 卷，李秋零译，中国人民大学出版社，2010，第 134~148 页（8：133-147），第 330~343 页（8：327-339），第 396~413 页（8：389-406）。
⑤ 《康德著作全集》第 9 卷，李秋零译，中国人民大学出版社，2010，第 1~149 页（9：1-150）。Cf. Immanuel Kant, *Gesammelte Schriften*, *Bd. 27/1*, De Gruyter, 1974, S. 96-235; *Gesammelte Schriften*, *Bd. 28/2/2*, De Gruyter, 1972, S. 993-1126。
⑥ Cf. Norman Kemp Smith, *A Commentary to Kant's 'Critique of Pure Reason'*, Palgrave MacMillan Ltd, 2003, p. 638; Lewis White Beck, *A Commentary on Kant's Critique of Practical Reason*, The University of Chicago, 1960, p. 275.
⑦ 艾伦·W. 伍德：《康德的道德宗教》，第 2 页。
⑧ Cf. Erich Adickes, *Kants Opus Postumum, dargestellt und beurteilt*, Reuther & Reichard, 1920, S. 769-885.

阿迪克斯的观点提出了比较令人信服的反驳。①

伍德的主要目标是为康德的道德论证提供一个正确的阐释，并以此为它们提供辩护。他想要清楚地解释这些论证何以是实践的而非理论的，并且证明它们跟批判哲学的其他部分一样卓越。为此，他指出了康德论证中的三个前提。首先，理性存在者对任何目的的追求，都意味着他投奉于一个信念，即该目的的达成至少是有可能的。对此，伍德给出了一个较为令人信服的论证，② 本文也将在第三部分中再进一步加以讨论。其次，任何理性存在者都投奉于一个终极目的，那就是至善。人对道德法则的普遍有效性的承认，以及他们依据道德法则的行动，意味着他们（无论自觉不自觉地）投奉于一个信念，即至善的达成至少是有可能的。对此，伍德给出了一个更加详细的论证，③ 尽管他的一些观点如今看来是有待商榷的（或者说是有待修正的），但至少对当时流行的一些误解提出了较好的反驳。④但是，笔者必须把这个问题放到另一篇论文中来讨论，就本文的意图而言，我们最好姑且承认这个前提的正确性，以便把重点转移到康德的第三个前提上。这个最后的前提是：唯有承认灵魂不朽与上帝存在，至善才能被设想为实践上可能的。根据伍德的解读，康德的道德论证正是从这第三个前提出发的对实践理性的二论背反（antinomie）的解决。

根据《实践理性批判》，这个二论背反简单说来就是：至善的两个成分，即德性与幸福，它们作为原因与结果的必然结合，按照任何方式都是不可能的。如此，则"要求促进至善的道德法则也必定是幻想的，是置于空的想象出来的目的之上的，因而自身就是错误的"。⑤ 但是，由于我们毕竟承认道德法则的客观实在性，那么，为了解决这个问题，我们就必须引入前面提到的第三个命题。同时，我们也就可以看出，这个论证是一个归谬法（reduction ad absurdum）。但是，这个论证为什么不是一个理论的而是一个实践的归谬法（reduction ad absurdum practicum）呢？对此，伍德注意到

---

① 艾伦·W. 伍德：《康德的道德宗教》，第 10~14 页。
② 艾伦·W. 伍德：《康德的道德宗教》，第 9~30 页。
③ 艾伦·W. 伍德：《康德的道德宗教》，第 31~79 页。
④ 在文本的第三节，笔者将简单讨论一个重要的反驳。
⑤ 康德：《实践理性批判》（注释本），第 107 页（5：114）。

了《波利茨版哲学的宗教学说》中的一个说法："这种（对上帝的）道德信念是一个实践公设，任何否认它的人都会陷入 absurdum practicum（实践悖谬）……谁要想否认这一点或那一点，他就必须是一个恶棍（Bösewicht）。"①因此，正如伍德所指出的，实践理性的二论背反或者实践悖谬就当正确地表述为：根据前面提到的前两个前提，对上帝与不朽的否定将导致我（以及任何一个理性存在者本身）无法在理性上一贯地投奉于对道德法则的服从，我要么必须完全放弃它们而成为一个恶棍，要么就只能非理性地继续服从道德法则与追求至善。

康德的道德论证之所以不是理论的而是实践的，是基于他对"知识"（Wissen）与"信念"（Glaube）的区分，它们是两种"视之为真"（Fürwahrhalten）的判断。②在伍德看来，道德论证自始至终都依赖于个人的道德决定，即无法接受自己必须是一个恶棍，从而必须相信至善至少是可能的。因此，这不是什么客观上充分地视之为真。但是，道德法则的普遍有效性，确保了至善的信念至少是主观上充分的，而不是纯然的"臆信"（Überredung），甚至不是纯然的"意见"（Meinung）。因此，说到底，这些实践的归谬法满足于表明，为了回应我们在实践生活中必然会遭遇到的一种窘境，避免由此导致的一个我们在理性上必然而非偶然地无法接受的结果，我们必须持有何种信念。

二　两个实践悖谬及其解决方法

正如前文所指出的，"灵魂不朽"与"上帝存在"这两个命题是为了解决实践理性的二论背反或实践悖谬而提出的，并且以此获得一种实践上的证成。无论是在《实践理性批判》的文本中，还是在我们刚才的分析中，这种二论背反或实践悖谬仿佛都只有一个。然而，伍德指出，康德实际上提出了两个二论背反，"灵魂不朽"与"上帝存在"分别是为解决其中一个而被提出的。因为，至善通过理性存在者的意志而得以可能，

---

① Kant, *Gesammelte Schriften*, Bd. 28/2/2, S. 1083.
② 康德：《纯粹理性批判》（注释本），第 533～539 页（B848－859），以及艾伦·W. 伍德《康德的道德宗教》，第 11～15 页。

这要求两个截然不同的事态得到实现：（1）他必须达到道德上的完善；（2）他必须因其配得上幸福而获享幸福。除非这两个事态都能够被设想为可能的，否则它们就会各自导致一种实践悖谬。

至善首先要求道德上的完善，即"意志与道德法则的完全适合"①，康德有时也把它叫作"意志的神圣性"②。尽管"意志的神圣性"这个概念经常遭到忽视，但它几乎在康德所有的伦理学与宗教哲学著作中都出现过，而且，康德对人类意志的分析讨论也一直都是在同"神圣意志"的比较中展开的，并且正是通过这种比较，人类意志的特有性状才显得格外分明。例如，康德会强调，"义务"和"命令式"是道德法则在人类意志这里的特有表现，因为在一个可设想的完全善的或神圣的意志中，依据法则而行动没有任何强制，只有纯然的愿意。③然而，康德承认，仅仅由于人类存在者的特殊存在，即同时是理性存在者与感性存在者——任何人在今生都绝不可能达到这种神圣性。因为，人的道德意志在任何时候都不可避免地会遭遇来自感性偏好的阻碍。同时从两种视角来看待人，即作为一个理性存在者（并且因此拥有一个纯粹的、出自法则的必然性的意志）与作为一个感性存在者（并且因此拥有种种基于情感的欲求与偏好，它们并不必然与那个出自法则的意志一致），这是康德的一个基本立场。而且，尽管这种看似"二元论"的立场备受批评，但我们必须承认，它至少符合普通人现实的生存体验。因此，基于这种立场，康德在《实践理性批判》中指出："人们虽然能够在作为有理性的存在者的人身上预设一个纯粹的意志，但在作为用需要与感性动因来刺激的存在者的人身上却不能预设任何神圣的意志，亦即这样一种意志，它不能有任何与道德法则相冲突的准则。"④

当然，康德并不认为感性本身是恶的，他甚至明确说过："自然的偏好就其自身来看是善的，也就是说，是不能拒斥的。企图根除偏好，不仅

---

① 康德：《实践理性批判》（注释本），第114页（5：122）。
② 康德：《实践理性批判》（注释本），第114页（5：122）。
③ 康德：《道德形而上学的奠基》（注释本），李秋零译注，中国人民大学出版社，2013，第31~32页（4：414）。
④ 康德：《实践理性批判》（注释本），第31页（5：32）。

是徒劳的，而且也是有害的和应予谴责的。"① 在他看来，道德上的恶产生于"自由的任性"（freie Willkür）对道德次序的颠倒，即把"道德的动机"（moralische Triebfedern）置于"非道德的动机"（unmoralische Triebfedern）之后，这一点在《纯然理性界限内的宗教》中得到了详细的讨论。② 任何人，只要是理性的（并且因此是自由的，能够出自道德法则而行动），同时又是感性的（拥有种种欲求与需要），这种颠倒就在任何时候都是可能的。因此，人类意志想要在每一次的道德抉择中始终坚持出自义务而行动，这不仅是十分困难的，甚至（仅仅是）近乎是不可能的。更重要的是，即便有人能够做到这一点（这毕竟多少是有可能的，不至于是绝不可能的），人的道德意志所面临的那些障碍也仅仅是一次又一次地被克服了，而不是从根本上被铲除了，以至于人只要依旧是感性存在者，依据道德法则而行动的阻碍就随时都可能出现，并且不仅使得人的意志在任何时候都是不够完善的，也不能给人带来完美的幸福。正因为如此，康德才说人有一种"恶的倾向"（die Neigung zum Bösen），并且把它说成"人的本性中的一种根本的、生而具有的（但尽管如此却是由我们自己给自己招致的）恶"。③ 由此，我们就不难看出，人只要依旧是人，依旧既是理性的又是感性的，这种"根本恶"（das radikale Böse）就是"不能借助于人力铲除的"。④ 因此，正如伍德所指出的，人在今生的道德奋斗永远也无法达到意志的神圣性，⑤ 他们的奋斗只能是"与这种（恶的）倾向做不停顿的斗争"⑥，或者说是一种"逐渐的改良"⑦。

因此，第一个实践悖谬就是：人的本性决定他在今生无法达到意志的神圣性，以至于至善似乎成了不可能的；如此，人也就无法在理性上一贯地依据道德法则行事。那么，"灵魂不朽"的意义就在于：它拯救了这种

---

① 康德：《纯然理性界限内的宗教》（注释本），李秋零译注，中国人民大学出版社，2011，第43页（6：58）。
② 康德：《纯然理性界限内的宗教》（注释本），第15页（6：30），第22页（6：36）。
③ 康德：《纯然理性界限内的宗教》（注释本），第18页（6：32）。
④ 康德：《纯然理性界限内的宗教》（注释本），第23页（6：37）。
⑤ 艾伦·W. 伍德：《康德的道德宗教》，第91~92页。
⑥ 康德：《纯然理性界限内的宗教》（注释本），第36页（6：51）。
⑦ 康德：《纯然理性界限内的宗教》（注释本），第33页（6：47）。

不可能性，使人的道德奋斗可以在一个来世中继续。当然，康德的意思并不是说，人将在来世中立即达到道德上的完善；他甚至也并不是说，人在来世继续他的道德奋斗，以便在某一个时间点上达到这种神圣性。正如前文曾指出的，"灵魂不朽"和一个可能的"来世"与其说是为使人达到道德上的完善而被公设的，不如说是为"向着完全适合的一种无限进展的进步"而被公设的。这个来世是什么样的？人类存在者在其中拥有何种性状？我们无从得知这些事情，也不可能拥有任何真正的知识，从而没有权利对人类存在者在这个来世中的意志状况做出判断。① 同时，康德虽然确实说过，道德上完善性或者意志的神圣性"惟有在向着完全适合的一种无限进展的进步中才能被发现"②，但这并不意味着，它可以在这个无限进展的过程中某一个环节或者是在其最终环节中被达到。姑且不说我们根本就无法获得这种知识，即便有人声称，这一点就跟"灵魂不朽"的命题本身一样仅仅构成了一个信念，那么，这个信念也根本就没有任何理性上的根据。而且，这种观点与"无限进展"本身是矛盾的，"灵魂不朽"原本就是为了使"无限进展"得以可能而被公设的，也正是因此才获得了一种理性上的证成，被看作在理性上是可以相信的，但通过在任何时候终止这一进展，彻底否定了"无限进展"的可能性。

但是，康德确实认为，一种持续不断地由恶向善的意念（Gesinnung）能够满足神圣性的要求，而且，这种意念本身是超感官的，从而无关时间地"保持不变、始终如一"。③ 至于这种善的意念如何代替意志的神圣性，这个问题必须从《纯然理性界限内的宗教》中去寻求解答。康德在那里指出，无论人拥有怎样一种善的意念，"他毕竟是从恶开始的"，并且"永远

---

① 此外，这种观点将取消人在今生的道德奋斗的必要性，"让一个人耐心等待来生的到来，为他揭示出意志的神圣性如何得以可能，而不是把他的时间浪费在今生朝向神圣性的道德进步这一艰难而总是不完备的努力之上"。艾伦·W. 伍德：《康德的道德宗教》，第94页。

② 康德：《实践理性批判》（注释本），第115页（5：122）。

③ 康德：《论万物的终结》，《康德著作全集》第8卷，第337页（8：334）。康德在那里明确把"意念"说成"超感性的东西"，并且因此"不像进步那样是一个现象"。因此，道德意念似乎就是"无限进展"中的那个恒常不变的"一心一意"，即便康德伦理学与宗教学最终需要某种形式的恩典论，他也必须跟这种超感性的道德意念有关。对于这一点，伍德在《康德的道德宗教》最后一章有更详细的讨论。参见艾伦·W. 伍德《康德的道德宗教》，第168~199页。

不可能抹去这种罪债"。① 因此，上帝的审判就必须被设想是依据那个"对事先在他里面起支配作用的恶的原则拥有优势的善的意念"的审判，② 把"从堕落了的意念走出，进入善的意念"看作旧人的死去、新人的诞生，③ 并且作为一个新人来面对道德审判，"使人们能够希望在自己的审判者面前可以表现为释了罪的"。④ 在这个过程中，那个使人可以"表现为释了罪的"东西，或者说是使人获得"超出工作成绩之上的功劳"的东西，就是上帝的恩典。⑤ 如此，康德就引入了他自己的恩典论。但是，不同于那种"人在来世将立即达到意志的神圣性"的观念，以及那种"在来世的某一个时间点上达到意志的神圣"的观念，这种恩典被设想为对"无限进展"中的那个超感官的"坚定意念"的回报。因此，它既不会取消道德奋斗的必要性，也不允许暗中以任何其他的动机来取代义务的动机，以至于从根本上败坏了道德。当然，这些已经不是《实践理性批判》所要处理的问题了，它也没有伪称自己彻底解决了有关第一个实践悖谬的一切问题。但是，对于实践的意图来说，"灵魂不朽"的命题只需实现一个目标，即消除掉我们达到道德完善性的彻底的不可能性，确保意志的神圣性对我们来说至少是可能的，那就足够了。

至善其次要求德性与幸福的结合，而且，不仅要求"有德之人获享幸福"——因为这有可能只是一种纯粹偶然的结合，还要求"因其有德而获享幸福"。也就是说，至善要求德性与幸福按照因果联系的系统结合，仿佛这种结合是由我们的（善的）意志而造成的。然而，这种结合似乎是不可能的。这不仅是因为人（因其特有的局限性）根本就无法达到道德上的完善，还因为人（作为理性存在者）固然能够（凭借其理性意志）是自己在经验世界中的行动的原因，但并不同时也是"世界和自然本身的原因"⑥，根本就无法支配自己行动在自然中造成的结果，并且在这方面也始终都是"有局限的"（begränzt）。在《判断力批判》中，康德对人类存在

---

① 康德：《纯然理性界限内的宗教》（注释本），第 58 页（6：72）。
② 康德：《纯然理性界限内的宗教》（注释本），第 59 页（6：73）。
③ 康德：《纯然理性界限内的宗教》（注释本），第 61 页（6：74）。
④ 康德：《纯然理性界限内的宗教》（注释本），第 61 页（6：74）。
⑤ 康德：《纯然理性界限内的宗教》（注释本），第 61 页（6：74）。
⑥ 康德：《实践理性批判》（注释本），第 117 页（5：124）。

者的这种局限性做了几近残酷的描述，并且由此把第二个实践悖谬展示得十分鲜活。他假定了一个诚实的善人，既不相信上帝也不相信来生，也不打算从道德行动中获利，却依旧坚持出自义务而行动，这将会如何？回答是：他"永远不能指望它提供与他觉得有义务并且受敦促去实现的目的的一种有规律的、按照恒常的规则（如他的准则内在地是并且必须是的那样）来印证的一致"。① 而且，无论他个人品性如何正直，也无法阻拦横行周遭的"欺诈、暴行和嫉妒"；同时，他也看到，许多跟他一样品性正直的善人，无论何其配享幸福，却"遭受着贫困、疾病和夭亡这一切不幸，而且就一直这样下去，直到一个辽阔的坟墓把他们全都吞噬掉（在这里，正直还是不正直都是一回事），而那些能够自信是创造的终极目的的人们被抛回到他们曾经从中超拔出来的物质的无目的的混沌的深渊为止"②。在这种情况下，即便道德法则的实在性明明白白地要求每个人都应当无条件地遵循它们而行动，假如他确实不相信上帝与来生，以至于这种坚持显得注定是一种毫无成效的自我折磨，那么，他又如何能做到不放弃自己在道德上的坚持呢？如果他能够做到，这种坚持难道不是一种理性上的稀里糊涂吗？无论如何，德性与幸福的结合（借用《奠基》中的表达）要求"自然王国及其合目的的安排"与一个理性存在者的意志"协调一致"。③然而，尽管我们在自然中或许并非绝对看不到这种协调一致的偶然发生，但（更重要的是）我们绝对看不到这种协调一致的必然发生。因此，正如伍德所言："一个根据感官世界来看待自己最终的道德目的之人，必定会把自己的一切努力与自己的道德意愿本身看作徒劳无功的与无缘无故的，而且，他必定会把达到至善当作不可能的事情而加以放弃。"④

这也正是第二个实践悖谬，也是"上帝存在"所要解决的问题。就是说，为了确保德性与幸福的一种必然的、合目的的系统结合，"惟有假定自然的一个拥有与道德意念相符合的因果性的至上原因，尘世中的至善才是可能的"⑤。而且，这样一个"至上原因"不能仅仅被设想为自然世界的

---

① 康德：《判断力批判》（注释本），中国人民大学出版社，2010，第267页（5：452）。
② 康德：《判断力批判》（注释本），第267页（5：452）。
③ 康德：《道德形而上学的奠基》（注释本），第61页（4：438）。
④ 艾伦·W.伍德：《康德的道德宗教》，第102页。
⑤ 康德：《实践理性批判》（注释本），第117页（5：154）。

原因，而必须是同时被设想为道德秩序的原因——也就是说，作为一个理智，从而作为一个人格（Person），跟我们每一个有限的理性理智一样（或者说，我们跟这个至上的人格一样），必须被看作道德上立法的，以至于道德意志与自然结果的统一在其中可以被设想为必然的，进而使有限的理性行动者的德性意念与成比例的幸福之结合成为可能的。而且，倘若我们意识到。根据康德的观点，对幸福的要求事实上只能是从我们今生特有的感性存在出发的一种"类比的设想"，而不是对幸福的确切知识的要求，那么，西奥多·格林（Theodore M. Greene）及类似的批评就不足以威胁这个论证。① 同时，倘若我们意识到，幸福与德性的结合并非时间中已然存在的，以及把这种结合同时看作人类意志与上帝意志的产物并非不可能的，并且因此不至于使人的道德奋斗成为"多余的"或"虚张声势"，也就不必担心黑格尔所说的那种"颠倒错乱"（Verstellung）。②

这些论证为什么不是理论的，而是实践的？因为，它们并没有使我们有权在客观上视"灵魂不朽"与"上帝实存"为真，而是基于道德法则的客观实在性，为了解决我们服从道德法则而行动将导致的两种实践悖谬，而使我们有权在主观上视之为真的两个命题。也就是说，我们仅仅是在实践上有理由"相信"它们为真。因此，正如伍德所强调的，我们绝不能忽视这些论证"根本上 ad hominem（针对人）的特征"③。也就是说，它们只是一些对于道德存在者来说主观上充足的论证。④ 然而，倘若我们想要深入把握其中奥妙，就必须回到伍德最初提出的一个论点：我们对任何其目的不确定的行动的投奉（commitment）都预设了我们相信它的实现至少

---

① Cf. Theodore M. Greene, "The Historical Context and Religious Significance of Kant's Religion," in *Religion within the Limits of Reason Alone*, trans. Theodore M. Greene & Hoyt H. Hudson, Harper & Row, 1960, pp. lix, lxv, and lxiv.

② 黑格尔：《精神现象学》，先刚译，人民出版社，2013，第381页。

③ 艾伦·W. 伍德：《康德的道德宗教》，第114页。

④ 我们甚至可以设想一个毫无道德观念、彻底拒斥道德法则的人，那么，这些论证对于他们来说似乎就是彻底无效的。然而，康德的一个基本立场，以及他的整个伦理学论证都表明，道德法则对于每一个可能的理性存在者来说都是客观上必然的。对于康德来说，没有人能够在逻辑上无矛盾地否定道德法则的必然性，倘若真有人如此，那就只能是一种思维上的混淆或者纯然的愚蠢。当然，康德的这种立场在现代哲学中遭到了不少批评，但如何为他的立场辩护，以及它事实上能否真正得到辩护，那就纯粹是跟本文无关的另一个主题了。

是可能的，无论我们是否清楚地意识到这一点。

三　道德的终极目的与道德行动中的信念

正如前文所言，根据康德的意思，公设"灵魂不朽"与"上帝存在"是为了解决至善的可能性问题。至善为什么必须至少是可能的？因为，促成至善是"一个由道德法则来规定的意志的必然客体"①，或者说是"纯粹实践理性的客体和终极目的"②。这意味着，倘若至善根本就是不可能的，那么，出自道德法则的行动就是徒劳的与毫无意义的。尽管如此，在康德看来，道德法则毕竟必然地诫令理性存在者如此这般行动，那么，设想至善的可能性就成了必须的。因此，康德的全部道德论证，其有效性都依赖于道德法则本身的客观实在性。问题是：道德法则及其所诫令的行动究竟在何种意义上需要至善的支持？

无论如何，在正式回答这个问题之前，我们可能有必要澄清一个常见的误解。由于至善包含幸福，把至善说成道德意志的一个终极目的，这很容易使人感觉与康德伦理学的基本立场相冲突。因为，康德在任何时候都要求纯然"出自义务"的意愿与行动，并且明确指出："凡是把欲求能力的一个客体（质料）预设为意志的规定根据的实践原则，全都是经验性的，不能充当任何实践法则。"③ 然而，通过把幸福纳入至善，幸福似乎就以某种方式成了道德行动的目的。对此，格林甚至指出，即便我们把康德的要求区分成"为自己谋德性"与"为他人谋幸福"两个部分，也无助于解决问题。因为，"倘若幸福绝不能是行动的动因，那么他人的幸福凭什么是一个例外？""倘若道德法则真的要保持其纯洁性，就必须跟幸福无关，无论是我的幸福还是他人的幸福。"④ 同样，叔本华也曾充满嘲讽地指出，至善中的幸福"好比是一项秘密条款……美德（德性）在忍受过劳苦

---

① 康德：《实践理性批判》（注释本），第 2 页（5：4）。
② 康德：《实践理性批判》（注释本），第 121 页（5：129）。
③ 康德：《实践理性批判》（注释本），第 19 页（5：21）。
④ Theodore M. Greene, "The Historical Context and Religious Significance of Kant's Religion," in *Religion within the Limits of Reason Alone*, p. lxiii.

而完成功德之后是偷偷地伸着两手的（索要幸福）"①。相同的思路甚至还可以更远地追溯到克里斯蒂安·伽尔韦（Christian Garve），他把康德的主张概括为："有德者依据那些原则，持之以恒地致力于使自己配享幸福，但只要他是真正有德的，就绝不致力于使自己幸福。"② 因此，在"至善"中引入"幸福"，并且把它当作道德行动的一个目的，康德似乎犯了一个严重的错误。康德本人在1793年的论文《论俗语：这在理论上可能是正确的，但不适用于实践》中正面回应了伽尔韦的质疑，他指出："'只要'这个词在此造成了一种歧义，必须事先消除这种歧义。该词可以无非是意指：在他作为有德者服从自己的义务的行为中；而这样，这个命题就与我的理论完全吻合。或者它意指：只要他一般而言是有德的，甚至在不事关义务且与义务不相抵触的时候，有德者也根本不应当考虑幸福；而这样，这就与我的主张完全相矛盾。"③ 事实上，如果我们谨慎地对待康德伦理学著作就不难发现，康德从不曾要求我们在任何情况下都要放弃对幸福的追求。即便在《奠基》中，康德也只是在追溯行动的道德性来源时，要求排除对个人幸福的考量，而不是反对我们追求幸福。义务的动因与幸福的动机也并不在任何时候都是冲突的——在那种情况下，我们无疑应当舍弃幸福而履行义务，即便我们由于感性上的软弱而根本做不到——如果它们没有任何冲突，甚至恰好（这种巧合虽不算常见，但也绝不算罕见）对行动有着相同的要求，那么，只要我们不把"追求幸福"当作"履行义务"的条件，而是始终把"履行义务"当作"追求幸福"的条件，行动的道德性就不会有丝毫的减损。更何况，康德始终把"促进他人的幸福"看作一项道德义务。

因此，正如伍德所注意到的，所有上述批评都粗暴地误解了康德的意思，并且全都"基于对行动的动因与其目的的混淆"④。康德确实把至善（以及包含在其中的幸福）看作道德意志的目的，但是——鉴于"目的"（Zweck）一词极易导致误解——更准确的说法是"一个由道德法则来规定的意志的必然客

---

① 叔本华：《作为意志和表象的世界》，商务印书馆，1982，第712页。
② 康德：《康德著作全集》第8卷，第284页（8：281）。
③ 康德：《康德著作全集》第8卷，第284页（8：281）。
④ 艾伦·W. 伍德：《康德的道德宗教》，第40页。

体"或"纯粹实践理性的客体"。① 无论如何，对于康德来说，"至善在任何情况下都不能被看作道德意志的一个动因（motive；Bewegungsgrund）或动机（incentive；Triebfeder），而是其理想的客体（ideal object；ideales Objekt）"②。也就是说，尽管康德确实把至善（以及包含其中的幸福）看作道德意志的客体，亦即道德意志所规定的行动试图在经验世界中造成的结果——但是，他并不（事实上反对）同时把它看作道德意志的动因——道德意志的规定根据。在康德看来，善的意志不以欲求能力的任何客体（质料）为其规定根据，而是独立于所有这些客体而自我规定。当然，康德对"目的"一词的使用给读者造成了巨大的困扰，尽管这与他的本意恰好相反。"目的"一词在康德的伦理学著作中至少有两层意思：欲求能力的一个客体（Objekt）③，即意志行动试图要产生的结果，这也正是日常意义上的"目的"；意志的规定根据④，即把行动者和一个行动联结起来，把"我"和"如此行动"联结起来的决定性理由。对于非道德的行动来说，欲求能力的客体同时就是意志（任性）的规定根据，预期的结果就是意志行动的目的。但是，康德认为，在一个道德行动中，意志的规定根据（目的）只能是实践的理性自身，并不同时是欲求能力的任何客体——唯此它才是一个道德的意志。

　　但是，无论如何，这绝不意味着，一个善的意志就没有客体，或者没有预期的目标。任何意志都要求行动，否则它就不能成为一个意志，善的意志也不例外。意志行动总是要造成某种结果，它或者（由于各种方面的幸运）完全按照预期地实现了其客体，或者相比预期有所欠缺地实现了其客体，或者造成了完全超乎预期的结果，或者（由于种种不幸）行动根本就不能被实施。但无论在任何一种情况下，意志都有其预期的目标。同时，这也绝不意味着，一切道德意志没有一个终极客体。相反，它们当然有一个客体或目标，即通过理性存在者的意志来造成一个善的世界，有德之人在这个世界中将因其德性而获享幸福。实际上，"德性"与"至善"

---

① 康德：《实践理性批判》（注释本），第 2 页（5：4）、第 3 页（5：5）。
② 艾伦·W. 伍德：《康德的道德宗教》，第 43 页。
③ 康德：《实践理性批判》（注释本），第 19 页（5：21）。
④ 康德：《道德形而上学的奠基》（注释本），第 47 页（4：427）。

在视角上是略有不同的。德性是一个从个体（作为理性行动者）的主观视角出发的要求，"出自道德法则而行动的意志"在任何时候都是一个特定行动者的意志，并且唯其如此才是自律的而非他律的意志。只是说，由于道德意志及其法则的普遍性，该个体的意志必须同时被看作每一个理性行动者本身的意志，或者说是对每一个可能的理性存在者都以完全相同的方式有效。但是，至善多少是一个从世界的旁观者（也就是说一种客观的视角）出发的要求德性与幸福的结合，并且是按照一种因果关系的系统结合。这种结合在关系上是"配享幸福"与"幸福"的结合，从结果上看是道德上最高的善与自然意义上最大的善的结合，是人类从自己的感性存在出发所能设想到的最完满的善。因此，至善的要求不是一个从行动者的意志规定方式出发的要求，而是对道德意志所要求的行动可能达成的一种客观结果的要求。从这种世界的旁观者的视角出发，至善就成了一个很简单的问题：（1）倘若有德之人（满足了道德上善的要求）都没有幸福，那么，这个世界是不够善的，或者说不够好的；（2）倘若有德之人只能偶然地获享幸福，他的德性与幸福之间没有一种因果联系，那么，这种情况虽然略好于前一种情况，但这个世界依旧是不够善的；（3）唯有当有德之人必然地能够获得幸福，道德上最高的善与自然中最大的善能够必然地结合在一起，这样的世界才是最好的世界。因此，如果说理性存在者的道德意志毕竟有什么目标（尽管它绝不是这个意志的规定根据），那就是要造成一个最善的世界。

因此，一切道德意志都有一个终极目的，这一点并没有什么困难。在此基础上，伍德指出，康德道德论证的根本逻辑就在于：倘若我们的道德意志不是徒劳无功的，而且，这个终极目的（至善）在逻辑上绝非纯粹不可能的，那么，我们就必须相信，它有可能通过我们的道德努力得以实现。否则，我们要么就是在非理性地行动，要么就只能彻底否定道德法则，成为一个恶棍（scoundrel；Bösewicht）。而且，伍德重点想要指出的是："一个人声称自己的意图就是要追求某一个目的，并采取某种行动以追求那个目的，他就预设了、暗示了或者让他自己投奉于一个信念，即通过他正在采取的行动来达成讨论中的这个目的至少是可能的。"① 这种信念

---

① 艾伦·W. 伍德：《康德的道德宗教》，第17页。

倘若不是与道德意志有关而是与一般的行动意愿有关，就叫作"实用的信念"（der pragmatische Glaube）①。例如，援引康德的例子，医生观察病人的情况，判断该病人患了肺结核，并采取相应的措施为其诊治。② 在这个例子中，医生的行动预设了他所持有的一个信念，即使用这种措施来治好该病人是可能的。否则的话，他的行动就是彻底非理性的。甚至，在那些其结果貌似绝不可能的行动中也是如此。例如，伍德就举出了一个国际象棋菜鸟和世界冠军对弈的例子。在例子中，菜鸟明知自己不是冠军的对手，想要取胜绝无希望。在这种情况下，他的行动似乎就并没有预设对自己有可能取胜的信念。但是，无论如何，这个反例不能说明任何问题。首先，倘若情况就是如此，这只能表明，这个人的行动是非理性的。其次，也是更重要的，在现实的行动中，行动的动机总是多元而复杂的，不能简单地判定为取胜。倘若这个人不至于是纯粹非理性的，那么他的目的很可能就不是取胜，"而是想要平局，或者甚至只是坚持走十步以上……也就是说，在对弈中尽我所能"。③ 在这种情况下，即便他的目的并不是十分明确的，我们也不能说，他并不怀有任何目的，从而也没有对达成这一目的的可能性怀有任何信念。

　　当然，就"实用的信念"而言，它所涉及的行动目的在任何时候都只是"任意的"与"偶然的"目的。但是，在"道德的信念"（der moralische Glaube）中，它所涉及的行动目的——纯然作为欲求能力的客体但并不同时是意志的规定根据——却是一个"绝对必然的"目的。④ 因此，从"出自道德法则而行动"的必然性中，就派生出了其终结目的的必然性。对于"道德的信念"的必然性，康德早在《纯粹理性批判》中就指出："既然因此之故道德规范同时是我的准则，我将不可避免地相信上帝和一个来世的存在，并且肯定没有任何东西能够动摇这一信念，因为那样一来我的道德原理本身就会被颠覆，而我不可能放弃这些道德原理而不在

---

① 康德说："我把诸如此类偶然的、但却为现实地运用手段于某些行动奠定基础的信念当作实用的信念。"康德：《纯粹理性批判》（注释本），第535页（B852）。
② 康德：《纯粹理性批判》（注释本），第535页（B852）。
③ 艾伦·W. 伍德：《康德的道德宗教》，第17~18页。
④ 康德：《纯粹理性批判》（注释本），第535页（B851），第537页（B856）。

我自己眼中是可憎的。"① 当然，我们必须始终注意的是，不同于自然法则的那种"必然就是如此"的普遍性，从道德法则的"必然地应当如此"的普遍性出发，道德法则的终极客体只能被证明为"必然地应当相信"的对象。

至此，本文也就基本澄清了康德《实践理性批判》中的道德论证的基本逻辑：道德法则的客观实在性使我们有理由相信其客体的现实性，但为了使其客体得以可能，我们还必须相信"灵魂不朽"与"上帝存在"。这并不是一种理论上的证明，康德没有也不要求我们在客观上把这些命题视为真，而是要求我们基于道德意志及其行动的一贯性，在主观上把这些命题视为真。同时，伍德对于"行动与信念的关系"的讨论开辟了一个崭新的思考方向，他在这个问题上的持续思考似乎也有了新的成果。众所周知，伍德还是一位马克思研究专家。在《康德的道德宗教》的中译本序中，他还提到，在道德信仰中，康德倡导我们以一种"有怀疑的信念"（Zweifelglaub）②来对待至善，"但马克思主义者在把我们从资本主义中解放出来这一目的需要这种态度，而且，任何人在对他们所关心的任何重大且重要的事情的不确定命运的关切中也需要这种态度"③。笔者相信，对于中国学者来说，康德与马克思之间的这种联系并不是那么显而易见——伍德自己也声称："我花了不少时间才看到这两者之间的联系"④，但肯定是引人注目的。对此，在伍德2020年出版的新作《康德论宗教》（Kant on Religion）中，我们将看到他在这个问题上的详细阐述。

---

① 康德：《纯粹理性批判》（注释本），第537页（B856）。
② 康德：《判断力批判》（注释本），第287页（6：472）。
③ 艾伦·W.伍德：《康德的道德宗教》，第4页。
④ 艾伦·W.伍德：《康德的道德宗教》，第4页。

论康德历史哲学、宗教哲学、
实践哲学的关系[*]

刘凤娟^{**}

摘　要：康德广义的实践哲学包含历史哲学和宗教哲学，因为其自由概念本身就可包容时间性和历史性的维度，而其宗教哲学的思想整体实际上是一种纯然理性界限内的宗教史或信仰观念史。但历史和宗教并不是其实践哲学体系中可有可无的部分，而是其批判的道德哲学和道德形而上学的不可或缺的辅助。历史哲学与宗教哲学的关系主要在于两者思维方式上的一贯性，而这两种辅助性思想部门对于实践哲学的关系则在于思想义理的内在一致性。

关键词：康德　历史哲学　宗教哲学　实践哲学

康德哲学体系的主干思想部门包含理论哲学和实践哲学，作为辅助部门但仍然不可或缺的有历史哲学、宗教哲学等。历史哲学与宗教哲学都具有其理论层面的意义。普遍历史理念可以被看作人类一切经验性行动的系统联结的整体概念，这实际上是隶属于纯粹理性的世界理念的二级理念。而其宗教哲学实际上包含了以纯粹信仰为理念和形式、以启示信仰为内容和质料的系统的信仰观念史；人类信仰观念的历史演变实际上是其普遍历史的一个重要方面。理论哲学之于历史和宗教的意义就在于，人们可以从理性的这种系统统一性出发，来思考人类社会及其活动的整体。与此不

---

　*　本文为国家社科基金后期资助项目"康德历史哲学新论"（19FZXB041）阶段性成果。
　**　刘凤娟，华南师范大学哲学与社会发展学院教授。

同，实践哲学之于历史和宗教的意义则在于，为其提供一种形而上学的、道德上的终极目的。这不仅使得历史和宗教中的普遍信仰史成为可能，更使得历史和信仰成为一切形而上学目的得以实现的现实过程和前提条件。换言之，实践哲学为历史哲学和宗教哲学提供一种目的根据，历史哲学与宗教哲学则开启了实践哲学的实在性维度。在康德这里，实践哲学必然具有一种历史性的和宗教的维度。

一 历史哲学与宗教哲学的关系

在康德这里，普遍历史理念具有一种调节性的神学背景。这体现在大自然隐秘计划或神意对人类整体，即其经验性行动的合目的性的系统把握。人的经验性行动与自然界中其他自然现象一样都是发生在具体时间段上的事件。从微观的和个体的角度来考察，人的行动就是"杂乱地、没有规则地落入眼底的东西"，① 它们是按照自然机械法则被规定的。在这种层面，不存在历史哲学与宗教哲学乃至实践哲学的任何直接关联，甚至连历史哲学本身也无法成立。因为，历史之所以能被看作哲学研究的对象，或者人们之所以能够设想一种哲理的历史，就在于，人类社会或人类整体被通盘把握在理性之中，而不是个别地、机械地、盲目地、杂乱无章地落入其视野。康德在其历史哲学中主要采纳的就是一种社会性的和整体性的研究视角。

他指出，当历史"宏观地考察人的意志之自由的活动时，它能够揭示这种自由的一种合规则的进程"，由此，在人类整体那里，人们可以设想"其原初禀赋的一种虽然缓慢，但却不断前进的发展"。② 人类整体的合规则进程被看作合乎某种自然意图的历史过程，或者某种合目的的历史过程。康德在这种历史观中使用了自然目的论的思维方式。按照这种思维方式，自然中没有任何东西是无目的的。人身上的目的性表现在，"那些旨在运用其理性的自然禀赋，只应当在类中，但不是在个体中完全得到发

---

① 李秋零主编《康德著作全集》第 8 卷，中国人民大学出版社，2010，第 24 页。
② 李秋零主编《康德著作全集》第 8 卷，第 24 页。

展"①。目的论的自然观中带有一种合目的性的发展观，并且是在类的整体意义上的发展观。而为此奠基的就是"自然的一个隐秘计划"②。康德历史哲学中所提到的这种具有某种隐秘计划的自然，实际上就是按照其自身意图创造整个自然界的上帝。这里隐约可见斯宾诺莎"产生自然的自然"和"被自然产生的自然"之间的区分。作为能动的自然，上帝是万物得以产生的原因，也是万物合目的性的运动变化的原因。大自然的隐秘意图贯穿于、内在于万物之中。在这个层面，上帝的人格特征还未完全显现出来，而是作为一种秘密引线指引人们以合目的性眼光看待整个自然乃至人类社会的发展进程。只有到了实践哲学中，上帝作为至善的原型，才在人类追求其道德完善甚至世间至善的历史进程中，表现出其超验的但具有人格和意志的显著特征。

人类普遍历史的这种调节性的神学背景并不立刻意味着历史哲学和宗教哲学的内在思想关联，最多算是一种奠基性的理论前导。在大自然隐秘计划论题上的上帝理念体现的是人类理性的系统统一性功能，这主要是从理论意义上来说的。历史哲学与宗教哲学的真正的内在联系是在实践哲学内部展开的。在实践视域中，上帝不再只是隐匿在自然万物之中的隐秘的、能动的自然，而是超越于自然和人类社会之上的人格神。人对这种人格神的信仰方式在历史中不断发展演化，并遵循一种历史性的和建筑术的思维方式。

人类信仰观念的变迁史是人类普遍历史中的一个典型方面，康德宗教哲学的思想精髓就在于一种纯然理性界限内的信仰观念史或宗教史，其思维方式符合历史哲学中的合目的性辩证发展观。历史哲学与宗教哲学的内在联系在二者的思维方式上可见一斑。

普遍历史所趋向的终极目的是一种道德上的形而上学目的，即人类道德性的最终完成，或者就是其自然禀赋的最终完善。大自然的隐秘意图具体地就体现在人性的这种完善性上。在康德这里，理性在历史领域借助这种道德上的目的对人类经验性行动的杂多和秩序进行先天的规整。普遍历史就可以被设想为该目的在人类现实活动中得以实现的时间进程。这种按

① 李秋零主编《康德著作全集》第 8 卷，第 25 页。
② 李秋零主编《康德著作全集》第 8 卷，第 34 页。

照一个作为终极目的的理念而产生的历史整体具有"建筑术的统一"①，而不是技术性的统一性。这种思维方式在宗教哲学中也得到了运用。

康德在《道德形而上学》的结束语中对"纯然理性界限内的宗教"这一术语进行了解说。他指出，"这宗教并不是从纯然理性中派生出来的，而是同时建立在历史学说和启示学说之上的，而且仅仅包含着纯粹实践理性与这些学说的一致"。② 这种建立在历史学说之上的理性界限内的宗教与纯粹道德哲学范围内的宗教具有本质区别。后者不具有任何历史性和启示性内容，而是作为宗教的形式并充当一切历史性信仰的理念。而宗教的质料就是基督教历史中依赖于经验性启示的各种信仰方式。康德指出，道德哲学内部的纯粹宗教信仰在逻辑上必须先于历史性信仰或教会信仰，但在时间和历史上"教会信仰在把人们改造成为一个伦理的共同体方面，以自然的方式走在了纯粹宗教信仰的前面"③。纯粹信仰与历史性信仰的这种关系，类似于历史哲学中道德上的终极目的与历史进程中人的经验性行动之间的关系。纯粹信仰充当了宗教领域中的最高目的或理念，这种理念先天地规定了历史中各种启示信仰的杂多，由此形成的是一种合目的性的信仰观念史或宗教史。

康德在其宗教哲学中的形而上学立场是纯粹信仰，亦即那种隶属于纯粹道德哲学的或作为宗教的形式的东西，但他对基督教历史上的杂多的启示信仰并不完全持否定态度，而是具有一定的包容性。"一种历史性的信仰作为引导性的手段，刺激了纯粹的宗教，但却是借助于这样的意识，即它仅仅是这样一种引导性手段。而历史性的信仰作为教会信仰包含着一种原则，即不断地迫近纯粹的宗教信仰，以便最终能够省去那种引导性的手段。"④ 这就意味着，历史性信仰虽然就其自身而言与纯粹信仰的立场是不相符的，甚至被康德理解为道德上的无信仰，⑤ 但从另一个角度看却成为促进纯粹信仰的手段、载体、工具。而正是从这种包容性的、调和性的立

---

① 李秋零主编《康德著作全集》第 3 卷，中国人民大学出版社，2004，第 532 页。
② 李秋零主编《康德著作全集》第 6 卷，中国人民大学出版社，2007，第 498 页。
③ 李秋零主编《康德著作全集》第 6 卷，第 107 页。
④ 李秋零主编《康德著作全集》第 6 卷，第 116 页。
⑤ 李秋零主编《康德著作全集》第 6 卷，第 85 页："'若不看见神迹奇事，你们总是不信'，那就暴露出道德上的无信仰的一种不可原谅的程度。"

场上，读者可以看到康德宗教哲学中的历史性维度。其纯然理性界限内的宗教不仅包含作为形式和理念的纯粹信仰，也包含能够统摄在纯粹信仰之下并作为其引导性手段的启示信仰。就此而言，其宗教观实际上是一种宗教史观。而人类宗教史或信仰观念的变迁史乃是其普遍历史的一个重要方面，也是体现其历史哲学思维方式的重要领域。

历史哲学中的建筑术思维方式在宗教哲学中有所体现，同样其辩证发展观对其信仰史观也有所影响。康德在《普遍历史》中指出，人的本性中存在着社会性和非社会性的内在对立，这种对立或矛盾在整个历史进程和全部人类社会中是辩证地达到统一的："一切装扮人的文化和艺术及最美好的社会秩序，都是非社会性的果实。"① 这就意味着，人的非社会性和感性偏好虽然就其自身而言并不可爱，却能够产生最好的结果。康德将这种情形比喻为一片森林中的树木。每棵树出于其本性都在与其他树争夺着阳光和空气，这就迫使它们只能到自己的上方去寻求，并因此长得挺拔、秀美。他甚至在《论永久和平》中说道：一种合法则的社会秩序"纵然对于一个魔鬼民族（只要魔鬼有理智）来说也是可以解决的"。② 因为，人们为了自保而需要有一种普遍法则，即便每个人都暗中想要使自己成为例外，甚至他们在其内在意念中也相互对抗着，但普遍法则毕竟能够使他们的内在意念相互抵制，从而在外部行动上看起来好像没有恶的意念似的。这就表明，人们内在意念中的恶的倾向或非社会性的本性，反而能够产生合乎法则的社会秩序。简言之，非社会性可以促进社会性。

这样一种辩证发展观已经具有了后来黑格尔和马克思辩证法的雏形，只是康德并未将其上升到普遍方法论的高度。"毋宁说，这仍然是在其先验逻辑的思维框架内展开的"，③ 因为，历史的辩证发展是在纯粹理性所设定的终极目的的统摄之下而得以铺陈的。康德在其宗教哲学或宗教史观念中也采纳了这种辩证历史观。

历史性信仰作为一种激励手段，促进了纯粹信仰的发展，但它们之间

---

① 李秋零主编《康德著作全集》第 8 卷，第 29 页。
② 李秋零主编《康德著作全集》第 8 卷，第 372 页。
③ 刘凤娟：《康德论人性中的善恶共居》，《安徽大学学报》（哲学社会科学版）2020 年第 2 期，第 34 页。

的具体关系是这样展开的：历史性信仰"仅仅是这样一种引导性的手段。而历史性的信仰作为教会信仰包含着一种原则，即不断地迫近纯粹的宗教信仰，以便最终能够省去那种引导性的手段"。① 历史进程之中，具有感性偏好的、不完善的理性存在者终归是需要某种经验性的启示来辅助其道德进步和人性完善，因此，一种启示的、历史性的、依赖于世俗教会的信仰方式是必要的。但当人们成熟到足以运用纯粹理性指导其自身道德实践时，这种经验性的信仰方式作为襻带就失去了其工具性价值。纯粹信仰在历史进程之中充当了启示信仰的最高原则、目的、理念，而当它真正实现的时候，一切启示信仰就退出了历史舞台。纯粹信仰作为隶属于纯粹道德哲学内部的信仰方式，是其道德形而上学的题中之义。但康德必须思考这种形而上学在人们的现实生活（尤其信仰生活）中如何实现的问题。历史性信仰以一种自我否定的方式来成就纯粹信仰和道德形而上学的目的，这恰恰类似于非社会性通过普遍法则在人们之间相互抵制，从而造成社会性的那种作用方式。康德在历史哲学的非社会性与社会性之间，以及在宗教哲学的历史性信仰与纯粹信仰之间，不仅设定了一种对立统一的辩证关系，更设想了人性观和信仰观念中的自我否定的发展方式；而这种思维方式又是能够被统摄在其先验逻辑的宏观思维框架中的。

因此，历史哲学与宗教哲学的关系表现在两个方面：带有神学背景的自然目的论为普遍历史理念的成立提供了理论前导和思想准备；在此基础上，其纯然理性界限内的宗教史具体地呼应了其历史哲学的合目的性思想架构和先验的、辩证的思维方式。

二　历史哲学与实践哲学的关系

康德的历史哲学与实践哲学的关系也表现在两个方面：实践哲学必须具有一种历史性维度；历史哲学则必须具有道德上的终极目的。

在康德这里，"凡是通过自由而可能的东西，就都是实践的"。② 在此意义上，人们可以将其实践哲学理解为处理一切通过自由而可能的东西的

---

① 李秋零主编《康德著作全集》第 6 卷，第 116 页。
② 李秋零主编《康德著作全集》第 3 卷，第 511 页。

思想部门。自由乃是其实践哲学的拱顶石。实践哲学所必然具有的历史性维度也应当从自由概念本身的意义来考察。

自由被康德描述为一种绝对自发的因果性能力。自由的特点就在于，它不包含从经验中借来的任何东西，具有自由能力的对象也不能在任何经验中被给予。但除此之外，自由仍然必须将其作用的结果展现在感官世界。因此，自由能力所引发的一种因果序列是跨理智世界和感官世界双重领域的。而在实践的视域中的自由，主要体现在人的具有任意性的意志对于由感性冲动带来的强制的独立性，以及出于这种独立性而自行规定自己的能力。康德在这种自由观中表达了人自身的主体能动性和两重世界的统一性。人们在日常实践活动中的任何有意识的、自发的行动都是出自其自由决断。行动的自然原因与其自由原因不是相悖的，而是相容的和统一的。自由的作用方式就在于，"它自行开始它在感官世界里的结果，但并没有行动在它自身里面开始"。① 这表明，自由因果序列上的开端是在理智世界，但其一系列结果却展现在现象界。之所以说自由的一系列结果，而不是某个单独事件作为其结果，是因为自由是"一个经验性的结果序列的感性条件由以开始的一种能力"。② 自由引发的因果序列不是其理智作用因与某个单独事件（如一个行动）的两项联结，而是这种理智作用因与现象界中自然因果序列的联结。换言之，自由首先自发地推动了现象界中一个自然原因的作用，然后这个自然原因又产生（至少）一个现象性的结果。所以，自由的作用是在现象界中事物背后起推动作用，或者就是造成现象界中自然因果序列的理智作用因。

自由的这种作用方式表明，具有自由能力的主体（如人的意志）必然将其自由作用的结果呈现在时间中。对于个体而言如此，对于人类社会整体而言同样如此。个体在行动时，不仅具有影响其内在动机的自然原因，还具有推动其自然原因和行动结果之间形成联结的自由原因。按照与个体的类比，人类整体被设想为在其普遍历史进程中趋向于某种道德上的终极目的，该目的处于上帝的隐秘计划之中。人类历史被描述为上帝为呈现

---

① 李秋零主编《康德著作全集》第 3 卷，第 358 页。
② 李秋零主编《康德著作全集》第 3 卷，第 364 页。

其隐秘意图而筹划的"戏剧"①。人类整体的行动也被看作合目的性的，就像个体的行动合乎其自身理性设定的目的概念，人类整体的历史进程也趋向于一种普遍的、终极的目的概念。

道德上的终极目的必然需要这种普遍的历史进程。实践哲学若缺失了这种历史性维度，其道德形而上学的先验预设就成了空中楼阁。普遍历史可以被看作道德上的终极目的得以实现的必要非充分条件，或者就是沟通自然和自由的中介。在历史哲学视域中，自然和自由的二元对立表现为，人的经验性行动乃至诸行动仅仅按照自然机械法则的盲目的因果联结，与道德上的终极目的或人性的最终完善之间的分裂。既然道德目的就是自由设定的概念，那么就自由必然在时间和历史中引发其结果而言，自由设定的目的也必须在历史中得到实现。设想一种脱离历史语境的抽象的形而上学目的，是对康德自由观的背离。但自由设定的目的在时间和历史中的实现，需要进一步设定人的经验性行动的合目的性秩序。康德将诸自然现象（如人的诸行动）之间的机械因果秩序统摄于一种目的概念之下，从而一种单向的自然因果序列同时就具有了目的和手段的因果秩序。② 并且，从目的因果秩序的角度看，本来作为结果的目的概念反过来却可以成为规定人的意志及其行动的概念原因。普遍历史中的目的因果秩序就是这种双向的因果序列，它一方面统摄着一切经验性行动的盲目的和机械的自然联结，另一方面又以道德上的终极目的为最高规定根据。人类行动所构成的这种历史性的、合目的性的发展进程，成为沟通自然和自由的桥梁。实际上，实践哲学的历史性维度是其自由观本身所带有的。

历史哲学与实践哲学关系的另一个表现就在于，普遍历史理念必然需要一种道德上的终极目的。这一点需要从第三批判的目的论判断力部分来阐释。

人类普遍历史进程实际上是自然界目的系统的一个重要方面。康德的

---

① 李秋零主编《康德著作全集》第 8 卷，第 334 页。
② 康德曾在第三批判的 65 节"作为自然目的的事物就是有机存在者"中对自然因果序列和目的因果序列有详细论述，读者可以参见此处进一步了解这两种因果序列的内涵及其关系。而关于出自自由的因果性和按照自然的因果性的区分可参见第一批判先验辩证论部分，"关于世界事件自其原因派生的总体性之宇宙论理念的解析"一节。

系统概念不是静止的目的和手段的因果联结的整体，而是在时间进程中得以展开的合目的性整体。对于整个自然界的合目的性系统来说，一种外在的终极目的概念是不可或缺的。"没有这个终极目的，相互隶属的目的的链条就不会被完备地建立起来"，"整个自然都是在目的论上隶属于这个终极目的的"。①自然界中的有机物具有内在的合目的性，其内部各要素之间具有互为目的和手段的因果关系，并由此构成一个自然目的整体。康德将整个自然界也看作一个目的整体，但这个宏观整体中的各个部分之间不是互为目的和手段的关系，而是构成一个从手段到目的的等级性的整体。换言之，自然界整体中的目的因果秩序是一种外在的合目的性秩序，不同于有机物的内在合目的性秩序。

而一种外在的合目的性整体就需要一个终极目的充当这个整体的可能性的前提条件。这种最高的和终极的目的使得自然界中诸事物之间的外在的目的因果序列得到完成。在自然界的等级性的目的因果序列上，作为目的的事物不能反过来成为其手段的手段，而只能成为更高一级目的的手段。由此，一切自然事物才被看作都趋向于一个最高目的。由于其系统哲学和目的论本身带有历史性意义，这样一个合乎道德上的终极目的的自然界目的系统整体同时可以用以解释人类普遍历史的合目的性秩序。人类历史的终极目的与整个自然界的终极目的是同一个，即"仅仅作为道德性的主体的人"，②或者就是道德上达到绝对完善性的人性。历史哲学的主要内容就是，人性基于其本性中的社会性与非社会性的内在矛盾而自我驱动、自我发展的辩证过程。历史所趋向的终极目的就是人性的最终完善，确切地说，就是从其非社会性中所产生的和谐完善的社会秩序和人的道德性的最终实现。康德在其"目的论判断力"部分同样描述了这种辩证思想："战争更多的却是一种动机"，"要把一切有利于文化的才能发展到最高程度"。③就好像他在历史哲学中指出，普遍历史和人类整体基于非社会性而达成"其禀赋之发展的完备性"。④

----

① 李秋零主编《康德著作全集》第5卷，中国人民大学出版社，2007，第454页。
② 李秋零主编《康德著作全集》第5卷，第454页。
③ 李秋零主编《康德著作全集》第5卷，第451页。
④ 李秋零主编《康德著作全集》第8卷，第27页。

目的概念都具有如下特点："一度被标明为结果的事物，仍然上溯而理应得到它是其结果的那个事物的一个原因的称号。"① 目的在自然因果秩序中是最后被实现的东西，但在目的因果秩序中是在先地规定自然秩序的概念原因。全部人类历史需要一种道德上的终极目的来使其合目的性秩序得以成立，而这种目的概念是在全部历史进程之中起着规定作用的，亦即决定着历史的走向。

从广义上看，历史哲学甚至可以被看作隶属于实践哲学的。因为其自由概念本身带有时间性和历史性维度。历史哲学与实践哲学的核心部分之一，即道德形而上学的关系在于，前者为后者提供了一种辅助。道德形而上学需要一种普遍的人类历史来展现其客观实在性。人类历史就是实践哲学的尘世根基。

三 宗教哲学与实践哲学的关系

如上文所述，宗教可以从形式和质料上加以区分。而这两者对于实践哲学的关系也是各异的。宗教，"其形式的东西就属于哲学道德"。② 其中主要包含真正出自人类理性的义务，这种义务必须同时被看作上帝的诫命。这并未改变义务的承担者和颁布者的属人的本质，因为上帝的理念"是理性自己给自己制作的，而在这种情况下，一种宗教义务还没有成为对（erga）作为一个在我们的理念之外实存的存在者的神的义务，因为我们在这里还不考虑神的实存"。③ 宗教的形式的东西之所以属于道德内部，是由于其核心理念上帝是属于人的纯粹理性的。出自上帝的诫命仍然没有超出人类理性的范畴，或者说人对作为其理念的上帝的义务实际上就是纯粹理性对其意志的立法的形象化和直观化表达。上帝仅仅是被设想为一个他者，而不是一个客观实存的他者："不在这里设想一个他者及其意志（普遍立法的理性只是他的代言人），亦即神，我们就不能完全使义务的承

① 李秋零主编《康德著作全集》第 5 卷，第 387 页。
② 李秋零主编《康德著作全集》第 6 卷，第 497 页。
③ 李秋零主编《康德著作全集》第 6 卷，第 497 页。

担（道德的强制）对我们直观化。"① 康德在这处文本中所说的"直观化"不是感性直观的意思，而是指，使纯粹理性对意志的抽象立法形象化。其形象化的方式就是设想人类主体之外的另一种主体，即上帝，从而将人类理性与其自身意志的对峙类比于上帝与人之间的对峙。但由于上帝根本就是存在于人类理性之中的理念，上帝的诫命的实质仍然是人类理性立法之下的义务。

在康德的这种直观化的处理方式中，就包含了其纯粹宗教或形式的宗教与实践哲学的内在一致性。这种一致性具体地体现在义务概念上。这样做是为了在人自身的立法理性中强化道德动机。康德虽然将上帝的客观实存问题悬置起来，但并未完全摒弃上帝的概念，而是将其融入其纯粹道德哲学②中。其道德哲学的核心精神是，人类纯粹实践理性对其具有任意性的自由意志立法，该法则是一种定言命令式；义务概念是从这种定言命令式中引导出来的。其义务论的思想体系也以这种纯粹理性所颁布的普遍法则为根据而建立起来。这种在单纯人类情境中理解的道德是康德实践哲学的核心思想。但在涉及义务的履行、法则的执行时，人们仍然需要一种上帝理念和一个他者，使得人在遵守自身义务时获得更强有力的动机。康德实际上是将传统基督教道德中人对上帝的外在义务关系，转化为人类理性之中人对上帝理念的内在关系。但他想要保留的是传统基督教中上帝对人的道德驱动力。

这种做法实际上并没有足够的说服力。康德道德哲学的典型特征是自律，即自己立法、自己服从，甚至是"自愿地使自己的一切准则被普遍化为法则"③。这种命令暗含了人在执行法则时必须自己依靠自己，或者说，人在其道德实践过程中必须是自我驱动的。假如被某种其他因素驱动，那就违背了自律的精神实质了。一切达到道德完善性并能够成熟运用其理性

---

① 李秋零主编《康德著作全集》第6卷，第497页。
② 在本文语境中，道德哲学、道德形而上学、实践哲学的关系在于：实践哲学是外延最广的概念，其核心部分是批判的道德哲学和道德形而上学，此外还包含历史哲学、宗教哲学等。道德哲学的外延次之，它包含了批判的道德哲学和道德形而上学。邓安庆教授最近的一篇文章谈到了康德的两种伦理学概念，也可以辅助理解这里的几个概念（参见邓安庆《论康德的两个伦理学概念》，《伦理学研究》2019年第4期）。
③ 刘凤娟：《从任性角度解读康德的自律思想》，《哲学与文化》2017年第8期，第45页。

的存在者，都应当完全出于其自身的考虑而履行义务。而在这种情况下，上帝的理念所承担的道德驱动实际上是多余的。而在那种不完善的理性存在者身上，来自上帝理念的内在的道德驱动则往往被独断地看作外在驱动力。也就是说，他们会将上帝看作客观实存的义务发布者。就此而言，上帝理念所承载的内在的道德驱动和直观化使命好像就是无意义的。所以，康德将建立在这种内在的上帝理念之上的形式的宗教或纯粹信仰看作一切启示信仰和人们道德进步的最高目的，这不可能从个体的角度来理解，只能从人类整体的宏观视域中反思性地、调节性地来考察。纯粹宗教与实践哲学的内在一致性本身是形而上学视域中理想状态下的理论建构，这种一致性对历史性信仰和人类道德进步具有范导性价值；这只能从类的意义上来思考。大多数个体对这种纯粹宗教的价值毋宁说是无意识的，他有意识地接受并遵照执行的只是一种历史性信仰中的上帝的诫命。

康德在纯粹哲学内部保留上帝理念及其道德驱动意义，表现了他对传统基督教道德的依赖及其批判哲学的不彻底性。彻底的道德自律应当摒弃一切宗教观念的影响，完全依靠人自身的纯粹实践理性能力。而且，康德不仅在理解道德驱动问题上保留上帝观念，甚至在解释定言命令式时也包含隐秘的神学思想背景。最典型的就是在对目的王国的论述中。在这里，康德也传达了宗教哲学与实践哲学的内在一致性。

目的王国中包含两种存在者，一种是成员，他"在目的王国中固然是普遍立法者，但自己也服从这些法则"；另一种是元首，"它作为立法者不服从另一个理性存在者的意志"。① 元首是一个完全独立的存在者，没有感性需要，其能力也不受任何限制。在康德的一切种类的理性存在者中，元首只能是上帝。上帝只能被设想为独立的、没有感性需要的理性存在者。他没有感性需要，所以其意志能力就不会受到感性的影响。更为重要的是，人的理性能力或意志能力毕竟还需要在时间和现象界中表现出其结果（如经验性行动），上帝的理性或意志是无法设想其在现象中的任何实质结果的。在此意义上，上帝与现象界中的事物的关系可以被设想为"创造"，即无中生有。"一个创造的概念并不属于实存的感性表象方式，不属于因

---

① 李秋零主编《康德著作全集》第 4 卷，中国人民大学出版社，2005，第 442 页。

果性，而只能与本体相关。"① 创造在人类理性中是无法成立的。人类理性的绝对自发性能力对于现象界的事物具有一种推动而不是创造的因果关系。人类的经验性行动只能被看作人类理性或意志的结果，而不能被看作上帝理性的结果。这就意味着，上帝无论是作为道德驱动的直观化的形象还是作为目的王国中的独立的立法者，都只能在观念上影响人的道德实践，而不能作为其实质的作用因。

康德借用目的王国的理念要表达的是一切自我立法和自我服从的理性存在者的一个系统整体，道德完善不仅仅是个体内部的事情，更是全人类的使命。由此就需要具有善良意念的人们联结成为系统整体，这类似于他在《宗教》中所提出的伦理共同体概念。个体是有可能暂时地实现其道德完善的，但只要他仍然处于其同类之中，就有重新堕落的危险。人与人之间不仅存在着律法上的自然状态，也存在着伦理意义上的自然状态。后者是指，人们在内在意念上的分离和不一致。即便每个人都有善良意念，他们之间仍然有可能存在相互矛盾。这是因为他们并不心意相通。这需要一个知人心的上帝来协调人们的内心意念，由此才能成就一种目的王国或伦理共同体。努力使自己成为这样一种共同体中的自我立法者是人类理性的诫命，这不仅仅是为了个体的完善，更是为了人类整体的完善。因而，定言命令中的这一条诫命规定了人对自己族类的义务。如果说，一个已经达到道德完善的人不需要借助上帝理念来驱动他履行义务的话，那么对于人的整个族类来说，上帝理念仍是必需的。对人类理性之中上帝理念的纯粹信仰，特别地在这种类的层面上是不可或缺的。本文认为，康德宗教哲学与实践哲学尤其是其中的纯粹道德哲学的内在一致性，在人类整体意义上表现得尤为明显。

质料意义上的宗教就是上文所说的历史中各种启示信仰中的宗教观念，它对实践哲学起到的是辅助作用。这种宗教不属于纯粹道德哲学，但仍然能够在人类道德进步过程中充当一种引导性手段。康德对质料上的宗教有如此界定："说到宗教的质料的东西、对（erga）神的义务的总和，亦即应当为神提供的服务（ad praestandum），宗教就会能够包含特殊的、不

---

① 李秋零主编《康德著作全集》第 5 卷，第 109 页。

是仅仅从普遍立法的理性出发的、因而不能被我们先天地认识而是只能经验性地认识的、从而只是属于启示宗教的、作为神的诫命的义务。"① 在启示宗教或启示信仰中，人们不会想到，他对自身理性的服从恰恰就是对上帝的诫命的执行。他们只想到被动地服从上帝的规章性法则，使上帝喜悦。规章性立法以启示而非纯粹理性为前提条件，并且只能被看作偶然的。在康德看来，"规章性立法所包含的职能是促进和扩展纯粹道德立法的手段"②。对这种规章性立法的信仰就是一种启示信仰，在这种信仰中，人们在最善的生活方式之上还加上了一种理性所不能认识的，只能依赖于启示的上帝立法。但在人对上帝的外在的和借助启示的信仰活动中，他毕竟也走上了道德进步的道路。所以，康德并没有完全忽视启示信仰和上帝规章性立法的意义。

启示信仰中的规章性立法对纯粹道德立法的促进，不是仅就道德自身而言的，而是也涉及从道德中产生的目的，亦即一种尘世的至善理念。道德法则不仅要求每个个体按照其命令而行事，也要求实现通过每个人的努力而可能的至善。在其宗教哲学语境中，启示信仰对道德的一切促进都旨在至善的最终实现。因为，只有这一目的的实践的实在性，人们才需要将道德延伸到"人之外的一个有权威的道德立法者的理念"③，即上帝理念。按照道德和宗教的这种必然关系，康德在《宗教》中得出了一个与定言命令式不同的实践命令："要使尘世上可能的至善成为你的终极目的。"④ 这个命令是由作为定言命令式的道德法则引入的，而不是与之相雷同。它包含的是人的道德完善和配享幸福的实现在内的完满的目的概念，这样一来，纯粹实践理性还是超出了道德法则，而将该法则的结果纳入其考察范围。人的能力不足以造成其自我追求的幸福和配享幸福之间的一致，所以必须假定上帝作为世界的立法者和统治者。

依赖于启示宗教的人，往往直接地着眼于自身幸福。但上帝毕竟通过其规章性立法外在地对其行为构成一种约束，使其倾向于过一种善的生活。

① 李秋零主编《康德著作全集》第 6 卷，第 497 页。
② 李秋零主编《康德著作全集》第 6 卷，第 105 页。
③ 李秋零主编《康德著作全集》第 6 卷，第 7 页。
④ 李秋零主编《康德著作全集》第 6 卷，第 8 页。

这间接地也达到了促进道德进步的目的。当人们完善到足以信赖自身纯粹实践理性能力而无须借助启示中的上帝时，他们就步入了纯粹道德的领域。所以，康德虽然并未给予启示宗教很高的道德地位，但将其看作促进道德的襻带和导线。启示宗教将以自我取消的方式来促进道德的进步和至善的实现。

结　论

从思想脉络来讲，康德的实践哲学奠基于其独树一帜的自由观之上。康德融合了近代自由观中的自发性精神和科学知识中的因果性视域，确立了作为绝对自发的因果性能力的自由概念。人类理性首先基于其自发性制定了普遍的道德法则，对道德法则本身的考察构成了其批判的道德哲学的主要工作。从道德法则中引申出来的义务论体系则是道德形而上学的核心内容。狭义的实践哲学或者实践哲学的思想精髓就在于批判的道德哲学和道德形而上学。但考虑到从自由中所产生的结果，尤其是作为人类整体之终极目的的至善理念，实践哲学又必须包含历史的和宗教的维度。在这种宽泛的和广义的视域中，实践哲学包含了历史哲学和宗教哲学。康德对历史和宗教的定位主要是一种对道德本身的手段意义和辅助作用。因为，道德为了自身之故无须宗教，也不具有历史性。只有就道德的结果及其实现而言，人们才需要历史和宗教。

如何基于自由思考宗教与超越？

——两个评论

吕　超[*]

摘　要：黄裕生教授在《论宗教信仰的人性基础》一文中，以海德格尔存在论的视角和方法，结合康德道德哲学与价值理论的内容，以富有创造性的方式揭示了宗教信仰在人的自由本性中的先天可能性条件。本评论试图针对黄裕生教授提出的一系列关键问题进行深入的追问和拓展式的讨论，评论涉及的内容有：源于纯粹意志的信仰与自欺欺人的伪信之间微妙的相似性，乌托邦信仰与彼岸信仰在现实诸种宗教形态里的交缠重叠，人类自由的有限性与自由超越自身有限性的三种方式，被抛性与井居性涉及的复杂概念层次，以及理性宗教与启示宗教互为前提的复杂关系等。通过这些追问和讨论，笔者旨在证明黄裕生教授有关宗教与自由之关系的反思，对于汉语学界深入考察这一人类生存中的终极问题具有重要意义。

在《自由与超越》一文中，黄裕生教授根据康德实践哲学的文本，深入而系统地讨论了实践理性的超越运动和它所包含的五个环节。本评论试图就黄裕生教授提出的一系列重要问题展开进一步的追问，由此显明理性的超越活动中的微妙层次、潜在危险以及可能遭遇的最终限度。

关键词：宗教信仰　自由　绝对他者　内在超越

---

*　吕超，中国社会科学院哲学研究所副研究员。

宗教信仰在人类自由中的先验根基
——评《论宗教信仰的人性基础》

黄裕生教授的新作《论宗教信仰的人性基础》① 是一篇无论从论证形式的系统性和精密性来看，还是从论证内容的深刻性和丰富性来看，都能够当之无愧地进入当代汉语哲学典范之列的作品。这篇文章探讨的问题对于我们眼前远称不上美好的世界具有极为重要的意义。相较于黄裕生教授十多年前完成的著作《宗教与哲学的相遇》，这篇新作特别地关注到了（甚至其立论就部分地基于）包括有死性、被抛性、并居性在内的人类生存的有限性，以及在这种有限的人类生存中展开的种种黑暗面，例如不公与不义、苦难与不幸、存在的消亡与意义的失落等终极问题。在这个意义上，黄裕生教授对宗教问题的思考已经超越《宗教与哲学的相遇》而达到了全新的高度和深度。更令人钦佩的是，这篇展现了全新高度和深度的新作，不仅构成了黄裕生教授以对自由的重新思考来构建自身哲学体系的工作的重要组成部分（如果我的理解是正确的，那么对宗教的思考甚至是这个体系最重要的部分之一），也以对人类自由的深刻洞见，为我们重新打开了一个把握宗教本质的可能视域。

在这篇新作中，黄裕生教授以海德格尔存在论的视角和方法，结合康德道德哲学和价值理论的内容，论证了宗教信仰在人的自由本性中拥有的先天可能性条件。按照我粗浅的理解，这篇文章从论证结构上可以被分为两大部分。文章的第一大部分，是对一般意义上的信仰作为某种特殊的意向性而在形式上具有的四个层次（确信、信任、高看、投身）和在内容上具有的两种可能性（作为类—希望的信仰和以个体救赎为目标的宗教信仰）的形而上学阐明。而文章的第二大部分，则是以人的自由本性来为宗教信仰进行先验奠基的先验阐明。

当然，上述结构划分归根结底只是笔者身为读者为了自己理解方便而做的。但如果仔细地考察一下黄裕生教授的实际论证，那么我们将会很容

---

① 赵广明主编《宗教与哲学》第九辑，社会科学文献出版社，2020。

易发现，文章第一大部分结尾论及的、严格意义上的宗教信仰所包含的内容，只有到了文章的第二大部分才得到了充分的展开。换言之，文章两大部分之间的逻辑区分并不是绝对的。先验阐明既开启了在形而上学阐明中尚未涉及的、对宗教信仰的先验论证，同时也是对形而上学阐明中已经涉及的宗教信仰之内容的逐渐充实。这些内容包括死后的另一个世界、至善的完满实现、作为创造者—审判者—救赎者的绝对他者等。以下就按照笔者理解的论证结构，谈一谈对文章各部分的观感和联想到的问题，最后再简单地对整篇文章背后的前—理解（理性宗教与启示宗教的差异）展开一点讨论，但凡有错误和不当之处，还请黄裕生教授与各位前辈同行批评指正。

一

黄裕生教授于文章开篇对信仰在形式上所包含的四个层级的描述非常细腻，笔者个人认为这种划分不仅在逻辑上是完备的，对现实也具有极强的解释力，可以帮助我们分辨和判断种种信仰现象。在阅读这部分的论证时，笔者顺着黄裕生教授的思路继续推理，想到了两个细节上的问题。

第一个问题是：对出于传统或历史叙述而确立起来的观念的确信，其中是否可能已经包含着意志决断的因素？换言之，既无事实凭据也无理论依据的后两种"认其为真"之间，是否可能并不存在绝对的逻辑区别？特别地，对于文中举出的例子而言，为民族国家提供身份认同的历史叙述，与其说是认识论意义上的历史知识，毋宁说是为了实践而被建构出来的、一种被表象为历史的神话。一方面，这个被表象为历史的神话在被叙述、被传承、被接受、被理解的过程中的每一步，都离不开意志决断的因素；另一方面，叙述、传承、接受、理解这个神话的每一个参与者，对自身的意志决断也拥有不同程度的自觉。因此，没有谁会真的认为"我是龙的传人"这份确信仅仅基于单纯的历史叙述，也没有谁会真的仅仅由于单纯的历史叙述被改变，而放弃对"我是龙的传人"的确信。

笔者对这段论述提出的第二个问题，是从"信仰的四个层级的关系是双向的"，特别是从"由投身可以（逆向地）发展到确信"这段分析引申出来的。根据笔者的理解，这里可能涉及"一种真正的信仰的四个层级之间应该具有何种递进关系"这一规范性问题，或者反过来说，可能涉及"一种虚假的信仰如何现实地被产生"这一事实性问题。比如说，某个人可能全身心地投身到某项事业中，甚至将自己生命的全部意义都押在这项事业的成败上。于是，虽然该事业实质上只具有对他本人有效的主观意义，而完全不具备对全人类都有效的客观意义（甚至可能还会伤害他人，因此在道德上是应当被绝对禁止的），但为了使自己不因丧失生命的意义而陷入绝望，这个人完全可能通过自我洗脑和催眠，使自己对事业成功所仰仗的最终基础获得一种确信，并由此陷入狂热和幻想。对于这个人来说，他所经历的信仰生成的过程，实际上遵循着从"投身"到"确信"的逆向顺序，而我们也能够由此发现：信仰中诸层级之生成关系的逆转，可能会带来一种危险的伪信。

　　然而，一个更严重的问题是，这种由信仰中诸层级之生成关系的逆转所带来的伪信，不仅可能发生在一个人的任性（Willkür）对某项（仅仅于他个人）具有主观有效性的事业之基础的"认其为真"中，甚至在类似的意义上，也可能发生在纯粹实践理性或者说纯粹意志（der reine Wille）对某项（于所有自由存在者）都具有客观有效性的事业之基础的"认其为真"中。正因为道德所具有的绝对普遍性和必然性，纯粹意志不会仅仅满足于某个（些）人在有限的一生中实现独善其身，而必然要求所有人在无限的时间中实现德福匹配。但至善的最终建立——这项人类终极事业的成功——必然要求上帝存在和灵魂不朽。于是若归根究底我们会发现，依照理性宗教的内在逻辑，正是对人类终极事业的全身心投入，逆向地产生出了对上帝存在和灵魂不朽的坚定确信。然而若站在启示宗教的立场看，这何尝不是纯粹意志为了其终极事业的成功而创造出来的一种伪信呢？起码从结构上考察，这种由人类实践理性创造的所谓伪信，与个人想象力为了自身事业的成功而创造的伪信并无本质区别。

　　当然，我们的上述批判还是过于简单粗暴。因为，首先站在启示宗教的立场来批判理性宗教，这种原初立场的选择本身就是需要反思的。由于这种立场的选择涉及黄裕生教授这篇文章背后的前一理解，笔者将在最后再回到这个问题。其次，我们或许不应该借助属于认知领域的认识之真假，来把握属于实践领域的信仰之真伪。在实践领域，或许是善决定了真，即真信奠基于绝对的善，而伪信或者缺乏来自绝对之善的奠基，或者干脆就隐秘地植根于恶。因此，作为至善之可能性条件的上帝存在和灵魂不朽，既能够也应当被视为真信而非伪信。当然，以上对真信和伪信的分辨，仅仅是笔者关于黄裕生教授对信仰内部层级划分的衍生性思考，不成熟之处，还请黄裕生教授和各位前辈同行指正。

二

黄裕生教授对信仰的两种可能内容——作为类—希望的信仰，和作为个体之拯救的严格意义上的宗教信仰（在这里，我们把后者简称为彼岸信仰）——的讨论堪称全文的华彩乐章之一。特别地，黄裕生教授对两种内容之间既相互划定不可逾越的界限，又相互促进和相互成就的论证，能够帮助我们分辨现实中诸种信仰现象所从属的类别和所具有的潜在危险。如果笔者的理解没有太过跑偏的话，那么僭越了边界的类—希望（乌托邦信仰），甚至可以涵盖儒家以重建圣王统治来解决所有社会问题的观念体系（尽管儒家的这种乌托邦信仰要我们回归到过去，而不是前进到未来），而僭越了边界的彼岸信仰，甚至可以涵盖（起码是某种传统理解中的）佛教放弃现实之改善而仅仅专注于来世的福分或涅槃中的解脱的观念体系。

更有趣的是，根据黄裕生教授的分类，历史上真实存在的基督教实际上同时包含了彼岸信仰和类—希望这两重内容。因为，基督徒绝不是仅仅将所有希望寄托于末日审判和新天新地（尽管中世纪的隐修主义的确有这种强烈的倾向），而是同时也要（或者说根据新教改革者们的解释，每个基督徒都绝对地有义务）在现实中起码部分地实现这种末世之希望，正如"愿你（天父）的旨意行在地上，就如它行在天上"这句主祷文所表明的那样。同时存在的彼岸信仰和类—希望，构成了基督教精神最深层的张力之一，而基督教的各个教派也可以根据更偏重彼岸信仰还是更偏重类—希望，在两者之间所展开的光谱中被一一排列和定位。其中，类—希望使基督教成为西方历史变迁的核心推动力之一，而彼岸信仰则使基督教永远保持着对历史的超越性，永远不致被历史完全吸收和消化。

值得注意的是，根据黄裕生教授的阐释，只有彼岸信仰才能算作严格意义上的宗教信仰，而类—希望则被排除在了严格意义上的宗教信仰之外。然而正如前文所述，基督教所具有的类—希望的维度似乎与这种分类并不相符，而且对彼岸世界所谈甚少的"儒教"似乎也根本不能算是宗教。当然，我们对现实宗教的日常理解，并不能推翻本文在理论分类上的有效性，而顶多能对文中关于宗教信仰的定义是否过于严格（甚至是严苛）提出一点疑问。反过来说，黄裕生教授把真正的宗教信仰严格限定在彼岸信仰的做法，倒可以帮助我们重新理解现实中宗教（比如基督教）中的彼岸维度和类—维度之间的关系。彼岸维度是宗教的本质，而类—维度只是从前者中衍生出来且始终应当受到前者塑造—引导—规范的副产品。换言之，一种完全蜕变为类—希望而丧失了彼岸信仰的所谓宗教，实际上已经不再是真正的宗教，而只是对真正的宗教扭曲异化之后、一种危险的乌托邦信仰而已。

最后，黄裕生教授对乌托邦信仰的批判堪称直指要害，笔者个人完全赞同这种批评，在此仅对这段批判末尾一句容易引起误解的话提出一点补充意见。在笔者看来，乌托邦信仰中最深层的错误，并不在于人对自身全知的狂妄自信，或者按照文中的说法，在于我们狂妄地宣称自己拥有某种根本不可能达到的，对人之自由本性彻底和完备的理解。事实上，即便是对人之自由本性拥有彻底和完备的理解的上帝，也无权以乌托邦之名侵犯和剥夺个体自由。换言之，即使面对全知的上帝，个体自由的尊严也是绝对的。这种绝对尊严表现在，即使是犯罪、堕落以及对善的故意偏离，也由于属于个体自由的内在可能性，而构成了个体永远不应当被剥夺的绝对权利。实际上，这种犯罪、堕落和偏离善的绝对权利，不仅面对完全看透了人之自由本性的上帝不应当被剥夺，反过来还构成了人能够在上帝面前接受道德问责的终极基础。放在始祖犯罪的例子上，个体自由的绝对尊严意味着，即使是上帝，也无权通过侵犯亚当自由的方式来阻止亚当的堕落。哪怕上帝的全知已经预知了这一堕落，上帝的全能亦完全能够阻止这一堕落，但上帝的全善要求他允许这一堕落。因为，真正意义上的善必须永远尊重和承认个体自由，而这意味着永远尊重和承认恶的可能性。简言之，善唯有通过自由才能得到辩护，而不是反过来，自由仅仅作为通达善的工具而得到辩护。在这个意义上，乌托邦信仰中最深层的错误，其实并不在于对自身之全知的狂妄幻想，而在于为了在历史进步的过程中和终点处消灭恶的可能性，侵犯和剥夺了个体自由的绝对尊严——就如黄裕生教授本人在前文中多次提到的一样。

三

黄裕生教授以人的自由本性为宗教信仰进行的先验奠基，是全文结构最复杂、内容最丰富的部分。根据笔者对这部分的理解，宗教信仰的先天可能性，最终是基于人的自由所具有的特殊属性。人的自由是一种既注定栖居于有限性同时又注定渴望超越有限而抵达无限的"存在之潜能"。一方面，如果人仅仅是有限存在者而不拥有自由，亦即如果人仅仅如同动物那样活着，那么人将会完全安居于有限性之内，而根本觉察不到高居于自身之上的无限性。在这种情况下，人根本不可能产生宗教信仰。另一方面，如果人完全成了无限存在者从而脱离了有限性的捆绑，亦即如果人变成了上帝那样的存在者，那么人将完全安居于无限性之内，最多只能俯瞰自身之下的有限性，却绝不会对这种有限性感同身受。在这种情况下，人也根本不可能产生宗教信仰。因此，宗教信仰的先天可能性，源于人性结构中有限性和无限性之间的永恒张力，或者更准确地说，源于人性最深处对有限性的超越和对无限性的追求这种先天的潜能。而这种超越、这种追求、这种从有限性内部直指无限性的潜能，正是人类自由剥离层层表象之后，所余下的最深层的本质。

根据笔者的理解，黄裕生教授对宗教信仰在人类自由本性中的先验奠基是从三个方面展开的：人之自由存在的时间性、被抛性和视角性。在对每一个方面的讨论中，黄裕生教授都遵循着"有限性—对有限性的超越"这个论述结构。在对时间性的讨论中，这个论述结构体现为"有死性—对死亡的克服（建立彼岸信仰）"。在对被抛性的讨论中，这个论述结构体现为"无根基性—为自身存在奠基（追溯最初起源+朝向终极价值决断）"。在对视角性的讨论中，这个论述结构体现为"并居性—对整全性的追求"。

关于"有限性—对有限性的克服"这一整体论证结构，笔者认为有两点特别值得关注。

首先是本文的有限性，并不像在康德哲学中那样主要指人的自然本性，就好像人的生存可以被简单地描述为"自然（有限性）和自由（无限性）的结合"这种二元结构似的。相反，在存在论的视域下，有限性不仅植根于人类生存的自然一面，也同时被接纳进了人类的自由本性。换言之，人的自由本质上就是一种有限的自由。因此，体现在时间性中的有限性（有死性），体现在被抛性中的有限性（无根基性），以及体现在视角性中的有限性（井居性）都属于人类自由本身，而并非仅仅从外部包裹着自由、捆绑着自由的束缚或者障碍。同时正如前文所述，这种有限的自由同时也是一种内在地趋向于超越有限、追求无限的自由，而宗教信仰的先天可能性，恰恰源于这种"从有限内部指向无限"的超越性的潜能之中。

笔者个人认为第二个值得注意的点是，如果说人类自由从有限向着无限超越的先天潜能，为宗教信仰提供了先验的基础，那么反过来看，这种先天潜能未能实现——这种相反的先天可能性——则为宗教信仰的缺失提供了先验的基础。因为，和被机械性的必然规律支配的自然进程不同，每个自由个体在其独一无二的生存过程中，既可以实现属于自身自由的先天潜能，也可以不实现这种潜能，例如通过遮蔽、遗忘、偏离、扭曲，甚至颠倒的方式来对待自己的先天潜能。这种终极的开放性或者说终极的不确定性，由于属于人类自由的本质而永远无法被排除或消灭。针对我们当下的问题，这意味着宗教信仰之缺失的可能性，与宗教信仰得以实现的可能性一样，都植根于人类自由的本性，甚至是作为硬币的两面而被同时建立起来的。两者的区别或许仅仅在于，宗教信仰的实现属于我们本真的存在方式，是人之自由得以彻底实现为人之自由的完满形态，而宗教信仰的缺失则属于我们非本真的存在方式，是人之自由未能彻底实现为人之自由的残缺形态。

进一步地，在人的现实生活中，宗教信仰之缺失的先天可能性可能通过不同的方式得到现实化。例如黄裕生教授在文中提到，某种陷入单纯理智的片面心智，可能仅仅以自然因果律及其转化在实践领域里的目的—手段关系来和世界、和他人打交道，从而完全忽略了由纯粹实践理性启示的道德维度和神圣维度。根据笔者的理解，这种情况从根本上说或许并不仅仅源于愚蠢和肤浅，还源于自欺。自欺的最终目的，是让良心摆脱道德维度和神圣维度的约束。于是，当我们对陷入单纯理智的片面心智刨根问底时，我们或许会发现它能够和某种"反面的信仰"联系起来，亦即恶人由于畏惧上帝的审判和惩罚，而不希望上帝存在和灵魂不朽，因此可能会更倾向于接受无神论。① 其实正如康德暗示的那样，我们必须起码已经成了半个好人，或者起码愿意通过弃恶从善而成为一个好人，我们才会决定去相信上帝存在和灵魂不朽。② 而笔者在阅读黄裕生教授对"有死性—超越死亡"的讨论时，也隐隐体会到了一种与康德类似的思路。

---

① 我们能够把这种"反面的信仰"作为一种可能的心灵状态，从人对上帝审判与惩罚的恐惧以及意欲逃脱这种恐惧的企图中推导出来。然而根据康德的分析，人的上述心灵状态不可能是坚固和稳定的，因为"尽管他可能由于缺乏善的意向（guter Gesinnungen）而被与道德旨趣隔绝，但即使在这种情形中也毕竟还剩下足够的东西来使得他惧怕一种神性的存在和来世。因为要做到这一点不再要求别的，只要他至少不能借口没有确定性，即没有这样一种存在者和没有来生能被发现；由于这必然借助纯然的理性，从而不容置疑地来证明，所以他为此就必须要阐明二者的不可能性，而这肯定是没有一个有理性的人能够接受的。这将会是一种消极的信念（negativer Glaube），它虽然并不造成道德性和善的意向，但毕竟能够造成它们的类似物，也就是说，能够有力地遏制恶的意向的发作"（Immanuel Kant, *Kritik der reinen Vernunft*, in: *Kants Gesammelte Schriften*, Bd. 3, 537;《纯粹理性批判》，李秋零译，中国人民大学出版社，2004，第607页）。

② "这是一个在绝对必然的意图中的需要（ein Bedürfnis in schlechterdings notwendiger Absicht），它并不是把自己的预设仅仅当作允许的假说，而是当作实践意图中的公设（Postulat）来辩解；而且如果承认道德法则作为命令（而不是作为明智规则）严谨地约束着每一个人，正直的人（der Rechtschaffene）就完全可以说：我愿意（ich will）有一个上帝，我在这个世界中的存在也要在自然联结之外还是一个纯粹的知性世界中的存在，最后还有我的持存要是无限的，我坚持这些并且非要有这种信仰不可（ich beharre darauf und lasse mir diesen Glauben nicht nehmen）。"（Immanuel Kant, *Kritik der praktischen Vernunft*, in: *Kants Gesammelte Schriften*, Bd. 5, 143;《康德著作全集》第5卷，李秋零译，中国人民大学出版社，2007，第151页）"这种信念不是被命令的，而是作为对我们的判断的自愿的（freiwillige）、有益于道德的（被命令的）意图的（zur moralischen［gebotenen］Absicht zuträgliche）、此外还与理性的理论需要一致的规定，即预设那种实存，此外把那种实存作为理性应用的基础，其本身是产生自道德意向的（aus der moralischen Gesinnung entsprungen）；因此，即便在有良好意向的人那里，它也经常可能有时动摇不定，但却永远不会陷入无信念（Unglauben）。"（Immanuel Kant, *Kritik der praktischen Vernunft*, in: *Kants Gesammelte Schriften*, Bd. 5, 146;《康德著作全集》第5卷，李秋零译，中国人民大学出版社，2007，第154页）

四

黄裕生教授通过讨论属于时间性的"有死性—超越死亡"来为宗教信仰进行的先验奠基，虽然从视域和方法论上皆属于存在论，但从具体内容上看却与康德在《实践理性批判》辩证论部分对上帝存在和灵魂不朽的公设非常相似，因为两者建立的都是一种"为了道德目的之完满实现而提供条件的宗教"。换句话说，在黄裕生教授的论述中，宗教依旧以道德为目的，甚至在某种意义上完全成了道德的工具。而在笔者个人看来，本文更具原创性的论证，其实是黄裕生教授通过讨论属于被抛性的"无根基性—为自身奠基"和属于视角性的"井居性—对整全性的追求"来为宗教信仰进行的先验奠基。因为后面这两个部分的先验奠基，不论从论证的视域和方法来看，还是从论证的具体内容来看，都已经进入了存在论，而不再囿于狭义的道德宗教了。但笔者个人感觉在这两个最具原创性的先验论证中，一些逻辑层次似乎缠绕在了一起，由于篇幅限制未能完全展开，或者说还需要作者花费更多的精力去开拓。

在对被抛性的讨论中，关于人这种无根基者如何为自身奠基，黄裕生教授提出了两个基本的方向。一个是向着最初起源回溯，即追问"我从哪里来"，另一个是向着终极价值决断，即选择"我往哪里去"。然而在笔者看来，这两个基本方向对于人之生存的重要性并不完全对等。诚如文中所言，人的自由本性决定了他与自身起源之间的断裂。因此，无论是以神创论还是以自然发生论来解释人的起源，对人的当下都不具备决定性的影响（尽管神创论由于在逻辑上的彻底性，或许从单纯理智的角度看要优于自然发生论）。既然自由的绝对性要求人必须临渊而立，亦即脚下没有坚实的大地可以依靠，那么上帝在严格意义上作为最初起源（也就是传统一神论中的创造者）的地位其实已经变得不那么稳固了。进一步地，上帝在严格意义上作为最终价值的承载者（即传统一神论中的神圣立法者以及必然遵循法则的绝对至善者）的形象，并不能帮助加固上帝作为最初起源和创造者的地位。具体到本文中，我们可以说给自由意志订立道德法则以及必然遵循该法则的上帝，并不必然地就是自由意志的最初抛出者。黄裕生教授直接将作为创造者的上帝和作为立法者的上帝等同起来，笔者个人认为在逻辑上是存在跳跃的。一个比较有说服力的反例来自基督教诺斯替主义。根据基督教诺斯替主义，创造世界的上帝（即旧约中的耶和华）并不是全善的，拯救罪人的上帝（即新约中的天父）才是全善的。更直白地说，在诺斯替主义中，创造者和拯救者并不是同一位神。因此，这种早期异端向我们揭示了一种逻辑可能性，即人的起源和终点的不一致性——我们虽源于黑暗和混沌，却奔向光明和秩序。

除了被抛性之外，本文关于井居性的讨论，可能由于论述过于简短也存在着较大的问题。严格地说，在井居性这个比喻中，从井口看到的天空的某个部分依旧可以仅仅属于可见者，而并不属于绝对的隐藏者。更具体地说，仅能从井口窥见一隅的、作为整体的天空，可以被设想为类似于胡塞尔现象学中的"他物"。"他物"根据其本质规定是可以向意识显现的，但唯有通过无限的视角才能得到最完整的呈现。然而，人由于自身视角的局限性，在有限的时间内不可能让"他物"得到这种最完整的呈现。同样地，仅能从井口窥见一隅的、作为整体的天空，也可以被设想为类似于像康德理论哲学中作为现象之整体的"世界"。"世界"根据其本质规定是完全属于现象领域的，但只能在无穷的时间和空间中才能被完整地把握。然而，人无法获得这种在时间和空间中皆为无限的感性直观，因此也就不可能完整地把握"世界"。总之，井居性比喻中仅能从井口窥见一隅的、作为整体的天空，可能仅仅代表由一切有限之人和可见之物构成的世界，或者仅仅代表由一切现实的和可能的事件构成的历史。但这种作为有限者之整体的世界和历史，依旧属于有限者或者可见者，而绝非真正意义上的无限者或者绝对的隐藏者。而与这个问题紧密相关的，是在本文其他地方也出现过的两个关键术语——"整体"和"世界"——的歧义性。"整体"和"世界"指的究竟是仅仅由有限者构成的"体系"或"大全"，还是超越这一体系或大全的"无限"？这里的关键问题在于，真正意义上的绝对他者或许依照其本质属性是无法在体系或大全中被把握的，而唯有在超越体系或大全的无限之中才能得到揭示。

五

虽然笔者针对黄裕生教授的文章进行了一些批评和质疑，但这些批评和质疑之所以能被提出，完全是因为被批评和质疑的文章本身堪称典范的清晰性、系统性和创造性。对于一部哲学著作来说，作者的思考越是系统，论证的步骤越是清晰，读者才越容易从中引申出有意义的批评。同样地，对于一部哲学著作来说，其中的某个观点越是具有独创性，读者才越容易对之进行尖锐的质疑。而这恰恰解释了为什么《纯粹理性批判》和《存在与时间》自诞生之初就遭遇了如此之多的批评和质疑。

依照笔者的理解，黄裕生教授这篇新作的重要性，不仅在于它在存在论的视域之内，颇具创造性地从人类的自由本性出发，为宗教信仰提供了先验的奠基，阐明了宗教信仰在自由内部的先天可能性条件，同时也在于它非常清晰和体系化的论述，隐隐地指向了从人的自由本性出发为宗教信仰进行先验奠基的限度，亦即以人类自由作为纯然的或者单一的先天可能性条件的宗教的限度。因此，本篇在评论的最后，将讨论一下为这一评论奠基的某种前—理解，即理性宗教和启示宗教的差异。

和已经预设了信仰因而仅仅力求"信仰寻求理解"的中世纪基督教不同，近代思想中出现的理性宗教完全从理性出发来理解和解释宗教，并试图据此为宗教的合法性进行终极辩护。在人类思想范式的这场重要转变中，属于人类自身的理性取代了源于绝对他者的启示，理性不仅成为宗教的最终奠基者，也成为判别宗教之真伪和理解宗教之本质的最高法官。理性宗教最具影响力的倡导者当属康德。仅就康德生前出版的作品而言，不论是直接处理宗教思想的《纯然理性界限内的宗教》，还是《实践理性批判》的辩证论部分，甚至是《纯粹理性批判》中对传统形而上学中上帝存在证明的反驳，都可以在宽泛的意义上被视为康德建立理性宗教这一宏大工程的组成部分。根据笔者初步的理解，黄裕生教授的这篇论文虽然在视域和方法论上均超越了康德的批判哲学，采纳了类似海德格尔的存在论立场，但由于依旧通过属于人自身的自由意志（或者说人的自由本性）来为宗教信仰进行先验的奠基，在总体思路上依旧承袭着康德的精神，论证的目标也依旧是为属于理性宗教的信仰形态奠基。

一方面，我们必须承认理性宗教的优点非常明显。对于个人而言，理性宗教可以帮助维护人的自由意志、绝对尊严、行动的自主性和德性的纯粹性。对于共同体而言，理性宗教既可以帮助建立宗教在公共领域不容被剥夺的存在权利，又可以帮助划定任何宗教形式都不应僭越的法律底线和道德底线。可以说如果人类没有开出理性宗教这个理解宗教的全新维度，如果人类没有在宗教中发现作为其本质的、人的自由意志，那么人类思想就没有经历启蒙，就依旧停留在混沌和黑暗之中，被对自身之外未知力量的恐惧支配，继续沉沦在迷信和癫狂之中。

另一方面，理性宗教自身也隐藏着危险的倾向，当这一倾向被充分实现，彻底地改变人们对宗教的理解时，现实中真正的宗教信仰也将走向消亡。这正是发生在真实的历史中，从启蒙到后现代，人类精神由理性宗教一步步堕入无神论的进程。而为这一进程奠定基础的理性宗教中蕴含的危险倾向，若按康德的说法，就是理性试图打破自己给自己划定的合法界限、僭越对理性而言本是绝对的神秘领域的倾向。特别地，理性宗教内在地就倾向于将理性自身确立为宗教信仰的唯一根基，倾向于将人的自由意志确立为宗教信仰的唯一本质。

具有讽刺意味的是，恰恰是为理性划定不可逾越的界限的康德本人，在提出关于理性宗教的思想时，将理性自身的这种僭越倾向暴露无遗。当然我们可以为康德辩护说，在康德以人类主体性为绝对起点和核心原则的哲学体系中，宗教信仰的根基和本质只能被限定在人类理性和自由意志内部。然而，上述辩护在面对人类历史中真实的宗教信仰，在诠释信徒们对真实的宗教现象的原初体验和原初理解时，却会暴露出自身在对宗教信仰之根基的把握上的片面性和狭隘性，甚至会不幸错失了宗教的更深层本质。而这一片面性、狭隘性甚至对更深层本质的不幸错失又是因为，就其定义而言，宗教（至少是一神论宗教）是人与绝对他者的关系。绝对他者之所以是绝对他者，是因为他按照自身定义就不可能完全地从人的主体性、仅仅从人的理性和自由意志出发得到完整的把握。人最多只能通过理性来预测绝对他者具有何种属性，或者通过自由意志来期待绝对他者会采取何种行动。然而这只是对人类而言，可能的宗教信仰应当满足的必要条件，却远非真实的宗教信仰得以建立的充分条件，同时也无法穷尽宗教的全部本质。对于真实的宗教而言，如果"人和绝对他者的关系"这个定义能够被充分地满足，那么绝对他者显现给我们的属性必定会"溢出"人类理性的理解。换言之，人类理性在试图把握绝对他者时，必然会碰触到一条无法跨越的边界，遭遇到一个无法通过理性概念来理解的神秘领域。这一神秘领域或者显现为溢出理性把握的绝对光明，比如超越人类正义的神性之爱，或者显现为溢出理性把握的绝对黑暗，比如无法在任何人类法庭上得到辩护的、无缘由的痛苦和灾祸。而无论是绝对的光明还是绝对的黑暗，都因为超出了理性概念的范围而呈现为一种荒谬。同时，绝对他者不仅仅在显现的属性上必然超越人类理性的把握，在显现的方式上也必然超越人类意志的规定。在人和绝对他者的关系中，并不是人完全占据着主动，完全从自身出发去追求绝对他者。因为若是那样，绝对他者便会沦为仅仅由人类自由意志规定的、纯然被动的客体，从而丧失作为绝对他者的至高地位。相反，人对绝对他者的主动追求，只能发生在绝对他者的自我启示之后，并作为对这种启示的回应而出现。对于绝对他者可能采取的一切行动，人只能以希望和等待的态度去迎接，却不能以命令的语气来要求，比如既然我做了我应当做的，你就必须给我相应的回报等。因为若是那样，人就会再次剥夺绝对他者的自由，使之丧失作为绝对他者的至高地位。

因此，虽然一种真实而完整的宗教信仰不仅能够而且应当在人的理性和自由中具有先验的（transcendental）根基，但鉴于宗教概念所指向的绝对他者的特殊地位，一种真实而完整的宗教信仰也必然具有超越性的（transcendent）维度。这意味着，一种完整而真实的宗教信仰，无法仅仅通过人的理性和自由得到彻底的规定，更意味着，一种完整而真实的宗教信仰，在包含着人的主动性之外，也必然同时包含着人的被动性，它不仅以人的理性和自由为先验的条件，也以绝对他者对人的启示为超越的条件。更重要的是，在宗教信仰的先验维度和超越维度之间，并没有所谓"本质的"和"非—本质的"的截然区分。而这又是因为，作为人与绝对他者之关系的宗教，正是建立在人的自由与神的自由的循环互动之上。宗教既是人对绝对他者的追求，也是绝对他者对这种追求的原初呼唤，但这种原初的呼唤本身，又预设了人在自身理性和自由之内已然具备了回应呼唤的可能性。由此看来，由理性宗教所揭示的人的主动性和由启示宗教所揭示的人的被动性之间，其实也是相互预设和相互成就的关系。只有两者的统一，才能为一种真实而完整的宗教奠定最终的基础。

理性如何超越，又向何处超越？
——评《自由与超越》

黄裕生教授的《自由与超越——基于康德哲学的一个讨论》，作为对《纯粹理性批判》和《实践理性批判》两部书中辩证论部分的深度诠释和进一步发展，承袭了他先前在《论宗教信仰的人性基础》①中关于自由与宗教关系问题的思考。《自由与超越》一文的论证非常清晰和系统，在细节分析上也有很多出彩之处。笔者完全赞同黄裕生教授的基本观点，在阅读过程中也受到很多启发，在此想到一些或许比较重要的衍生性问题，希望能向黄裕生教授和各位前辈同行请教。

第一，理性的超越运动，或许不仅仅体现在向着超经验领域的跃升。一方面，理性在认识活动中并不满足于对个别事物的把握，而是构造出了作为一切现象之系统性整体的"世界"理念。②另一方面，理性在实践活动中也并不满足于对当下欲求的满足，而是构造出了作为一切欲求之系统性满足的"幸福"理念。③因此即便在面对经验领域时，理性也时刻在展开超越运动。而作为理念的"世界"和"幸福"，正是理性以（一切现实的和可能的）经验为材料建构出来的，作为经验界总体之投影的"无限—整体"。

与本文论证特别相关的，是理性以（一切现实的和可能的）经验为材料建构出来的这两个"无限—整体"，既可以成为理性投身于位于超经验领域中的真正的"无限—整体"的阶梯，也可以成为妨碍理性如此去投身的绊脚石。换言之，"世界"和"幸福"可以作为两种虚假的"无限—整体"，通过诱使理性沉沦于经验领域，而使之遗忘对于真正的"无限—整体"的投身。因此，理性的沉沦似乎不能被我们简单地归结于未能进行超

---

① 赵广明主编《宗教与哲学》第九辑，社会科学文献出版社，2020。
② Immanuel Kant, *Kritik der reinen Vernunft*, in: *Kants Gesammelte Schriften*, Bd. 3, 281-290;《纯粹理性批判》，李秋零译，中国人民大学出版社，2004，第 353~362 页。
③ Immanuel Kant, *Grundlegung zur Metaphysik der Sitten*, in: *Kants Gesammelte Schriften*, Bd. 4, 399, 418-419;《康德著作全集》第 4 卷，李秋零译，中国人民大学出版社，2005，第 406、425~426 页。

越运动，而源于理性在同属于自身本性的两种超越运动之间做出了错误的价值取舍。理性仅仅专注于深入经验领域内部的超越运动，甚至完全沉溺—沉醉在这种超越运动中，而未能将目光投向经验领域之外。借用宗教的语言来说，世界成为遮挡真正上帝的"偶像"，人被世界这个"偶像"遮蔽了双眼，迷惑了内心，从而忘记了位于世界背后的、创造世界的造物主。

第二，黄裕生教授几次提到永生的"绝对异域"是脱离肉体的。但按照笔者对本文推理的把握，如果在理性的超越运动中所展现的逻辑里面，自由是得以完全超越于自然的，那么自由对自然的这种超越，就必然不仅可以（消极地）表现为自由不受自然必然性的束缚，也可以（更为积极地）表现为自由对自然必然性的颠覆和重塑。对于一切生命来说，最大的自然必然性就是死亡，而无论灵魂是否永生，物质性的肉体都是必然要消亡的。所以，如果自由能够既彻底摆脱自然必然性，又彻底颠覆和重塑自然必然性，那么自由就应当拯救包含肉体在内的整个个体生命。

实际上，死亡是内嵌于"存在"（being）结构之中的恶，是"存在"对"存在者"（beings）的否定。死亡之恶甚至超过了伦理意义上的恶与物理意义上的恶，因为它直接消灭了承载道德和快乐的生命本身，而一个完整的生命存在，必然同时包含精神性的和物质性的这两方面。因此，最高的自由应当颠覆内嵌于"存在"结构中的最大必然性，应当把这种最大的必然性，也就是把死亡把握为仅仅是偶然的，并且最终通过战胜死亡而重新创造"存在"本身的结构。这一"最高的自由对'内嵌于存在结构中的最大必然性'的胜利"，在古典灵肉二元论里未能得到充分把握，而唯有在圣经中才得到了较为清晰的呈现。虽然康德本人在这一点上语焉不详，但笔者个人认为，如果把黄裕生教授在文中对康德的解读思路贯彻到底，那么应当能够突破古典二元论图景的限制。

第三，黄裕生教授有一处对幸福的论述非常有趣，他先是说在"具有德性"这一限定条件下追求幸福是"正当的"，紧接着又说对幸福的追求是"值得的"或者"应予满足的"。在笔者看来，这两种对幸福的价值评价似乎存在着一种微妙却关键的差别。当我们说追求一件东西是"正当的"时，我们并没有必然地肯定这件东西"仅就自身而言"就具有价值，或者它"仅就自身而言"就是一种善。我们只是在说，这件东西在某种限定条件下是可以被允许也应当被允许去追求的，例如在私权利领域，法无禁止即自由。与此相反，当我们说对一件东西的追求是"值得的"或者"应予满足的"时，我们则说出了比刚才更多的东西，因为我们肯定了这件东西"仅就其自身而言"就拥有善或者价值。

在笔者个人的理解中，康德对幸福的价值判断也具有这种暧昧性。一方面，《道德形而上学的奠基》中的某些段落似乎在暗示读者，被感性偏好缠累这件事仅仅是人类生存中的偶然事实，因此看顾个人幸福仅仅是我们的理性不得不承担却更希望能够摆脱的任务甚至负担。[①] 但另一方面，从《道德形而上学的奠基》之后出版的两部著作《实践理性批判》和《纯然理性界限内的宗教》的整体论证思路来看，特别是如果考虑到康德在第二批判的辩证论部分明确地提出了"最高的善并不等于完满的善"（正如黄裕生教授已经指出的那样），那么康德似乎又肯定了幸福（以及作为其质料的快乐）自身的善或者价值。

更重要的是，追求幸福的活动虽然应当被德性限定，但幸福本身并不能被德性定义，也不能从德性里分析出来。这暗示了幸福是外在于德性、独立于德性的善。换言之，规定了何为德性并为德性奠基的自由意志，并不是定义善的唯一标准，也不是善的唯一源泉。自由无法完全覆盖善，因为善的所指要大于自由的所指。不仅"善之为善"（good qua good）或者说"一般的善"（good in general）的定义必须在逻辑上先于自由之善的定义（因为如此一来，德性和幸福方能被统一在完满之善下面），同时也包含了幸福之善和自由之善的完满之善所具有的价值，亦要高于单独的自由之善的价值。

黄裕生教授曾在一系列论文中论证过古典伦理学的基本前提是"善优先于自由"，而现代伦理学的革命恰恰在于颠覆了这一秩序，建立起了

---

① "就人属于感官世界而言，他是一个有需要的存在者，而且就此而言，他的理性当然在感性方面有一个不可拒绝的使命（einen nicht abzulehnenden Auftrag），即照顾感性的利益，并给自己制定实践的准则，哪怕是为了此生的幸福，可能的话也为了来生的幸福。"（Immanuel Kant, *Kritik der praktischen Vernunft*, in: *Kants Gesammelte Schriften*, Bd. 5, 61；《康德著作全集》第5卷，李秋零译，中国人民大学出版社，2007，第66页）

"自由优先于善"的全新秩序。① 笔者完全赞同黄裕生教授的基本论点，但在此希望能给这个论点补充一个微小的注脚，亦即起码在康德哲学中，现代伦理学的革命进行得还不够彻底。因为在康德这里，虽然自由成为善的最高限定条件，但自由并不能规定所有类型的善，幸福（快乐）依旧是独立于自由的、善的另一个源泉，并通过完满之善而与自由统一在了一起。至于这种无法仅仅用自由来定义的完满之善，究竟应当在何种终极意义上被理解为是善的，笔者认为或许需要再次回到古典伦理学（存在本身即为善）或者圣经叙事（上帝之创造皆为善）的基本预设上。而如果我们选取了后一条路径，那么完满之善便能够在一种属于至高神性的同时类似于艺术家的创造性的自由（而不是道德性的自由）之中得到最终的奠基。②

最后，也是笔者认为黄裕生教授这篇文章中最需要商榷的问题，就是"内在超越"（immanent transcendence）这个概念的微妙含义。笔者完全同意，如果人的存在并不拥有更多可能性而永远直接地等同于自身的现实性，那么我们根本不可能展开任何超越运动。然而，由于我们的存在的确拥有更多的可能性，我们永远在进行着超越运动。这意味着，我们不仅时刻在通过实现某种可能性而进入自己先前并不居的状态，就如黄裕生教授重点讨论的那样，我们也时刻都有能力朝着更高的存在境界进行跃升。

笔者在此想要提出的问题是，这种向着更高境界进行的超越，虽然的确超出了"个人"的现实自我以及该自我的现实处境，但这种超越的可能性，难道不是依然属于人类理性自身的潜能吗？同样的道理，由这种向着更高境界的超越活动所指向的一切对象、所打开的一切前景，难道不依然

① 参见《论自由与伦理价值》（《清华大学学报》2016 年第 3 期）、《论自由与现代社会的基本原则》（《求是学刊》2016 年第 5 期）、《"理性神学"的原则与"美德伦理学"的困境》（《道德与文明》2016 年第 6 期）、《"美德伦理学"与古代社会的基本原则》（《江苏行政学院学报》2017 年第 1 期）、《理性的"理论活动"高于"实践活动"》（《云南大学学报》2017 年第 5 期）、《论"美德伦理学"的"知识"基础》（《学海》2017 年第 5 期）、《论亚里士多德的"自愿理论"及其困境》（《浙江学刊》2017 年第 6 期）、《"自由意志"的出场与伦理学基础的更替》（《江苏行政学院学报》2018 年第 1 期）、《论意志与法则》（《哲学研究》2018 年第 8 期）。

② 因此我们或许需要重新审视实践领域里的"道德性的自由"和艺术领域里的"创造性的自由"之间的关系，以及"订立普遍法则的理性"与"创造特殊个体的想象力"之间的关系。我们需要重新追问哪种自由形态才代表了最原初意义上的自由，哪种心灵功能和活动才是最原初的，也就是为其他功能和活动奠定基础的。

是人类理性为了自身需要（尽管不是为了任何自私的目的，而是为了至善这一崇高的目的）而自行建构出来的吗？总之，笔者认为理性的超越活动依然可以被理解为一种"内在超越"，尽管这并不是偶性"内在"于实体，也不是意识流的某个片段"内在"于意识流，而是意向对象的存在和本质，完完全全地被意向活动所规定的那种"内在"。遗憾的是，以这种方式被理性的超越活动指向的上帝，并未显明自身拥有任何未被理性之光照亮的侧面或者背面，也并未展现出任何超越于人类理性需要的更深层特质。

实际上，笔者在此最大的顾虑是，仅仅依靠理性自身的逻各斯展开的超越运动，最终会受限于这套逻各斯而止步于理性的限度之内，因而停留于一种"内在（于理性自身的可能性）的超越"，并且由这种超越活动揭示出来的上帝，也仅仅是一个为了满足理性的终极需要而被建构出来的"概念偶像"（conceptual idol）而已。反过来讲，黄裕生教授在文中数次提及（但并未详细展开）的两个主题，也就是"人的被抛性所指向的最初源头"以及"受到他人和绝对他者的召唤，理性方能展开超越运动"，或许向我们暗示了一条打破理性的内在超越及其概念偶像的重要路径。在这里，笔者当然不会否认通过"理性—绝对自发性"而展开的超越运动的重要性，但笔者认为，仅仅依靠这条路径是无法通达真正的绝对他者，甚至也无法通达作为特殊个体的他人，而仅仅能通达人的普遍本质而已。这意味着，人类或许必须同时依靠自身的"感性—被动接受性"来通达绝对他者和任何具体的他人，而这后一条路径，或许比"理性—绝对自发性"的路径更为重要、更为原初也更能如实揭示和维护"他者之为他者"的丰富性、完整性与特殊性。

需要指出，黄裕生教授清晰而系统的分析，每次都能引领读者返回原初现象，深入地反思问题本身。而他最近在《宗教与哲学》上发表的《论宗教信仰的人性基础》和《自由与超越》，既体现了其论证的彻底性，也触及了以康德思想为代表的理性宗教的边界，甚至是以"主动性的自由"为核心原则的德国观念论的边界。因此，或许汉语学界下一步需要展开的工作，就是借助于现象学或其他哲学领域的视角和方法，来突破由康德与德国观念论为自由与宗教的关系问题所划定的边界了。

康德论"上帝是先验的基底"[*]

周小龙^{**}

摘　要：在"先验辩证论"中，康德为批判三大传统的上帝证明而指出，上帝作为先验理想，是万物先验的基底。康德的这个准备性工作一直没有引起学者的重视。如何理解康德这个思想成了一个问题。通过分析"基底"一词在康德哲学中的一般用法，并结合"先验理想"的推导过程，本文表明，"上帝是先验的基底"的真正含义是，上帝是万物的质料的创造者。

关键词：上帝　先验理想　基底　质料

在《纯粹理性批判》神学主卷（Theologie-Hauptstück）的第二章，康德以先验的方式推导出"最实在的存在者"（ens realissimum）这一先验神学的对象。最实在的存在者就是实在性的大全（omnitudo realitatis），对此，康德说："如果我们把一种先验的基底（transzendentales Substratum）当作我们理性中的完全规定的基础，这种基底仿佛是能够当作材料的全部储备，从而被当作事物的一切可能的谓词，那么这个基底就不是别的东西，

---

　*　本文为中国博士后第72批面上资助项目"施莱尔马赫的辩证法思想研究"（2022M723681）与国家社科基金后期资助项目"费希特与早期浪漫派的存在问题研究"（22FZXB012）阶段性成果。

　**　周小龙，中山大学哲学系博士后，助理研究员，德国图宾根大学博士，研究方向为德国古典哲学、基督教神学、中西哲学比较。

它就是一个实在性的大全的理念。"① 在康德的上帝观念中,上帝是最实在的存在者,因此上述引文实际上表达的是,上帝是先验的基底。这篇论文的目的就是尝试去理解,什么叫作"上帝是先验的基底"。

本文将分为以下几个部分进行论述。(1)简要地梳理"基底"一词在康德哲学中的基本用法,理解这个词的主要意涵,从而获得解决上述问题的入手点。(2)扼要地重构康德如何在《纯粹理性批判》神学主卷的第二章中推导出上帝作为最实在的存在者,从而使文章的焦点落在如何解决质料与实在性的关系上。(3)回顾康德在诸多文本中对基底、质料和实在性等术语的论述,理解康德哲学中的基底、质料与实在性之间的关系。(4)通过澄清基底、质料、实在性的关系,指出,"上帝是先验的基底"的实质意涵是,上帝是万物质料的创造者。(5)总结全文并指出,康德认为,这一上帝观念只是先验理想,其自身的存在确定性是存疑的。

一　基底一词在康德哲学中的主要用法

著名的康德学者 Heinz Heimsoeth 在对"先验辩证论"的评注中,列举了"基底"一词在康德文本中出现的主要位置。② 借助他的工作,我们可以把基底一词在康德哲学中的基本用法做如下概括。

(1)空间作为外在直观对象的基底。康德在这里主要是处理空间与空间中的感性杂多的关系。在"先验分析论"之"关于反思之歧义的附注"中,康德写道:"空间中的一种持久的显象(不可入的广延)可能包含的纯粹是关系,根本不是绝对内在的东西,尽管如此却是一切外部关系的第一基底。"③ 同样地,在《未来形而上学导论》中,康德也表达了类似的意思:"直观的这种叫作空间的纯然普遍的形式,就是一切可以根据特殊客体来规定的直观的基底,在这个基底中当然存在着这些直观的可能性和多

① KrV. B 603-4,译文依照康德《纯粹理性批判》(注释本),李秋零译,中国人民大学出版社,2011,第405页。
② Heinz Heimsoeth, *Transzendentale Dialektik* (Teil 3, Berlin: Walter de Gruyter & Co., 1969), 441-442.
③ KrV. B 603-4,译文依照康德《纯粹理性批判》(注释本),第239页。另外参见 KrV. B 466。

样性的条件。"① 在康德的观念中，一切外部直观的对象都在空间中得到规定，这些对象之间的相互关系也必须以空间为基底。当然，我们必须注意，康德的空间是感性直观的形式，不是实际存在的基底。在"先验分析论""论空间"中，康德进一步说：

> 人们只能表象一个唯一的空间，而当人们谈论多个空间时，人们只是把它们理解为同一个独一无二的空间的各个部分。这些部分也不能仿佛是作为唯一的无所不包的空间的组成部分（有可能用这些部分复合成它）先行于它，而是只有在它里面才能被设想。它在本质上是唯一的，它里面的杂多、从而还有一般的诸空间的普遍概念，都仅仅基于各种限制。②

这段话表明，杂多空间必须在一个作为感性直观形式的空间的基础上被设想，这一空间是杂多的空间的基底，杂多的空间是对它的限制。我们将在第四部分看到，康德以此来类比上帝与万物的关系。有意思的是，空间这一基底作为直观对象的可能性和多样性的条件，似乎更多地具有质料的意义，因为康德认为："就一般事物而言，未加限制的实在性也被视为一切可能性的质料，其限制（否定性）则被视为一事物与他事物按照先验概念区别开来所借助的那种形式。"③ 作为感性直观形式的空间是未被规定的基底，更接近质料的概念，而空间之中的各种直观对象或者杂多空间作为个体性和多样性实则具有了形式。

　　（2）时间作为运动变化的基底。在"经验的类比"这一节中，康德演绎了实体与偶性、因果性、共联性三组范畴，其中在对"实体的持久性的原理"的阐释中，康德指出了时间作为基底这一事实："在直觉的对象中，即在显象中，必须有表现一般而言的时间的基底，借着这个基底，一切变易或者同时存在都能够通过显象与它的关系而在把握中被知觉。但是，一

---

① Prol. 322，译文依照康德《未来形而上学导论》，《康德著作全集》第 4 卷，李秋零译，中国人民大学出版社，2005，第 325 页。
② KrV. B 39，译文依照康德《纯粹理性批判》（注释本），第 55 页。
③ KrV. B 322-323，译文依照康德《纯粹理性批判》（注释本），第 229 页。

切实在东西的基底,即属于事物的实在的东西,就是实体;在实体那里,一切属于存在的东西都唯有作为规定才能被思维。"① 因此,借助时间这一基底,事物的变易/持存被把握。康德使用类比的方法,使得实体与偶性的关系类比于时间与变易/持存的关系。② 因此,时间作为把握事物运动变化的基底,被用来类比于实体作为偶性的基底。康德进一步说:"既然实体在持存中不会发生变化,所以它的量在自然中也既不能增多也不能减少。"③ 从这句话的意思来看,实体也具有质料的意味,因为康德举例说,从燃烧的木材的重量去除残留的灰烬的重量,我们就可以得出烟的重量,"甚至在火中的质料[Materie](实体)也不消逝,只有它的形式才经受了一种变化。"④

(3)主体作为一切思维的基底。在"先验辩证论"的"论纯粹理性的谬误推理"中,康德指出:"'我思'……是一切概念的载体(Vehikel),从而也是先验概念的载体。"⑤ 虽然这里并没有出现"基底"一词,而只有"载体"一词,但是我们还是可以看出康德的基本思路。在 A 版中,康德将我思作为基底这一思想表达得更加明确。⑥ "每个人都必须必然地把自己视为实体,而把思维仅仅视为他的存在的偶性和他的状态的规定。"⑦ 与此同时他又说:"我们对于作为基底构成这一思想以及一切思想的基础的主体自身没有任何的知识。"⑧ 因为,对于康德而言,我思必须能够伴随我的一切表象,一切思想都是杂多,只有将主体或"我思"看成基底,才能使思想的杂多性在一个统一的基底上得到理解。

以上我们看到了基底概念在康德对空间、时间和主体的思考中的运用。Heinz Heimsoeth 总结道:"在所有这些情况中,都可以发现先验的或

---

① KrV. B 225,译文依照康德《纯粹理性批判》(注释本),第 174 页。

② 关于类比在康德哲学中的运用,可参看 Annemarie Pieper, "Kant und Methode der Analogie," in: *Kant in der Diskussion der Moderne* (hrsg. von Gerhard Schönrich und Yasushi Kato, Frankfurt am Main: Suhrkamp, 1996), 92–112。

③ KrV. B 225,译文依照康德《纯粹理性批判》(注释本),第 174 页。

④ KrV. B 228,译文依照康德《纯粹理性批判》(注释本),第 176 页。

⑤ KrV. B 399,译文依照康德《纯粹理性批判》(注释本),第 269 页。

⑥ 这里我们并不想介入对 A、B 两版差异的讨论。

⑦ KrV. A 349,译文依照康德《纯粹理性批判》(注释本),第 285 页。

⑧ KrV. B 330,译文依照康德《纯粹理性批判》(注释本),第 286 页。

辩证的'幻相'，这个幻相想要从必然要被思考的基底中得出一个在其对象中可认识的实体。"[①] 他说出了康德批判哲学的最终结论，即当我们把用来思考的基底直接当成用来认识的实体时，就会出现先验幻象。这篇文章所说的实体都是在思考的意义上的而不是在认识的意义上的。我们总结一下"基底"一词在康德哲学中的基本用法。（1）基底是杂多性背后的统一性的东西，空间作为基底，是外在直观对象和杂多空间得以可能的条件，时间作为基底，是对事物变易和持存进行思考的前提条件，主体作为基底，是伴随着一切思维背后的基础。（2）基底与实体具有相似性，尽管它不能被直接看成实体。空间、时间和主体作为基底，都具有传统形而上学的实体的意涵。（3）基底更多地意味着质料的意涵，而杂多性则是对它的规定，具有形式的意涵。这与时空作为先天直观形式的意涵并不矛盾。

二　上帝作为先验的基底

我们现在将目光移到神学主卷的第二章"论先验的理想"。在这个部分，康德从事物的完备规定原理（durchgängige Bestimmung）出发，推导出了最实在的存在者这一先验理想，以作为先验神学的对象。这可以看成康德对前批判时期的本体神学证明（ontotheologischer Beweis）的改造。[②] 我们基本同意 G. B. Sala 的做法，将上帝理念的导出过程分为三步：（1）从一般事物的完备规定之原理推论到所有可能谓词之总和（Inbegriff aller möglichen Prädikate）；（2）把所有可能谓词之总和提炼为一个实在性之大全的理念（die Idee von einem All der Realität）；（3）实在性之大全的

①　Heimsoeth, *Transzendentale Dialektik*, Teil 3, 442
②　对此，可以参见 Joseph Schmucker, *Die Ontotheologie des vorkritischen Kant*（Berlin, New York：de Gruyter, 1980）；Gionanni B. Sala, *Kant und die Frage nach Gott*（New York：de Gruyter, 1990）；Klaus Reich, *Kants einzig möglicher Beweisgrund zu einer Demonstration des Dasein Gottes. ein Beitrag zum Verständnis des Verhältnisses von Dogmatismus und Kritizismus in der Metaphysik*（Leipzig：Meiner, 1937）；Dieter Henrich, *Der ontologische Gottesbeweis. Sein Problem und seine Geschichte in der Neuzeit*（2. Auflage, Tübingen：J. C. B. Mohr）1967。但是也请注意到他们观念的差别。

理念是最实在的存在者之理念，是先验意义上的上帝概念。① 以下我们将按照这三个步骤进行简单重构。

（1）康德指出，任何事物都从属于完备规定之原理："按照这条原理，在事物所有可能的谓词中间，如果把这些谓词与它们的对立面进行比较，就必然有一个谓词属于该事物。"② 康德认为，所有实在性的谓词都有其对立面，比如光明与黑暗，善与恶，等等。并且，每个存在者都是处于绝对的实在性和绝对的无之间的，即部分肯定，部分否定（partim realia，partim negetiva），就像《理性神学讲演录》所言："最实在的存在者这一概念因此是最高的存在者这一概念（der Begriff eines eintis summi），因为所有除它之外的事物都是部分肯定，部分否定，因此它们的概念并没有被完备地规定。比如，在最完美的人这一概念中，这个人年长或年少、高大或矮小、有文化或没有文化并没有得到规定，因此这些东西并不是完备的（vollstängige）事物，因为它们并没有所有的实在性，而是和否定性相混杂。"③ 最完美的人这一概念并没有完全规定一个人，因为通过这一概念，我们并不知道，这个人年龄、高矮和教育程度。为此，"为了完备地（vollständig）认识一个事物，人们就必须认识一切可能的东西，并由此或肯定地或否定地规定它"④。也就是说，为了完备地认识一个事物，就必须"在与全部的可能性亦即一般事物的所有可能谓词之总和的关系中考察每一个事物"⑤。接下来，康德就要对"所有可能谓词之总和"进行规定。

（2）"所有可能谓词之总和"并不等于所有谓词在数量上的相加。康德接下来的工作是对"所有可能谓词之总和"这个理念进行提纯，即剔除那些不适合成为最实在的存在的属性的谓词。他说："这个理念作为元始概念（Urbegriff）排除了一大堆作为通过别的谓词引申出来的而已经被给予的、或者与其他谓词不能共存的谓词；它把自己提炼为一个普遍先天地

---

① 参见 Gionanni B. Sala，*Kant und die Frage nach Gott：Gottesbeweise und Gottesbeweiskritik in den Schriften Kants*，S. 238. 另外，对文本的重构也可以参见 Heinz Heimsoeth，Klaus Reich，Dieter Henrich，Svend Andersen，Robert Theis，Horst Frankenberger 等人的相应著作。
② KrV. B 599-600，译文依照康德《纯粹理性批判》（注释本），第 402~403 页。
③ Immanuel Kant，*Vorlesung über Rationaltheologie*，AA 28：1014.
④ KrV. B 601，译文依照康德《纯粹理性批判》（注释本），第 403 页。
⑤ KrV. B 600，译文依照康德《纯粹理性批判》（注释本），第 403 页。

被规定的概念。"① 因此，最实在的存在者并不直接等于"所有可能谓词之总和"，前者排除了后者两种谓词："通过别的谓词引申出来的而已经被给予的谓词"和"与其他谓词不能共存的谓词"，即派生的谓词和不能共存的谓词。② 派生的谓词，即否定的谓词，比如黑暗、贫穷、无知等，它们自身只能依附光明、富足和知识才能被认识到。否定的谓词只能理解为实在性的缺乏（Mangel）。因此最实在的存在者不包含黑暗、贫穷、无知等否定性的谓词。不能共存的谓词，即不属于实在性的大全的谓词并与其固有的谓词相冲突的谓词。康德并没有在这一部分对此进行解释。我们可以借助《证明上帝存在唯一可能的根据》（以下简称《证明根据》）所说的"实在的冲突"（Realrepugnanz）来理解它的含义："物体的不可入性、广延等等诸如此类的东西，不能是具有知性和意志的存在者的属性。"③ 也就是说，不可入性和广延等物质属性与知性和意志等精神属性是相冲突的，如果最实在的存在者具有精神属性，那么它肯定排除不可入性、广延的谓词。因此，"所有可能的谓词的总和"通过提纯，最终变成了"实在性的大全"（*omnitudo realitatis*）。这意味着，实在性的大全以及最实在的存在者，二者都不是所有谓词的单纯叠加（Aggregat）。

（3）康德通过论证，"所有可能谓词的总和"是每个事物完全规定的基础，进一步对这一"总和"进行提纯，从而得出"实在性的大全"这一"元始概念"，最终得出了"最实在的存在者"这一先验理想："通过对实在性的这种全部占有（Besitz），一个物自身的概念也被表象为被完全规定的，而一个 entis realissimi［最实在的存在者的］概念就是一个单一的存在者的概念。"④

---

① KrV. B 601-602，译文依照康德《纯粹理性批判》（注释本），第 404 页。

② 在康德的形而上学中，有两种否定的意涵，一是对立的否定，一种是在缺乏意义上的否定，康德把前者称为黜夺（privatio），后者称为阙失（defectus, absentia）。对于前者，我们可以说，在《单纯理性限度内的宗教》中"根本恶"是与善对立的，因为如果善是 A，那么根本恶就是-A。对于第二种意义上的否定，即实在性的阙如，我们可以说，如果光明、富足和知识这些实在性是 A，那么黑暗、贫穷和无知则是 0，即对于 A 的缺乏。参见康德《将负值引入世俗智慧的尝试》，《康德著作全集》第 2 卷，李秋零译，中国人民大学出版社，2003。

③ 康德：《证明上帝存在唯一可能的证据》，《康德著作全集》第 2 卷，第 93 页。

④ KrV. B 604，译文依照康德《纯粹理性批判》（注释本），第 405 页。

以上便是对最实在的存在者这一理念推导过程的简单重构。康德在论证的过程中说:"因此,如果按一种先验的基底作为我们理性中的完全规定的基础,这种基底仿佛能够被当作材料的全部储备,从而被当作事物的一切可能的谓词,那么,这个基底就不是别的什么东西,它就是一个实在性的大全(omnitudo realitatis)的理念。在这种情况下,一切真正的否定无非是限制,如果不以无限制者(大全)作为基础,它们就不能称为限制。"① 康德认为"这种基底仿佛能够被当作材料的全部储备",这一基底与质料存在着紧密的关系。的确,在整个论证的过程中,质料一词是核心:比如,完全规定的原则"是应当形成一个事物的完备概念的一切谓词之综合的原理……而且包含着一种先验的预设,也就是说,一切可能性的质料(Materie)的预设,这种质料应当先天地包含着任何事物的特殊的可能性材料(Data)"②。又比如,最实在的存在者"是一个先验的理想,它是在一切实存的东西那里必然被发现的完全规定的基础,构成其可能性的至上的完备的质料条件"③。为了使得作为基底的上帝与质料的关系更加清晰地呈现出来,我们可以简单地回顾与"论先验的理想"紧密相关的《证明根据》。在《证明根据》中,康德从事物的可能性出发,论证了必然的存在者(ens necessarium)的存在。康德把事物的可能性分为形式的和质料的。事物的可能性在形式上是按照矛盾律设想主词和谓词的关系,比如四个角的三角形按照矛盾律是绝对不可能的。事物的可能性在质料上是指可能性之实在性的材料,比如直角三角形是可能的,是因为直角和三角形共同构成了它的材料。因此,实在性是事物可能性的材料,至于实在性的组合和关系,则是事物的形式或者规定性。康德最终证明,上帝是万物的实在根据(Realgrund),是万物的质料可能性的依据。④

最实在的存在者是纯粹的、完备的实在性,个体性的事物都是从中获得了它们的实在性的材料。因此,上帝作为最实在的存在者,作为万物的先验基底,意味着万物都从上帝之中获得实在性。同时,它也是杂多的万

---

① KrV. B 603-4,译文依照康德《纯粹理性批判》(注释本),第405页。
② KrV. B 600-1,译文依照康德《纯粹理性批判》(注释本),第403页。
③ KrV. B 603-4,译文依照康德《纯粹理性批判》(注释本),第405页。
④ 康德:《证明上帝存在唯一可能的证据》,第84~88页。

物背后的统一性。最实在的存在者当然也具有实体的意涵。① 因此我们看到，上帝作为万物的先验基底，具有基底这个词在其他用法中的所有特征：杂多背后的统一性、实体性和质料性。现在，我们需要继续追问，在康德哲学中，质料与实在性到底有什么关系，为什么最实在的存在者是质料。

三　质料与实在性

上面我们看到，在康德哲学中，基底、实体似乎可以与质料画上等号，这与形而上学传统，尤其是与亚里士多德的实体形而上学，似乎背道而驰。在这节中，我们要结合康德形而上学思考和自然研究，仔细地考察康德哲学中质料与实在性的关系。

如上所述，对实体/偶性的关系的演绎中，即第一个经验的类比中，康德以时间作为把握万物运动变化的基底为类比来表明，实体作为一切变易中持存的基底。② 但是，这里的实体到底是什么，很多学者都认定是质料。③ 学者们将实体理解为质料的关键句子是："无论显象如何变易，实体均保持不变，实体的量在自然中既不增多也不减少。"④ Carl Friedrich von Weizsäcker 把这段话与康德的自然哲学研究勾连起来，Georg Sans 对此总结说："人们必然会由此追问实体性的先验原则与自然科学的守恒定律之间相称的范围。"⑤ 在

---

① Vgl. Kant, *Vorlesung über Rationaltheologie*, AA 28：1047："Dazu gehören seine Möglichkeit, seine Existenz, sien Nothwendigkeit, oder ein solches Daseyn, was aus seinem Begriffe fließt; der Begriffe der Substanz, der Begriff der Einheit der Substanz, die Einfachheit, Unendlichkeit, die Dauer, Gegenwart, und andere."

② 对于实体论证成功与否，学界仍存在着争论，Andrew Ward、Henry Allison 维护康德论证，而 Paul Guyer 则持反对态度。参见 Kevin Harriman, "Saving the Substratum: Interpreting Kant's First Analogy," in *Res Cogitans* 5 (2014)：152-161。

③ Norman Kemp Smith, *A Commentary to Kant's Critique of Pure Reason* (London, Basingstoke: Macmillan, 1923), 360："Kant, without further argument, at once identifies this with matter." Georg Sans, *Ist Kants Ontologie naturalistisch? Die Analogie der Erfahrung in der Kritik der reinen Vernunft* (Stuttgart, Berlin, Köln: Kohlhammer, 2000), 55-63.

④ KrV. B 224, 译文依照康德《纯粹理性批判》（注释本），第 173 页。

⑤ Georg Sans, *Ist Kants Ontologie naturalistisch?* 56. 关于 Carl Friedrich von Weizsäcker 的观点，参见 Carl Friedrich von Weizsäcker, "Kant's 'First Analogy of Experience' and Conservation Principles of Physics," in: *Synthese* 1 (1971)：75-95。

《自然科学的形而上学初始依据》中，康德把力学的第一原则定义为："在形体自然的一切变化中，物质的量在总体上不变，既不增加也不减少。"① 他解释说："现在，在物质的一切变化中，实体永远不会产生和消失；因此物质的量由此既不被增加，也不被减少，永远是同一个量，准确地说是在整体上。"② 同样地，在《将负值引入世俗智慧的尝试》中，康德也指出："在世界上所有的自然变化中，肯定性东西的总和既不增加也不减少。"③ 从康德的自然研究中，我们似乎找出了一条理解康德的实体概念的途径。通过上面这些例子，康德把实体理解为质料，这是没有什么疑问了。现在的问题是，对于康德来说，质料是什么？如果大家注意到，上面两段引文中，一段是"物质的量"，一段是"肯定性东西的总和"，这两者在康德那里的意思是一致的。肯定性东西即实在性，因此，对于康德来说，从形而上学来看，质料等于实在性之总和。现在我们也结合康德自然研究和形而上学思考做个论证。

康德在 1755 年出版的《一般自然史和天体理论》（以下简称《自然史》）中首次公开了他关于上帝存在的自然神学证明："因此，万物的原始材料，即物质，是受某些机械规律制约的，物质听凭这些规律支配，必然产生出美好的结合。物质没有偏离何种完美设计的自由。由于物质服从一个至高无上智慧的目的，所以它必然被一个支配它的原始原因置于这样协调的关系之中；而且正因为大自然即使在混沌中也只能按照规则井然有序地行事，所以有一个上帝存在。"④ 我们看到，万物的原始材料，直接等同于物质（Materie）。与此同时，《自然史》第二部分第七章，康德强调"造化必须在无限的时空内进行"。这意味着，机械规律去规定的物质既不增多，也不减少。当然，自然研究中的物质不直接等同于形而上学的质料的概念。对于康德的形而上学的质料概念的理解，我们可以参考《形而上认识诸原则的新说明》（以下简称《新说明》）。《新说明》的命题七证明了上帝的存在，这一证明分为两个步骤：（1）从事物可能性概念的材料推

① 康德：《自然科学的形而上学初始依据》，《康德著作全集》第 4 卷，第 556 页。
② 康德：《自然科学的形而上学初始依据》，第 557 页。
③ 康德：《将负值引入世俗智慧的尝试》，第 193 页。
④ 康德：《一般自然史和天体理论》，《康德著作全集》第 1 卷，李秋零译，中国人民大学出版社，2003，第 224 页。

论到绝对必然的存在；（2）从绝对必然的存在推论到无限的、唯一的存在者。[①] 事物可能性概念的材料即实在性。这一论证方式连同《证明根据》的论证方式与神学主卷的第二章"先验理想"的推导过程存在着内在的关联。在命题十中，康德提出："世界上绝对实在性的量不以自然的方式发生变化，无论是通过增多还是减少。"[②] 这意味着，作为实在性之总和的上帝必然包含一切实在性。《自然史》中上帝存在的后天证明与《新说明》中上帝存在的先天证明虽然在形式上大相径庭，但是最后，它们都证明了上帝能够成为事物无限性和多样性的充足理由。正因此，有些学者认为，这两部著作在根本上具有一致性。[③] 康德在自然研究中的质料可类比于形而上学研究中的实在性，或者说，从形而上学来看，康德的质料就是实在性，实在性等于事物的可能性。[④] 换句话说，无论事物的形式如何转变，事物背后的可能性之总和或者实在性之总和是不会改变的。前面我们引用了康德的一段话："就一般事物而言，未加限制的实在性也被视为一切可能性的质料，其限制（否定性）则被视为一事物与他事物按照先验概念区别开来所借助的那种形式。"[⑤] "未加限制的实在性"实际上等同于"实在性之总和""肯定性东西的总和"，而在自然研究中相当于"物质的量的总和"，它被康德视为一切可能性的质料。

以上便是对质料和实在性关系的说明，即质料相当于实在性的总和或可能性的总和。不过我们需要说明的是，在康德所有的基底的用法中，虽然基底都是实体，都具有质料的意涵，但是所有可以称为基底的东西未必都等同于实在性或可能性之总和。比如说，空间是基底，我们似乎可以说，它是一切空间的可能性的总和，但是我们不能说它是一切空间的实在性之总和。同理，时间和主体作为基底都只能在感性杂多的可能性之总和

---

① Vgl. Tillmann Pindar, *Kants Gedanke vom Grunde aller Möglichkeit* (Dissertation Berlin, 1969), 47-65; Schmucker, *Die Ontotheologie des vorkritischen Kant*, 18-25.

② 康德：《形而上学诸认识原则的新说明》，《康德著作全集》第 1 卷，第 393 页。

③ 可参考 Pindar, *Kants Gedanke vom Grunde aller Möglichkeit*。

④ 可以参考 Martin Heidegger, *Die Grundprobleme der Phänomenologie* (Frankfurt: Vittorio Klostermann, 1975), 35-107, 或马丁·海德格尔《现象学之基本问题》，丁耘译，上海译文出版社，2008，第 31~50 页。

⑤ KrV. B 39, 译文依照康德《纯粹理性批判》（注释本），第 55 页。

的意义上使用，而不涉及感性杂多的实在性。这体现了上帝作为基底与空间、时间和主体作为基底的差异性所在。因此，我们最好将对基底、质料与实在性总和之间的可传递性的思考限制在对"最实在的存在者"的考察之上，而不扩展到时空和主体。

四　上帝作为先验基底的实质意涵

通过分析基底与质料、质料与实在性的关联，我们最终返回到了第二部分的内容，即康德推导出来的最实在的存在者。最实在的存在者作为实在性的大全，也就是实在性的总和，从而也是万物的质料来源。那么我们现在要追问的是，上帝作为万物的基底，作为万物质料的来源，其实质意涵到底是什么？

在《纯粹理性批判》神学主卷第六部分，即论证自然神学证明的不可能，其中的一段话，对本文的思考至关重要：

> 按照这种推论，如此之多的自然部署的合目的性与和谐性必然只证明形式的偶然性，但并不证明质料亦即世界中的实体的偶然性；因为要证明后者，就要求能够证明，世界种种事物就自身而言，如果不是——甚至就其实体而言——一个最高智慧的产品，就不适合于诸如此类按照普遍规律的秩序与和谐；但为此就会要求有别的证明根据，完全不同于与人类艺术类比的证明根据。因此，这种证明所能够阐明的，至多是一个忠实受他所加工的材料的适用性限制的世界建筑师，而不是一切都要服从其理念的一个世界创造者；这远远不足以实现人们所关注的那个伟大意图，即证明一个极为充足的元始存在者。如果我们想证明材料本身的偶然性，我们就必须求助于一种先验的论证，而这是在这里应该避免的。①

在这段话中，康德认为，自然神学证明从世界的合目的性与和谐性中，能证明"形式的偶然性"，即形式来自上帝，但是不能证明世界的质料也来

---

① KrV. B 654-655，译文依照康德《纯粹理性批判》（注释本），第432页。

自上帝。如果不能证明世界的材料来自上帝，那么上帝只是世界的建筑师，他将受制于世界的材料。如此，上帝的充足性则会受到巨大的损害。然而，为了证明世界的材料来自上帝，就必须求助于先验的上帝证明，这对于后天的自然神学证明来说，当然是不允许的。然而，康德推导最实在的存在者用的恰恰是先验的上帝证明，我们也可以从这里看出，对于康德来说，这一证明方式导致的最终的结论是，上帝是世界质料的创造者。因此，上帝作为先验的基底的真正意涵：上帝是万物的创造者。

不过，我们还需要做一些更加精确的说明。质料等同于"实在性的总和"。笔者引用了以下这段话："因此，如果按一种先验的基底作为我们理性中的完全规定的基础，这种基底仿佛能够被当作材料的全部储备，从而被当作事物的一切可能的谓词，那么，这个基底就不是别的什么东西，它就是一个实在性的大全（omnitudo realitatis）的理念。在这种情况下，一切真正的否定无非是限制，如果不以无限制者（大全）作为基础，它们就不能称为限制。"① 在这里，我们似乎可以看出，这一基底是所有实在性在数量上的叠加，因此才能够将其他存在者看成对基底的限制。因此这一基底与其他的有限存在者的关系似乎是整体与部分的关系。这一点最明显地体现在康德以空间和空间内的存在的关系做比喻："事物的一切杂多性都只不过是限制作为它们共同基底的最高实在性的概念的一种同样杂多的方式罢了，就像一切图形都惟有作为限制的无限的空间的不同方式才有可能一样。"② 然而，万物与上帝这一基底的关系果真类似于一切图形与无限空间的关系吗？

我们上面已经证明，最实在的存在者作为实在性之大全，并不是等于"所有可能谓词的总和"，因为前者排除了后者中派生的和不能共存的谓词。所以，尽管康德仿佛认为，万物与上帝的关系是部分/整体的关系，但是随后，康德修正道："一切其他的可能性都从这一元始存在者派生出来，这准确地说也不能被视为对它的最高实在性的一种限制，就好像是对这种实在性的一种分割似的；因为在这种情况下，元始存在者就会被视为种种派生的存在者的一个纯然的集合体……毋宁说，一切事物的可能性都以作为

---

① KrV. B 603-4，译文依照康德《纯粹理性批判》（注释本），第 405 页。
② KrV. B 606，译文依照康德《纯粹理性批判》（注释本），第 406 页。

一个根据（Grund）最高实在性为基础，而不是以作为总和（Inbegriff）的最高实在性为基础，而且前者的杂多性多根据的也不是对元始存在者本身的限制，而是它的完备后果（Folge）。"① 因此最实在的存在者与万物的关系更确切地说是根据/后果的关系，而非整体/部分的关系。正如上面所言，实在性的大全并非直接等同于所有可能谓词在数量上的汇总。② "论先验的理想"这一标题括号内还有：prototypon transzendentale［先验的原型］，康德对此的解释是："理想对它来说是一切事物的原型（prototypon），而一切事物全都作为有缺陷的摹本（ectypa）从它获得其可能性的材料。"③ 这一借自柏拉图的术语更好地表达了万物与最实在的存在者的关系：万物分有了最实在的存在者的实在性，一切事物的可能性的材料都派生于先验理想，从中获得它们的实在性，并作为其后果。

五　小结

我们从上帝作为先验基底这一问题出发，通过澄清"基底"一词在康德哲学中的基本用法理解空间、时间、主体等概念时的作用，指出了基底与杂多性背后的统一性、实体性、质料性的内在关联。我们通过重构上帝作为最实在的存在者的推导过程，指出了上帝作为先验基底，是指上帝是万物的质料性来源。为了仔细梳理基底、实体、质料与实在性的关系，我们讨论了一系列前批判哲学和批判哲学著作，检讨了康德的自然研究和形而上学思考，从而将"事物的实在性之总和是质料"这一思想做出了更加明确的界定。通过梳理康德的神学观念，我们确定了上帝作为先验基底的真正意涵是：上帝是万物的创造者，万物是从这一原因中引出来的后果。

不过，在文章的最后，我们需要简单地指出，上帝作为最实在的存在

---

① KrV. B 607，译文依照康德《纯粹理性批判》（注释本），第 407 页。
② 这其实仍然是《证明根据》的思路。在《形而上学各认识原则的新阐明》（1775）中，康德似乎将实在性的总和直接等同于上帝，这就使得它可能具有潜在的泛神论倾向。后来在《证明根据》中，康德明确将上帝和万物的关系规定为因果关系，从而对自己的理论做出了重要的修正。具体的分析，可参考 Pindar, *Kants Gedanke vom Grunde aller Möglichkeit*，尤其是第 148~158 页。
③ KrV. B 606，译文依照康德《纯粹理性批判》（注释本），第 406 页。

者，其本身的存在确定性是得不到保证的。在神学主卷第二章的后半部分，即康德推导出最实在的存在者之后，立马指出，我们把一切实在性的总和这一理念实体化，这超出了感官的界限，从而是对经验性的实在性的"先验偷换"。限于篇幅，我们没法检讨康德在这里的思考过程。笔者只想指出，最实在的存在者这一概念是理解康德上帝观念的核心概念，也是他批判三大传统的上帝证明的基础性概念。但是，康德并没有直接否定它的存在，因为在康德看来，直接否定它的存在，或者像传统上帝证明那样肯定它的存在，理由都是不充分的。

经典诠释

《庄子》"自然"之意

卢国龙[*]

摘　要： 本文研讨《庄子》"自然"之意，认为《庄子》"自然"首先要思议的天下之"公是"亦即公理的问题。"公是"既不可预设，也不可由一家之言述而广之，所以是"自然"，天下人自言其然，自行其然。信己而行的"自然"要避免自是而相非，就需要思辨何为主体性之"自"，将附加在自我身上的芜杂规定性剥离出去，还需要思辨自我与他者关联中的然与不然，从而摆脱文明的求同悖论，走向天下"玄同"。

关键词： 自然　公是　玄同

"自然"是一个很适合表达思想甚至也适合激发思想活力的概念。因为这个概念与人为、人事的社会相对，所以在中国学术史上，每当"自然"成为一个热词时，都意味着整体社会文明的合理性及其依据，已经不再被默认，不再能被有意识地遮蔽起来，而是作为一个问题，引发许多学者的共同思考甚至质疑。自先秦老庄叙议"自然"发凡，历代莫不如此。例如最能反映竹林玄学问题意识和思想旨趣的嵇康、阮籍，就时常用"自然"来表达他们对于社会文明合理性的考问。当嵇康试图将文学的委婉与哲学的缜密迭加在一起，表示"矜尚不存乎心，故能越名教而任自然"（《释私论》）的时候，后人所能想见的那个时代精神世界的景象，就是名

---

　*　卢国龙，中国社会科学院世界宗教研究所研究员。

教作为世俗秩序的符号，已经被嵇康视为笼子、阃阈之类的限制设施，为了跨越，不惜放弃门阀士族所矜持的身份、九品中正制所崇尚的名位等，选择名利上其实一无所有的"自然"来满足精神世界的需求，寻找依照"自然"合理性调整社会生活模式的可能途径。同样，阮籍的《达庄论》不但畅议"自然"，以"自然"与"《六经》之教"对举，而且断言，"彼《六经》之言，分处之教也；庄周之云，致意之辞也"（《达庄论》）。分处之教针对具体事类，如《诗》言志，《书》道事之类，而致意之辞幽深玄远，凭借"自然"等概念，沉思万物一体的本相以及《诗》《书》等分处之教的合理依据。这样将"自然"与"名教"对应起来，虽然给出的是一道选择题，"自然"与"名教"二选一，思想情绪上不免紧张，让人屏息，但内在的思想活力却自澎湃，不可掩抑。

激荡起嵇康、阮籍思想活力的现实原因，当然是"魏晋之际，天下多故"（《晋书·阮籍传》）的历史环境，其思想以自然与名教相冲突的理论形态表现出来，却毋庸置疑受到庄子的启示。嵇康"越名教而任自然"的真实含义，也就是"将如庄周之齐物，变化洞达而放逸"（《卜疑集》）。阮籍撰写在他的文论中堪称冗长的《达庄论》，立意则是要辨明《庄子》对于一个健康的文明社会的价值。那么庄周或者《庄子》之"自然"，究竟蕴含了什么样的奥妙，可以成为激活后人思想的源头活水？

一　"道法自然"的原则

当然，正如《老子》之后汉语世界所有的"自然"爱好者一样，《庄子》也只是绍述《老子》之旧义，与其他绍述者的不同之处，大概在于《庄子》更接近历史起点，率先将《老子》语义简约的"自然"在一个深闳而肆的精神世界舒展开来，既原始，又恢宏。此后，不同时代不同学者触类而长之，"自然"也就在持续的诠释中绵延为中华的一大理念传统，成为中华形而上学最基本的思维工具之一。或许正由于这个缘故，在现代学术中，道家"自然"始终是一个让人欲罢不能的话题。20世纪30年代，容肇祖先生研究魏晋玄学，便题其书名为《魏晋的自然主义》，至少间接地肯定了有一个阐发"自然"理念的传统存在。近些年，围绕道家道教之

“自然”，无论学术史意义上的“照着说”还是思想发挥意义上的“接着说”，都大有人在，如王中江、王博、郑开、尹志华、陈徽等，成果沛然。道家“自然”话题在现代学术中之所以依然活跃，未因与现代自然科学的话题交叉以及自然科学的成就而束之高阁，丧失话语权，或许正由于作为一种理念蕴含着无可否认的现代价值，尤其是《庄子》之“自然”，依然让人感受到鲜活、亲切。

《庄子》之“自然”绍述《老子》，二者为继承发展关系是无须赘言的。继承可以是概念思维或思维工具、相对于儒墨名法诸家的基本立场、看待社会文明问题的独特视角等层面的，而发展则可能是思想最终落脚点层面的。《老子》讲“自然”，落脚点是政治方略，这方面，《庄子》的议论也时或有之，但《庄子》的最终落脚点却不仅限于此，而是差异万殊的人与人，在什么意义上具有同一性、如何可能达成同一性认知。

《老子》称述“自然”，凡五例，其中两例可以理解为一般原则，还有三例都是讲政治方略的。这里面可能牵涉历史与哲学的许多复杂问题，我们只就其大意略叙梗概。

> 人法地，地法天，天法道，道法自然。（二十五章）
> 道生之，德畜之，物形之，势成之。是以万物莫不尊道而贵德。道之尊，德之贵，夫莫之命而常自然。（五十一章）

可以理解为阐述一般原则的这两章，全是断语，五十一章虽然有个“是以”表达逻辑上的因果关系，但同样也是推论的断语，所以两章的内容，语义上没有任何难解之处。但如果试图从逻辑上追问何以言之？何以为据？那么随着追问，意义可能会越来越复杂。

放在农耕文明里，“人法地，地法天”两句，可以被看作经验层面的常识——具体的地理地貌环境，决定了生产生活方式，特定时间段例如一年一季的气象条件，决定了生产生活方式的成败得失。换个更通俗的说法，人虽然能够尽地利，但要靠天吃饭。地利和天气，既是农业生产生活方式的条件，也是对农业生产生活方式的制约，所以农耕文明必须遵循、效法，称之为“法”，只是将常识提升到哲学的系统思考层面，不难理解，也不难接受。

然而，由这样一个经验层面的农耕常识，如何能够推论出令人震撼的"天法道"？道的指意不像天地人那样是可以观察、可以感知的对象，所以这一句断语虽然与上下文在修辞上顺理成章，但实际上包含着思维方式从具象到抽象的高度跳跃。如果再回溯到西周甚至更早以来敬天法祖信仰体系中"天"的神圣性语境，那么正因为"天法道"的断语将"道"推崇到"天"之上，与传统的信仰体系不合，在信而好古的大文化环境中不免石破天惊，所以尤其需要一些更周延的论证或者道理说明，否则很难成为一个可以确信的判断。继而，作为一般原则的"道法自然"，也就缺乏一个坚实的逻辑基础。围绕这个推论更舒展的论证或者说明，在《庄子》中我们可以看到，而《老子》毕竟简约，第五十一章或许就可以理解为这样的简约说明，其核心只在一个"生"字上。援用《庄子·天下》的两句话来补充这一章的语义表述，就是"天能覆之而不能载之，地能载之而不能覆之"，局限性不言而喻。这种局限性，决定了天地只是一个上下合成的框架，是人类生存生活必需的条件，但不是充分的条件。站在人类的角度来看，万物存在的根本意义，不在于存在本身，而在于生生不息，生生不息的根源无疑就比天地这样一个生成的环境框子更重要，或者说更根本，而"道"正用来表示生生不息的根源，所以"道生之"作为"道之尊"的理由，至少对于人类来说是可以圆满自证的，不需要实际上也没有某个更高的存在来赋予"道"比天地人更高的地位。

理解"道生之"是"道之尊"因而"天法道"的根由，或许就不至于将《老子》人、地、天、道、自然的叙述顺序，误解成一个从低到高或由卑而尊的等级架构。这种误解，大概只有在极特殊的状态或者场景下才可能发生，例如唐初的佛道论争（参见唐释道宣《集古今佛道论衡》卷丙载武德八年道士李仲卿与释慧乘辩"道法自然"事）。因为《老子》的立意，根本就不在于确立某个等级框架，不在于说些孰高孰低、谁尊谁卑之类的事情，而在于探寻天地人以及万物动而生之的根源，所以《老子》的叙述虽然有顺序，但可以理解为循环自证，即所谓"道法自然"，是"道"以天地人在生生不息中的自成其然为法则，其中没有任何更高神意、功利合理等意志干预的空间，按照"莫之命而常自然"一句来理解，"道法自然"这项原则本身也是自然形成的。这样理解，可以让我们摆脱许多可能的思辨纠结，诸如"道法自然"究竟是道法天地人各自之然？抑或道为绝对实体之本体自然？还是道以自然法的作用存在于天地人所包括的万物之中？按照第五十一章的描述，道的本质规定性只是"生"，至于万物之纷繁，则还需要蓄养此生机的德、呈现此生机的具象物、物与物相互作用的势。其中，"道生之"无疑是宇宙万物万类得以演化为这样一个世界的根本。

进而言之，"道法自然"的一般原则，固然对于天地人可能具有普遍的意义，但这样一条原则，如何可能转化为政治方略呢？因为中国历史上的法家，通常是以"道生法"的逻辑来证明其法治合理性的，由"道"的普遍性推演出"法"的绝对性，以至"非生人之行而至死人之理"（《庄子·天下》言慎到之道），刻薄寡恩，鲁莽灭裂；而现代政治学对于将自然法则应用于社会，更由于其弱肉强食的特殊含义而充满了警惕，所以在理解《老子》思想从普遍原则到政治方略的转化时，我们有必要强调一层辨识，即《老子》之所谓"自然"，"自"是第一义的，"然"是第二义的。这样辨识，并非出于某种咬文嚼字的癖好，而是准确理解其义理蕴含的必然要求，否则分不清道家与法家之同异，甚至也分不清道家与丛林法则、野蛮主义的本质区别。"自"为第一义，强调的是人和物每个个体的主体性，这个主体性是前提，主体性按照其内在规定实现了在万物关联中呈现出自我，就是"然"，如果没有确定的"自"之主体，也就无所谓然不然的事情；"然"之所以为第二义，因为那是人或物主体性发挥作用的结果，其中既包括人或物的主体状态，也包括相互关联所形成的秩序结构。在老庄道家的观念中，秩序尤其是社会秩序，从来都不是首先需要焦虑的问题，焦虑也解决不了问题，反而会使问题更纠缠、更严重，唯一的出路，只能是"自然"，既维护、发挥人和物的"生"力，也在不同主体各自行其然、自成其然的进程中，化解围绕秩序合理性问题所产生的各种恩怨情仇。

太上，下知有之；其次，亲之誉之；其次，畏之；其次，侮之。信不足焉，有不信。犹兮其贵言。功成事遂，百姓皆谓我自然。（十

七章）

　　希言，自然。飘风不终朝，骤雨不终日。孰为此者？天地。天地尚不能久，而况于人乎？（二十三章）

　　以辅万物之自然而不敢为。（六十四章）

如果政治的目的不是刻意安排或者制造某种特殊的秩序，用以获得并且巩固某些特殊的利益，而是维护每个个体生发其自身的动用，让不同的人和物整体上发挥出本有的创造力，那么《老子》的这些叙述就很好理解，不仅仅是理解其语意，同时也理解其内在的思想逻辑。按照这个逻辑，最恰当的政治，不是政治的存在感如何强烈，如何能画出理想的蓝图，而是能够广泛适应政治对象亦即百姓之"自然"，因而在淡化政治存在的大环境中，自然形成"功成事遂"的生产生活方式。所谓"贵言"，所谓"希言"，意思都是不以干预来强化政治的存在。所谓"犹兮"，是说在发布政令时不仅要反复斟酌，还要着眼于百姓之"自然"，对政令自我质疑。因为相对而言，百姓"自然"是主体，是根本，而政治的作用只是"辅"，协助性的，因任式的。辅助的对象也很明确，即"万物之自然"。辅助的尺度或者说政治恰当与否的衡量标准，同样明确，即"百姓皆谓"，也就是百姓以主体自觉的"自然"意识为衡量标准，在获得"自然"的同时，也就放下了一切怨望，政治因此可以是"无为"的。

二　未有"公是"之"自然"

　　从《老子》到《庄子》，时代变了，围绕"自然"的思想内涵和表述方式也因时适变。《老子》时代，子学将兴而未兴，《老子》孤声先发，所要面对的现实，是随着诸侯国的社会发展，诸如经济和人口的增长、区域性族群融合等，由周公之政、成康之治所塑造的礼乐文明模式，不再能从宏观上对社会发挥有效的协调、引导作用，社会因此陷于"春秋无义战"的持续纷争；而所要思考的问题，则是文明社会既然已经被文明本身困扰，那么究竟有没有一个大方略可以引导社会走出这种文明的求同悖论？从文明的最高体现——政治来看，产生悖论的根源是一部分人的意志剥夺了绝大多数人的"自然"，所以《老子》提挈出"道法自然"的原则，在混茫的时代点亮一盏灯。一个思想领域的"见独"者，思想活动注定是孤独的，后来的思想史研究者，大概也很难为《老子》找到一个同时代的对话对象，所以《老子》的表述很凝练、很简约、很像是自说自话。而《庄子》时代诸子百家学并起，呈现出"道术将为天下裂"的大格局。在这个时代重申"自然"的原则，就不能不像《齐物论》所说的那样，"欲是其所非而非其所是，则莫若以明"，也就是辨名析理，展开辩议，所以《庄子》的表述恣纵不傥，参差诙诡，也具有更丰富的思辨内涵。我们可以尝试拎出一些问题来，看看《庄子》的"自然"之思如何展开。

第一个问题是，为什么主张"自然"？这个问题以及提问的方式，当然是我们为了理解《庄子》的"自然"之意而假设的，但《庄子》中刚好有答案。

> 庄子曰："射者非前期而中，谓之善射，天下皆羿也，可乎？"惠子曰："可。"庄子曰："天下非有公是也，而各是其所是，天下皆尧也，可乎？"惠子曰："可。"庄子曰："然则儒、墨、杨、秉四，与夫子为五，果孰是耶？"（《徐无鬼》）

问题的核心在于天下没有一个"公是"，也就是没有一个普适的公理或者关于公理的普遍共识，就像众多射手没有一个共同预定的标靶。而儒家、墨家、杨朱、公孙龙，当然还包括庄子的"郢质"惠施，都是射手，各家在理论上自是而相非，正如先射箭后追着箭的落点画靶子，家家都可以自认为独得公理，像后羿一样命中靶心。这样一个没有"公是"的时代，后世人或许很神往，因为自从秦始皇以后，不管公不公，一家垄断的"是"始终横亘在社会之上，"公是"不再作为一个问题受到公开、自由的讨论，结果不只是内圣外王之道郁而不发，而且连探讨内圣外王之道的言论也不能自由地发出来。战国时代没有秦始皇，所以诸子百家都可以"是其所是"。然而对于学术思想上的这种状态，《庄子》并不满意。不满意的原因，不是思想言论自由的局面让人无所适从，而是参与讨论的诸家都跌进了一个误区，都试图自立一极以定天下之是非，缺乏相互理解的宽容精神和主观意愿，所以争论的结果，不是相互认同的"是"越来越大，而是相互指责的"非"越积越多，思想的活跃就不是引导社会生活走向平和、自在，反而煽助现实的纷争愈演愈烈。

如何走出时代困局？孟子"辟杨墨"，荀子《非十二子》，韩非子作《五蠹》，试图走出来的与实际陷进去的，是同一条路。惠施也不例外，"惠子曰：今夫儒墨杨秉且方与我以辩，相拂以辞，相镇以声，而未始吾非也，则奚若矣？"以公开辩论的形式来探寻公理，当然是个不错的主意，但将公理归结为辩论场上的胜负，用一方不能确指另一方为非来判定公理的归属，甚至还要"相镇以声"，发挥嗓门的优势，那就太天真了。

庄子试图进一步启发惠施关于公理问题的思考，"或者若鲁遽者邪？其弟子曰：'我得夫子之道矣，吾能冬爨鼎，而夏造冰矣。'鲁遽曰：'是直以阳召阳，以阴召阴，非吾所谓道也。吾示子乎吾道。'于是为之调瑟，废一于堂，废一于室，鼓宫宫动，鼓角角动，音律同矣。夫或改调一弦，于五音无当也，鼓之二十五弦皆动，未始异于声而音之君已。且若是者邪？"（《徐无鬼》）冬天煮沸鼎器，夏天制造冰块，在古代大概是很高明的技术，但道理被认为与同声共振的物理现象一样，是以阳召阳，以阴召阴。这个道理按照《周易·乾卦·文言》的解释，就是"同声相应，同气相求"，相同的特殊性造就相同的结果。而改调一弦不在宫商角徵羽五音之列，却能引起五音共振，那就是调出了五音的共性或普遍性。那么这个共性或者普遍性是否就是公理呢？这个问题，似乎超出了惠施的思考范围，只能用上述"相拂以辞，相镇以声"来响应，这场可能引发深致的对话也就提前结束了。但在《逍遥游》《齐物论》等篇中，我们可以看到《庄子》更深入的思考。

以"天籁"为例。

　　　大块噫气，其名为风。是唯无作，作则万窍怒号。（中略）夫吹万不同，而使其自己也，咸其自取，怒者其谁耶？（《齐物论》）

能看见的各种窍穴之形，能听到的各种窍穴之声，都是"地籁"。站在"地籁"的层面上看，窍穴必须有大风小风的激荡，否则不会自己发出声音，而且风的大小疏密等类型，还决定了窍穴众音和鸣的程度，小风时可以听出不同声音的窍穴出处，而狂风时只有一个声音，"众窍为虚"。这样看来，风似乎是各种窍穴发出声音的共性之源，是"地籁"的公理，而众窍之鸣则是风吹使然。然而站在"天籁"的境界上看，"吹万不同"，不管狂风下的声音差异我们是否听得出来，众窍之鸣因窍穴不同所产生的差异，事实上都是存在的。是什么决定同样的风却激荡起不同的鸣？当然是窍穴的大小和形态等，也就是窍穴的"自"。窍穴遇风发出各自的声音，则是窍穴的"然"。这有些像我们现在所说的，窍穴之"自"是内因，风是外因，"然"亦即鸣是结果。而公理的内涵，显然不能只是外因，必须有而且主要是内因。由此言之，探寻公理固然需要进行共性的抽象，理解天风震荡或改调一弦于五音无当的作用，但找到共性绝不意味着就可以遮蔽特殊性，遮蔽各种"自"之主体的独立性，否则所谓"公是"或者公理，也就是进行共性抽象者一家或者一人的专属产品，实际上也就局碍为众窍之一，是一家之言。

显然，"天籁"是个隐喻，寓意与前述庄子、惠施对话是相通的，即如何从百家争鸣中找到天下的"公是"。没有这样的"公是"意识，不抱持寻求"公是"的意愿，诸子百家就不可能走出自是而相非的时代困局，而对于诸子百家学最恰当的、素描式的概括，就是"自然"，自鸣其然，自以为然。

"天籁"的隐喻，可能是《庄子》主张"自然"最有深蕴的表述方式。诸子百家之论，恰似众窍之鸣，受到时代之风的激荡，有其"自"乃有其鸣之"然"，只有在自成其然、自言其然的意义上，才可能找到与百家学术内涵相称而外延又能够涵盖的"公是"。如果用更直白的语言表述出来，那么形式上就有些相对主义的色彩。如《秋水》说：

> 以趣观之，因其所然而然之，则万物莫不然；因其所非而非之，则万物莫不非；知尧、桀之自然而相非，则趣操睹矣。

从"自然而相非"一句来看，"自然"的语义似乎等同于"自是"，也就是出于主观意志的自我观念肯定，可以称之为"趣"。就诸子百家学的表现或者《庄子》对诸子百家学的观感而言，这样理解大概无可厚非——撇开阶级分析之类的所以然之故层面的深文周纳，我们大概也只能将诸子百家学看作不同主观意志、主体观念的表达。这个层面的"自然"之义，应该是《庄子》主张"自然"的基本动因，以此摆脱诸子百家学自是而相非的困扰。但《庄子》对"自然"还展开过更深邃的思考，大可玩味。

三　本我之"自"

第二个问题是，如何确认具有本我意义的"自"，从而消解自我意识的膨胀，摆脱"自然"势必"相非"之窠臼。依然从惠施说起。

　　惠子谓庄子曰："人故无情乎？"庄子曰："然。"惠子曰："人而无情，何以谓之人？"庄子曰："道与之貌，天与之形，恶得不谓之人？"惠子曰："既谓之人，恶得无情？"庄子曰："是非吾所谓情也。吾所谓无情者，言人之不以好恶内伤其身，常因自然而不益生也。"惠子曰："不益生，何以有其身？"庄子曰："道与之貌，天与之形，无以好恶内伤其身。今子外乎子之神，劳乎子之精，倚树而吟，据槁梧而瞑。天选子之形，子以坚白鸣。"（《德充符》）

战国时代的百家争鸣，大概确实能让许多学者达到忘我的状态，诸如日常的交锋，旧知识不能应对新话题的刺激等，都可能让人精神高度集中。惠施倚树而吟，据槁梧而瞑的思索状态，就是精神高度集中的表现。但争鸣受到问题或者话题的牵制，作为"局中人"的学者又未必都能像庄子那样别具只眼，站在"背负青天"的高度，以通透的历史意识看清时代困局的症结所在，所以思想上不一定都有大格局。惠施等名家"离坚白"，锐意颠覆常识，以此撬动许多习而不察却又顽固的观念，自有其思想启蒙的意义，尤其能够有效推动战国时代的怀疑精神。但名家过于在意辩论的胜负，将心力用于寻找论敌之非，就难免在忘我的同时也淡忘了时代的真实问题，缺乏为时代求道的大格局。庄子惋惜惠施，主要也就在这方面。而按照《庄子》的看法，改变格局不是要从精神上俯张其高远，而是"常因自然而不益生",也就是以自然本性为出发点,不往生命意识里搅拌太多的添加剂。也只有找准自然本性这个出发点,才算得上是为广义的人展开思考、议论,而不是为特殊的某些人或某些人的特殊主张而谋划。

理论上,具有本我意义的"自"与人性,指意相同,都是人之成其为人的内在规定性。那么,应该如何确认人性、人的本性呢?孟子断言"性善",荀子断言"性恶",观点相反,但基本的思想理路却一致,即由人的外在行为追溯其内在的原因。这种思想理路很现实,目的性也很明确,孟子"性善"要证明人具有遵循文明规范的可能性,荀子"性恶"则要证明人具有遵循文明规范的必要性,观点虽然相反,但至少就其思想理路而言,又都持之有故,言之成理。然而,用来判断人性的所谓善恶,从概念到判断都是社会性的,符合社会化亦即人的类生活共性的为善,反之为恶,所以沿着这个思路所能够推论出的,其实是人的社会性,也就是站在社会生活的角度看,人性或善或恶。如果由其论证回溯其问题,那么这个思路所要解决的,其实不是广义的人性是什么或什么是人性的问题,而是狭义的人性相对于社会生活为善抑或为恶的问题。这样来看孟、荀的人性论,不管他们如何持之有故,言之成理,也不管他们在历史上的影响究竟有多大,是否被奉为伦理和法律合理性的终极解释,其思想局碍都是毋庸讳言的,这个局碍就是未必能够揭示人性作为社会文明的创造者而非仅仅遵循者的本来身份。

《庄子》思想理路与孟、荀的显著差异,是站在社会之外或社会化之前来探寻人性的存在及其内涵,相对于孟、荀的社会人性论,《庄子》则是典型的自然人性论。社会之外或者社会化之前的纯粹的人,现实中当然找不到,于是要向自我本身内观自省地探寻。内观自省似乎是一条很常规的运思之路,《庄子》如此,孟子如此,西哲笛卡尔等也如此。不过,探寻的结果彼此不同。孟子向自我本身探寻到的东西最多,如说,"万物皆备于我矣,反身而诚,乐莫大焉"。按照朱熹的解释,"此言理之本然也,大则君臣父子,小则事物细微,其当然之理,无一不具于性分之内也"(《四书章句集注》之《孟子·尽心上》)。好像只要内省反思,万物之理便都了然。笛卡尔缜密很多,只是说"我思故我在",以思的真实性证明"我"合乎逻辑地存在。《庄子》也沉思,但沉思的状态却是"吾丧我",

套用笛卡尔的表述方式，便是"我思故我无所在"。这很有趣，同样的内观自省，差异却巨大如许，仿佛这些思想者所内观自省的，就不是同一种生物。这是否意味着对于哲学沉思来说，生物学意义上的人没有意义？若果真如此，思想者只是一个个纯粹在思的精灵，要么超人，要么非人，左右没有人类的生命感受，那又怎么可能体验人的本性？所以，自然人依旧是沉思的基础。《庄子》由"吾丧我"洞观到"天籁"，进而内观其一身，就是以自然人的生命感受为基础的。

> 非彼无我，非我无所取。是亦近矣，而莫知其所为使。若有真宰，而特不得其朕。可行己信，而不见其形，有情而无形。百骸，九窍，六藏，赅而存焉，吾谁与为亲？汝皆说之乎？其有私焉？如是皆有为臣妾乎？其臣妾不足以相治乎？其递相为君臣乎？其有真君存焉？如求得其情与不得，无益损乎其真。（《齐物论》）

这是探寻自然人之自我的一段感受，可以分述为内外两个方面。外的方面，作为造化之一物的"我"，如何在造化中找到确定性？"非彼无我"，彼即造化。从生成的过程上说，"我"是生生不息之造化的一个环节，没有造化就没有"我"，而没有"我"也就没有造化如此这般的呈现。这样从造化的角度来确认"我"，似乎贴近真相了，"我"也具有了作为造化的一个环节的确定性。但究竟是什么样的存在、出于什么因由或目的驱使造化生成这样一个"我"？这个问题找不到答案，"我"的确定性也就悬空了，只能被确定为无因由的一段造化流程。然而，从"我"具有自我意识，并且在自我意识中与造化相对为彼此的情形来看，"我"是一个从造化中分离出来的独立体，并且具有独立的自我意识，则"我"的确定性可信是真实的。进而言之，既然"我"从造化中来，"我"的自我意识也必然如此，也从造化中来，至少像是造化之河上流淌的一道波纹，那么什么样的存在能够造化出这样的自我意识呢？"若有真宰"。虽然在自我意识与造化之间，捕捉不到"真宰"的任何征兆，但自我意识追寻"我"存在的确定性或意义，便隐约昭示这样的造化是活性而有情态的。内的方面，"我"之一身由肢体、脏腑等构成，这些肢体和脏腑都有各自的功能或职能，可见具有独立性，所以称为"器官"，"我"对这些器官有亲疏远近的选择吗？器官与器官之间是轮流相支配的吗？如果说"我"对各器官只能使用，那么是否还有一个最终决定其存亡强弱的"真君"呢？这些问题，无一不困扰自我的确定性，以至我思则我无所在。然而，无论我们能否就这些问题找到某个答案，都无损无益于自我存在的本来状态。

从表面上看《庄子》的这些思想，似乎是在以自我为范例探寻人性的道路上，将自我、人性的内涵一路虚化，绕开了人性论所应当关注的人之成其为人的权利与义务等问题，却留下一连串的疑问。然而，疑问正是思想的专场节目，正由于有了这些疑问，有了思想，我们对于自我，可能就会多一分审视，少一些盲目的自信，缓一缓自是而相非的节凑，对于外界的诱惑、蛊惑，也因此有了一条衡量的准绳。《逍遥游》讲完斥鷃非议鲲鹏的故事之后，接着抒发了这样一段议论：

> 知效一官，行比一乡，德合一君而征一国者，其自视也，亦若此矣。而宋荣子犹然笑之。且举世誉之而不加劝，举世而非之而不加沮，定乎内外之分，辨乎荣辱之境，斯已矣，彼其于世未数数然也。虽然，犹有未树也。夫列子御风而行，泠然善也，旬有五日而后反，彼于致福者，未数数然也。此虽勉乎行，犹有所待者也。若夫乘天地之正，御六气之辨，以游无穷者，彼且恶乎待哉？故曰：至人无己，神人无功，圣人无名。（《逍遥游》）

这里面包括活出自我的四层境界。第一层，从知效一官到德合一君，职位有高低，但都是《刻意》所说的"尊主强国之人"。这些人及其所从之事，是社会生活所需要的，如果顺任其人自然之能、遵循其事自然之理，就不当《庄子》如此议论。但现实中的这些人，偏好炫耀，如《列御寇》所叙述的宋人曹商，"为宋王使秦，其往也，得车数乘。王说之，益车百乘。反于宋，见庄子曰：'夫处穷闾陋巷，困窘织屦，槁项黄馘者，商之所短也。一悟万乘之主，而从车百乘者，商之所长也。'庄子曰：'秦王有病，召医，破痈溃痤者得车一乘，舐痔者得车五乘，所治愈下，得车愈多，子岂治其痔邪，何得车之多也？'"这种人没有"自"的反思意识，只能将不择手段的结果之"然"当成"自"，所以有商之所短商之所长的自夸。第二层的宋荣子，既鄙视炫耀的人，也鄙视拿出来炫耀的事，包括"举世"亦即整个世俗社会的价值观，对内外也就是自我与身外物的界限区分得很清楚。第三层的列御寇御风而行，逍遥一世之上，对于世俗事务及其是非得失，"未数数然"，不介意，漠然视之。但御风而行毕竟还是要"勉乎行"，需要努力地运用特殊手段、利用特殊条件，达到特殊目的地，"自"在制约之中。第四层没有主角，可以是至人、神人、圣人，或许也可以是人人，所谓"乘天地之正，御六气之辩，以游无穷"，也就是与自然造化融为一体，不将自然造化推度为远方的山水，实时即境的世界，便是"自"的本来故乡，因循自然造化而游于无穷，"无待"于特殊的手段和条件。由这样的"自"实现其"然"，才是本来的"自然"。

四　"然"与"不然"之辨

第三个问题是，既然天下没有"公是"，那么又该如何衡量"然"与"不然"？这个问题有些概念纠缠，所以《庄子》主要的对话对象，依然是名家。

> 夫子问于老聃曰：有人治道若相放，可不可，然不然。辩者有言曰：离坚白，若县□。若是则可谓圣人乎？老聃曰：是胥易技系，劳形怵心者也。（《天地》）
>
> 何谓和之以天倪？曰：是不是，然不然。是若果是也，则是之异乎不是也亦无辩；然若果然也，则然之异乎不然也亦无辩。（《齐物论》）

前一段讲名家的作风，后一段讲《庄子》的理念。这有点像是趣味哲学，名家的做派"然不然"，《庄子》的理念"然不然"，似乎可以同志为友，但事实上他们顶多只能在理论上搞搞对话，理念的差距却在对话中高下立见。所以同样的"然不然"，说的却不是一回事，只是在语言概念上相互有些纠缠。

名家"然不然",是他们的辩论风格,即以命题的形式,针对常识以为然的,逻辑地证明其不然,反过来也一样。这也就是《庄子·天下》评议惠施的学术时所说,"以反人为实,而欲以胜人为名"。这些用来"反人""胜人"的命题,他处罕见,而以《庄子·天下》的记录最为繁富,包括惠施命题十个,其他名家的命题二十一个,如"无厚不可积也,其大千里","卵有毛","一尺之棰,日取其半,万世不竭"等。这种现象,或许反映出《庄子》与名家因对话而特殊的关系,对于名家的命题,《庄子》比其他各家各派显然更在意。而《庄子》在后世的读者群,居然由于这些命题而扩大了,例如西晋时,"三玄"中的《庄子》后来居上,取代《周易》《老子》成为玄学家们热衷的经典和谈资,其中原因,除了像嵇康、阮籍那样要借他人杯中酒浇自己心中块垒之外,还有一个就是清谈名士被《庄子》书中的这些命题吸引,即如郭象《庄子注》最后所记叙的,"昔吾未览《庄子》,尝闻论者争夫尺棰、连环之意,而皆云庄生之言,遂以庄生为辩者之流。案此篇较评诸子,至于此章,则曰其道舛驳,其言不中。乃知道听涂说之伤实也。吾意亦谓无经国体致,真所谓无用之谈也。然膏粱之子,均之戏豫,或倦于典言,而能辨名析理,以宣其气,以系其思,流于后世,使性不邪淫,不犹贤于博弈者"。将名家辩议与赌博相提并论,显然贬抑太过了,但通过郭象的叙述,我们也间接获得一些信息,即放在常识世界里,这些命题让人耳目一新,趣味无穷,而在怀疑主义激发理性的时代,甚至比赌博更有吸引力。

只是对于哲学家来说,辩议不应该只是思维的游戏,最终目的也应该不只是颠覆常识甚至解构旧有的观念体系,辨名析理的意义,只有放在某个或某种体系的建构中才会凸显出来,否则,像《天下》惋惜的那样,"惠施之才,骀荡而不得,逐万物而不反,是穷响以声,形与影竞走也",学者们虽然"劳形怵心",在名与实之间推考究竟,但碎片化的聪明才智,难以形成整体的理性力量,甚至不敢保证"白马非马"的苦心孤诣,一定不会成为赵高们"指鹿为马"的诱训。《庄子》对名家的这些善意惋惜,从《庄子》本身来看是得到过名家响应的,如《秋水》载公孙龙说,"龙少学先生之道,长而明仁义之行,合同异,离坚白,然不然,可不可,困百家之知,穷众口之辩。吾自以为至达已,今吾闻庄子之言,汒焉异之,不知论之不及与？知之弗若与？今吾无所开吾喙"。这段故事是否真实，我们姑置不论，但用来表述名家与《庄子》的差异，可信也是准确的，以名家的问题意识、思想格局与《庄子》相比较，确实有"用管窥天，用锥指地"的局碍，不只是辩才与知识的问题。

《庄子》"然不然"的理念，所要关注的事情不在物体的形状、颜色、质地等感官层面，所要甄辨的问题也不是某些事务或者事务如何综核名实，而是文明的求同悖论，即当文明强调求同的目标、强化求同的手段时，社会正陷于文明的纷争，求同越急切，纷争越剧烈。这个悖论在战国时代演绎得很充分，但似乎只有《庄子》能够勘破其秘奥。从更早的时候说，自管仲辅佐齐桓公"九合诸侯，一匡天下"，中国社会就在经过诸侯国的发展之后，开始了以求同为大趋势的历史进程。求同的必要性来源于长期接触后对地域性以及族群差异的比较和了解，求同的可能性来源于夏商周以来的历史文化传统，而对于异质文化的异族如匈奴等，则达成保护华夏求同的排异性"攘夷"，以至孔子也赞叹，"微管仲，吾其被发左衽矣"。到《庄子》的战国时代，求同演变出更急切因而也更惨烈的兼并模式，于是在现实中所看到的，是这样一幕幕，"今世殊死者相枕也，桁杨者相推也，刑戮者相望也，而儒、墨乃始离跂攘臂乎桎梏之间。意，甚矣哉！其无愧而不知耻也甚矣。吾未知圣知之不为桁杨椄槢也，仁义之不为桎梏凿枘也"（《在宥》）。社会在求同中哀鸿遍野，儒、墨等各家学者却还在为求同奔走呼号，求同悖论是支配了这个偶然的时代，还是支配了文明本身？

原则上说，文明以求同为目标，符合人类的自然属性，求同而合作，在蛮荒时代是生存的需要，文明社会从自然界独立后是发展的需要。然而在历史实践中，求同与合作可能只是党同伐异的一种策略，如合纵连横之类，其结果只是扩大战争的规模，膨胀伐异的欲望。那么，原本应该是人类文明终极目标的求同，怎么就演变成纷争的根源？这是个应该追问的问题，如果在战国时代提出，相信儒墨名法诸家都会有自己的主见。儒家可能会认为根子在未能"同"于礼，法家可能会论说根子在未能"同"于法，而归结起来，这些主见都是将某方面的规范，诸如伦理的、行政的、法律的等，作为同化的标准，也作为同化的措施，以文武手段消解甚至消灭差异，从而达到同化的目的。这种在军队能够阵列出的整齐划一的同化模式，大概能让某些人的政治成就感获得极大的满足，所以诸家学术虽然未能尽逞其志，但各领风骚的时候还是有的。而在《庄子》看来，这些规范中的任何一种，固然都有其合理性，但要因此推尊为求同的唯一标准和途径，并因此排斥其余，那么求同悖论就必然像魔咒一样如影随形。这也是《庄子·天下》的基本思想，"天下多得一察焉以自好"，"天下之人各为其所欲焉，以自为方"，百家众技如果不能像耳目鼻口一样，天然无间地相互配合，那么不管如何地"判天地之美，析万物之理，察古人之全"，最终都会由于分而不合，难以避免"道术将为天下裂"。后来的历史证明，《庄子》的预言并不准确，不是百家学为求天下之同而分裂，而是被秦始皇焚书坑儒消灭。到汉武帝"罢黜百家，独尊儒术"时，百家争鸣的学术与大一统的政局，更被确认为不可兼容的两种模式。这个结局对于《庄子》来说，大概就是没有最坏只有更坏的了。

按照《庄子》的思想，求同悖论并非无解，"和以天倪"就是消解这个悖论的哲学思路。"和以天倪"与和以利益的契约、和以实力的均衡、和以妥协的策略等都不同，是融化是非纷争，是赞成与反对相拗抗的出发点和解，其内涵概括起来，就是"是不是，然不然"。

> 道行之而成，物谓之而然。恶乎然？然于然。恶乎不然？不然于不然。物固有所然，物固有所可，无物不然，无物不可。故为是举莛与楹、厉与西施，恢恑憰怪，道通为一。其分也，成也；其成也，毁也。凡物无成与毁，复通为一。唯达者知通为一，为是不用而寓诸庸。（《齐物论》）

> 有自也而可，有自也而不可；有自也而然，有自也而不然。恶乎然？然于然。恶乎不然？不然于不然。恶乎可？可于可。恶乎不可？不可于不可。物固有所然，物固有所可，无物不然，无物不可。非卮言日出，和以天倪，孰得其久？万物皆种也，以不同形相禅，始卒若环，莫得其伦，是谓天均。天均者，天倪也。（《寓言》）

"天倪"与"天均"互训，虽然这两个词都属《庄子》首创，难以援用

《庄子》之外的典籍来训诂，但通过其自身的互训，我们可以了解其大概指意。倪有发端、分际等意思，郭象注将"天倪"解释为"自然之分"，就是按照发端、分际的意思来理解的。什么样的发端、分际能够称得上"天均"呢？大概一切人为的划线、切割都称不上，只能是自然或曰天然的。自然会以什么方式对万物进行划线、切割？当然只能是造化。某物从造化中相对独立出来，便是此物的发端，也是此物与他物的分际，所以说"其分也，成也"。某物之成其为某物，是从造化中分出来的本分，也就是郭象注《庄子》的"性分"，但这个本分不是自为自在、坚实不变的，而是处在"以不同形相禅"的造化流程中，"成"的同时，"毁"便在其中，所以又说"其成也，毁也"。这样来看万物，可以看到两方面具有本体论意义的面相。其一，万物各有其"自"，也各各唯有其"自"，无欠无余，所以"然"与"不然"，只能着眼于各自的"自"来衡量。按照这个衡量标准，"无物不然"，合理的就是现实的。之所以会产生"然"与"不然"、"是"与"不是"的分判，原因无他，第一是立场不同，彼此而已；第二是总有人刻意地按照自己之所然、之所可，制造些不然、不可，殊不知"凫胫虽短，续之则忧；鹤胫虽长，断之则悲"（《骈拇》），将自己的审美、求同意志等凌驾于造化之上，放大一己之所"然"，结果收到更多他者的"不然"回应。其二，因为万物之"自"又都处在流转无穷之中，所以相应地，由变动不居之"自"所衡量的"然"，也以变化为常，没有封存起来的"然"，现实的就是合理的。围绕这层意思，《庄子》讲了两个故事。

　　庄子谓惠子曰：孔子行年六十而六十化，始时所是，卒而非之，未知今之所谓是之非五十九非也。（《寓言》）

　　蘧伯玉行年六十而六十化，未尝不始于是之而卒诎之以非也，未知今之所谓是之非五十九非也。万物有乎生而莫见其根，有乎出而莫见其门，人皆尊其知之所知，而莫知恃其知之所不知而后知，可不谓大疑乎？已乎已乎，且无所逃，此则所谓然与然乎。（《则阳》）

同一个故事却以两个主角重复出现，如果不是抄本之类的问题，那就应该是作者认为这个故事用来表述"然于然"很恰当。如果说"然不然"是有见于"万物殊理"（《则阳》），承认万物各"自"都有自成其然、成为现实的合理性，那么"然于然"就是有见于"自"非孤立，承认万物在互动中呈现为现实的合理性。不理解这两个方面，差不多就是"知不知是非之境，而犹欲观于庄子之言，是犹使蚊负山，商蚷驰河也，必不胜任矣"（《秋水》）。

五　从"自然"到"玄同"

第四个问题是，如何由"自然"而"玄同"？这也是《庄子》"自然"之思的落脚点，即差异万殊的人与人、物与物，如何实现既各各自在又整体和谐。显然，这是一个理想中的美妙世界，但是否具有可能性，首先是关于远古历史的模糊印象，其次才是逻辑上的可能性证明，这一点几乎对于所有的思想体系来说都一样，《庄子》也不例外。

> 古之人在混芒之中，与一世而得澹漠焉。当是时也，阴阳和静，鬼神不扰，四时得节，万物不伤，群生不夭。人虽有知，无所用之，此之谓至一。当是时也，莫之为而常自然。（《缮性》）

这个后来被称为原始社会的历史阶段，除了道德上的纯朴之外，其他方面是否像《庄子》描述的那般美妙，或许很难说。所谓"群生不夭"，大概只能理解为没有后世因战争、苛税等有组织的胁迫所造成的群体伤亡，至于个体夭伤，则是常常不免的，因为风暴雨雪的伤害，疾病、猛兽的威胁等，生存危机无处不在。不过，《庄子》对原始生活之所以不吝溢美之词，并非向往那个时代如何幸福，而是基于一个后世的社科研究也大概能够接受的判断，即在"用智"导致贫富、尊卑、强弱等差异之前，人与人具有共性，徜徉在为后世所慕求的"同"之中。这种共性不假思索，浑然天成，所以称为"至一"。人间社会实现"玄同"的可能性，就建立在人与人曾经"至一"的历史基础之上。

原始的"至一"之世是如何分化、沦丧的呢？《老子》说是"失道而后德，失德而后仁，失仁而后义，失义而后礼。夫礼者，忠信之薄而乱之首"（《三十八章》）。《庄子》的历史总结也差不多，不过，因何而失的根由《老子》未及详说，而《庄子》判断失于求同，即伏羲时"顺而不一"，黄帝时"安而不顺"，唐虞时"离道以善"，以至后世"知而不足以定天下，然后附之以文，益之以博"，于是"民始惑乱，无以反其性情而复其初"（《缮性》）。这样的总结，表面上看起来是伦理道德层面的，而实际上是强求治而同之，也就是求同的途径、措施等政治层面的。

然而，既往之事不可复追，"至一"之世既然已经在历史中分化了，又如何可能复归？若从现实的就是合理的角度说，从"至一"之世分化到当今世界的这个样子，又何以见得不是"然不然"之"自然"的？确实，读《庄子》书，时常会让人产生这样的思辨纠结，如果不理解《庄子》的真正关注点其实是历史现实，反而像荀子那样误以为"庄子蔽于天而不知人"（《解蔽》），不明白《庄子》之所谓"天倪""自然"，都是社会现实的一面镜子，用来映照社会现实的状态，反思现实问题的根源，那可能就读其书若不解其意。就《庄子》本来立意而言，让文明时代的人重返"混芒之中"，只是"假修浑沌氏之术"（《天地》），是很偏执的形式主义。只是由于现实的求同太急切了，反而导致现实中人人立异，所以"混芒"的自然界才有启示意义。

混芒的自然界万古不易，但对于文明的意义却古今不同。在现代人的眼中，自然界主要是各种资源之所在，偶尔也有仿生学等，从自然界学到某些特殊的技术。而对于《庄子》来说，自然界整体可以为师，既是"道法自然"原则肇始运行的结果，也是这一原则还将持续运行的舞台。而对于意义的不同发现，则来源于观察的不同视角。

> 野马也，尘埃也，生物之以息相吹也。天之苍苍，其正色邪？其远而无所至极邪？其视下也，亦若是而已矣。（《逍遥游》）
>
> 少知曰：四方之内，六合之里，万物之所生，恶起？太公调曰：阴阳相照，相盖相治，四时相代，相生相杀，欲恶去就，于是桥起；雌雄片合，于是庸有。安危相易，祸福相生，缓急相摩，聚散以成。

此名实之可纪，精之可志也。随序之相理，桥运之相使，穷则反，终则始，此物之所有，言之所尽，知之所至，极物而已。睹道之人，不随其所废，不原其所起，此议之所止。（《则阳》）

《庄子》的视角很诗意，从春季郊野的蒸腾景象中，看到万物生机像野马、尘埃一样勃兴并且弥漫，而思绪却尽其幽深，要考问这派生机从哪里来，由谁推动。通过观察发现，蒸腾的景象其实来源于"生物之以息相吹"，任何一物的生发动用，都既是这派生机的结果，也是创造生机的原因。除了万物各由其自体而生之外，"不原其所起"，实际上也找不到推动者，其中包括古老传统所信仰的"天"，同样也不是万物生机的根源。以鲲鹏扶摇而上九万里的眼目，从地上看天与从天上看地是一样的，"天"不再神秘，也不再尊高，只是构成四方六合的一方而已。

走下神坛的"天"，不再拥有奇怪的万物管理者的权责，但作为与地相对的庞然大物，作为与地相合的造化大框子，对另一个大框子，即社会意义上的所谓"天下"，依然具有启示意义。

　　天地虽大，其化均也；万物虽多，其治一也；人卒虽众，其主君也。君原于德而成于天，故曰玄。古之君天下，无为也，天德而已矣。（《天地》）

　　夫道，覆载万物者也。洋洋乎大哉，君子不可以不刳心焉。无为为之之谓天，无为言之之谓德，爱人利物之谓仁，不同同之之谓大，行不崖异之谓宽，有万不同之谓富。故执德之谓纪，德成之谓立，循于道之谓备，不以物挫志之谓完。君子明于此十者，则韬乎其事，心之大也；沛乎其为，万物逝也。（《天地》）

　　大圣之治天下也，摇荡民心，使之成教易俗，举灭其贼心而皆进其独志，若性之自为而民不知其所繇然。若然者，岂兄尧舜之教民，溟滓然弟之哉？欲同乎德而心居矣。（《天地》）

"天地"是个万物造化的框子，"天下"是个人类生活的框子，功能特性都一样，"当其无，有器之用"（《老子》第十一章）。道理都很简易明白，框子是用来创造空间的，如果框子被满满地塞密实了，不再能发挥其功能作用，被废弃也就是理有固然，势有必至的了。"天地"永远宽大，不会被废弃，被废弃的只是曾经赏善罚恶、生杀予夺的"天"。"天下"也不会被废弃，被废弃的只是不能让"天下"发挥框子功能的"天子"。而要让"天下"发挥框子的功能作用，方式方法也很简单，只要相信天下人"自然"的就是合理的，大方略上自能维持"不同同之"，"行不崖异"，"有万不同"的格局。

从"举灭其贼心而皆进其独志"等论述来看，《庄子》对于天下人的"自然"显然很有信心，"独志"也就是主体之"自"的意愿，甚至认为拓展空间让"独志"舒展开来，能够实现"欲同乎德而心居矣"，也就是个体的生活愿望与社会公德能够同条共贯，从而人人都能获得精神的安顿。这种人性的乐观虽然很让人感动，但究竟能有几分真实性呢？所谓"举灭其贼心"亦即制止侵犯他人之"自然"的尺度，又应该如何制定？

> 天下有常然。常然者，曲者不以钩，直者不以绳，圆者不以规，方者不以矩，附离不以胶漆，约束不以缰索。故天下诱然皆生而不知其所以生，同然皆得而不知其所以得，故古今不二，不可亏也。（《骈拇》）
>
> 吾意善治天下者不然，彼民有常性，织而衣，耕而食，是谓同德，一而不党，命曰天放。（《马蹄》）

不从仁义礼乐等伦理设定出发判断是非善恶，规范政治的求同目标，而以"天下有常然""民有常性"为基础，可能是道家迥异于儒家的逻辑起点。从道家的起点出发，政治的首要目标就不是如何让民众同于礼乐，而是同于各有其"自"、本来常性。顺任常性自得其然，与修习礼乐而后然，差别在于前者是"自然"，后者是"劳神明为一而不知其同也"（《齐物论》），从措施到效果，都有道不尽的差别。

进而言之，"民有常性"还有其自主表达，并非官吏们从百姓日用而不知中偶尔发现的。

少知问于太公调曰："何谓丘里之言？"太公调曰："丘里者，合十姓百名以为风俗也。合异以为同，散同以为异。今指马之百体而不得马，而马系于前者，立其百体而谓之马也。是故丘山积卑而为高，江河合水而为大，大人合并而为公。是以自外入者有主而不执，繇中出者有正而不距。四时殊气，天不赐故岁成；五官殊职，君不私故国治；文武大人不赐，故德备。万物殊理，道不私故无名，无名故无为，无为而无不为。时有终始，世有变化，祸福淳淳，至有所拂者而有所宜；自殉殊面，有所正者有所差。比于大泽，百材皆度；观乎大山，木石同坛。此之谓丘里之言。"

少知曰："然则谓之道，足乎？"太公调曰："不然。今计物之数不止于万，而期曰万物者，以数之多者号而读之也。是故天地者形之大者也，阴阳者气之大者也。道者为之公，因其大以号而读之则可也。已有之矣，乃将得比哉？则若以斯辩，譬犹狗马，其不及远矣。"（《则阳》）

表现为地方风俗的"丘里之言"，包括五个方面的内涵。第一，"丘里之言"是由区域性民众在共同生活中各自意见合成的。区域性民众的聚居，居民各以己意参与交流，因而相互染习，所以称为"风"，意犹"生物之以息相吹"；但没有施行教化者，也没有代言人，所以又称为"俗"。"风俗"一词，大概就起源于此。第二，合成的方式是"合异以为同，散同以为异"，生活中主体意识的相互趋同，是能够合成的基础，也是渐进式合成的过程，而合成后的风俗通过人主体的习惯发挥作用，并非僵化的规范，所以还能够以"散"的方式适应个体。第三，"丘里之言"是"合并而为公"，这个"公"，首要意义在于由个体意见融聚而成，既不是官方的，"文武大人不赐"，其中没有来路特殊的意志干预，也不是先有一个集体然后代表集体名义，集体的意识在"丘里之言"既成之后，而不是预设在前。第四，"自外入者有主而不执，由中出者有正而不距"，自外入者是教化之方，如果与个体的主观意愿不合，就难以被接受并遵循，由中出者是"丘里之言"，与个体的主观意愿无间隔，与主体意识恰恰对应，所以为"正"。第五，"自殉殊面，有所正者有所差"，这句话，晋唐以来的理解有分歧，郭象解为"各自性其所是，不能离也"，也就是展现各自的性分，是其所是。陆德明《经典释文》的解读与此不同，"《广雅》云：'面，向也。'谓心各不同而自殉焉。殊向自殉，是非天隔，故有所正者亦有所差"。意即人各自殉于特殊性差异。而据《庄子》上下文来看，这两种截然不同的理解都有些牵强。所谓"殊面"，应该是指丘里环境，"自殉"是自愿改变主体个性。聚居丘里的人群个性各不相同，要彼此适应，就必须各有改变，相互矫正。既然矫正是必需的，且出于主体意识的自觉自愿，是"自殉"，没有硬性标准和要求，那么差异始终存在就是必然的。正因为差异在丘里依然存在，所谓下文有大泽、大山的譬喻，以示虽"丘里之言"，也具有"百材皆度"，"木石同坛"的包容性。

这样的"丘里之言"，显然是一个既人各自在又整体和谐的社会小模型，很美妙，那么它是否就是对于天地万物、天下万众具有普遍意义的"道"呢？这个话题确实很诱人，如果这个小模型就是"道"，那么我们就找到了可操作的治理天下的通行原则，对于历代政治来说，这都是一个可以一劳永逸的梦想。然而，《庄子》说"不然"。为什么又"不然"了？《庄子》在这里表现出中国古代哲学中不常见的逻辑审慎，所谓"计物之数"云云，说的就是归纳法原则，由"丘里之言"归纳不出天下之道。这条审慎的逻辑思路，同样渊源于《老子》，而与儒家修齐治平的推演大不相同。

《大学》说，"物格而后知至，知至而后意诚，意诚而后心正，心正而后身修，身修而后家齐，家齐而后国治，国治而后天下平"。这是儒家的推演思路，即以修习为途径，个人的修身最终可以推演到平天下的高度，历史上的儒者，通常将这条思路描述为《庄子》所说的"内圣外王之道"。但从个体特殊的修习体验和成就中，如何可能推导出具有普遍性的平天下原则，确实很奇怪，《庄子》就屡次讥评其仁孝等伦理，是将曾参、史鳅的仁孝特殊性格推度为普遍的人性。而道家的思路显然不同，如《老子》说，"修之于身其德乃真，修之于家其德乃余，修之于乡其德乃长，修之于国其德乃丰，修之于天下其德乃普。故以身观身，以家观家，以乡观乡，以国观国，以天下观天下。吾何以知天下之然哉？以此"（五十四章）。同样是修习，但个人的修习体验和成就不能推展到家庭，更遑论国家、天下。对于国家、天下之道，只能按照国家、天下的格局和模式等去观察、去思考，特殊的个性体验是无效的。也正由于逻辑上国家天下不能与个人家庭混为一谈，所以道家认为国家天下之求同，只能是"玄同"，也就是尊重、保持个体特殊性的"自然"之同。这样的"玄同"，必然要摒弃各种特殊的伦理要求。《庄子》说：

> 削曾、史之行，钳杨、墨之口，攘弃仁义，而天下之德始玄同矣。彼人含其明，则天下不铄矣；人含其聪，则天下不累矣；人含其知，则天下不惑矣；人含其德，则天下不僻矣。（《胠箧》）

"玄同"的天下摒弃特殊的伦理要求，绝非意味着让社会回到蛮荒，而是"为是不用而寓诸庸"（《齐物论》），不将个体的"自"当成普遍的人性，更不能由个体的"自"求天下之"然"。

"怀疑者多马"、《约翰福音》和《哲学片断》

——《哲学片断》与《约翰福音》的同构关系

王　齐*

摘　要：芝加哥大学古典学教授格伦·莫斯特的著作《怀疑者多马》，以《约翰福音》中十二门徒之一"低土马的多马"为主角，讨论了他从极端怀疑耶稣复活到虔敬地称耶稣为"我的主，我的神"的戏剧性转变及其在欧洲艺术史上的表现，启发了笔者对克尔凯郭尔的假名著作《哲学片断》与《约翰福音》之间的同构性关系的追溯。在《哲学片断》的前三章，假名作者约翰尼斯·克利马克斯分别用诗化的和形而上的思辨方式，对基督教"道成肉身"的原则进行了重构，而后者正是《约翰福音》的主旨之一。《哲学片断》第四、五章又分别讨论了"同时代弟子"和"再传弟子"的问题，这与耶稣在多马急剧转变后所说的"你因看见了我才信；那没有看见就信的有福了"形成直接的呼应。由于时代背景和所针对问题的差异，克尔凯郭尔比《约翰福音》更进一步地推进了将信仰建立在"信道"基础上的主张，极力维护了信仰的精神性。同时，克尔凯郭尔所强调的个体从神手中获得真理和理解真理的条件的思想，不仅维护了新教路德宗思想，还开启了在哲学上讨论"当代性"问题的可能性。

关键词：《约翰福音》　《哲学片断》　多马　当代性

---

*　王齐，中国社会科学院哲学研究所研究员。

缘　起

2013 年我完成了《克尔凯郭尔文集》第四卷《哲学片断》的翻译，借前往哥本哈根大学参加"克尔凯郭尔诞辰两百周年"国际学术研讨会之际，将译著送给文集的丹方主编尼尔斯·扬·凯普伦（Niels-Jørgen Cappelørn）教授——这本书原本就是题献给他的，作为对他长期无条件支持克尔凯郭尔著作的汉译工作的感谢。在欣赏了转化为汉语的克尔凯郭尔著作并夸赞了汉字之美后，凯普伦教授严肃地问我，是否意识到《哲学片断》是对《约翰福音》的呼应（response），尤其是第 20 章。问题来得有些突然，《约翰福音》虽然读过，但毕竟没有读得滚瓜烂熟，对第 20 章的内容毫无印象，只记得"太初有道"那段话，于是就按我的理解，回答他《哲学片断》可以说是对基督教"道成肉身"原则的重述，而后者正是《约翰福音》的主旨。历来惜字如金的凯普伦教授听罢我的回答后没有多说什么，只是叮嘱我回北京后要再读《约翰福音》。这一点我的确做到了，但好像并没有更多的收获，这个问题从此悬搁起来。2020 年初夏，三联书店出版了《怀疑者多马》（Doubting Thomas）一书，作者是芝加哥大学古典学教授格伦·莫斯特（Glenn W. Most）。看到书后我才知道，"怀疑者多马"指的就是《约翰福音》第 20 章第 24～29 节中"那十二个门徒中有称为低土马的多马"，他非要用手触摸到耶稣的伤口才肯相信耶稣的复活。这时我突然明白了凯普伦教授 7 年前所提问题的用意，也找到了一个重新审视《哲学片断》的角度。因为涉及《哲学片断》与《约翰福音》之间的同构关系，我的分析将略过《哲学片断》中探讨历史必然性问题的"间奏曲"一章，因为这一章非常深刻，当撰文专论。

《约翰福音》中的"怀疑者多马"

《怀疑者多马》是一本博学的书。从对多马姓名的考证，到这个人物出现在《约翰福音》中的用意，再到怀疑者多马的故事在欧洲艺术史上的表现，以及对圣经叙事和欧洲绘画艺术中的隐喻的解析，这些或许对从小浸濡在基督教文化中的人来说是常识，对笔者却是全新的知识，只能学习，以之弥补之前阅读《约翰福音》时的盲区。

根据莫斯特叙述的提示，约翰并不是唯一在基督教正典中突出多马的作者，但他是唯一解释了多马姓名含义的人。多马的名字来自亚拉姆语的 t'ōme，意为"双生子"，其希腊语形式"低土马"亦然。① 根据莫斯特，"双生子"在很多文化中都自带负面性，而且在多种语言中，"怀疑"与"双"具有词源上的联系，如希腊文、拉丁文（dubitare 和 duo）、德文（zweifeln 和 zwei）、英文（doubt 和 double）。这些考证工作旨在说明，"多马是怀疑的完美化身"。② 莫斯特由此得出结论，"怀疑者多马的故事可能很大程度上是约翰的创作"，而且"多马这个人物一旦被创造出来，就难以摆脱：他像羞愧的记忆一样如影随形"。③ 那么，约翰创作这样一个"像羞愧的记忆"一样的怀疑者的形象，用意何在呢？

让我们先来看多马在《约翰福音》中的第二次出场，即耶稣复活。在第 20 章开篇，抹大拉的马利亚最先发现了空坟墓，并把这个消息告诉了西门彼得和"耶稣所爱的那个门徒"即约翰本人④，二人同往坟墓去。约翰先到，看到细麻布还在那里，"先到坟墓的那门徒也进去，看见就信了"（20：1-8）。此处语焉不详，不知约翰信了什么，但应该是指约翰信了耶稣的复活。两位门徒回到自己的住处后，马利亚仍在坟墓外哭，耶稣问她为何哭泣。马利亚先是把耶稣当成看园子的人，及至耶稣呼唤她的名字"马利亚"，她立刻认出耶稣，称他"拉波尼"。耶稣对马利亚说："不要摸我，因我还没有升上去见我的父。你往我弟兄那里去，告诉他们说，我要升上去见我的父，也是你们的父；见我的神，也是你们的神。"（20：17）之后耶稣向门徒显现，他"把手和肋旁指给他们看，门徒看见主，就喜乐了"（20：20）。

然后，戏剧的一幕开始了。多马对其他门徒所说的"我们已经看见主

---

① 格伦·W. 莫斯特：《怀疑者多马》，赵画译，三联书店，2020，第 86 页。
② 格伦·W. 莫斯特：《怀疑者多马》，第 87~89 页。
③ 格伦·W. 莫斯特：《怀疑者多马》，第 254 页。
④ 在《约翰福音》中，约翰被称为"耶稣所爱的那个门徒"，说明《约翰福音》不是约翰亲笔所写，而是编者对约翰叙述的记录和编写。参见谢文郁《道路与真理——解读〈约翰福音〉的思想史密码》，华东师范大学出版社，2012，第 56 页。

了"无动于衷，他说："我非看见他手上的钉痕，用指头探入那钉痕，又用手探入他的肋旁，我总不信。"（20：25）又一日，当门徒都在屋内时，耶稣来到他们中间，并且对多马说："伸过你的指头来，摸我的手；伸出你的手来，探入我的肋旁。不要疑惑，总要信。"（20：27）言罢多马立刻呼告："我的主！我的神！"（20：28）这时耶稣对他说："你因看见了我才信；那没有看见就信的有福了。"（20：29）

从福音书叙事来看，耶稣只是应允了多马非分的无礼要求，让多马伸出手指以探虚实，至于多马是否真的用手触摸了伤口，则不得而知，成为悬念，也使这一幕具有了戏剧性，因为结局才是关键——多马克服了自己的怀疑，完全信服耶稣，称耶稣为"我的主！我的神！"。根据莫斯特，多马做出如是呼告在福音书当中尚属首次，"在整部《约翰福音》甚至新约福音中，第一次有人称耶稣为神，而且当着耶稣的面"①。多马从极端的、夸张的怀疑（hyperbolic doubt）转变为极端的虔敬②，他的怀疑症被治愈了。

在耶稣复活的问题上，使徒约翰、抹大拉的马利亚、众门徒和多马的不同表现恰好构成了一个信心的序列。其中，约翰的信心最大，福音书上说他并没有看到复活的耶稣，只是看到了"耶稣的裹头巾没有和细麻布放在一处，是在另一处卷着"（20：7），然后就说他"看见就信了"（20：8），他的信心与福音书编写者对他的称呼"耶稣所爱的那个门徒"是相匹配的。抹大拉的马利亚"先不认主"，但一听耶稣唤她的名字，"立刻"就称耶稣为"拉波尼"，马利亚的信心其次。众门徒不仅亲眼见到了耶稣，还亲耳听到耶稣的祝福"愿你们平安"，甚至看见了耶稣展示给他们的"手和肋旁"，然后"就喜乐了"。《约翰福音》中没有解释耶稣何以会想着把他的手和肋旁的伤痕展示给门徒看，但在《路加福音》中却有解释。《路加福音》中记述，门徒们正说起主复活的事时，"耶稣亲自站在他们当

---

① 格伦·W. 莫斯特：《怀疑者多马》，第59~60页。在该书第106页，莫斯特再次指出，多马的呼告"我的主！我的神！"是"正典福音书中第一处对于耶稣神性的明确认同"。

② 《怀疑者多马》的作者指出，hyperbolic doubt 是从笛卡尔《第一哲学沉思录》中"借用的"，但用法有所不同。参见《怀疑者多马》，第268~269页。"普遍的怀疑"的翻译当是遵从对笛卡尔概念的翻译，但根据多马的表现，以及莫斯特的声明，笔者认为这里似应按 hyperbolic 的本意理解成"夸张的""极端的"更为恰当。

中"，祝福他们。门徒听到耶稣的声音后，"惊慌害怕，以为所看到的是魂"（24：37），结果引来耶稣对他们说："你们为什么愁烦？为什么心里起疑念呢？你们看我的手、我的脚，就知道实在是我了！摸我看看，魂无骨无肉，你们看我是有的。"（24：38-39）或许正因为耶稣对众门徒的信心并无十分的把握，他才主动向门徒展示伤痕，只是"触摸"一节在《约翰福音》中被淡化了，只转向多马一人；而且耶稣只说了一句"伸出你的指头来"，并没有像在《路加福音》中那样解释人和魂的区别，一招就使多马呼告"我的神"，从怀疑转向了虔敬。

　　对观福音书中为何会出现上述差异，新约学者们自有解释，这不是笔者关切的重心。笔者相信《约翰福音》中多马的出现定有深意，除了如莫斯特所说多马是"怀疑的完美化身"外，他的夸张要求和戏剧性转变在情节推动的意义上，很可能是为了推出耶稣紧接着多马"我的主！我的神"的呼告后所说的那句话："你因看见了我才信；那没有看见就信的有福了。"（20：29）耶稣此言揭示了信仰问题上"眼见为实"的无效性，这是从耶和华告诫摩西"人见我面不能活"就开始的信仰传统，意在维护神的超越性存在。① 结合之前门徒和信徒的表现，约翰未见耶稣真人，但他信了，所以他才是"耶稣所爱的那个门徒"，因为他深得信仰之三昧。相比于"看"，"听"在信仰的问题上更重要，故"福音-Gospel"就是由听闻得到的"好消息"，抹大拉的马利亚听到耶稣唤她的名字就信了，她的信心比《约翰福音》中众门徒的表现更接近信仰的本意。至于《路加福音》中那些因见到耶稣而"惊慌害怕"的众门徒，只能表明他们信心不足。信不靠眼观和耳闻，诚如叶秀山对汉字"信"的分解所揭示的，"中文'信'字，从'人'从'言'，'信'者，'信''他人'之'言'，'信''自由者'之'言'"。② "信"就是"信""神"之"言—道"，不是信神的外在形象或所行的神迹，只有这样，才能保证信仰的精神性，并最大可能避免落入迷信和盲信的误区。这个意思与《约翰福音》开篇第一句"太

① 对"看"、"听"和"信"的关系的分析，参见王齐《看、听、信——克尔凯郭尔和尼采视域下的基督教信仰》，《哲学研究》2015 年第 3 期。

② 叶秀山：《科学·宗教·哲学——西方哲学中科学与宗教两种思维方式研究》，社会科学文献出版社，2009，第 155 页。

初有道，道与神同在，道就是神"——In the beginning was the Word, and the Word was with God, and the Word was God 的意思相呼应。强调"道成肉身"原则之为信仰真谛这一点是《约翰福音》有别于其他对观福音书之处，同时它也吸引了克尔凯郭尔在《约翰福音》成书（传统的观点的是公元一世纪末）近一千七百五十年后，在《哲学片断》（1844 年）中以"思想方案"的形式对这个原则进行了重构。

《哲学片断》与《约翰福音》的同构关系之一："道成肉身"

在《哲学片断》第一章"思想方案"中，克尔凯郭尔借假名作者约翰尼斯·克利马克斯（Johannes Climacus），即"爬天梯的约翰尼斯"提出了一个思想方案。克利马克斯从"真理是否可教"的问题开始，直指真理问题，把古希腊以"回忆"追寻真理的方式，与"神必须亲自给出条件和真理"的基督教追寻真理的方式加以对比，[①] 虽然假名作者直到书的结尾处，才给这个"思想方案""披上一层历史的外衣"，挑明这就是一个基督教故事。[②] 克利马克斯提出的两种真理、两条道路的"思想方案"，与谢文郁对《约翰福音》的成书背景和思想主旨的揭示是吻合的。谢文郁指出，《约翰福音》用希腊文书写，运用了希腊哲学中如真理、生命等概念，但使徒约翰对之进行了重新界定，提出了"相信跟随（道路）在先，接受真理给予在后"的"恩典真理说"，以区别于古希腊哲学中那种"预设真理在先，寻找道路认识真理在后"的"理性认识论"。[③] 虽然所用术语不同，谢文郁对构成欧洲思想源头的希腊和希伯来文明所开创的两条真理道路的把握是准确到位的。不唯如此，谢文郁还对希腊怀疑主义者恩披里可在其著作《皮罗主义纲要》中对真理标准的讨论进行了分析，提出怀疑主义的涌现导致了真理标准的缺失，从而使希腊哲学陷入真理困境。[④] 而《约翰福音》

---

① 克尔凯郭尔：《哲学片断》，王齐译，中国社会科学出版社，2013，第 14 页。
② 克尔凯郭尔：《哲学片断》，第 130 页。
③ 谢文郁：《道路与真理——理解〈约翰福音〉的思想史密码》，第 2 页。
④ 谢文郁：《道路与真理——理解〈约翰福音〉的思想史密码》，第 36 页。

的作者和读者熟知希腊思想界的真理困境，因此《约翰福音》的创作既是对希腊哲学的挑战，又是解决希腊思想界在真理和生命问题困境的唯一出路。① 《约翰福音》是否有如此明确的"挑战"希腊哲学的意图并且最终构成解决希腊真理困境的"出路"，这个问题暂且悬搁不论；笔者宁愿视基督教真理观为一条与希腊真理观完全不同的道路，而且笔者认为这个认识与《哲学片断》第一章的主旨是一致的。在分析古希腊"回忆说"的时候克利马克斯指出，因为每个人都已拥有真理，教师的作用只是提醒学生去回忆那原本拥有的真理，因此在古希腊，师生关系是平等的，学生不欠教师任何东西，而这一点是人与人之间所能拥有的至上关系。但基督教真理的获得需要教师亲手把"真理和理解真理的条件带给学生"，正因为如此，教师才被叫作"拯救者""解放者""法官"，而获得理解真理的条件的那个"瞬间"才具有决定性的意义。② 从这些分析中可以看出，克利马克斯重在区分古希腊与基督教获得真理的方式，指明其差异，并未排出高下之分，或者预见基督教真理取代希腊式真理的前景。

既然基督教真理的获得需要"神亲自给予条件"，那么神的出场即"道成肉身"的实现就是一个需要从理论和实践上予以解决的问题。《哲学片断》用第二章"神：教师和拯救者"的篇幅，以"一位国王爱上了一个平民女子"的童话式的诗化方式，演绎了神的下降——这是神出场的唯一方式，因为人没有能力上升到与神平等的地位。在《哲学片断》第三章"绝对的悖谬"中，克利马克斯又以形而上的思想方式对"道成肉身"原则进行了解析。从基督教义体系出发，"道成肉身"是神的出场方式，上帝令他的儿子化身为"人子"，来到世间，为拯救人类受苦受难。"人子"没有上好的衣服，没有枕头的地方，不被世人所理解，但他怀着对世人无边无限的爱，忍受一切，最终为拯救世人而牺牲。如果我们把"道成肉身"置于希腊理性主义哲学的参考系之下，则"道成肉身"就意味着永恒在时间中的临现，它只能出现在决定性的"瞬间"（Øieblikket）。对于理智而言，"永恒在时间中的临现"是一个"悖谬"（Paradox），是理智的"绊脚石"，唯有用如克利马克斯所说的"新的器官"——信仰——才能加

---

① 谢文郁：《道路与真理——理解〈约翰福音〉的思想史密码》，第 8~9 页。
② 克尔凯郭尔：《哲学片断》，第 15~16 页。

以把握。也就是说，越过理智的羁绊，通过这个决定性的"瞬间"，个体才有可能通往永恒的生命和真理；若受理智的羁绊而止步不前，个体则将置于黑暗的深坑之中。

至此可以看到，《哲学片断》的前三章是克尔凯郭尔在没有指名道姓的情况下对基督教信仰观的重构。克尔凯郭尔是站在基督教的内部来看待基督教真理的道路问题的，即便从内部出发，他还是提出，要从神手中接受真理和理解真理的条件需要一个"新的器官"，那么，对于那些并没有接受"上帝的礼物"的人来说又当如何呢？如果一个人不愿接受理解真理的条件，那么此人不仅不会认同基督教真理，而且更有可能会像尼采那样，拒斥《约翰福音》中耶稣所说的"我就是道路、真理、生命"的自我宣称（14：6），恪守希腊式的"真"与希伯来式的"信"之间的区分，坚持这是两条不同的真理"道路"。彼拉多在听到耶稣说自己"特为给真理作见证"的时候，曾以"真理是什么呢"加以回应（《约翰福音》18：37~38）。在黑格尔看来，彼拉多此言透着对真理的傲慢和蔑视，① 而尼采则认为彼拉多一语命中基督教真理观的要害，他认为基督教对于"何谓真"漠不关心，它真正关心的是让人们"对其真理有所信"。② 这个批评从一个侧面揭示，古希腊的真理道路与基督教的真理道路在根本上是两条道路。基督教的真理道路确实为希腊哲学提出了新问题，二者在历史上也出现过融合，但它不会完全取代希腊的理性主义真理之路，毋宁说这两条真理道路共同塑造了后来的欧洲哲学。

《哲学片断》与《约翰福音》的同构关系之二： "同时代弟子"问题

克尔凯郭尔写作《哲学片断》时，基督教在世间的地位已经与《约翰福音》被创作的时代有了天壤之别。在基督教初创时，使徒的任务是要使

① 黑格尔：《哲学史演讲录》第一卷，贺麟、王太庆译，商务印书馆，1997，第19页。
② Nietzsche, *The Anti-Christ*, *Ecco Homo*, *Twilight of the Idols*, *and Other Writings*, trans. by Judith Norman, Cambridge：Cambridge University Press 2005（*Cambridge Texts in the History of Philosophy*），p. 19.

基督教成为普遍的宗教，他们要负责解释基督教中那些有悖于理智的观念，如耶稣"自我见证"的合法性，耶稣作为上帝的"独子"身份，"人子"概念，还有希腊理智难以接受的复活问题。但是在克尔凯郭尔生活的时代，基督教已经"大获全胜"（克利马克斯语）。作为丹麦国教，凡由丹麦的基督教徒父母所生的婴儿，出生便自动成为基督教徒，这种"批量"生产出的基督教徒已经完全丧失了第一代基督教徒所有的激情，这一点正是克尔凯郭尔所明确反对的。在《最后的、非科学的附言》中，假名作者克利马克斯立志"使成为基督徒变得困难起来"，在这个意义上，克尔凯郭尔身上确有基督教原教旨主义的倾向，他后来在北美为"新正统派"（Neo-Orthodoxy）和"新福音派"（Neo-Evangelicalism）所推崇并非没有根据。

　　具体观之，使徒们关切的重心也有所不同。保罗重视复活，他在《哥林多前书》中说："若没有死人复活的事，基督也就没有复活了；若基督没有复活，我们所传的便是枉然，你们所信的也是枉然。"（15：13-14）保罗视复活问题为信仰的关键，如此一来，他就不得不面对耶稣复活后的肉体是否仍然是物质性躯体的问题，也就是他所说的"有血气的身体"；因为倘若复活就是重复，复活的是相同的肉体，其意义何在呢？为此保罗造出了"灵性的身体"的概念，并用智者似的口吻告诉众人："死人复活也是这样。所种的是必朽坏的，复活的是不朽坏的；所种的是羞辱的，复活的是荣耀的；所种的是软弱的，复活的是强壮的；所种的是血气的身体，复活的是灵性的身体。"（《哥林多前书》15：42-44）

　　相比之下，约翰对复活问题的记述和阐发是跟"道成肉身"联系在一起的。在《约翰福音》中讲到了两处复活的例证，一次是"拉撒路之死"（11：16）中拉撒路的复活，另一次是"耶稣向多马显现"（20：24）中耶稣本人的复活，有趣的是，多马两次都在场。莫斯特在他的分析中让我们注意到了第20章第19~20节耶稣向门徒显示的场景。"门徒所在的地方，因怕犹太人，门都关了。"（20：19）但耶稣仍然来到门徒中间，祝福他们，并且给他们看手和肋旁。耶稣显然是穿门而过，莫斯特由此认为，"穿过锁上的门暗示耶稣复活的身体的非物质性，而后面两者似乎不仅暗指身体的物质性，甚至强调他的身体依然承载着死亡时刻的痛苦折磨留下的印记"。① 穿门而过的行为暗示出了耶稣复活后身体的非物质性，这一点在《约翰福音》中即便不算隐晦，至少也是轻描淡写的，这或许从一个侧面说明约翰并不像保罗一样纠结于耶稣复活后的身体性质问题，当然更有可能说明约翰没有遇到保罗所遇到的挑战。相比之下，耶稣在向众门徒显现之后向多马的显现却在《约翰福音》中得到了详细的戏剧性描绘——多马对触摸耶稣的无礼的执着要求，在无法确知他是否真的触碰到耶稣身体的情况下的转变，而所有这些都是为了引出耶稣令信仰突破可见的、可确证的经验事实而落实在"信道"之上的主张。为了强化信仰的精神性的意义，在接下来的第30节中，《约翰福音》的作者巧妙地提到了耶稣在门徒面前"另外行了许多神迹"，只是这些神迹"没有记在这书上"，只是"要叫你们信耶稣是基督，是神的儿子；并且叫你们信了他，就可以因他的名得生命"。倘若书中记下这些神迹，那么就会出现《约翰福音》结尾所说的，"所写的书就是世界也容不下了"（21：25）。信神迹与"信道"是相抵触的。福音书记载耶稣每次被迫行神迹后都会忧伤，感叹世人的"小信"。但神迹对于宗教的普遍化来说又不可或缺，尤其对于那些"劳苦担重担"的人，于是《约翰福音》的作者只能巧妙地加以规避，说明《约翰福音》第20章的叙述逻辑是严密的，其主旨就是要强调"你因看见了我才信；那没看见就信的有福了"这句话，《哲学片断》第四章和第五章的内容就是对耶稣这句话的回应。

在第四章"同时代弟子的状况"中，克利马克斯讨论的是那些亲眼见过、亲耳听过耶稣的人，甚至与耶稣一共吃过喝过、在街上听过耶稣讲道的弟子，但他不仅不视这些曾经与耶稣同时共在的同时代弟子为"有福的"，也就是了否认这些人在信仰上有任何优势；相反，克利马克斯指出，如果这些人相信了自己的眼睛，他们会上当受骗，因为他们睁眼看到的只是低下的仆人形象。我们看，克利马克斯的根据仍然是"道成肉身"——神在永恒的瞬间临现，化身为低下的仆人。他甚至使用了一个来自基督教天使学说的术语"表象躯体-corpus parastaticum"，指出"神的仆人形象绝非伪装，而是一个真实的形象；它绝非'表象躯体'，而是一个实在的躯体"②。

---

① 格伦·W. 莫斯特：《怀疑者多马》，第144页。
② 克尔凯郭尔：《哲学片断》，第68页。

显然，在基督教"大获全胜"的时代，耶稣作为"人子"的身份早已通过尼西亚会议的辩论而写进"信经"，假名作者不必再纠结"人子"的形象，他只是希望通过其仆人形象彰显耶稣对世人的爱。所以，克利马克斯虽然坚持了正统基督教义对"人子"形象的解说，但他的工作重心却是如何认识"人子"这个与理智相冲突的"悖谬"。克利马克斯否定了直接用肉眼看神的意义，"因为神是不能直接被认识的"，① 这个意思与"人见我面不能活"是相通的。"直接"是取自德国古典哲学的概念，"神不能直接被认识"是经过了启蒙运动尤其是康德哲学批判后的基督教神学观念。神的存在不是"实体"，而是"思想体"；用肉眼去看"思想体"，则如缘木求鱼，永远也无法达到真理。要想通达真理，必须接受神亲自给予的条件，睁开"信仰的眼睛"。不过克利马克斯在关于神的外在形象的问题上表现出了一丝含糊。一方面，他承认"对于弟子来说，神的外在形象（不是细节）并非无关紧要。重要的是弟子亲眼看到的和亲手摸到的"②。这个"亲眼看到的和亲手摸到的"当直接取自《约翰一书》"论到从起初原有的生命之道，就是我们所听见、所看见、亲眼看过、亲手摸过的"（1：1）。当约翰说"亲手摸到的"的时候，是否也在呼应他所创造的怀疑者多马的形象呢？对此我们无法给出确切的答案，也不是十分清楚约翰此言的用意。另一方面，克利马克斯又否认历史细节在信仰问题上的意义。在第五章"再传弟子"中，克利马克斯态度鲜明地指出，"即使从最为精确的细节当中我们也无法将信仰蒸馏出来"；还说"信仰的荒谬性会吞没全部的细枝末节"。③ 对历史细节的否定是与克尔凯郭尔否认信仰与知识之间的关联的态度相一致的，也与他反对黑格尔主义在丹麦神学界的渗透的立场一致。克利马克斯说，假如弟子有一天在外面没有认出神，这并不意味着他不再是信仰者；相反，"关注外在的形象是桩可怕的事：把他视为是我们当中的一分子，信仰未到场的每一时刻，人们看到的只是仆人的形象"。④ 换言之，如果我们只关注"人子"的外在形象，那么看到的就是"人子"人性

---

① 克尔凯郭尔：《哲学片断》，第 75 页。
② 克尔凯郭尔：《哲学片断》，第 77 页。
③ 克尔凯郭尔：《哲学片断》，第 125 页。
④ 克尔凯郭尔：《哲学片断》，第 77 页。

的一面，而会永远错失其神性的一面；人性的面向可以靠眼观、耳闻把握，而神性的一面则只能靠"信仰"。

根据丹麦学者的注释，克尔凯郭尔在这里所说的"神从弟子身边走过而弟子却毫无觉察"是在重述《路加福音》中"过窄门"的比喻。人要得救，要过"窄门"，而且必须在恰当的节点进入，否则即便在外叩门，即便摆出曾经的交情，说"我们在你面前吃过、喝过，你也在我们的街上教训过人"也无济于事，神还是会说"我不认识你们，不晓得你们是哪里来的"（13：24~26）。"窄门"的比喻在《路加福音》中跟得救的人数有关，"门"确实是一个充满寓意的意象。联系《约翰福音》中耶稣穿门而过向多马显现，再联系莫斯特分析欧洲艺术史上表现多马故事的作品的构图——一座房子或屋子的里面或前面，耶稣的身后通常有一道醒目的大门，"门这一意象本身也充满寓意：这也是通往天堂和永生之门，它对怀疑者紧锁，在虔敬和耶稣的帮助下为信仰者敞开"①。这道"门"就是分隔信与不信的那道"坎"，也是永恒在时间中临现的那个"瞬间"。人若站在门外，靠理智永远也无法领受"人子"的奥秘；只有进了门内，睁开"信仰的眼睛"，才能从神手中接受理解真理的条件。莫斯特对"门"的象征寓意的分析既是精妙的，也是虔敬的。从时间上看，莫斯特列举的表现多马故事的绘画多为文艺复兴早期所绘，根据艺术史研究，当时的艺术巨匠正努力使绘画摆脱中世纪的象征主义，向现实主义迈进。画家们追求画面的真实感，为此目的他们必须努力表现空间。② 在文艺复兴时期现实主义的风气之下，"门"往往成为增加画面进深从而增强空间透视感和立体感的手段，因为"门"的存在使单点透视法更鲜明。除了利用"门"之外，画家还会利用带有几何图案的地砖强化透视效果。在莫斯特分析的一幅现藏于伦敦国家美术馆的西玛·达·科内利亚诺（Cima da Conegliano）作于1504 年的《怀疑者多马》中，人物的背后有两道圆形的门或落地窗，透过门窗可见远处的天空和风景。③ 整幅作品的构图完全蕴含了文艺复兴时期

① 格伦·W. 莫斯特：《怀疑者多马》，第 207 页。
② 苏珊·伍德福特、安尼·谢弗-克兰德尔、罗莎·玛丽亚·莱茨：《剑桥艺术史》第 1 卷，罗通秀、钱乘旦译，中国青年出版社，1994，第 417~418 页。
③ 格伦·W. 莫斯特：《怀疑者多马》，第 209 页。

空间透视表现技法：近处的人物大且色彩鲜明，远处的景物小且色彩相对暗淡。更有意思的是，这幅画中不仅地砖上画有几何图案，就连天花板上也有。而在"世俗的"艺术史中对跟这幅构图和技法十分相近的波提切利（Sandro Botticelli）的绘画《圣母领报》（*The Annunciation*）的分析中，"门"以及几何图案的地砖则仅仅具有支撑画面透视感的功能。① 这个关于"门"的隐喻和艺术表现的例子是想说明，文化背景的不同将会带来解释的多样可能性。

《哲学片断》与《约翰福音》的同构关系之三："再传弟子"问题

《哲学片断》第五章"再传弟子"讨论的是"没看见就信的"那些有福之人。这里，克利马克斯回溯了《哲学片断》扉页题词中三个问题中的最后一个：一个人能否将永恒福祉建立在历史知识之上？"道成肉身"是一个历史事件，永恒在历史中的某个瞬间临现，这一点决定了基督教信仰既有一个历史的出发点，信仰又不能完全建立在历史知识之上，"再传弟子"的问题由此而生。"道成肉身"是一个"事实"，克利马克斯甚至用"那个事实 – hiint Faktum"来加以强化。但如果"那个事实"只是一个"单纯的历史事实"，那么成为该事实的同时代人就拥有了一种巨大的优势；如果"那个事实"只是一个"永恒的事实"，那么历史因素就被排除在外，二者都与基督教义不符。因此克利马克斯指出，"那个事实"是一个"绝对的事实"，它既是"历史事实"，又是信仰的对象，"它绝对地对个体具有决定性的意义"。② 如此，"道成肉身"作为一个绝对的事实，就要求每个人以绝对的方式与之建立关系。在这个要求下，所谓弟子指的就是"一个人从神手中接受条件，并且通过该条件成为弟子"③，而这样就等于否定了"再传弟子"问题的意义。在信仰那个"绝对的事实"的问题

---

① Richard Easby, *From the Middle Ages to Renaissance*, 中文注释版，外语教学与研究出版社，2006，第 83 页。

② 克尔凯郭尔：《哲学片断》，第 121~122 页。

③ 克尔凯郭尔：《哲学片断》，第 122 页。

上，如果后来的个体不是从神手中接受条件，而是像在世俗意义上那样从前一代人手中接受条件，那么前一代人就会成为后继者信仰的对象，就会成为神，而这与基督教信仰是相悖的。当克尔凯郭尔借假名作者道出此言之时，他心目中警惕的是那些"伺候祭坛的就分领坛上的物"的教士阶层权力的扩大化。在这个问题上，克尔凯郭尔坚决捍卫了新教路德宗的思想路线，认为个体必须直面上帝，不需要任何中介。而当克利马克斯强调信仰需要每个个体直接地"信道""'信''他人'之'言'"的时候，信仰的精神性也得到了坚持和维护。

问题还没有完。既然耶稣在《约翰福音》中说了"你因看见了我才信；那没看见就信的有福了"，那么信仰者中间就存在着"见过的才信"和"没见过就信"两类人的区别，也就是说，有与"那个事实"同时共在的同时代弟子与后世弟子之分。在第四章中克利马克斯明确指出同时代人对后继者而言在信仰的问题上没有任何优势，相反，那种"直接的同时代性"还会变得十分可疑。在第五章中，克利马克斯接着讨论了这样一个问题，即同时代人能够为后继者做些什么，答案是，同时代人的陈述将成为后继者成为信仰者的"偶因"（Anledning；Occasion），正如同时代人见证的历史性因素将成为其信仰的"偶因"。具体言之，同时代人可以告诉后继者他本人相信"那个事实"；还可以告诉后继者，"那个事实""只为信仰而在"。[1] 每个人必须从神手中获得条件，这是使一个人成为信仰者的绝对条件。由此"再传弟子"的问题被彻底否定，因为"所有的弟子在本质上都是平等的"。[2]

从"再传弟子"问题之被否定，我们可以引申出对"当代性"（Samtidighed；contemporariness）问题的哲学讨论，前提是要把"所有人从神手中接受真理和理解真理的条件"的神学背景剥离出来。赵汀阳曾对"当代性"问题进行了思考，视之为"存在论问题"，指出"当代性相当于时间的二维展开，那是保留了所有伟大时刻的时间扇面。去召集过去和未来在现时中会面，使现时充满历史性和可能性，使过去的线索在重访中复活，同时迫使未来应答复活的问题，在这个意义上，当代性就是使时间双向同时流向此

---

① 克尔凯郭尔：《哲学片断》，第 124 页。
② 克尔凯郭尔：《哲学片断》，第 127 页。

时而创造历史连续性的状态，它使过去的一切问题与未来的一切问题形成呼应，从而使存在充满历史的回响"①。这个认识在一定程度上构成了对《哲学片断》中"再传弟子"问题的延伸性思考，也为在《哲学片断》与《约翰福音》的同构关系的解读之外提供了新的思想生长点。

---

① 赵汀阳：《四种分叉》，华东师范大学出版社，2017，第37页。

无主体性存在的绽放与整体性境域的彰显

——《庄子·齐物论》开篇"吾丧我"
与"天籁"的生存论意蕴

郭美华[*]

摘　要： 在生存论视域下，齐物论之所谓齐，首先根于思齐者自身之思与自身之在的领悟与安顿。如此领悟与安顿，以"吾丧我"的方式表现出来，即通过对坚凝自我实体的否定而呈现为无主体性的绽放与涌现，使得自身存在向无穷而深邃的可能开放。相应地，如此面向无穷而深邃可能的开放，展开于一个无限性整体境域。从而，齐之为齐体现为无主体性存在之绽放与整体性境域之彰显的统一。整体性境域作为无限者自在而自然，保持着其绝对外在性，不能为任何个体所主观观念化。如此，它也就使得每一个体乃至所有个体之自在其自身得以可能；且无限性整体境域中，无数他者保持着相对于任何个体的差异性。就此而言，齐之为齐就不是简单的"道通为一"，而是"超出于一"走向不知何所往之处。

关键词： 吾丧我　天籁　无主体性存在　整体性境域　无限性　差异性

对庄子《齐物论》的理解，可以有不同的进路，比如诗学的、修养论的、形上思辨的等。但是，更为切近的进路，就内在于"齐物论"这一致

---

* 郭美华，上海财经大学人文学院教授，华东师范大学现代思想文化研究所研究员。

思本身，即思齐者之思与被思者的关联："今且有言于此，不知其与是类乎？其与是不类乎？类与不类，相与为类，则与彼无以异矣。"将齐加以主题化的思者，把自身置于与被思之差异者相与无异而在，这是在与思的相融。换言之，思齐者在其思之展开中，通过在此思中显露而出的相异者而领会自身的存在，并领会相异者之存在与自身之存在的同异。这就是切己之思，或者说是生存论之思，即在此思之展开中，如此之思即是存在之真实而合于本质的实现本身。思齐者作为思而在此者，"倾向于依据其自身行动切近朝向之物，且以本质上［如此朝向］不间断的方式来理解自身的存在，亦即依据世界来理解自身的存在"。① 齐物之思作为存在本身之真实而合于本质的实现，就是《齐物论》的主旨。如此主旨，在《齐物论》开篇体现为"吾丧我"之非主体性存在与"天籁"之整体性境域二者的一体显露。在此意义上，"齐物论"之思，一方面是在思之展开活动对自身存在的领会，另一方面是对于自身生存结构的领会，亦即齐物之思或存在之思是生存上（existentiell）的领会与生存论上（existential）的领会②的统一。

一　齐之为齐的先导性领悟

在经典注疏中，对"齐物"郭象解题就说一切物都是"自是而非彼、美己而恶人"，以"同天人均彼我"解释"丧其耦"、成玄英也以"身与神为匹、物与我为耦"来解释"耦"③。这意味着，齐物论的主题，其立论之初，是在自我与他人、天与人、身与心、我与物等多重关联中所谓安顿自我人生："耦，既关乎形与神或身与心的关系，也与'我'和外部世界或物和

---

① John Macquarrie and Edward Robinson, *Being and Time*, Harper Perennial Modern Thought edition, 1962, p. 36. 中文参见陈嘉映、王庆节译《存在与时间》（修订版），生活·读书·新知三联书店，1999，第 19 页。

② "生存上的领会"，指经由存在活动（existing）而领悟自身的存在（existence）；"生存论上的领会"，指对于自身生存的存在结构（the ontological structure of existence）之理论上的透彻清晰（transparent）。参见 John Macquarrie and Edward Robinson, *Being and Time*, p. 33。中文参见陈嘉映、王庆节译《存在与时间》（修订版），第 15 页。

③ 郭庆藩：《庄子集释》，中华书局，2004，第 43 页。

'我'之间的关系相涉。"① 如此多重关联，意味着自我在自身绽放出多样性异己之物与自身的关联，并将自我在无数异己之物与自身的多样性关联之整体中置放自身在恰如其分的位置。如此置放与安顿，有一个基本的前提，即我们必须有一个具体的生存经验，在其中"我准许对我自己要求的东西，不能与我有权对他人要求的东西相比"，如此平凡的经验指示出，"从外部观察自己和在相同的意义上言说自身与他者的彻底的不可能性；因此，也就是总体化的不可能性"。② 以往关于"齐物论"的理解，都陷在了"自我主观化的总体性"里面，要么以为同质化的普遍性是"齐"，要么以为囊括差异性的整体或总体是"齐"，两者都与"齐物论"的真正意旨相谬千里。在此意义上，因为基于个体的"总体化"或"整体化"的根本不可能性，以往的齐物论解释大多是错谬的。实质上，真正的"齐"，首先是在自身让渡出逸出自身既有认知能力之可能性的降临可能，并在此基础上将自身与完全陌异之物相连而成一个无限性整体，而不将他物之陌异性概念化为自身个体私人化的某种观念。或者说，领悟他物之溢出我自己的观念而自我持存，并在领悟他物之自我持存于我之观念世界之外之际，让自身持存在自身的不可观念化之中。由此，绽放出一个"无限"，"'我思'与它丝毫不能包含且与之分离的无限保持着一种被称为'无限观念'的关系"，无限观念意味着"其所观念化者超出了它的观念"，无限是"绝对他者"。③ 但每一个具体之人，总是要用某种观念来予以自身一个对于世界的总体性理解，在齐物的视域里，如此个体之人的"总体性理解"就是在自身获得"同一"；如此同一之理解，必须进而至于一种新的更为深刻的视野，即在"同一与他者之间"建立起关联，但"不能要求把同一和他者总体化"。④ 逍遥之为游，是整体世界与自我主体的双重建立。世界里有我，我在世界里。但问题不在于有我，问题在于"惟知有己"⑤。世界里不仅仅"唯有独一之我"，而是有"无数众多以我自称者"。人皆以我自称，便有诸多对待。自我对世界，

---

① 杨国荣：《庄子的思想世界》（修订版），三联书店，2017，第 361 页。
② 伊曼纽尔·列维纳斯：《总体与无限：论外在性》，朱刚译，北京大学出版社，2016，第27 页。
③ 列维纳斯：《总体与无限：论外在性》，第 21 页。
④ 列维纳斯：《总体与无限：论外在性》，第 11 页。
⑤ 王夫之：《庄子解》，中华书局，1981，第 10 页。

自我对他人，自我对万物。有对待的世界，万物纷然，但并不能简单地认为，某一个特定个体能以某种超越而普遍的原则去"以道观之"① 而将差异性万物"一视同仁"："使以道观之，则又入其中而与相刃。唯任其不齐，而听其自已。知其所自兴，知其所自息。"② 换言之，从生存论上说，任何个体要面对双重显现的可能性之统一，即一方面是"自我如何让自身在他者之显现与在其自身的显现相融"，另一方面是"自我如何将他人在自我之显现与他者在其自身之显现相谐"，并最终实现相融相谐的统一。

究实而言，齐物或齐论之为齐，需要一个先行展开的生存领悟：任一个体在其自身不可能以其观念或概念主观地总体化世界，从而任何一个以我自称者也就不能将差异性他者涵摄进入自身的观念化总体性世界里，相应地，自身也就不能被涵摄进入任何一个他者的观念化总体性世界里。如此生存论领悟，与每一个体自身生存的本真性现身与深邃性绽放之本质相关。在一定意义上，如此生存之本质，就是"齐物论"的主旨，它在《齐物论》开篇南郭子綦的现身方式中就被彰显出来：

> 南郭子綦隐机而坐，仰天而嘘，嗒焉似丧其耦。颜成子游立侍乎前，曰："何居乎？形固可使如槁木，而心固可使如死灰乎？今之隐机者，非昔之隐机者也。"子綦曰："偃，不亦善乎，而问之也！今者吾丧我，汝知之乎？女闻人籁而未闻地籁，女闻地籁而未闻天籁夫！"

---

① 《秋水》所谓"以道观之"的真正意蕴，有待专题诠释。但可以先行揭示的是，一方面，观的方式，本身就不是庄子所肯认的方式；另一方面，以道观之是在与其他各种观的方式并列相举中被言及的，并不是一种使之超越其他观之方式而显现的方式。究极而言，没有任何个体可以将道据为己有、消解自身的有限性而立于无限性的立场。

② 王夫之：《庄子解》，中华书局，1981，第10页。王夫之对齐物论的理解，不以普遍的道来勾销事物或观念的差异性与多样性，这是很有见地的。不过，除此而外，他还是具有比较"朴素"的想法，一方面将世俗是非之争论归为"无有"，另一方面以自己内心境界意识的超越是非为归："知其所自兴，知其所自息，皆假生人之气相吹而巧为变，则见其不足以辨，而包含于未始有之中，以听化声之风济而反于虚，则无不齐矣。故以天为照，以怀为藏，以两行为机，以成纯为合，而去彼之所谓明，以用吾真知之明；因之而生者，因之而已，不与之同，不与之异，唯用是适；则无言可也，虽有言以漫衍穷年，无不可也。不立一我之量，以生相对之耦，而恶有不齐之物论乎？此庄生之所以凌轹百家而冒其外者也。"实质上，齐的底蕴，不是无我无物，而是我的开放与万物的容纳（容忍与接纳）。

子游曰："敢问其方。"子綦曰："夫大块噫气，其名为风。是唯无作，作则万窍怒呺。而独不闻之翏翏乎？山林之畏佳，大木百围之窍穴，似鼻，似口，似耳，似枅，似圈，似臼，似洼者，似污者；激者，謞者，叱者，吸者，叫者，譹者，宎者，咬者，前者唱于而随者唱喁。泠风则小和，飘风则大和，厉风济则众窍为虚。而独不见之调调，之刁刁乎？"子游曰："地籁则众窍是已，人籁则比竹是已。敢问天籁。"子綦曰："夫吹万不同，而使其自已也，咸其自取，怒者其谁邪！"

如此开篇，将齐之为齐的意蕴以"吾丧我"与"天籁"二者表达出来。从而，揭示与展露"吾丧我"和"天籁"的意涵，也就奠定了齐物或齐论之为齐的基础性理解。

二　无主体性存在的绽放

南郭子綦之为南郭，是因为"居于南郭，故号南郭"[1]。他处于某一隅而身体（肢体）"隐机"，头仰"天"而呼气——南城、身处一隅而隐机、仰天呼吸，这似乎仅仅是单纯而平常的"空间性现身"。但如此空间性现身方式，却是以自我崩解的方式呈现出来——"嗒焉似丧其耦"："丧其耦，即下文所谓吾丧我也……司马云，耦，身也，此说得之。然云身与神为耦则非也。耦当读为寓，寓，寄也，神寄于身，故谓身为寓。"[2] 身体的丧失以自我崩解的形式体现出来："嗒，解体貌。"[3] 简言之，南郭子綦的空间性现身，以空间性身体的自我崩解为样式。这意味着，南郭子綦以自我否定的样式展现其空间性现身。《齐物论》的如此开篇，具有一个范导性意义，即进入齐物之境有着一个"自我否定"的基本前提："篇中立言以忘我为第一"[4]，"齐物以'丧我'为发端……要齐物论，必以忘我为第

---

① 郭庆藩：《庄子集释》，第43页。
② 郭庆藩引俞樾说，见郭庆藩《庄子集释》，第44页。
③ 郭庆藩：《庄子集释》，第43页。
④ 憨山：《庄子内篇注》，崇文书局，2017，第18页。

一义"①，"以'丧我'发端，见我身且非我有"②。正如逍遥之境的进入，需要有多重"转化"（鲲鹏的转化、南北的转化等）作为前提，进入"齐物之境"，也必须有一个基本的"前提"——自我否定是齐物的入口。

这超出了其学生颜成子游基于空间性的一般认知，他无法理解南郭子綦的"空间性现身"，尽管南郭子綦近在咫尺，颜成子游却不知道老师究竟"安居何处"："居，安处也。"③ 南郭子綦自我否定性或悖谬性的空间性现身，让颜成子游惊诧于在回忆与当前之对比中的一个实情，即南郭子綦悖谬性的空间性现身，有一个时间性变化过程："今之隐机者非昔之隐机者。"悖谬性的空间性现身，实质上意味着缺乏一个空间性现象的担当者。但是，日常的空间性认知，无法领悟没有担当者的空间性现身。经由对南郭子綦空间性现身"今昔之异"的惊诧，颜成子游转而从时间性角度来理解，认为南郭子綦在"当下"的空间性显现，不同于"往昔"的空间性显现，④ 一定有一个"能显现者"作为"不同显现之相"的担当者。因此，他对显现及其变化进行时间性的追问：从过去之隐机者到现在之隐机者，如何使之如此显现？——"形固可使如槁木，而心固可使如死灰乎？""固可使"尽管以疑问的方式表达出来，但它表明颜成子游无可置疑地预设了一个"使之者"。

颜成子游的时间性追问，豁然而显的是其惊诧中的两个蕴意。其一是槁木死灰作为生命存在的显相——"形如槁木，无生气也"⑤；"死灰槁木，取其寂寞无情"⑥，逼显出如此问题，即存在的显现如何竟然以非存在的方式呈露？或者说，生命的显现何以竟然以非生命或生机缺乏的样式显现出

---

① 憨山：《庄子内篇注》，第19页。
② 刘凤苞：《南华雪心编》，中华书局，2015，第18页。
③ 见郭庆藩《庄子集释》，第44页。也有注疏认为"何居乎"是语助词，见王叔岷《庄子校诠》，中华书局，2007，第42页。不过即使作为语助词，其发问所指向的也是南郭子綦现身于空间性之自我否定所带来的空间性消解，而不知其存在何处。
④ 林希逸认为，今之隐几者是颜成子游当下所见的南郭子綦，昔之隐几者是颜成子游以前所见不同于南郭子綦的其他人："今之隐几者，言今日先生之隐几非若前此见人之隐几也。"（林希逸：《庄子鬳斋口义》，中华书局，1997，第13页）林希逸的理解，今昔是两个不同的主体（陆西星也认为今昔所见是不同的两个主体，参见陆西星《南华真经副墨》，中华书局，2010，第14页）
⑤ 陆西星：《南华真经副墨》，中华书局，2010，第14页。
⑥ 郭庆藩：《庄子集释》，第44页。

来？"一念不起，四体不动，似非与人同生于世者，即槁木死灰之象。"①
其二是，颜成子游尽管不能在南郭子綦的当下空间性现身中直观出其后面
的担当者或主体，但是，他坚信空间性现身的时间性变化一定有一个"使
之然"的使动者或担当者——如此担当者的主体性行动（理智自觉、意志
自主基础上的有意识活动）"使身体显现为没有生机的枯槁之木，使心神
显现为没有生气的一团死灰"。作为生命存在及其展开过程之担当者的主
体，是一般流俗认知的本能预设。正如《齐物论》后文对于"日夜相代乎
前而莫知其所萌"的揭示，流俗生存因为不能忍受流变的无根性，而给出
一个自我实体作为担当者——"非彼无我"。② 某种程度上，似乎在昔者与
今者之间预设一个不变而绵延的自我实体，能更好地理解自身存在的连续
性："盖昔之隐几者，我之应物之时也，应物则我存。今之隐几者，我之
遗物之时也，遗物则我丧。苟知我之所以自起，存与丧未始不在于我
也。"③ 由此本能预设，流俗认知才能理解生命存在及其展开过程，以及生
命存在展开过程中的相与之物及其处所。

可是，流俗认知如此预设，却将生命存在及其展开带入悖谬之境。一
方面，在生命存在及其展开过程之先，生命就有着某种存在——生命存在
于生命存在之前，这是流俗认知无法自省的悖谬；另一方面，生命存在及
其展开过程被拘囿在流俗的有限认知之中，而流俗的有限认知却不自知其
有限性，从而就拘禁了生命存在自身的可能广袤与深邃。简言之，如此自
我实体的预设，与庄子"齐物"开篇所彰显的自我存在的间断性恰好
相悖。

对于颜成子游时间性的追问，南郭子綦的进一步回应，从形式上肯定
了颜成子游之问，却在实质上对颜成子游拘于流俗之知而领悟存在的真实
或真实的存在表达了否定——"汝知之乎"之意，就是语意上强调颜成子
游之不知："许其所问，故言不亦善乎。而子綦境智两忘，物我双绝，子

---

① 陆树芝：《庄子雪》，华东师范大学出版社，2011，第12页。
② 《齐物论》下文说："日夜相代乎前，而莫知其所萌。已乎已乎，旦暮得此，其所由以生
乎！非彼无我，非我无所取。"宣颖注说，"旦暮得此"之"此"是"相代之化"，"非彼
无我"之"彼"即上之此也"。这就是说，"日夜相代无根之流变"使得"我"被执
取。见宣颖《南华经解》，广东人民出版社，2008，第13页。
③ 吕惠卿撰《庄子义集校》，汤君集校，中华书局，2009年，第17~18页。

游不悟，而以惊疑。"① 颜成子游之所不知者，即是"吾丧我"的生存样式，即生命存在自身以非主体的样式展开自身——只是生命涌荡，而非"我在有意识有目的有计划地筹划生命及其展开"："吾丧我，我自忘矣；我自忘矣，天下何物足识哉！故都忘内外，然后超然俱得。"② 忘我并非生命及其展开的湮没，相反，我之主体性的弃置恰好就是生命存在及其展开的真实呈现——在弃置了流俗认知及其预设的主体之后，生命及其展开乃至于存在与展开之境得以显现自身。在一定意义上，"生命涌荡在没有主宰者的无边深邃里"或"无边深邃里涌荡着无物使之然的生命"，就是释放出生命的渊深之貌。生命从其被流俗认知所预设的僵死囚笼中解放出来，"在作为、行动、过程背后并没有一个'存在'；'行动者'只是被想像附加给行动的——行动就是一切"③。实际上，在已然呈露的生存之中，人自身内在的多种可能性之间存在着诸多对立，它们或许有着某种生存论意义上的根源，但是，"在所有这些肇始之物的绝对本原处，既不曾有人格也不曾有实体在背后鼓动他的行动"④。为生命存在预设一个流俗的主体担当者，窄化浅化了生命，这是一种收缩性或紧缩性（deflationary）的还原论（reductionism）本体论（以德谟克利特为代表）。⑤

　　"吾丧我"作为无主体性存在之绽放，实质上就是一种自我否定，或者说我否定自身，亦即我将自身的"既有存在状态加以否定"，或者我将自身的现成存在样态加以否定。但是，否定自我当下既有或现成存在状态，并不就是要"全面而彻底地否定我的存在本身"⑥。自我否定或否定当下存在，在本质上，就是"以我自称者"之存在通过否定自身存在的既成

---

① 郭庆藩：《庄子集释》，第 45 页。
② 郭庆藩：《庄子集释》，第 45 页。
③ 尼采：《论道德的谱系》，周红译，生活·读书·新知三联书店，1992，第 28 页。
④ 伊曼纽尔·列维纳斯：《总体与无限：论外在性》，第 266 页。
⑤ 希拉里·普特南：《无本体论的伦理学》，孙小龙译，上海译文出版社，2008，第 17 页。普特南将在现实之外虚构理念世界的观念称为膨胀的（inflationary）本体论（以柏拉图为代表），将以观念消解感觉的观念称为紧缩性的消解论（eliminationism）本体论（以贝克莱为代表，同前书，第 14~18 页）。
⑥ 罗勉道以吾为神，我以为形，似乎有某种转折性肯定，但引向了身心俱灭的绝对性自我否定："吾，神也。我，形也。'吾'、'我'、'己'三字，若无意义，而我之与己终有私意，故孔子无我，而告颜渊以克己。道家养炼元神，视身如遗。子綦嗒焉之际，韬神于寂，身心俱灭，故曰'今者吾丧我'。"（《南华真经循本》，中华书局，2016，第 18 页）

性而开放自身存在的可能性——它以否定当下性而彰显更为开放的未来可能性、深邃性与真实性。存在之向未来与深邃的开放性，如果从传统哲学本体与工夫展开的过程来看，"吾丧我"也可以经由展开过程生成具有相对本体论意义的"真我"："在'丧'或'忘'的过程中，完成'丧'或'忘'的主体始终不会消解，这一主体也就是'吾丧我'的'吾'；按庄子的理解，后者同时表现为合乎'天'（自然）的真实自我或本真之'我'。"① 不过，如果从齐之为齐指向对于凝然坚固之物的消解而言，如此"自我"的真实性或真实的自我，本身也必须处于不断的自身开放与自我消解之中。

三　整体性境域的彰显

让人疑惑不解的是：南郭子綦何以从"吾丧我"突然转向"声籁"之问？宣颖说："方言丧我，凭空以声籁致问，其胸中是何托悟，妙不可言。"② 此悟与妙，就是具有生存论意味的致思。"吾丧我"与"声籁"的关联，宣颖有两个解释。一个解释在题解之中："今庄子开口引子綦一段，直是世间原未有我，风声甫济，众窍为虚，真气将归，形骸自萎。不特大命既至，自家不得主张，抑且当场傀儡，未知是谁提线。"③ "世间原未有我"与"大命自我不得主张"，表明吾丧我所表达的无主体性存在，与风窍之声具有相似性，即风本身也是无主体性的涌现。另一个解释在整个三籁叙述之后："原为申解自我，今将地籁、天籁敷说一番……要明我不足据，却从天地间得其尤无根者，无如声籁。于此触悟，尚有不化之形骸乎？"④ 换而言之，"齐物论"在此经由人籁、地籁与天籁的类比言说，是为了领悟无主体性之整体性境域："人籁则比竹是已，比竹未始有物也，鼓之而和鸣者，人而已矣。地籁则众窍是已，众窍未始有物也，作之而怒呺者，风而已矣。以三隅反之，则天籁者形心是已。形心未始有物也，吹

---

① 《庄子的思想世界》，第 363 页。
② 《南华经解》，第 11 页。
③ 《南华经解》，第 10 页。
④ 《南华经解》，第 12 页。

万不同而使其自已者，天而已矣。何谓吹万不同而使其自已也？人莫不有形而运动，形莫不有心而思虑。各正性命，以为我有之，是谓万不同而自已也，夫岂知吹而使之者，天邪？犹之地籁也。作则万窍怒呺，怒呺者亦其自取也。漠然大块，噫气而已矣，岂有心于其间而怒之邪？唯尽心者为能知其性，知其性则知天，知天则知吹而使之者，咸其自取，非有怒之者也。"① 自我不仅是无主体性的涌现，而且也不能为之虚构一个不变的根基，无根基性存在就是自我存在的实情，这正如天地之间的风起云涌本身也是无根基的涌现一样——并无一个风神以生风，并无一个雨神以生雨。②《天运》即说："风起北方，一西一东，有上彷徨，孰嘘吸是？孰居无事，而披拂是？"以诘问语气而反衬无主宰者之整体性。

不过，宣颖以为如此"无主体性之在与无根性之涌现"，只是消解"激越之气"的某种个体性"淡之之至"③ 的境界，尽管他也说到齐物之境"一从阔处启悟，一从当身启悟"④，但他却并未真正领悟到经由自我的无根基性牵引出自我消融其间的深邃性与广袤性，并未领悟到风的无根性并非风的虚无性，并未领悟到经由风之无根性牵引出无边深邃与无边广袤的天地万物及其整体。如果真正领悟于"阔处"与"当身"的统一，那就是无限性整体与有限性自我的生存论统一之境，亦即齐物之境。

实际上，对于风作为"大块噫气"的理解，郭象注有着启示性："大块者，无物也。夫噫气者，岂有物哉？气块然而自噫耳。物之生也，莫不块然而自生，则块然之体大矣，故遂以大块为名。"⑤ 风作为"大块噫气"，一方面是无物生之，另一方面是块然体大，二者的统一，意味着超越于任何个体性存在之上的整体性存在本身："风之为物，非有主张而披拂之者

---

① 《庄子义集校》，第20页。

② 不过，吕惠卿的解释具有不彻底性。基于自我连续性，对于吾丧我与大块噫气的关联，他有另外一个解释："万窍怒呺，何异有我而蚁其心形之时邪？众窍为虚，何异丧我而若槁木死灰之时邪？曰'而独不闻独不见者'，言地籁之作止，汝之所尝见；而心之所起灭，汝之所未尝见也。以其所尝闻见，而究其所未尝闻见，则天籁可知也。"（《庄子义集校》，第19页）这个解释，一方面是将风起与风停，类比于心起与心灭；另一方面是以领悟风起风停来领悟心起心灭。

③ 《南华经解》，第10~11页，宣颖连说了七个"淡之之至也"。

④ 《南华经解》，第24页。

⑤ 《庄子集释》，第46页。

也，大块噫气，名之为风而已矣。"① 如此整体性存在，由于其不可以理智加以分割式理解，所以也说为"大朴之貌"②。这意味着，接续"吾丧我"而言"三籁"尤其"天籁"，是要在突出无主体性存在之涌现之后，彰显涌现之为涌现的整体性境域。风作为整体性境域的象征，具有生存论意义。在《论语·阳货》中，孔子曾经问孔鲤有没有读诗，并感慨说："女为周南召南矣乎？人而不为周南召南，其犹正墙面而立也与？"《周南》《召南》是《诗经》之首，"风雅颂"之开端。风之所采集之诗，在古典传统中，是上下一体、庙堂江湖一如的"整体性生活境遇"。因此，不能在"风"中使得上与下、民间与朝廷浑然一体，就是在世界中人为树立"铜墙铁壁"或挖掘"鸿沟天堑"——造就并坚执凝然坚固的分离与对立，都自为执着一个实体性自我而瓦解着共存的整体性境域。而风，就是人与人之间、物与物之间、人与物之间那面"凝然坚固之墙"及"划然隔绝之堑"得以"消融"的"意象"。

如此整体性境域，首先彰显出一个生存论实情，即存在自身之涌现的无主体性，并非消解了存在之涌现，而是消解了既成性或现成性对于更为深邃与更为广袤之涌现的碍阻与拘限。所谓"无物"，就是如此整体性之境不为整体性之境中任何个体之物所占有、所弥漫乃至于僭越；而所谓"块然体大"，则是让任何可能存在者之涌现得以可能的无限性本身。所以，外在主宰者与内在实体的双重消解与拒斥，即是无限性整体本身的彰显："无既无矣，则不能生有；有之未生，又不能为生。然则生生者谁哉？块然而自生耳。自生耳，非我生也。我既不能生物，物亦不能生我，则我自然矣。自己而然，则谓之天然。天然耳，非为也，故以天言之"；"寻夫生生者谁乎，盖无物也。故外不待乎物，内不资乎我，块然而生，独化者也"③。块然而自然之意，表明无限整体性之自在自化，不以任何主宰者或坚凝实体为担当者："风出空虚，寻求无迹，起于静而复于静，生于无而

---

① 《庄子义集校》，第18也。以"大块噫气"为"地"（《庄子集解》，第19页）或"天地"（《南华真经副墨》，第15页），不能表达出"无限性整体"的深邃之意。

② 《庄子集释》，第46页。郭氏引俞樾说认为这一段在讲地籁，所以"大块"指地。（《庄子集释》，第46页）

③ 《庄子集释》，第50页。

归于无。"① 风作为无限整体性的意象，起自无处并归于无处，完全否定了理智对于无限整体性的"观念式把握"。

不为任何个体之物占有、弥漫或僭越的整体性之境，并非一无所有的空荡荡之境。整体性之境对于欲图占据与充斥整体性之境的任何个体之物的拒绝，恰好是要让无数众多差异之物的共同涌现得以可能——整体之为整体恰好就是"无数"与"差异"在其中得以可能。因此，大风之起，绽露而显的就是无数（万）与差异（殊）——"是为无作，作则万窍怒呺"："言风唯无作，作则万窍皆怒动而为声也"，"大风唯当不起，若其动作，则万殊之穴皆鼓怒呺叫也"。② 不为任何个体之物所占据与充斥的整体性之境，是"无数"（万）之"差异"（殊）共同（皆）绽放（怒呺）之境。

无数之差异"共同地绽放在风之整体中"，是丰富的具体性或具体的丰富性。丰富差异性或差异性丰富，一方面展现为"众窍之所似"③ 即物形之多样性，鼻、口、耳"取象于身"，枅、圈、臼"取象于物"，洼、污"取象于地"④，大地、万物与人自身都在物形之多样性中灿然绽露；另一方面展现为"众窍之声殊"⑤ 即声音之多样性，有水之激声、箭去之谪声、喝出粗粝之叱声、呼入细腻之吸声、向上高扬之叫声、向下重浊之譹声、深沉潜留之宎声、鸟鸣清越之咬声⑥，也是天地、万物、人交织而呈的纷然万音。在《齐物论》这一节里，"以闻起，以见收"⑦，"闻"寥寥之长风与"见"山林摇动之畏崔⑧，"闻-见"交织而启，灿然物形与纷然音声的浑然呈现，"闻"小声之于与大声之喝相和、"见"调调与刁刁之摇动，"见-闻"相缠而终。耳听寥寥长风之声，目睹万物动摇之貌，再由眼睛所见万般不同之孔穴，然后又由耳朵聆听诸种细腻相异之音声，最后由音声之异而眼观万物相异之摇动。眼睛与耳朵两种不同感知器官的交织与更

---

① 褚伯秀：《庄子义海纂微》，华东师范大学出版社，2014，第24页。
② 《庄子集释》，第46页。
③ 《庄子集释》，第47页。
④ 《南华经解》，第11页。
⑤ 《庄子集释》，第47页。
⑥ 《南华经解》，第11~12页。
⑦ 《南华经解》，第12页。
⑧ 《庄子集释》，第47页。

替，闻与见的反复与递进，并且其中有耳闻目睹所不及之涌荡："天地间无形无影之风，可闻而不可见之声，却就笔头上画得出。"[①] 整体性世界呈现的纷然灿然之多，与人自身领悟世界呈现的耳目感官之交织，表明无主体性涌荡与无主宰性呈现具有某种相应性——自我与世界都不是单一而纯粹的凝然之物。恰好是无主体性之"我"的多样性可能与无主宰性之"世界"的丰富性呈现，二者彼此相异而相依，相合而又隔离的关联，烘显出具有生存论意义的整体性境域，而这就是齐物之为论的主旨之一："从本体论上说，天籁之'和'意味着整体的协调和统一……它所体现的是本篇的之一——'齐'的观念。"[②]

四　自我、他者与整体性境域

颜成子游在聆听完灿然物形与纷然音声之后，道出自身似是而非的领悟："地籁则众窍是已，人籁则比竹是已。"颜成子游看到地籁与人籁之间的某种相似性，似乎人有意识地吹拂乐器而成音类似于大风之吹拂大地与山林而成声——在大风吹拂与万物摇动之间有"风济窍虚"，在大风吹拂与万物摇动同我的见闻之间有"于喁相随"，在"我"的所见与所闻之间有"泠飘之和"，似乎有某种"内在使动者"在助成着前后不同相状之间的某种脉络关联。颜成子游依然没有明白"吾丧我"之无主体性涌现，因此，其所扭曲理解的地籁、人籁，与天籁之间就划然具有一道不可跨越的鸿沟。表面上他理解了人籁、地籁，只是进一步追问天籁，实质上，他根本就昧于人籁、地籁与天籁及其关联："人籁、地籁，不过引起天籁，天籁即寓于二者之中"，"子游却不能领会到此处"[③]。颜成子游并不领悟在天空、大地、万物与风吹之间没有一个实体作为支撑："地本无声，因风而有声。风亦不能为声，假山林之曲、大木之窍而有声。两相持、两相激而声出，声无固然之体也。"[④] 天空、大地或任何一物不是风与声的主体，风

---

①　林希逸：《庄子鬳斋口义》，第15页。

②　《庄子的思想世界》，第365页。

③　《南华雪心编》，第21、22页。

④　《庄子解》，第12页。

也不是天空、大地以及万物发出声的主体，在天空、大地与万物及风背后，也没有声的主体。在无数之音声（吹万不同）与每一物之在其自身（咸其自取）的背后，并没有一个超越的使动者存在。在此意义上，预设一个造物者作为"吹万不同"与"咸其自取"的根据，悖于齐之为齐或天籁的本意，比如如此理解就是错谬的："声气所出之原，不归之于天，而谓尽取诸人，可乎？分明寔有个真宰主张之者，而特不得其朕，是以谓之天籁"①；"吹万，万物之有声者也，言万物之有声者，皆造物吹之。吹之者，造物也，而皆使其若自己出。吹字、使字，皆属造物"②。无边天地间风起云涌，万物纷然灿然而显——天籁之所以为天籁，在于无主宰性的"一切皆有"，"有我""有万物""有天"："夫天籁者，岂别有一物哉？即众窍比竹之属，接乎有生之类，会而共成一天耳。"③ 以风之意象牵引而出的天籁，首先消解了作为坚凝主体性的自我（超越人籁），其次消解了作为普遍主宰者的实体（超越地籁），最后在无主体性与无主宰性的无限性整体境域中，允让出每一个物之在其自身（证成天籁）："要明我不足据，却从天地间得其尤无根者，无如声籁。"④

换言之，在天籁之为天籁的理解中，其间勾连一体而加以领悟的，一是"吹万不同"，二是"使其自己"⑤，"吹万不同而使其皆若自己为之，

---

① 《南华真经副墨》，第 16 页。
② 林希逸：《庄子鬳斋口义》，第 15 页。
③ 《庄子集释》，第 50 页。
④ 《南华经解》，第 12 页。刘凤苞以耳闻为人籁、地籁，以心知为天籁："人籁、地籁闻以耳，天籁闻以心。有声之声，众人皆之；无声之声，惟至人独闻之，天籁是已。"（《南华雪心编》，第 21 页）这个解释引向圣人与众人的境界之别，与齐之为齐的本旨相去甚远。陆树芝对于人籁、地籁、天籁三者之间的区别及其递进关联，有一个相对清晰的解释："人籁所以不如地籁者，人籁随人意为低昂，本无定而执为有定，地籁则引众窍之自然有定，而不拘于一定也。地籁又不如天籁者，地籁已有所着，不能不因窍而各异，天籁则橐籥未启，声响俱寂，初不因物而鸣也。人籁喻人有是非之论，天籁喻心无是非之初"（《庄子雪》，第 12 页）；"竹为人籁，窍为地籁，皆有形之可指、声之可闻也。若天籁，则太虚之机栝，形声俱杳矣，何从指而言？然天与地本相为阖辟者也，则在天者还可以在地者验之，无形与声者还于有形与声者推之。但观于地籁，而天籁可想也，何也？"（《庄子雪》，第 13~14 页）
⑤ "使其自己"，有理解为"已经"之"已"，即停止之意，有理解为"自己"之"己"即"自我"之意。参见王叔岷《庄子校诠》，第 48 页。

而造物无与焉"①；"风所吹万有不同，而使之鸣者，仍使其自止也，且每窍各成一声，是鸣者仍皆其自取也"②。万有不同与自取，以并非主宰性实体而是无限性整体本身的天为根源性境域，然后在此无限整体性境域中，每一物以与他物相区别而自为自在——每一物乃至所有物在共处的无限性整体之中，因着无限性整体及其秩序之自在作为担保，依据自身而成为自身。如此，天籁就不能简单地理解为"齐而无别之声音"："一切皆由自取，谁使之怒号邪？地籁如此，人籁之声响亦然。自不齐观之，则有人籁、地籁、天籁之别，自其齐观之，则人籁、地籁皆天籁也。"③ 简单地对人籁、地籁之区别加以消解，并归之于某种作为更高精神性境界之领悟的天籁，也是似是而非的："所谓天籁，并非是指除却人籁、地籁以外的第三种名为天籁的声响。而是将地籁原原本本地听作地籁，将人籁原原本本地听作人籁，这本身被称为天籁。"④ 单纯境界性精神领悟意义的天籁，勾销了充满差异性的杂多，湮没了让杂多之显现得以可能的无限性整体境域。

天籁的领悟中，有我，如此之我，以"自我否定"或丧我的方式呈现自身。如此之我，作为在无限性整体境域中之"我"，并非唯一的"我"，而是无数的"我"："若天籁，乃人人说话，本出于天机之妙。"⑤ 深具天机的无限整体，是无数之人"人人"皆在之域。一物乃至所有物共处共与的"整体"之所生发，如此整体超越于任一个体甚至所有个体的单纯之和。从地籁之万窍声响，到天籁之无声而含蕴万声，其中有一个不可跨越的界限："地籁自无而之有，复自有而之无，当其吹万窍而各鸣，固不同矣，而过则皆虚，苟其自己也，无不咸同者。此其寂然之顷，谁复有自取怒号者耶？复寂然之顷可以有声而未始有声，未始有声而自寓无穷之声，即在地址天籁矣。故凡有声而不寂然者，皆非天籁也。自有物论，而在人之天籁已失矣。"⑥ 天籁乃寂然，意味着无限整体性不可主观观念化，逸出

---

① 罗勉道：《南华真经循本》，中华书局，2016，第20页。
② 王先谦：《庄子集解》，中华书局，2012，第20页。不过，王先谦还是认为有一个主体性真宰（见《庄子集解》，第20页）。
③ 《庄子校诠》，第48页。
④ 《庄子内篇读本》，第31页。
⑤ 憨山：《庄子内篇注》，第18页。
⑥ 《庄子雪》，第14页。

了主体性认知之域而为不可知之域："无一语及天籁，而天籁已透入虚空矣。"① 换言之，如果人籁是主体性之我，地籁是有我性的无数主体，天籁则是使人类与地籁得以可能的超越自在性。也就是说，基于无主体性之涌现，南郭子綦与颜成子游"两人之间"、风与山穴树孔"众物之间"，这些"不同实体或主体"之任意一方及其相互之间的关系，并不能"直接性地给出"无限整体或整体性境域，而是具有一个"主体间性的空间弯曲"②，它彰显出"存在是外在性"或"他异性"③。在齐物之思中，如此"空间性弯曲"凸显了存在的神圣性与超越性，即不囿限于任何个体之观念与作为封囿的"自然"（在其自身之自在）。无限的整体性境域本身，不能在主体性自我的自觉自为中被观念化或总体化；在无限的整体性境域中相遇的他者，尽管彼此相遇相连，但每一物都"咸其自取"而与其他物彼此相互外在。

　　如此，自我、他者与无限整体之间，就齐物之思的深邃性而言，并不呈现出一个贯穿三者的某种本质或神秘领悟，使得某一个个体在自身观念世界或境界世界里，将差异性万物与整体世界与自身合而为一。对齐物之思的观念总体化或境界总体化的"合一论"理解，会让齐之为齐的卓绝与深邃向理智的怠惰与浅薄妥协，比如如此之论："人若想成为绝对者，必须认识到一切存在乃是浑然一体的。只有站在万物合一的至高境界，即'一'的世界中时，才有可能实现绝对者那样不为任何事物束缚的生活。《齐物论》便是围绕着这万物合一的至高境界展开的。"④ 如此理解，便以自我消解了他异性万物，并将"吾丧我"理解为"我成了庞大的万物一体"："当我以万物本身看待万物时，便能够与天地万物合而为一了。当他与天地万物合而为一时，他便进入了那'吾丧我'的境界了。"⑤ "我"僭越而为天地整体的理解，无疑是理智的一种狂妄与无知。整体性境域之自在性，与无穷他者之差异性，不能在"自我与天地合一"之自私而狭隘的

---

① 《南华雪心编》，第 23 页。
② 关于"主体间性空间弯曲"的讨论，参见《总体与无限：论外在性》，第 282~283 页。
③ 《总体与无限：论外在性》，第 281 页。
④ 福永光司：《庄子内篇读本》，王梦蕾译，北京联合出版公司，2020，第 27 页。
⑤ 《庄子内篇读本》，第 32 页。

境界中被湮灭。

自我与他者在整体中相遇－勾连，但是，一方面，相遇－勾连并不取消他者之为他者的陌异性，他者保持着与我的分离；另一方面，自我与他者之相遇－勾连并不就是将二者置入一个真理性总体："与他人的关联并不取消分离。这种关联并不是在一个总体中浮现出来，也不通过把自我与他者整合进入一个总体而创建该总体。"① 整体性境域不是任何个体观念化意义上的总体，而是自在的无限本身。自我与他者相遇－勾连于自在的无限，他者具有绝对的外在性。无限整体及其秩序彰显在"自我"的一种积极行动之中："他在他者面前就他的自由为自己进行辩护。"② 尽管郭象突出"大块噫气"作为整体性本身的无主宰性，但是对于如此无限整体之中的多样性他者及其不可消解的差异性，则有所忽略："夫声之宫商虽千变万化，唱和大小，莫不称其所受而各当其分。"③ 郭象如此诠释，与其对《逍遥游》中大小之辩的理解具有一致性："夫小大虽殊，而放于自得之场，则物任其性，事称其能，各当其分，逍遥一也。"④ 如此理解，本质上是以个体一己的所谓玄妙境界，来勾销差异性他者或他者的差异性。但是，齐之所以为齐，他者不能在郭象式自我的境界之中被湮灭其绝对的陌异性，不能由我自身的同一性消解他者的他异性，而是将他者自身的他异性看成其自身的同一性。齐之为齐不能被领悟为将世界加以观念总体化的某一自我的"最高觉解状态的境界"，而是蕴含着一个绝对性的伦理原则，即他异性构成任一个体之思与在的绝对超越性——他者之陌异性超出我的观念与行动之外，构成我之思与在的绝对限制。如此生存论的伦理原则，显示出自我与他者之间的某种非对称性关系："并不是自由说明他人的超越，而是他人的超越说明自由；他人之相对于我的超越，作为无限，与我相对于他人的超越并不具有相同的含义"，"自我并不在与他者超越于我相同的意义上超越他者"⑤。因此，《齐物论》所谓"自取"的意义，不是我在自身证成自身相对于他者的自身性，而是他者向我绽露出其相对于我的绝对

---

① 《总体与无限：论外在性》，第240页。
② 《总体与无限：论外在性》，第240页。
③ 《庄子集释》，第48页。
④ 《庄子集释》，第1页。
⑤ 《总体与无限：论外在性》，第213页。

陌异性——它仅仅显示出与我绝对相异而在，由其绝对陌异性而在其自身，自然而自在。它之在不能在我的理智理解里被构造，被呈现，它逸出于属我性的观念世界。

个体将自身回置于整体，就是让自己面对一个自身参与、自身融于其中而又不可僭越的"无限性广袤"。每一个体持守自身有限性，它并不能就等同于整体自身。处身整体，又在整体之中持守自身的个体有限性，这是庄子逍遥与齐物的一个"机枢"。在整体超越于任一个体的意义上，可以说具有相对于某一个体的"某种外在性"。在此，在整体中如何持守自身个体性，就既是逍遥，也是齐物。个体既不能僭越为整体，也不能在整体中湮灭自身。

齐物之境并不在任何个别之物那里抵达，齐物之境自行显现。王夫之敏锐地看到，不立一个自我以为量，是齐之所以为齐的要义："当时之论者夥矣，而尤盛者儒墨也。相竞于是非而不相下，唯知有己，而立彼以为耦，疲役而不知归。其始也，要以言道，亦莫非道也。其既也，论兴而气激，激于气而以引其知，泛滥而不止，则勿论其当于道与否，而要为物论。物论者，形开而接物以相构者也，弗能齐也。使以道齐之，则又入其中而与相刃。唯任其不齐，而听其自已；知其所自兴，知其所自息，皆假生人之气相吹而巧为变；则见其不足与辨，而包含于未始有知中，以听化声之风济而反于虚，则无不齐矣。故以天为照，以怀为藏，以两行为机，以成纯为合，而去彼之所为明，以用吾之真明；因之而生者，因之而已，不与之同，不与之异，唯用是适；则无言可也，虽有言以曼衍穷年，无不可也。不立一我之量，以生相对之耦，而恶有不齐之物论乎？此庄生之所以凌轹百家而冒其外也。"① 船山这段对于齐物之旨的总概括，撇开某些与后文具体论述关联的总结，就其与开篇的主旨而言，有两个方面的深刻洞见：一方面，物或论之不齐，是"唯知有己"使然，并且从唯知有己出发，自以为依道而言，最终总是必然走向背道而论；同时，"有己"不可能"以道齐之"，而必然是陷于彼此相刃之不齐，以自以为超越普遍性的道去齐不同于自身的无数他者，那个道本身在与无数他者相对之际，自身

① 《庄子解》，第10页。

也就成为无数或多之中的一个而丧失其超越普遍性，简言之王船山洞见到"以道观之"本身是自相矛盾之论；一方面，只有"不立一我之量"以范围、拘限自身和天地万物，自身和天地万物才能回到自身而齐。简言之，在齐物的生存之境，"支撑我的大地的坚固，头顶天空的那一片蔚蓝，风的轻抚，海的波动，光的闪耀，这些都不是依附于某个实体。它们来自无处"①。来自无处显示"本质性的无端"，它允让生存的创造与自由。在自我创造的自由生存中，"自取而在"中，一方面每一"自我都是自为而非自因"②，即尽管每一自我存在并非纯粹由自己所致，但其存在的本己之处却是自由的自为主宰，"他者作为超越者，并不限定自我的意志"③；另一方面，众多的自我并不构成总体，"诸我并不形成总体"④。

整体性境域作为无限，根基于每一个与我相遇的他者之绝对外在性，这种外在性就是他者的无限性。让每一个他者乃至所有他者能够处身其间的整体性境域，就彰显自身为无限本身，而每一个我相对于如此双重无限，就领悟于自身的有限。存在作为外在性，首先就是无限与有限彼此外在。如此外在，一方面意味着无限不能沉沦消解于有限之中，"将无限领会为（有限）对它的渴望"；另一方面意味着在此之有限，并不将自身消散于无限之中，他自存于己："对于有限来说，有限与无限的关联并不在于有限被其所面对者吸纳，而是在于有限寓于其本己存在，自存于己，在此世行动。"合而言之，无限与有限的分离，"要求产生自我或起源的绝对任意性"。⑤

有限自我的自存于己、他者差异性与整体无限性三者的分离与外在，昭示出超越于绝对完满之境，那就是"超出于一"⑥，也即《齐物论》"齐之为齐"并不止于"道通为一"，而是对"道通为一"的超越，也就是"言与一为二"。实质上，基于认识有限性的领悟，庄子在自身对齐的专题化言说中，并未给出一个终极性的全景式视野或普遍性本质之"一"，他

---

① 伊曼纽尔·列维纳斯：《总体与无限：论外在性》，第 121 页。
② 《总体与无限：论外在性》，第 285 页。
③ 《总体与无限：论外在性》，第 285 页。
④ 《总体与无限：论外在性》，第 285 页。
⑤ 《总体与无限：论外在性》，第 283 页。
⑥ 《总体与无限：论外在性》，第 284 页。

并未在自身之思中终结齐之为齐本身，他给出了"万世之后而一遇大圣"的生存论通道，而指引向"前往不知所往之处"①。就此而言，以为"齐之为齐"基于一个不变的法则而还是非之为是非，就远离了庄子本意的："齐之为言……美者还其为美，恶者还其为恶；不以恶而掩美，亦不美而讳恶，则美恶齐矣。是者还其为是，非者还其为非，不以非绌是，亦不以是而没非，则是非齐矣……不过当，不违则，齐物之要旨也。"② 悬立一个绝对的当然之则，以为"是非之分厘然而绝对不可易"是齐之所以为齐，将齐物之论视为"正名"③ 之举，这完全是庄子齐物之论的反面。而一方面领悟了认识有限性——"（《齐物论》）此篇精义在'止其所不知'一语"，另一方面却又认为心能与绝对超越物合一——"惟心与道一者，乃能绝去町畦"④，这就滑入了自相悖谬。

---

① 《总体与无限：论外在性》，第 298 页。
② 钟泰：《庄子发微》，上海古籍出版社，2008，第 26 页。
③ 钟泰：《庄子发微》，上海古籍出版社，2008，第 26 页。
④ 朱文熊：《庄子新义》，华东师范大学出版社，2011，第 11 页。

普罗提诺的"太一"与阿奎那的0时间[*]

濮荣健[**]

摘　要：普罗提诺用"太一"作为本体，更新了柏拉图的理念论，修正了古希腊的形上学以及一与多的关系。"太一"流溢出理智、理智流溢出灵魂，时间是人的主观体验。毕达哥拉斯认为世界的本原是数，巴门尼德认为存在是一。柏拉图的数在善理念之下。亚里士多德的形上学研究作为存在的存在，不认为数能单独存在，时间度量运动，可以用数字表示。阿奎那发展了实在论，他论证了上帝是"存在本身"，"一"不是本体，从而超越了普罗提诺。阿奎那有非存在的概念，但缺乏对0的表达，在"五路"中没有时间的开始。本文结合"太一"和时间，分析了从普罗提诺到阿奎那的相关思想以及它们的局限性。

关键词：普罗提诺　阿奎那　太一　0时间

普罗提诺（Plotinus，204—270）的思想被后人称为新柏拉图哲学，集中在其著作《九章集》（*The Enneads*）中。普罗提诺生活在罗马帝国由盛向衰的时期，是古代使用希腊语的最后一位哲学大家，他用"太一"（hen，the One）更新了理念论。"太一"不是数字1，而是本体性的"一"。普罗提诺继承和发展了古希腊思想。毕达哥拉斯（Pythagoras，活跃于前525—前500）

　＊　本文系国家社科基金一般项目"奥古斯丁思想与普罗提诺《九章集》的关系研究"（17BZJ024）阶段性成果。

＊＊　濮荣健，山东大学犹太教与跨宗教研究中心副教授，山东大学哲学与社会发展学院副教授。

认为世界的本原是数，数比自然主义者所认定的本原水、气、火、土抽象。
毕达哥拉斯的思想部分地被柏拉图（Plato，前428—前348）吸收，理念世
界中有数，尽管最高的理念是善（agathos，the Good）。毕达哥拉斯和柏拉图
的数是自然数，没有0的表示。数的单位是1，数的起点也是1。理念的世界
是不动的，不受时间的影响，这样数不在时间中，尽管数可以表示在时间中
的次序和量。亚里士多德（Aristotle，前384—前322）反对理念论，他用实
体作为单位来研究现实中的世界，数不是实体，只是实体属性在量上的抽
象。时间是运动的度量。人双手有十个手指，是自然和方便的数数工具，这
也让抽象的数字与人的感官相联系，但他们都没有直接指代0的表达。古希
腊人和罗马人都采用十进制，现在世界通行的0、1……9阿拉伯数字源于印
度，约13世纪经意大利数学家斐波那契（Fibonacci，1175—1250）的介绍传
入西欧。阿奎那（Aquinas，1224/5—1274）是中世纪西方最杰出的哲学家，
他肯定了后天经验的价值。尽管存在一个上帝，但阿奎那认为没有本体上的
"一"。在本体论上，阿奎那用"存在本身"（being itself）超过了普罗提诺
的"太一"。阿奎那与斐波那契几乎是同时代的拉丁人，但他并没有受0概
念的影响，认为时间不是从0开始。

一　一与形上学

　　古人在没有文字前，在生活中就需要计数和计算，如游牧民族要统计
牛羊的数目；天文也离开不了计算，巴比伦人要计算一次满月的天数、埃
及人要累加等待尼罗河水再次泛滥的天数，这都从1开始。自然界里没有
数字，数字并不是人的感官能直接经验的。毕达哥拉斯把事物与数字联系
在一起，他用点表示数字和图形，在记数法上使算术和几何建立了关系，
如一个点对应"1"，两个点对应"2"和一条直线，三个点对应"3"和
平面中的一个三角形，四个点对应"4"和一个立体图形。自然主义者解
释了构成世界的基本质料，如水、气、火、土，但他们还没有抽象出"形
式"和"质料"的概念。有化学知识的人都会知道，水的分子式是 H_2O，
在成分上有氢和氧。这样，自然主义者关于世界本原的解释实际上是错误
的，但他们在理性上比相信希腊传统神话的人是一大进步。形式表示了界

限，而界限在数字中能被理解。数字表示了界限（形式）对无限质料的应用。①

对于毕达哥拉斯派，阿西曼西德（Anaximander，约前 610-前 545）的"无定""无限"都是表示没有形式。他认为个人的存在是对无限的背叛。② 后来的普罗提诺有类似的观点。显然，用点表示大的自然数非常不方便。毕达哥拉斯认为 10 是完美的数：1+2+3+4=10，在形状上可以用点表示成四层的金字塔，从顶到底的点数分别是 1、2、3、4。4 代表正义，前 4 个整数之和为 10，所以 10 是个神圣的数。③ 数学、哲学、宗教在毕达哥拉斯这里成为一体，学科的划分是从后来的亚里士多德开始的。

尽管毕达哥拉斯派的主要对象是数字，但他们并不认为宇宙的终极构成是数字，因为数字还有自己的原则，而终极的原则是有限（limited）和无限（unlimited），有限和无限也是最基本的对立原则，其次有奇和偶、一和多等。④ 其中，奇是有限的，偶是无限的。⑤ 这样，无限同是哲学和数学的对象，无限是可以存在的。在毕达哥拉斯派关于十对立的图形表上，与有限对应的是奇、一、右、男、静止、直、光、善、正方，比例为 1：1；而与无限对应的是偶、多、左、女、运动、弯、黑暗、恶、长方，比例分别是 2：3、3：4、4：5 等。⑥ 与自然主义者具体的无限不同，对于毕达哥拉斯和后来的柏拉图，无限是抽象的实体，类似数字，不是作为事物的属性。柏拉图认为无限是二（Dyad），有大和小⑦，即有无限大和无限小。不同于毕达哥拉斯派，柏拉图认为奇和偶都是无限的。⑧ 柏拉图认为数字到十就归零⑨，也就是赞同了十进制。按亚里士多德在《形而上学》中的总

① S. E. Stump, *Socrates to Sartre*, McGraw-Hill, Inc., 1993, pp. 11-12.

② G. Sinnige, *Six Lectures on Plotinus and Gnosticism*, Kluwer Academic Publishers, 1999, p. 86.

③ M. Ring, *Beginning with the Pre-Socrates*, Mayfield Publishing Company, 2000, pp. 56-57.

④ M. Ring, *Beginning with the Pre-Socrates*, pp. 33-34.

⑤ Aristotle, *Aristotle's Metaphysics*, trans. Hippocrates G. Apostle, Indiana University Press, 1973, p. 21.

⑥ R. E. Allen, *Greek Philosophy*, *Thales to Aristotle*, The Free Press, 1985, pp. 8-9.

⑦ Aristotle, *Aristotle's Metaphysics*, p. 24.

⑧ Themistius, *On Aristotle Physics* 1-3, trans. Robert B. Todd, Bloombury, 2012, pp. 90-91.

⑨ Themistius, *On Aristotle Physics* 1-3, p. 102.

结，毕达哥拉斯派是混淆了形式、质料、道德，不区分抽象的和具体的。①
数字比具体的事物抽象，如果数字是一种存在，那么它们是本体性的吗？
毕达哥拉斯、柏拉图、亚里士多德彼此不一致。

巴门尼德（Parmenides，约出生于前 510）的世界观比毕达哥拉斯抽
象，认为存在（being）是一（One），一不可分，一没有部分。这"一"
虽是形而上的概念，但更像是存在的主要属性"一（性）"（oneness），
所以并不等同一个简单的、具体的数目概念，尽管数字 1 是构成其他数字
的最基本单位。巴门尼德不同于自然主义者在于，他没有预设因果律的存
在而从经验的世界假设其本原是水、气等。原子论者认为：物质的最小单
位是原子。虚空（nothing，vacuum）什么都不是，巴门尼德认为什么都不
是就不会存在。存在没有过去和将来，因此时间不存在。没有虚空和变
化，也没有主体和客体的区分。对于巴门尼德，存在是有限的、完全的，
因为如果不这样，总会有什么还要存在，而存在（已经）是。存在的有限
和完全正如球面上的点与球心等距。② 这样，无限就表示不完全。如果存
在之外有虚空，那么存在就被虚空限制。存在是一，一不是无限，不变化
的存在是完美的，所以这意味着完美是有限的。

二　一和多

一和多的对立开始于赫拉克利特（Heraclitus，约活跃于公元前 500）
和巴门尼德。赫拉克利特认为多在一之前，他用运动的观点看世界，如人
不会两次踏进同一河流；巴门尼德认为多并不真正地存在，多的存在除非
是作为一的功能。③ 如果有一的存在，柏拉图认为可以得出奇数和偶数的
序列。④ 亚里士多德认为，一和存在是最普遍的概念。⑤ 数字的概念因经验
运动而产生。用现在的表述，"1"是数字的起源，其他数字因对 1 的加增

---

① Aristotle，*Aristotle's Metaphysics*，pp. 24–29.
② F. J. Yartz，*Ancient Greek Philosophy*，McFarland & Company，Inc.，1984，p. 8.
③ C. E. Gunton，*The One，the Three and the Many*，Cambridge University Press，2002，pp. 17–
　18.
④ F. M. Cornford，*Plato and Parmenides*，Routledge，2001，p. 141.
⑤ Aristotle，*Aristotle's Metaphysics*，p. 50.

而形成，这就从数量上解释了一和多的关系。亚里士多德认为数字不是实体，而是表示实体在量方面的属性；"1"不能独自存在，只有具体的 1 个人、1 块石头等。量在十范畴中，紧接着实体。这就与毕达哥拉斯和柏拉图的观点不同。因为数学实体不运动，柏拉图认为数学命题是无时间性的，如 1+2＝3 在昨天、今天和明天不会改变。这样，数字作为数学的对象是实体，相当于永恒的理念，而数学对象存在于数字和可感的实体之间。在《理想国》里，柏拉图认为善理念在存在之上，[1] 因此善是理念的理念。这样，善统一了其他的理念，类似巴门尼德的"一"。对于柏拉图，如果没有一，其他事物既不是一，也不是多，而是什么都不是。[2] 数学对象是善理念的影响范围，它们虽然低于理念，但同是知识和真理的来源，而不是感官之下的意见。[3]

亚里士多德反对理念论，不承认人有先天观念。但是，亚里士多德与柏拉图一样，都是程度不同的实在论者。实在论基于柏拉图的理念论，现实事物之上的关于该事物的理念更为真实。按现在的解释，实在论有三个基本要义：有一个真实存在的世界，它不是人创造或建造的；这一真实的存在是可以被人的心灵认识的；对这一真实存在的世界的知识是人行为唯一的可靠指南，不论是对个人，还是社会。[4] 这样，不同语言或文字可以表达同一个抽象概念，如中文"一"的概念，希腊文（hen）、拉丁文（unum）、英文（one）都有对应的词。按实在论，数分数量上的和实存的两种。数量上的数实际上预设了实存的数，同时也预设了存在的多样性以及实体的多样性。具体的事物有质料和形式，数量上的数是关于实体的质料，而不是形式。实存的数不是数的理念，否则就会有无限的理念。

阿奎那继承了亚里士多德的实体论并发展了实在论，不认为数是实体。对于阿奎那，数关于实体的属性，因数比颜色、味道抽象，更像是属性的属性。[5] 亚里士多德反对巴门尼德的"一"，因为不清楚"一"是实体、数量或性质。对于亚里士多德，"无限"等同于"无穷"，它们自然地

---

① Plato, *Republic*, trans. Robin Waterfield, Oxford University Press, 1993, p. 236.

② F. M. Cornford, *Plato and Parmenides*, p. 242.

③ Plato, *Republic*, pp. 237-240.

④ J. Wild, *Introduction to Realistic Philosophy*, Harper & Row Publishers, Inc., 1984, p. 6.

⑤ J. Wild, *Introduction to Realistic Philosophy*, pp. 333-334.

与数量的无限或无穷相联系。无穷大数的奇偶性无法确定，所以无穷大的数是不存在的。[①] 在《物理学》中，亚里士多德定义无限是"此外永有"，而不是"此外全无"。[②] 他不承认有虚空的存在。

在一与多的关系上，柏拉图用理念论来解释，如不同的床是床理念的反映。无限本身是个形而上的概念，类似理念。亚里士多德在逻辑上，用属相加种差定义种相，如"人是有理性的动物"，这也解决了一与多的问题，其中"动物"是最接近"人"所在种相的属相，种差是"有理性的"。他的十范畴，也是定义在多中存在的一的方法。人的数字观念与对运动次序的认识相关，如太阳两次从东方升起的间隔是 1 天。这样，就有了具体的一和一的"单位"，根据这单位如"天"确定量的数目。在罗马帝国以及后来的中世纪西欧，采用罗马数字 I、X、C、M 分别表示 1、10、100、1000（实际上分别代表 10 的 0、1、2、3 次方），用 V、L、D 分别代表 5、50、500 辅助，如 MMXIX 就表示 2019、XXXVIII 表示 38，用字母的累加表示进位，没有 0。印度人早在 7 世纪就开始用不同的符号表示从 0、1 到 9，逢 10 进位，0 被看成一个数。[③] 作为一个数，0 比虚数要真实，也更容易被理解，1 除以 0 就是无限。

1 是最简单的数字，但"一"并不是最抽象、普遍的存在。每一个认识主体都是一个、一个存在，每一个自我是不可分、不可分享的生命单位，虽然自我也是感官直接的认识对象，但只是特殊的存在。在常识上，每个人谈及自我是因为有父母。巴门尼德、柏拉图、亚里士多德的"一"并不是首先从自我出发，而是从理智的外部对象出发，尽管亚里士多德对感官比前两者更重视。

如果"一"是最简单的概念，那么基督教所信的父、子、圣灵三位一体的上帝是最难懂的概念。对于一，三是多。在《神学大全》（*Summa Theologica*）的第三论题，阿奎那用"五路"从后天经验出发证明了上帝的存在，而且只有一个。阿奎那赞成亚里士多德，定义事物（种相）是

---

① Aristotle, *Aristotle's Metaphysics*, p. 229.

② Themistius, *On Aristotle Physics 1-3*, pp. 102-103.

③ 克莱因：《古今数学思想》（第一册），张理京、张锦炎译，上海科学技术出版社，1979，第 210 页。

（其最近的）属相加种差。"五路"的第四路关于上帝是最完善的存在，类似柏拉图的善理念，但不如"太一"，因阿奎那把这上帝归于某一属相。①"五路"无疑是上升了一，而不是三，这延续了拉丁教父奥古斯丁（Augustine，354—430）的传统。② 为什么不能有多个上帝存在？阿奎那在之前的《反异教大全》（Summa Contra Gentiles）里论证过，如果有多个上帝，就说明上帝不全能，还有缺乏，这样"一"在指代上帝上就表示全能，但上帝不是"一"。③

三 "太一"与 0 时间

如何理解 0？即使没有货币的古人或易货贸易，都会涉及 0 的概念，尽管人们可能还没有可书写的符号代表数字，如：欠人一只羊，还人一只羊，债务就没有了，用一只成年的羊换两只小羊。

即使有数的理念，柏拉图认为人有先天的数学和逻辑能力，人是否有关于"0"的先天概念？0 表示在量上什么也没有。那么，0 本身存在吗？亚里士多德的实体论认为，0 不存在，这应该同时代表 0 作为实体和属性上的不存在。0 也不是什么先天的概念。按阿奎那的形上学名著《论存在与本质》（On Being and Essence），0 存在，因为我们就 0 可以做出一个肯定的命题，尽管 0 在现实中可以不存在。④ 当然，阿奎那也没有用 0 的概念，而是以盲作为缺乏和否定的例子。因存在不仅是实体，还可以是观念，我们可以有关于盲的概念。我们中国人更容易理解的例子是飞马，现实中没有长翅膀的马，但我们可以理解飞马的意思并使用这概念。

犹太—基督教信世界是上帝从无到有创造而来的。就从无到有的创造，在受造之前，什么都没有，没有存在，只有非存在（non-being），存

① T. Aquinas, *Summa Theologica* (*Volume One*), trans. Fathers of the English Dominican Province, Benziger Bros., 1975, pp. 13–14.

② C. E. Gunton, *The One*, *the Three and the Many*, p. 138.

③ T. Aquinas, *Summa Contra Gentiles* (*Volume I*), trans. Anton C. Pegis, F. R. S. C, University of Notre Dame Press, 1975, pp. 158–159.

④ T. Aquinas, *On Being and Essence*, trans. Armand Maurer, Pontifical Institute of Medieval Studies, 1968, pp. 29–30.

在是 0，这样 0 也是一种存在，至少是一种可表示的观念上的存在、在存在之前的次序。如果 0 是一个数字，它肯定是一存在，尽管在量上它什么都没有。巴门尼德认为一个什么都不是的（事物）是不可知的，也是不可想象、不可言说的，甚至不可命名的，但柏拉图却不这样认为。[①]

　　古希腊人没有从无到有的创造概念，所以他们更关注一与多，而不是一与 0，如果 0 表示没有。普罗提诺把"一"和存在上升到最高的本体，他重视身份和统一性，因为每个事物都是一个事物，它们个体性的"一"（oneness）因"太一"而存在。对于每一个自我，"一"是先天的概念。"太一"解释了事物存在的原因。"太一"在存在和形式之上，在活动和理智之上，也在时间和空间之外，"太一"使每个事物成为一（个），它是终极的"一"。"太一"是超越的、无限的，从"太一"流溢出理智（nous，intellect），理智是首先的存在，从理智流溢出灵魂。[②] 灵魂从理智得到形式和存在，灵魂进入身体，才有了时间。也就是说，统一的灵魂进入了个别的身体，才有了人的灵魂。灵魂只是部分地进入了身体，身体是出逃的灵魂。人的灵魂不可分布在身体的全部。就其神秘性，无原因的"太一"既像是上帝，也类似善理念，但"太一"是简单的，像一个点那样不可分，不仅没有"善"作为属性，也没有任何属性。理智既是一也是多，因所有的理智来源于一普遍的理智，理智所看见的是柏拉图的理念。普罗提诺的"太一"是绝对的一，像是存在的源头，超越了柏拉图的善理念、巴门尼德的存在。"太一"无处可寻，也无处不在。"太一"的神秘，难以用本质来定义："太一"是"一"本身？"太一"不是实体，[③] 没有成分，理智从"太一"流溢而出，流溢更好地表示了"太一"的无限性。这流溢没有外在的启示。普罗提诺把永恒与生命相联系，[④] 在境界上超过了柏拉图。虽然普罗提诺有对永恒生命的追求，但"一"似乎被神圣化、绝对化。

①　F. M. Cornford, *Plato and Parmenides*, pp. 219–220.

②　Plotinus, *The Enneads*, trans. Stephen MacKenna, Penguin Books, 1991, p. 359.

③　L. P. Gerson, *Cambridge Companion to Plotinus*, Cambridge University Press, 2005, p. 42.

④　Plotinus, *The Enneads*, p. 216.

"太一"完善了柏拉图的理念论，因理念世界比较混乱，如"善"作为理念中的理念。亚里士多德和阿奎那认为，善实际上是实体的属性更为合适，善应该是人从具体事物的属性中抽象而来的概念，没有独立的善存在。善如同太阳光照理念世界，而"太一"管理了这理念世界。

阿奎那、柏拉图和普罗提诺都不以自我为中心，但阿奎那认为理智最终极的对象是存在，超越存在和理智的"太一"并不是存在本身（being itself）。理性的终极规律是不矛盾律：存在不是非存在，就本文所涉及的论题，可以具体地抽象为：一不是非一。就二进制，可以进一步数字化为1不是0，因二进制可以用0和1表示其他的数字，正如电子计算机中所采用的。这样，时间可以用0和1组合的数字表示，尽管日常习惯上人们使用六十进制表示时间，如：1小时是60分钟、1分钟是60秒。柏拉图相信死亡是灵魂离开身体，但灵魂不死并转世，而灵魂的转世是不平等的，生前诚实实践哲学的人回报最好。[①] 普罗提诺的自我意识比柏拉图清楚，有时间的主观体验，时间是对人的束缚，拯救在时间之外。时间不是永恒，只是永恒的形象。[②] 与柏拉图不同的是，普罗提诺认为灵魂离开身体不要死来实现，心灵（mind）是人灵魂中最纯粹的部分。心灵上升与理智联合，回归"太一"，就脱离了时间，[③] 脱离了可以用数字表示的时间，进入永恒。因理智从"太一"流溢出，理智应思考"太一"；灵魂从理智流溢出，灵魂是理智的形象，灵魂应思考理智。在柏拉图的洞穴比喻中，第一个挣脱锁链并上升到洞外的人，看到了真实的世界、阳光、太阳，但这不是自救，因他没有也不能进入那世界。[④] 真正的存在可以关于数学对象和道德，不是用肉体的眼睛看，而是用心灵的眼睛看，如肉眼只能看到黑板上画出的三角形、圆。人是使用身体的灵魂，灵魂回归"太一"的神秘境界不是自我的消失，普罗提诺的境界要高于柏拉图。"太一"没有开始和结束，它不是永恒，但在永恒的状态中。

① Plato, *Republic*, pp. 377-378.
② Plato, *Timaeus*, trans. Benjamin Jowett, Macmillian Publishing Company, 1986, p. 19.
③ Plotinus, *The Enneads*, p. 229.
④ Plato, *Republic*, p. 142.

从哲学上看，因"太一"无处不在，普罗提诺在自救方式上非常纯粹，没有受到犹大—基督教的影响。他既不像犹太教要把以色列人在血统上回溯到先祖亚伯拉罕，也不像基督教，要把信仰依附于一个曾经有过人性的耶稣或通过耶稣作为中保。人的灵魂必须在"太一"中发现真正的自我，把"太一"当成普遍的自我，个人的自我才能灵魂得救。问题是，普罗提诺脱离时间后的状态，不是永恒，而是 0 时间，因为"太一"不在时间中。尽管如此，普罗提诺还是影响了后来的基督教教父。在其名著《论三位一体》中，奥古斯丁（Augustine，354—430）认为父、子不是在时间中差遣圣灵。① 奥古斯丁在罗马、米兰学习过，那时，基督教已经被罗马帝国承认，不再受迫害，但罗马流行的哲学是柏拉图主义。柏拉图主义正是以普罗提诺的《九章集》为代表。透过《忏悔录》，我们知道奥古斯丁读过拉丁文的柏拉图派哲学。这是由维克特努斯（Victorinus）翻译的，他是罗马修辞学教授，也是基督徒。奥古斯丁的朋友西姆普利齐亚努斯（Simplicianus）认为柏拉图派哲学隐喻了基督教的上帝；就维克特努斯在世的经历，年长的西姆普利齐亚努斯向奥古斯丁有过生动的回忆。②

四　结语

按学生波菲利（Porphyry，233—305）的记录，他 30 岁在罗马首遇 59 岁的普罗提诺。在教导波菲利的六年中，普罗提诺从不提及自己的父母和出生地，他似乎以有身体而羞愧。③ 对于个人的出生，因灵魂的先存性，身体远不如灵魂真实。④ 柏拉图认为灵魂的家乡不是身体，而是理念的世界。普罗提诺更新了柏拉图，因他首先在西方用内省的方式确定真正的自我。⑤ 然而，普罗提诺的"太一"也不是想象中的父母或自己存在的原因。

---

① Augustine, *On the Trinity* (*Books* 8 - 15), trans. Stephen McKenna, Cambridge University Press, 2002, pp. 218-219.

② Augustine, *Confessions*, trans. F. J. Sheed, China Social Science Publishing House, 1999, pp. 130-132.

③ Plotinus, *The Enneads*, cii-cv, p. 236.

④ Plotinus, *The Enneads*, cii-cv, p. 236.

⑤ G. Sinnige, *Six Lectures on Plotinus and Gnosticism*, p. 57.

虽然"太一"不是造物主,但比作为造物主的上帝抽象。"太一"是不是 0 存在的原因?时间从 0 开始,时间是存在的(状态),时间不是人的创造,尽管人对时间会有不同的感受,甚至把时间当成原因。阿奎那的"五路"证明了世界存在有原因,但并没有证明时间有开始。"五路"得出的上帝也不是造物主。也就是说,"五路"的上帝并没有使时间开始存在,而时间可以用 1 和 0 计次序。在《反异教大全》(第二卷)关于"一些人致力于证明世界并非永恒的理据"中,阿奎那认为:虽然上帝是世界存在的原因,但世界在时间中有开始不可证,[1] 或可以假设世界在时间中没有开始。[2] 阿奎那后来用本质(essence)的概念,在《神学大全》第十三论题十一子论题中,把上帝定义为"存在本身",上帝是存在与本质不分的,尽管上帝不是个别的存在、无限的存在,这却比"五路"中的上帝更抽象但同时又更具体,而且超过了普罗提诺的"太一",因"存在本身"在范围上覆盖了 0、1 和多。定义事物需要属相,但没有比存在更大的属相。

① T. Aquinas, *Summa Contra Gentiles* (*Volume II*), trans. Anton C. Pegis, F. R. S. C, University of Notre Dame Press, 1975, pp. 112–115.

② S. M. Barr, *Modern Physics and Ancient Faith*, University of Notre Dame Press, 2003, p. 33.

宗教中的自由因素
——试论卡西尔的宗教思想

梁乐睿*

摘　要：哈贝马斯在《信仰与知识》一文中探讨了科学与宗教在后世俗化的当代社会中的紧张关系，呼吁宗教与世俗化的理性展开对话，缓解冲突。他试图让宗教接受自由社会中交往的准则，放弃充满暴力的真理诉求。世俗化的理性应当通过协同性转换获得宗教核心内涵，发现隐藏于宗教深处的意义潜能。但在卡西尔看来，宗教建立在人类自由的基础上，能够保证和促进自由，同时它具有宽容性，内在性，并符合柯亨意义上的相关性原则，完全有能力与其他文化形式展开对话，和谐共处。宗教的自由原则是自足的，它不需要谄媚地迎合世俗理性，更不需要后者的帮助与施舍。

关键词：宗教　自由　神话　符号形式哲学

恩斯特·卡西尔（Ernst Cassirer）是 20 世纪著名的德国哲学家、新康德主义马堡学派代表人物、"符号形式哲学"（Philosophie der symbolischen Formen）开创者、文化哲学奠基者，对现代哲学（包括存在主义、现象学、诠释学、哲学人类学、符号美学等）影响深远。卡西尔哲学的一大特色在于对符号形式（文化形式）多样性与包容性的强调，在他看来，每一种文化形式都具有内在特性，无法相互还原、相互通约。任何把自身的逻

---

*　梁乐睿，山东大学哲学与社会发展学院副研究员。

辑与结构强加到其他文化形式之上的做法，都必然导致失败。之所以如此，是因为卡西尔把自由视为其哲学的基础与目标。在多种符号形式中，卡西尔关于宗教的论述具有相当的启发意义。

一 自由的滥觞：宗教对神话的超越

宗教与神话是两种彼此区别又具有内在关联的符号形式。卡西尔对神话的理解与传统的形而上学有本质的区别。在传统形而上学那里，神话被视作混乱、无序、无意义的情绪冲动，是源于恐惧、迷信与无知的产物，与理性相对立。卡西尔既没有遵循传统形而上学的方式，也没有从社会学、心理学的角度探究神话的根源，而采用了康德意义上的先验批判方法来追问"精神原则的统一性"（Einheit des geistigen Prinzips）。① 康德将他的先验批判用在了知识、道德与美学上，在卡西尔看来，这是不够的，应当将此扩展到所有文化形式之中，这其中就包括了神话。卡西尔认为，神话是"世界对象化"（Objektivation von Welt）的特殊方式，也是人类把握世界不可或缺的符号形式："神话……体现了意识的统一性'视角'，在此视角内，'自然'同'灵魂'，'外在的'存在同'内在的'存在展现了崭新的形态。"② 与科学思维一样，神话思维具备诸如时间、空间、因果性等先天形式与范畴，其内部的结构是统一且自洽的，因而具有"求真的能力"（Wahrheitsfähigkeit）。值得注意的是，卡西尔认为康德所论述的直观形式与范畴是僵化的。虽然卡西尔承认所有范畴与直观形式的"质"（Qualität）都是一样的，但它们的"模态"（Modalität）却不尽相同，也就是说，它们会随着意义领域的改变而具有不同的色彩与声调，如果看不到这种模态的多样性，那么就无法准确分析丰富多彩的符号形式。在此意义上，神话与科学严格区分。③

---

① Ernst Cassirer, *Philosophie der symbolischen Formen*, Zweiter Teil: *Das mythische Denken*, in ders.: *Gesammelte Werke. Hamburger Ausgabe*, Hamburg 1997 ff. （ECW）, Bd. 12, Hamburg 2002, S. 14.

② Ibid., S. 25.

③ Cf. Ibid., S. 74.

通过对神话特性的强调，卡西尔同时明确界定了神话的边界。在神话世界中，人类受被动性的感官印象支配，无法认识自身特有的、主动构造世界的能力。树木、闪电、风、石头——它们都是神的具体化身与直接表达，人类对自然万物的把握是非反思的，因而只是被动的接受者。然而，神话内部潜藏着突破自身的动力，比如，人们并不满足于被动的感官印象与神话形象，而试图追问其背后的推动者究竟是什么。这种反思产生了独立于感官印象的意义领域，意义领域本身就是人类符号化能力的集中体现。人们一旦意识到神话图像无非是自身构造的产物，就已经突破了神话的边界。①

神话边界被突破之后，人类就立即进入了宗教领域。神话与宗教具有内在同源性："我们越是从源头探究宗教意识，越是发现其内容与神话意识的内容无法区分。"② 虽然宗教与神话拥有共同的基础与相同的内容，然而它们对待其内容的方式却大不相同：在神话中，由于感官的直接性以及反思性的缺乏，符号与对象、图像与事物并无区别；而宗教以反思性的方式面对自己的内容，从而在符号与对象之间划出明确的界限。③ 在卡西尔看来，神话到宗教的发展，是人类文明一个极为重要的飞跃。宗教产生于人类主动的构造能力之中，这种能力把人类从神话的桎梏中解放出来。人们意识到了自身的能动性与自由，通过工具与技术改变世界，实现自己设定的目标。通过对事物与图像的反思，宗教形成了神话所不具备的个体观念与自我意识，获得了"崭新的理念性"（neue Idealität）与"崭新的维度"（neue Dimension）。④ 正是在这种个体观念与自我意识之上，以个人责任为基础的道德意识与道德法则产生了。宗教"是道德力量的产物，它们全神贯注于一点上——善与恶的问题"。⑤ 这种道德力量与神话的禁忌体系有本质区别。虽然两者带有普遍性的约束力与强制力，但后者通过禁止性的方式将责任与义务强加给人，因而"完全是消极的"，"不包含任何积极的理想"，是缺乏个体意识的被动服从。而建立在个体观念

---

① Cf. Ibid. S. 275–278.

② Ibid. S. 279.

③ Cf. Cassirer, *Philosophie der symbolischen Formen*, Zweiter Teil, ECW 12, S. 279 f.

④ Ibid. S. 280.

⑤ 恩斯特·卡西尔：《人论》，甘阳译，上海译文出版社，2013，第169页。

与个人责任之上的宗教道德并非约束与强制，"而是新的积极的人类自由理想的表现"。① 正是由于这个原因，卡西尔把宗教对神话的超越视为人类通向自由理想与理性世界观的重要一步。更为重要的是，宗教产生的自由意识有助于人类理解并认可其他文化形式的存在的合理性，远离独断论的固执与偏狭。

二　宗教的限度：超验的上帝与个人自由

卡西尔论述了自我意识、自由观念、道德法则如何从宗教中孕育并且发展，肯定了宗教对于人类文明的积极意义。然而，宗教所发挥的作用并不一直都是积极的，例如中世纪天主教会对异教徒的迫害、现代原教旨主义者对平民的恐怖袭击等。与从神话到宗教的演进相比，对宗教本身命运的探寻似乎更有哲学意义与现实价值。如果说，宗教对神话的超越只是人类自我解放的第一步，那么这种自我解放似乎不可能在宗教领域就裹足不前。我们可以追问，人类的自我解放有没有可能导致对宗教的彻底超越，或者说，宗教能否像神话那样具备突破自身边界的能力，从而在更高级的文化形式中实现人类彻底的自由与解放？现有的宗教并不能回答这个问题。甚至连神话这种被宗教超越的文化形式都能够在科学所主导的世俗化社会中找到一席之地，并且在某种特定条件下与现代新技术工具相结合，给人类文明带来巨大灾难。②

对宗教界限与命运的讨论显然超过了经验范围，因此这种讨论不能以经验的方式进行，而应当像卡西尔在论述神话与宗教关系时那样，采取一种先验诠释学的方式。在《符号形式的哲学》第二卷的结尾处，卡西尔暗示了宗教可能的结局与归宿："宗教意识到，对自身意义内容与真理内容的追问不断地转化为对其对象的现实性（Wirklichkeit）的追问，在它面前，关于存在（Existenz）的问题被粗暴地提了出来。只有审美意识（das ästhetische Bewußtsein）才能真正超越这个问题。"③ 宗教与艺术存在某种张

---

① 恩斯特·卡西尔：《人论》，甘阳译，上海译文出版社，2013，第184~185页。

② 恩斯特·卡西尔：《国家的神话》，范进等译，华夏出版社，1999，第337~358页。

③ Cassirer, *Philosophie der symbolischen Formen*, Zweiter Teil, ECW 12, S. 305.

力，它们的内容与面对的问题截然不同。卡西尔这里似乎讨论的是符号形式内部的动力与发展历程，正是在这个动力驱使下，宗教超越了神话，艺术超越了宗教。

要想准确理解卡西尔的意图，首先需要厘清他对人类意识三种功能的区分：表达（Ausdruck/expression）、呈现（Darstellung/representation）以及意义（Bedeutung/signification）。符号与对象的相互关系构成这三种功能区分的依据。在表达功能中，符号与对象没有区分，两者是等价的，符号就是对象，对象就是符号，感受性—情绪性因素构成表达功能的基础。在呈现功能中，符号与对象的同一性被打破，符号意识到自身的特性，而对象也从表达功能的直接性中独立出来，获得其客观性，符号通过具体且符合感性直观的方式表象着它所指示的对象。在意义功能中，符号构造了对象，两者以抽象的、推论的、纯概念与纯思想性的方式联系在一起，它们的关系不仅超越了作为表达功能基础的感受性—情绪性因素，并且扬弃了呈现功能中直观化的对象性—客观性指示。这三种基本功能对应三种重要的符号形式：表达功能集中体现在神话中，呈现功能集中体现在语言中，意义功能集中体现在科学中。[①]

在卡西尔看来，三种功能由低到高排列，与之相伴的是人类能动性与自由的提升，这构成了精神发展的基本脉络。在表达功能中，人类完全由被动性所控制，缺乏自我意识与自由观念；到达呈现功能后，被动性因素逐渐降低，主动性因素逐渐提高，人类得以从直接的感受性中脱离出来，产生了建立在个体意识与自由观念之上的道德；人类精神的持续发展，最终在意义功能中超越了所有被动性，实现了彻底的自由。倘若我们接受卡西尔的发展观，那么宗教的命运或许很大程度上取决于对这个问题的回答：宗教，或者说对世界的宗教化理解，能否到达意义功能这一最终阶段。

与神话、语言、科学这三种文化形式不同，卡西尔并未把宗教明确归为三种意识功能的任何一个，因此仅仅分析三种意识功能并无法回答上述问题。我们有必要将关注点放在卡西尔对宗教的历史性考察以及对其他宗

---

① Cf. Cassirer, *Das Symbolproblem und seine Stellung im System der Philosophie*, ECW 17, S. 256–265.

教哲学家的评论中，因为正是在这里，卡西尔找到了某种建立于自由基础之上并促进自由的理想宗教形式。

卡西尔认为，奥古斯丁与马丁·路德的神学观点制约了自由的发展。根据奥古斯丁的学说，人类无法自由认识并且践行善。自由本质上就是人对自身的作用，然而这种作用却是无力的。虽然上帝赋予人自由意志，但是人类对自由意志的滥用背离了至善，产生了罪恶。只有通过上帝的恩典，人类才能突破这种无力感与罪恶感，摆脱死亡的惩罚而获得灵魂的不朽。用卡西尔的话来说，奥古斯丁"被一种来自彼岸的巨大力量紧紧抓住，刹那间便被征服。从此他便坚信，'神的平安'（Friede Gottes）只能以这种方式赐予人，宗教解脱的意义既不在于思考，亦不在于行动，而在于受苦（Erleiden）"①。就这样，人的独立性与自由在奥古斯丁的上帝面前彻底消解。

从表面上看，路德的宗教观似乎与奥古斯丁不尽相同。路德的宗教改革矛头直指中世纪罗马天主教会，而奥古斯丁的神学观恰恰为后者的统治提供了理论支持。路德的"因信称义"说否认了教皇的上帝代理人的角色，否认了教会灵魂拯救的权力。人类与上帝交流不再需要教会这个中介机构，个体性与个性化的神人关系得到确立，在对上帝的解释上，人人生而平等，只要信仰纯正，便可直接与上帝沟通。然而路德信仰至上与神秘主义倾向并没有完全背离奥古斯丁主义的传统。他接受了奥古斯丁的"原罪说"，重申了奥古斯丁关于自由意志的基本论点：人类的自由意志被原罪渗透，不能够通过它趋向善，因此自由在人与上帝的关系中没有积极意义。同时路德思想中的宿命论也与奥古斯丁的"先定说"相类似，突出上帝意志的至高无上与绝对权威：人只有通过上帝的恩典才能获得拯救，而这种拯救由上帝意志所决定，也就是说，它完全取决于上帝预先的、任意的拣选。路德虽然彻底否定了罗马天主教会的权威，强调了个人内心信仰与个体宗教体验的重要性，却把《圣经》确立为解释上帝的最高权威，最终仍然把信仰的合理性问题诉诸外在权威的有效性。卡西尔评论道："路德更为笃定且专横地确立了上帝言语以及宗教教条的权威……他此时需要

----

① Cassirer, *Die platonische Renaissance in England und die Schule von Cambridge*, ECW 14, S. 291.

更为坚固的外在约束。因为……他神学的胚胎只不过是宗教原初体验的无形的原始力量而已。"①

在卡西尔看来，奥古斯丁和路德都宣称了上帝的超验性存在，这种超验性存在不仅无法通过人的自由通达，还反过来压缩人的自由。人的自由与上帝的自由彼此对立，不可调和。为了保证上帝的至高无上与绝对权威，就必须对人的自由加以解构。当奥古斯丁与路德从原则上否认了人类借由自由意志趋向善的可能性时，他们已经陷入了自我矛盾的泥沼中无法自拔：一方面，他们对上帝的理解与解释充满洞见与创造力；另一方面，他们却贬抑了自己的能动性与自由——奥古斯丁并不认为自己的基督教皈依是主动的行为，路德也不承认《圣经》是人类的作品，完全没有意识到缺乏理解能力与自由意志的人根本不可能真正读懂《圣经》。

三　自由宗教的本质

如果宗教的本质恰如奥古斯丁与路德所揭示的那样，那么宗教与自由的矛盾便不可调和，卡西尔也根本不会赋予宗教任何积极意义。实际上，卡西尔对奥古斯丁与路德的批判并不是批判宗教本身，而是为了寻找一种建立在自由之上并且能够真正促进自由的宗教。在对库萨的尼古拉（Nikolaus Cusanus）、弗里德里希·施莱尔马赫（Friedrich Schleiermacher）以及赫尔曼·柯亨（Hermann Cohen）的评述中，卡西尔逐步发现并明确了构成这种宗教的基本要素。

在神话向宗教的过渡中，人类第一次取得了自身的自由，卡西尔认为，正是这种自由构成了人类得以与上帝沟通的前提条件。然而受奥古斯丁主义影响，基督教在相当长的一段时期内都把人的自由置于上帝自由的对立面，认为两者此消彼长，非此即彼，不可能同时实现。为了打破这种对立，库萨提供了一种解决思路，即把人的自由视为符合上帝意愿的并且由上帝亲手开启的自由。在这种自由中，人类作为"人形的上帝"，具有充分的能动性与创造性。虽然人只是上帝的摹本，不能与上帝完全同一，

① Cassirer, *Freiheit und Form. Studien zur deutschen Geistesgeschichte*, ECW 7, S. 18.

但能够构造关于世界与上帝的图像或符号。尽管这种图像或符号不可能同世界与上帝的真实状况完全符合，但其价值不能被低估，因为人类只能通过借助已知的有限媒介去接近无限的未知领域。在这一点上，卡西尔完全赞同库萨，他评论道："人类这个微观宇宙汇聚了所有宏观宇宙的线条。库萨明确地把微观宇宙的主题称为古典主题，人们可以看到，古典主题是如何与基督教的基本理念纠缠在一块的……一旦作为微观宇宙的人类在自身中抓住了所有自然物，那么他便能在自身中得到救赎，把自己升格为神性并让总体事物变得崇高。"① 库萨关于有限与无限关系的观点以及关于符号和图像的思想，在卡西尔的符号形式哲学中得到进一步发展。另外，库萨认为，宗教认识的多样性构成宗教本身的条件，缺乏这种多样性，对上帝与人类的总体性理解就不可能最终形成。② 从这个意义上说，任何一种宗教形式都有义务理解并承认其他宗教形式的合理性。卡西尔在库萨的思想中看到了宗教对现代文明的一种重要启示——宽容，只有宽容精神才能从根本上限制科学沙文主义的野心以及宗教原教旨主义的肆虐。

在施莱尔马赫的思想中，卡西尔发现了自由宗教的另一个基本要素——内在性。施莱尔马赫强调宗教的内在性与个性化原则，对他来说，真正的宗教是内在心灵的宗教，而非外在权威的宗教，宗教的存在基础就在于个体内在性的宗教感受。对上帝的绝对依赖感与自我决定的真实感交织在一起，共同构成个体内在的宗教体验。③ 另外，宗教之所以是内在的，并不仅仅因为它由内在经验构成，还因为它从原则上不能脱离人类的直观、反思以及设计而独立存在。从施莱尔马赫这里，卡西尔获得了关于符号形式哲学的重要启发：包括宗教在内的所有符号形式都由人类所创造，它们必然内在地属于人类世界。宗教生活、《圣经》与神启从本质上说都是人类的产物，倘若没有人，《圣经》便无法书写，神启便不可能到达世间，宗教生活便无法继续。作为符号形式的一种，宗教的真理性诉求具有相当的合理性，同时，它应当接受与其他符号形式相同的真理性标准检验。卡

---

① Cassirer, *Individuum und Kosmos in der Philosophie der Renaissance*, ECW 14, S. 46f.
② Cf. Nicolaus Cusanus, *De pace fidei. Über den Frieden im Glauben*, in: ders.: *Philosophisch-theologische Schriften*, Bd. III, Wien 1967, S. 710 f.
③ Cf. Friedrich Schleiermacher, *Über die Religion. Reden an die Gebildeten unter ihren Verächtern*, Hamburg 1958, S. 37 f.

西尔这样论述符号形式的真理标准："现在，知识纯粹的外延性（extensive）标准已坍塌，取而代之的是内涵性（intensive）标准。重点并不在于认识的结果，而在于作为构建性力量的认识本身究竟意味着什么。认识真正的基本准则不是其范围的广度，而是自身的明晰性与纯粹性，精确性与严谨性。"① 所有符号形式和真实性依据并不在客观对象中，而在自身内部，任何符号形式内部必须是自洽且融贯的，同时能够与特定的意义内容相联结。从这个意义上说，内在性宗教并没有放弃真理性诉求，也没有丧失追求真理的能力。

　　自由宗教的第三个基本要素存在于新康德主义者柯亨的思想中，特别是他的"相关性"（Korrelation）概念。对柯亨而言，宗教的本质由上帝与个人之间的相关性构成，只有在这种相关性中，上帝与个人才能分别获得其真实性："圣灵（holy spirit）既不单单是上帝，也不单单是人，但也不能同时既是上帝又是人；它是两者的属性，或者说，是两者的联结。'灵'（spirit）无非是连接相关性的线，而'圣'（holiness）无非是实现相关性的中介。"② 作为人类的表达行为，宗教的特性在于，将人类在自身的表达中构造的上帝形象直接理解为上帝本身。在与上帝的相关性关系中，个人把自己构造为独一无二的道德与宗教主体，而上帝则引导他远离邪恶，通往至善。个人与上帝的关系是内在的、个性化的，基于独特的宗教体验，在这一点上柯亨与施莱尔马赫如出一辙，另外，柯亨的"相关性"概念也能在库萨思想中找到共鸣。库萨在《论神视》（De visione Dei）一书中描绘了一幅神人关系的有趣图景：人注视基督圣像的瞬间，就能立刻感受到基督注视的目光，尽管这个圣像是由人所创作的。③ 卡西尔接受并发挥了"相关性"观点，在他看来，宗教世界中人类的自我意识与上帝表象并不能够被简单还原为某种决定论意义上的因果关系，关键问题并不在于谁决定谁，而是在于双方如何协同、共变、相互依存。上帝的意义只有在人类

---

① Cassirer, *Formen und Formwandlungen des Philosophischen Wahrheitsbegriffs*, ECW 17, S. 357.

② Hermann Cohen, *Religion of Reason out of the Sources of Judaism*, Oxford University Press, 1995, p. 105.

③ Cf. Cusanus, *De visione Dei. Die Gottes-Schau*, in: ders.: *Philosophische-theologische Schiften*, Bd. III, S. 94 f.

身上才能得到确立，而人的意义也需要上帝的指引才能趋于完善。[①]

四　意义的追问：宗教作为对话的基础

综上所述，卡西尔阐明自由宗教的三个重要因素：宽容、内在性以及柯亨意义上的相关性原则。宗教教义、宗教仪式以及宗教伦理都是人类通过自身的能动性与自由所创造的，宗教的自由特征已经在其对神话的超越中得到初步展现。借助施莱尔马赫的内在性宗教概念，卡西尔不仅揭示了宗教的内在本质，还深化了自由概念的内涵：一方面，自由意味着自我决定（Selbstbestimmung），一个自由的人对自我决定的经验必定是直观且真实的；另一方面，自由本身却不能由自身所确立，它一定是被预设的，也就是说，自由不可能是自身的根源。自我决定是自由的本质，没有自我决定，就不可能有自由可言，然而自我决定背后的那个原因，那个使自我决定成为可能的条件却无法在自我决定的范围中找到，因为它必定依赖于某种更为深刻之物。因此，依赖性的存在必然促使人们寻求意义的解释。自我决定与意义依赖之间存在着张力，正是这一对张力构成了卡西尔自由观的核心。

在宗教中，这一对张力展露无遗：人们借由其自由构造的宗教符号去追问自由的根源及其目的。这种宗教追问有两种完全不同路径，会产生相反的结论与后果。一种追问方式是外在的，向外寻求独立于人之外的超验根源，即实体性的上帝及其颁布的律法与教义。在奥古斯丁与路德那里可以看到，这种追问方式从个体与上帝的分离出发，把神启当作异质的声音，必然会导致作为超验之物的上帝与作为自由行动者的人类之间不可调和的矛盾，最终否定人的价值，彻底破坏这对张力。另一种追问方式则是内在的，它不再试图在人之外的超验性存在寻求依据，而是把问题限定在上帝对人产生的影响及作用范围内，以功能性代替实体性，以意义赋予代替现实存在，保证了人类的能动性与自由。这种内在追问的方式在库萨、施莱尔马赫和柯亨那里得到体现。

---

① Cf. Cassirer, *Philosophie der symbolischen Formen*, Zweiter Teil, ECW 12, S. 272 f.

值得注意的是，虽然卡西尔高度评价了施莱尔马赫的内在性观念，但认为他对内在宗教情感的片面强调以及对基督教传统的遵循不能从根本上排除将"概念与现实相混淆的形而上学谬误"①。相比之下，柯亨的相关性概念或许能更好地规避这种风险。它在内在性的基础上强调了交互作用，这种交互作用不仅在神人关系中扮演积极角色，还能够拓宽宗教的视域，提高宗教与其他文化形式对话的可能性，这与库萨思想中所体现的宽容精神是完全一致的。

我们可以继续追问：宗教的宽容精神是何以实现的？这个问题的本质就是宗教与其他文化形式的关系。卡西尔哲学的一个重要特征就在于对多样性的强调，在他看来，不同的文化形式所体现的是人类对世界理解方式的不同，它们彼此独立、无法通约，本身并无优劣之分。然而它们有一个共同的基础：人的自由。不同文化形式以人的自由为基础，这也意味着它们如宗教一样，置身于自我决定与意义依赖的张力之中。自我决定作为一种行为，是广义的世界理解（Weltverstehen），无论它是神话的、宗教的、艺术的还是科学的，虽然它们在其领域内都努力坚持自身的逻辑与原则，但它们背后的根源却无法通过其特有的理解方式来解释。例如在关于身心关系的讨论中，一个神经科学家可以运用先进的仪器对神经元与脑电波进行精密的观测，试图对人脑功能与心灵状态做出准确的描述，从而一劳永逸地解决这个困扰无数哲学家的问题。然而这个问题并不仅仅与观测事实相关，更涉及诸如人脑功能的意义以及心灵状态的意义。显然，对意义的追问超出了这个神经科学家的研究领域，因为他无法通过纯粹的神经科学方法来回答这些意义究竟是什么。事实上，一旦涉及意义领域，包括文化形式本身的根基问题，神话、宗教、艺术与科学的界限就模糊了。既然如此，那么从原则上说，不同的文化形式之间的对话就是可能的，尽管它们的内容、结构与思考方式大相径庭。与其他文化形式相比，宗教对意义的追问更为集中，历史更为悠久，影响力也更广。因而在意义领域内，宗教能够发挥更为积极的作用。从这个意义上说，宽容精神存在于宗教之中，为宗教提供了广阔的对话空间。

---

① Cassirer, *Cohen's Philosphy of Religion*, in: *Internationale Zeitschrift für Philosophie*, p. 94.

至此，前文提出的关于宗教命运的问题，似乎可以得到解答：在卡西尔看来，作为人类理想的宗教，应当具有宽容性、内在性，并且符合柯亨意义上的相关性原则，它不仅建立在自由之上，还能推动自由的发展进程。无论从哪个角度看，这样的宗教都不应当被抛弃。

然而还有一个需要回答的问题：在卡西尔描述的三种意识功能中，宗教应当被归为哪一种？首先，宗教似乎不能被归于表达功能，这一点在宗教对神话的超越中就可以清晰看出来。虽然宗教存在一致性的诉求，但这是反思之后的一致性，是一种意识到差别的一致性，一种建立于自由意志与自我决定基础之上的一致性。这种一致性毋宁是相关性，而非神话的表达功能中无法区分符号与对象的直接性。然而，卡西尔对宗教内在性因素的强调又给人这样的印象，即宗教情感与宗教体验似乎是宗教的本质性因素，而这与作为表达功能基础的感受性—情绪性因素似乎没有任何本质区别。其次，宗教比较符合呈现功能，宗教通过反思打破了符合与对象的同一性，通过宗教仪式、宗教语言、宗教教义、宗教准则等宗教符号去表象上帝，同时这种呈现方式是具体且符合感性直观的。然而内在性的宗教所表象的上帝显然不是一个客观对象，这似乎又与卡西尔所理解的呈现功能不完全一致，因为当他把语言作为呈现功能的典范时，更强调语言符号是如何呈现存在于时空形式中的客观世界的。最后，宗教与意义功能似乎风马牛不相及，其符号与对象的关系并非抽象的、推论的、纯概念或纯思想性的，而是感受性—情绪性的，与作为意义功能典范的科学相去甚远。然而，在内在性与相关性原则的宗教中，宗教的符号似乎完全构造了其对象（即上帝）的样貌，而这种构造是不需要以上帝的客观实在为依据的，从而充分体现了符号构造的能动性与主动性。

综上所述，虽然存在诸多不一致性，把宗教归为呈现功能仍似乎相对准确一些，但如此便出现了一个矛盾。一方面，如果说表达、呈现与意义三种功能的相继演进体现了卡西尔对人类文明发展的基本设想，那么是否意味着宗教必须被归为意义功能，才能避免——至少在卡西尔哲学中——被淘汰的命运？另一方面，根据上文分析，卡西尔显然没有贬抑宗教的倾向，即使他猛烈批判的某些宗教观点，但这种批判的目的在于找到一种真正满足人类自由理想的宗教，而他也最终找到了。要解释这个矛盾，就要结合卡西尔哲学的整体体系对三种功能之间的关系进行深入探析，澄清卡西尔哲学的核心概念。

哈贝马斯在《信仰和知识——"德国书业和平奖"致辞》一文中探讨了科学与宗教在后世俗化的当代社会中的紧张关系，呼吁宗教与世俗化的理性展开对话，缓解冲突。唯其如此，才能维护人类的自由与尊严。他试图让世俗化的理性严肃对待宗教，同时让宗教接受自由社会中交往的准则，放弃充满暴力的真理诉求。世俗化的理性应当通过协同性转换获得宗教核心内涵，发现隐藏于宗教深处的意义潜能。[①] 而在卡西尔看来，宗教建立在人类自由的基础上，能够保证和促进自由，同时它具有宽容性，内在性，并符合柯亨意义上的相关性原则，完全有能力与其他文化形式展开对话，和谐共处。宗教的自由原则是自足的，它不需要谄媚地迎合世俗理性，更不需要后者的帮助与施舍。

---

① 尤尔根·哈贝马斯：《信仰和知识——"德国书业和平奖"致辞》，朱丽英编译，《马克思主义与现实》2002 年第 3 期。

思想视野

论政治哲学从民本到"民主"范式的转变

梁 涛[*]

摘 要："民主"——"天惟时求民主"——是三代意识形态的重要内容，包括做民之主和为民做主两个方面，二者互为联系又各有侧重，前者突出治民、教民，后者强调保民、养民，并呈现为从强调治民、教民到重视保民、养民，从提倡刑罚到主张"明德慎罚"的变化。"民主"说乃中国古代政治思想的母题，春秋以后从中发展出民本说、民本君本混合说，以及君本说，以往学者仅仅从民本说对古代政治思想做出解读，是难以对其做出全面、准确把握的，中国古代政治思想研究，需要从民本范式转向"民主"范式。

关键词："民主" 民本 孟子 荀子

研究中国政治哲学不能不涉及民本，某种程度上也可以说，民本成为中国政治哲学研究的基本范式。论及古代政治时，学者往往喜欢用民本来概括，翻开书籍、杂志，不难发现如下的论述："'民本'问题是中国政治学理论的'元问题'，是中国早期国家机器草创时要考虑的头等大事。"[①]其实，民本的具体内涵不仅存在争议，民本的研究范式更是值得检讨与反思的。说到民本，不能不提到梁启超。在他 1922 年出版的《先秦政治思想史》中，专列一章讨论民本，对后世产生很大影响。而他对民本的认识

---

* 梁涛，中国人民大学国学院教授，中国孟子研究院研究员。
① 宁镇疆：《清华简〈厚父〉"天降下民"句的观念源流与豳公盨铭文再释——兼说先秦"民本"思想的起源问题》，《出土文献》2015 年第 2 期。

和理解，同样值得关注。按照梁先生的看法，中国古代民本实际是与天命（他称为"天治主义"）结合在一起的。他解释"天子"一概念说："天子者即天之子……天而有代理人，则政教分离之第一步也。若此者，我名之曰间接的天治主义。"他又引《尚书·召诰》"皇天上帝，改厥元子"并分析道："元子者何？众子之长也。人人共以天为父，而王实长之云尔。元子而常常可以改，则元子与众子之地位原非绝对的。质言之，则人人皆可以为天子也。此种人类平等的大精神，遂为后世民本主义之总根芽。"①梁启超认为民本思想起源于周人的天命观，颇有见地，但他对天命的解读则不准确，包含附会的成分。梁启超也注意到民本与民主的差别，他说："美林肯之言政治也，标三介词以櫽栝之曰：of the people，by the people，and for the people，译言政为民政，政以为民，政由民出也。我国学说，于of、for之义，盖详哉言之，独于by义则概乎未之有闻。"他认为古代民本是"无参政权的民本主义"。②梁先生虽然认为民本不同于民主，但仍肯定其在历史上的作用。"要之我国有力之政治思想，乃欲在君主统治之下，行民本主义精神。此理想虽不能完全实现，然影响于国民意识者既已至深。故虽累经专制摧残，而精神不能磨灭。欧美人睹中华民国猝然成立，辄疑为无源之水，非知言也。"③香港学者金耀基于20世纪60年代著《中国民本思想史》，专门考察了民本思想的发展，将民本思想的发展分为胚胎期、萌芽期、停滞期、消沉期、发皇期、完成期，认为中国古代政治是开明专制，而非绝对专制主义，是因为民本思想减杀了专制毒害之故。④以上学者都承认中国古代存在民本思想，且在历史上发挥了积极的作用。与此不同，另有一些学者对民本提出疑问，有代表性的是刘泽华先生。刘先生提出"阴阳组合结构"，认为在传统政治思想中，古代先哲不是从一个方面来推导自己的理论，而是在"阴阳组合结构"中进行思维和阐明道理。例如在君本与民本这对阴阳组合命题中，君本与民本互相依存，谈到君本一定要说民本；同样，谈到民本也离不开君本，但君本的主体位置是

---

① 梁启超：《先秦政治思想史》，东方出版社，1996，第36页。
② 梁启超：《先秦政治思想史》，第6页。
③ 梁启超：《先秦政治思想史》，第6页。
④ 金耀基：《中国民本思想史》，台湾商务印书馆，1993，第2页。

不能变动的。① 刘的学生张分田教授对此做了进一步的发挥，他指出最早提出民本思想核心理念和基本思路的往往是统治者，除少数暴君外，大多数君主都认可民本的理念，依据《史记》的有关记载，秦始皇很可能认同民本思想的基本思路，并一度推行过相关的政策。据《隋书·炀帝纪》记载，隋炀帝宣称："民为国本，本固邦宁。"又表示："非天下以奉一人，乃一人以主天下。"因此，民本与君本实际是相辅相成的，将民本思想看作反专制是根本不成立的。② 由此又出现民本到底是目的还是统治手段的分歧和争论。

我们认为中国古代政治的"元问题"并非民本说，而是作为三代意识形态的"民主"说，即"天惟时求民主"（《尚书·多方》）。只不过此"民主"说包含了做民之主和为民做主两个方面，二者互为联系又各有侧重，前者突出治民、教民，后者强调保民、养民；前者主要是君本，后者则蕴含着民本，后世的民本说实际是从"民主"说中分化出来的。虽然作为一种宗教观念或意识形态，"民主"说贯穿了三代的宗教、政治实践，但其内涵又有所变化发展，呈现为从强调治民、教民到重视保民、养民，从提倡刑罚到主张"明德慎罚"的变化。用"民主"概括古代政治思想，不仅符合实际，还更具有解释效力。

一

"民主"一词在现有文献中虽出现于周初，但其反映的观念则渊源甚早，应该是随中央王权的出现而出现的。我们知道，夏代以前中国是邦国联盟时代，尧舜乃天下的盟主，其对邦国支配能力有限，还不是真正意义上的"民主"。到了夏商周才出现统一的中央王权，这时中央王权之下虽然存在大量邦国、方国，但王朝对邦国的控制力明显增强，邦国在政治上不再具有独立主权，经济上要向朝廷贡纳，军事上要随王出征或接受王的调遣。三代之王成为名副其实的天下共主，对邦国国君具有调遣、支配甚至生杀予夺的权力，只不过后者内部尚没有建立起与王的直接隶属关系，

---

① 刘泽华：《传统政治思维的阴阳组合结构》，《南开学报》（哲学社会科学版）2006年第5期。

② 张分田：《关于深化民本思想研究的若干思考》，《江西社会科学》2004年第1期。

具有相对的独立性而已。① 随着中央王权的确立，"天命王权""王权神授"的观念也出现了，以说明王权的正当性与合法性，所谓"民主"说就是在这一背景下产生的。

据《大戴礼记·五帝德》，孔子曾称禹"为神主，为民父母"，《史记·夏本纪》亦称"禹为山川神主"，说明孔子的说法应是有根据的，反映的是古老的观念。禹既为"神主"，又"为民父母"，正合《左传·襄公十四年》所说："夫君，神之主而民之望也。"宋林尧叟注："奉祭祀故为神之主，施德惠故系民之望。"② "神之主"，即众神赖以得享祭祀者；"民之望"，即万民赖以足衣食者。故"神主"即"主"祭祀"神"者，代表神权或巫的力量；"为民父母"则表示教民、养民的职责和义务，代表了治权或君的统治。合而言之，大禹既具有神权，又掌握治权，是沟通天地、供养万民的统治者，也就是"民主"。其中，神权是治权的合法性根据，而治权乃神权在政治领域的具体表现。因此，所谓"民主"实际是一种君权神授说，是神或上帝为民众选立主人，同时赋予其教民、治民以及保民、养民的权力和义务，并根据其表现决定天命的授予甚至转移。这种"民主"观念应该产生甚早，是三代统治者共同信奉的，《尚书·洪范》记殷臣箕子曰："天子作民父母，以为天下王"，表达的正是"民主"说。至于周人则明确提出"民主"的概念，对"民主"说做出系统的概括和总结，内容主要包括：（1）天为人间民众选立主人或统治者；（2）所选的主人或统治者是可以替换或改变的；（3）替换或改变的根据在于后者的表现。

上文的"民主"说虽然为周人所提出，但其反映的观念则出现更早。在《尚书·多方》中，周公告诫四方诸侯，"天惟时求民主，乃大降显休命于成汤，刑殄有夏"，用"民主"说解释殷革夏命的合理性，并为周革殷命确立合法性根据。试想如果面对殷顽遗民，周公讲的是一套他们完全不熟悉也不了解的内容，那么又如何令其信服，达到威吓、训诫的目的呢？合理的解释只能是，"天惟时求民主"的观念由来已久，为殷人所熟

---

① 王震中：《中国王权的诞生——兼论王权与夏商西周复合制国家结构之关系》，《中国社会科学》2016 年第 6 期。

② （宋）林尧叟：《春秋左传句解》，载（明）王道焜编《左传杜林合注》卷二十七，明万历吴兴闵氏刻本。

悉和接受，当年是其讨伐夏桀的理论武器。只不过周人对其做了发挥，又以子之矛攻子之盾罢了。正因为如此，周公才有意点出，"乃惟成汤，克（注：能）以（注：率）尔多方，简（注：选择）代夏作民主"（《多方》）。当年殷革夏命、商汤伐桀就是"天惟时求民主"的结果，只不过今天轮到周革殷命了。夏桀、商纣不再为"民主"，是因为失去上帝或天的信任，而上帝或天不再信任他们，则是由于其所作所为，正可谓"天作孽，犹可违；自作孽，不可活"（《孟子》引《太甲》）。故得天命则得天下，失天命则亡天下，此乃汤武革命共同信奉的思想律，而绝非周人的独家发明。出现这种情况并不奇怪，神权时代政权的合法性来自天命，任何执政者都会自认权力是天命的授予，自己是上帝或天派到人间的"民主"或统治者，周人如此，夏人、商人亦如此。王权既来自天命，如何获得上帝或天的宠幸和信任便成为"民主"们关心的中心，各种祭祀乃至伦理规范由此而生。而经历了殷革夏命后，天命转移的观念开始产生，并逐渐被殷人、周人接受。因此，"民主"说贯穿于夏商周三代的政治实践，是被其统治者普遍接受的，只不过在对于天、君、民及其相互关系上，不同时代可能存在不同的认识和看法罢了。《礼记·表记》云：

> 殷人尊神，率民以事神，先鬼而后礼，先罚而后赏，尊而不亲。其民之敝，荡而不静，胜而无耻。周人尊礼尚施，事鬼敬神而远之，近人而忠焉，其赏罚用爵列，亲而不尊。其民之敝，利而巧，文而不惭，贼而蔽。

《表记》认为在政治观念上，殷人强化王权、重视刑罚，与周人有所不同，是基本符合事实的。据《尚书·洪范》，殷臣箕子向武王进献的"洪范九畴"，其核心是"皇极"一项，[①] 而皇极就是要"惟皇作极"，一

---

① 关于"皇极"，伪孔释"皇，大也；极，中也"，认为是"大中之道"，孔疏从之。见（汉）孔安国传，（唐）孔颖达疏《尚书正义》卷十二，李学勤主编《十三经注疏》（标点本），北京大学出版社，1999，第299~300页。朱熹则称，"盖皇者君之称也，极者至极之义，标准之名"，认为"皇"为"君"之义，"极"为"标准"之义，见（宋）朱熹《皇极辨》，《晦庵先生朱文公文集》卷七十二，《朱子全书》第24册，上海古籍出版社、安徽教育出版社，2002，第3453页。朱子之说应符合"皇极"本意。汉唐至南宋关于"皇极"的讨论，参见吴震《宋代政治思想史上的"皇极"解释——以朱熹〈皇极辨〉为中心》，《复旦学报》2012年第6期。

切以君王的意志为最高准则，要求"无偏无陂，遵王之义；无有作好，遵王之道；无有作恶，遵王之路；无偏无党，王道荡荡；无党无偏，王道平平；无反无侧，王道正直"。而君王的准则，也就是上帝的准则（"于帝其训"），具有绝对的神圣性和权威性。君王不仅确立至高无上的统治准则，还垄断天下的财富，享有绝对的权威，以便能决定、影响他人的福祉。更有甚者，箕子还提出"休征""咎征"，将君王的行为分为好、坏两个方面。就"休征"而言，君王肃敬，雨水就会适时降落（"曰肃，时雨若"）；君王清明，阳光就会普照大地（"曰乂，时旸若"）；君王明智，天气就会温暖适宜（"曰哲，曰燠若"）；君王深虑，天气就会适时转寒（"曰谋，时寒若"）；君王圣明，和风就会定时而至（"曰圣，时风若"）。就"咎征"而言，君王行为狂肆，淫雨就会连续不断（"曰狂，恒雨若"）；君王动静失常，天气就会经常干旱（"曰僭，恒旸若"）；君王犹豫不决，炎热就会持续不断（"曰豫，恒燠若"）；君王急躁不安，寒冷就会一直延续（"曰急，恒寒若"）；君王昏庸无知，风尘就会不断飞扬（"曰蒙，恒风若"）。总之，君王的一举一动，无论好坏，都会影响天气的变化。这不仅是强化王权，更是神化王权，开后世天人感应的先河。

与强化"民主"的地位相应，在君民关系上，箕子则强调君王要做民之主，要绝对支配民，而不可听从于民。"庶民惟星，星有好风，星有好雨。日月之行，则有冬有夏。月之从星，则以风雨。"这是以星类比民，以日月类比君臣。古人认为天上的星星往往会影响到刮风、下雨等气候变化，如"箕星好风，毕星好雨"等。又认为月亮行经好风雨的星就引起风雨，如"月经于箕则多风，离（注：历）于毕则多雨"等。故庶民如同天上的星星，他们好恶无常，不可取法。日月的运行有其自身的规律，决定四季的变化，此象征"君臣政治，小大各有常法"。如果月亮失常，跟随了星星，就会从其星而引起风或雨。故此章是说："政教失常，以从民欲，亦所以乱。"（伪孔注）"喻人君政教失常，从民所欲，则致国乱。"（《正义》）[1]"比喻君臣政教失常顺从民欲，就要招致大乱，谆谆告诫统治者要加强其统治体制而不可听从人民的愿望。"[2] 如果将殷人"从民所欲，则致

---

[1]　（汉）孔安国传，（唐）孔颖达疏《尚书正义》，第 382 页。

[2]　刘起釪：《尚书校释译论》，中华书局，2005，第 3 册，第 1194 页。

国乱"的观念，与周人"民之所欲，天必从之"（《左传》《国语》引《尚书·泰誓》）的信念做一比较，不难发现二者的差别甚至是对立。晁福林先生说，"箕子献'洪范'九畴，着力提倡王权，事实上并未脱开商人观念的影响，是商人整体意识形态的反映。""箕子所献九畴大法的核心是要武王成为作威、作福、玉食之君王，这一主张是为专制王权张目"，"与此后周人'敬天保民'之民本观念相迥异"[①] 是符合事实的。

当然这样讲，并不意味着殷人没有保民、养民的观念，任何国家都是由君与民共同组成的，所谓"民主"首先是民之主，没有民也就无所谓主。虽然古代的"民主"说一开始主要关注的是做民之主，是君对民的统治、管理，以及民对君的依附、服从，但随着对民之地位和作用的认识，就不能不涉及为民做主以及保民、养民的内容。《商书》中有"施实德于民"（《盘庚上》），"古我前后，罔不惟民之承保"（《盘庚中》）。前后，先王也。承，读为"拯"。我们的先王，无不是想着拯救和保护民众的。但如学者所言，这只是统治者重民、爱民的一些说法，并没有达到"以民为本"的地步。[②] 其在殷人的思想中只居于从属的地位，殷人的"民主"说主要是"敬（儆）民"，强调祭祀、刑罚的作用，突出的是教民、治民。

与殷人不同，周人的"民主"说一是突出德，二是重视民，而不论是德，还是民，都为天所喜好和关注，故敬德保民方可得天命，为"民主"。《左传·僖公五年》引《周书》曰："'皇天无亲，惟德是辅。'又曰：'黍稷非馨，明德惟馨。'又曰：'民不易物（注：改变祭品），惟德繄（注：是）物。'"上天公正、无私，对所有族群一视同仁，并根据他们的德来选择"民主"。上天喜欢的不是黍稷的芳香，而是美德的芳香。民众奉献的祭品没有差别，只有美德才是真正的祭品，才能获得上天的青睐和欣赏。"肆惟王其疾敬德。王其德之用，祈天永命。"（《尚书·召诰》）故王要赶紧恭敬行德，只有恭敬行德才能获得长久的天命。那么什么是德呢？李泽厚先生说："'德'似乎是一套行为，但不是一般意义上的行为，主要

---

① 晁福林：《说彝伦——殷周之际社会秩序的重构》，《历史研究》2009 年第 4 期。又见晁福林《天命与彝伦——先秦社会思想探研》，北京师范大学出版社，2012，第 178、177 页。
② 晁福林：《从"民本"到"君本"——试论先秦时期专制王权观念的形成》，《中国史研究》2013 年第 4 期。

是以氏族部落首领为表率的祭祀、出征等重大政治行为。"① 需要补充的是，对于周人来说，德首先是天子、国君施民恩惠、恩泽的行为。"天亦哀于四方民，其眷（注：顾）命用懋（注：勤勉），王其疾敬德"（《尚书·召诰》）。伪孔注："民哀呼天，天亦哀之，其顾视天下有德者，命用勉敬者为民主。"只有勤勉为民者才算是有德，才能获得上天的眷顾，从而获得天命。同样，获得天命之后，也要以德来和悦民众，延续天命。"皇天既付中国民，越（注：与）厥疆土于先王，肆王惟德用，和怿先后迷民，用怿（注：读为'致'，尽）先王受命。"（《梓材》）上天既然把中国、民众和土地交付给先王，今王就应当施行德政，使先后受到迷惑的顽民心悦诚服，以完成先王所受的天命。可谓得天命以德，守天命亦以德，而德就是勤勉为民，德与民是相通的。前文说过，殷人认为"从民所欲，则致国乱"，周人则提出"民之所欲，天必从之"，这是对民之态度的一大转变。"民之所欲"两句出于《尚书·泰誓》，《泰誓》不见于伏生所传今文《尚书》二十八篇，汉武帝时，河内女子发老屋得《泰誓》，献之朝廷，故刘歆称"《泰誓》后得"，此篇后失传，今本《泰誓》乃东晋梅赜所献的伪古文。不过《左传·襄公三十一年》、《国语·周语中》、《郑语》引《尚书·泰誓》均有这两句，故应当可信。考虑到《泰誓》乃武王伐纣的誓词，周人此论可能有鼓动、宣传的考虑，但其突出民的地位和作用，对当时及以后的影响则是巨大的。诚如王国维所言："《尚书》言治之意者，则惟言庶民。《康诰》以下九篇，周之经纶天下之道胥在焉，其书皆以民为言。"②

　　与殷人相比，周人的"民主"说更强调保民、养民，在治民、教民上也提倡"明德慎罚"。"惟乃丕显考文王，克明德慎罚，不敢侮鳏寡，庸庸、祗祗、威威、显民。"（《康诰》）伟大英明的父亲文王能够崇尚德教而谨慎地使用刑罚，不敢欺侮无依靠的人，任用应当任用的人，尊敬应当尊敬的人，惩罚应当惩罚的人，并让民众了解这些。"王启监，厥乱为民。曰无胥戕，无胥虐，至于敬（注：鳏）寡，至于属妇，合由以容。"（《梓材》）周王封建诸侯，是为了治理民众。王说不要互相残害，不要互相虐

---

① 李泽厚：《中国古代思想史论》，人民出版社，1987，第 86 页。
② 王国维：《殷周制度论》，载《观堂集林》，彭林整理，河北教育出版社，2001，第 242 页。

待，对于那些鳏夫寡妇，对于那些低贱的妻妾，都要给予教导和宽宥。当然这并不是说，周人完全否定和排斥刑罚，慎罚并不是不要刑罚，相反如学者所指出的，西周政治理念之主流就是"软硬兼施""宽猛并济"，"德""刑"是维系政治秩序两种不同的方式，形成所谓"德、刑二元主义"。① 所以周人的"民主"说同样包括了保民、养民与治民、教民两个方面，既强调要为民做主，也重视为民之主，只不过由于周人突出了民与德，主张明德慎罚，其"民主"说较之殷人，更强调保民、养民和为民做主一面而已。有学者称："三代国家皆以民本主义作为统治的基础，天命则是服务于这个基础的意识形态，大凡优秀的、明智的君主皆善于将此二者统一起来，只有那些庸劣的君主才忘却根本。"② 如果将这里的"民本"改为"民主"，这段论述依然是可以成立的。构成三代统治基础的并非民本而是"民主"，只不过这一"民主"说并非静止不变的，而是呈现出由重治民、教民到重保民、养民的变化而已。

二

作为夏、商、周主导的意识形态和宗教信仰，"民主"说实际是一种君权神授的思想，是服务于王权统治，是为其合法性提供理论根据的。但三代的"民主"说，从一开始就包含重民、保民的因素，并呈现出从强调做民之主到重视为民做主的变化。不过，周人虽然在对民的态度和认识上，较之以往有了根本性的变化，并提出了"敬德保民"的政治主张，以及"天视自我民视，天听自我民听"这样熠熠生辉的思想命题，但这些具有鲜明民本色彩的主张和命题仍主要是从属于"民主"说的，是后者的有机组成部分。因为周人的天命信仰，所关注的仍主要是政权的授予与得失，是一种政治神学，"敬德保民"是为了配享天命，是为了"以小民受天永命"（《尚书·召公》），某种意义上也可以说，"用康保民"（《康诰》）、为民做主是手段，"宅天命"、做民之主才是目的。因此准确的表达

---

① 郑开：《德礼之间——前诸子时期的思想史》，三联书店，2009，第 165 页。
② 常金仓：《中国古代国家产生的形式及影响》，见氏著《二十世纪古史研究反思录》，中国社会科学出版社，2005，第 230 页。

或许应该是，周人具有了民本的萌芽和观念，但还不具有完整、独立的民本学说。周人的政治理念依然是"民主"说，而"民主"从根本上讲是君本，周人的民本的价值理念与君本的实际追求混杂在一起，共同构成"民主"说的基本内容。到了春秋时期，随着国人地位的提高，并在政治领域开始发挥一定的影响和作用，民本思想得到进一步发展。《左传·桓公六年》记随大夫季梁曰：

> 夫民，神之主也，是以圣王先成民而后致力于神。

"夫民，神之主也"是"夫君，神之主"的反命题。由于古代政治的合法性来自天命、神意，掌握了祭祀权，垄断了与神圣天意的沟通，也就掌握了现实的统治权，故"夫君，神之主"是以天命、神意的形式肯定了君本。而季梁"夫民，神之主"的命题则扭转了传统的认识，认为民才是真正的主祭祀者，不是国君提供的祭品，而是"民力之普存""民和年丰""皆有嘉德"，也就是民众的福祉、德行才会得到神的降福，所以要"先成民而后致力于神"，"于是乎民和而神降之福"。若"民各有心"，则"鬼神乏主"，"乏主"即乏主祭祀者，故是以天命、神意的形式肯定了民本。又《左传·文公十三年》记邾文公就迁都于绎一事进行占卜，结果出现"利于民而不利于君"的情况，邾子曰：

> 苟利于民，孤之利也。天生民而树之君，以利之也。民既利矣，孤必与焉。

当时邾文公已在位五十一年，年事已高，经不起迁都之劳。故左右曰："命可长也，君何弗为？"如不迁都寿命还可延长，为何不这样做呢？邾子曰："命在养民。死之短长，时也。民苟利矣，迁也，吉莫如之！""命在养民"指国君的使命在于养民，命是使命之命，指天之所命。至于寿命的短长，只可说是时运了。"遂迁于绎。五月，邾文公卒"（《左传·文公十三年》）。当国君的利益与民众的利益发生冲突时，邾文公依然选择了后者，认为国君的利益是从属于民众利益的，民众既然得利，君主自然也有利，这当然是一种民本思想。邾文公之所以提出这样的思想，显然与"天生民而树之君，以利之也"的信念有关，这一信念来自《孟子》所引的"天降下民，作之君，作之师，惟曰其助上帝宠之"，是对周人保民、养民说的进一步继承和发展。不过春秋时期，虽然民本思想得到一定发展，但在现实中依然是以君为本，故当时更多的思想家是试图将民本与君本协调、统一。《左传·襄公十四年》记师旷对晋悼公说：

> 天生民而立之君，使司牧之，勿使失性。

师旷认为"天生民而立之君"，职责是"司牧之"，不同于邾文公的"以利之"，所强调的是教民、治民，而不是保民、养民，主要继承的是殷人的思想，是对后者的进一步发展。如果说邾文公从《孟子》所引的"助上帝宠之"发展出民本思想的话，那么师旷则用殷人的治民说完善了君本说，提出"夫君，神之主而民之望也"（《左传·襄公十四年》）的主张和命题。不过师旷生活于民本思想得到发展的春秋时代，不能不受其影响，不能不考虑约束君权的问题，这样他又试图立足于民本来限制君本。

> 天之爱民甚矣，岂其使一人肆于民上，以从其淫，而弃天地之性？必不然矣。

"天之爱民甚矣"，近于孟子所引的"助上帝宠之"，是对后者的进一步发展。天宠爱民众，所以就不会允许国君一人肆虐于民众之上，放纵其淫欲。这不同于师旷前文的君本思想，而具有鲜明的民本色彩，所突出的是保民、养民，而不是教民、治民。在同一段话中，师旷将"天生民而立之君，使司牧之"和"天之爱民甚矣"两个分别具有君本、民本倾向的命题联系在一起，反映了其思想调和、折中的特点。所以他一方面主张，"良君将赏善而刑淫，养民如子，盖之如天，容之如地。民奉其君，爱之如父母，仰之如日月，敬之如神明，畏之如雷霆"，认为民众应该热爱、敬畏君；另一方面又提出，"有君而为之贰，使师保之，勿使过度"（《左传·襄公十四年》），甚至认为对于无道的国君可以流放。这说明春秋时期的民本思想虽然有所发展，并与君本思想对立，但思想界的情况是复杂的，有人试图从民本突破君本，也有人试图调和民本与君本。后一种情况不仅存在于师旷这里，在一些儒家学者的思想中也有所反映。如子思主张"恒称其君之恶者，可谓忠臣矣"（《郭店竹简·鲁穆公问子思》），具有鲜明的民本色彩，但他同时又宣称：

> 子曰：民以君为心，君以民为体。心庄则体舒，心肃则容敬。心好之，身必安之；君好之，民必欲之。心以体全，亦以体伤，君以民存，亦以民亡。（《礼记·缁衣》）

如果以人为喻的话，君好比是心，民好比是身。心是身的统帅，身体要听命于心，故民要听命于君，这是典型的君本思想。当然，心不能脱离身体而存在，君也因民而存亡，这又具有调和的色彩。之所以出现这种情况，主要是因为民本是孕育于"民主"说之中，是从后者发展出来的，故往往与君本纠缠在一起。很多人是在治道而不是政道上谈论民本，是在君本的前提下倡导民本，民本无法上升为国家最高的价值、政治原则，即使有一些闪光的民本思想和举措，也无法突破现实中的以君为本。这样实际上是二本，政道上是君本，治道上是民本，而无法真正做到一本——以民为本。要想突破"民主"的束缚，真正做到以民为本，就需要从权力私有走向权力公有，从"君权神授"走向"君权民授"。战国时的儒者某种程度上已认识到这一点，《礼记·礼运》云：

> 大道之行也，天下为公，选贤与能，讲信修睦……是谓大同。

"天下为公"，即"天下非一人之天下也，天下之天下也"（《吕氏春秋·孟春纪·贵公》）。"立天子以为天下，非立天下以为天子也。"（《慎子·威德》）指权力公有。而要实现权力公有，就需要"选贤与能"，把最有才能的人选拔出来，替民众管理天下，此乃理想之大同之世。大同社会虽有君、有民，但其关系不同于权力私有的小康之世。《礼运》云：

> 君者所明也，非明人者也。君者所养也，非养人者也。君者所事
> 也，非事人者也。故君明人则有过，养人则不足，事人则失位。故百
> 姓则君以自治也，养君以自安也，事君以自显也。

明，动词，教导、明白之意。国君是需要被教导、明白的，而不是去教导，使别人明白的。不是国君教导民众，而是国君需要听取民众的意见和臣下的教导，这与"民主"说强调国君对民众的教化显然有所不同。同样，国君是被民众养活的，而不是国君养活了民众，这与师旷所言国君"养民如子""民奉其君""敬之如神明，畏之如雷霆"也有根本的不同。凡主张君本者，无不以为是国君养活了民众；而主张民本者，则认为是民众养活了国君。君养活民，还是民养活君，是区分君本与民本的一个重要标准。国君的身份不同于民众，是专门的管理者，是政治领袖，因此民众应该服从、侍奉君，而不应让君服从、侍奉民，这是从治道上讲，指管理上的统属关系，而不是政道上的国之根本。君、民的这种关系决定了，如果国君去教导民众，就会产生过错；去养活民众，就会财物不足；去服从民众，就会失去君位。而民众效法国君，是为了达到自治；奉养国君，是为了生活安定；侍奉国君，是为了自己显贵。可见，民为主而君为客，民虽然奉养、侍奉君，但不是君的奴隶、臣仆，国君应虚心纳谏，听从民众的意见、建议。笔者曾经考证，战国时期曾出现一个宣扬禅让的社会思潮，并发生燕王哙让国的政治事件，《礼运》篇就是在这一背景下创作完成的，[①] 其对君、民关系的独特理解，显然与"天下为公"的政治理念是密切相关的。

《礼运》之后，孟子、荀子两位大儒均接受"天下为公"的政治理念，但在对民本与君本关系的理解上又有所偏重。孟子曾以尧舜禅让为例，说明天下非天子的私有物，而是属于天下民众的。其理由是"天子能荐人于天，不能使天与之天下"，最高权力是在天手里，给谁不给谁应由天说了算，而不能由天子私自决定。但"天不言，以行与事示之而已矣"，天是根据人们的行为和事件表示天命授予的。当初尧让舜"主祭而百神享之，

---

① 参见梁涛《郭店竹简与思孟学派》，中国人民大学出版社，2008，第158~183页。

是天受之；使之主事而事治，百姓安之，是民受之也"，所以舜之得天下可以说是：

> 天与之，人与之。故曰："天子不能以天下与人。"（《孟子·万章上》）

舜的天子之位既来自天，也是民众的授予。而在孟子这里，天是形式，民众的意志、意愿才是最高目的。孟子认为"天子不能以天下与人"，而应经过天与民众的认可，"这种区分的内在含义，在于肯定天下非天子个人的天下，而是天下之人或天下之民的天下"。[①] 故在孟子看来，天子不过是受"天"与"民"委托的管理者，只具有管理、行政权，而不具有对天下的所有权。正是在这个意义上，孟子提出"民为贵，社稷次之，君为轻"（《尽心下》）。"民为贵"不仅是价值原则，也是政治原则，不仅认为民众的生命、财产与君主、社稷相比，更为贵重、重要，同时也强调，国君的职责、义务在于保护民众的生命、财产，否则便不具有合法性，可以"革命""易位"。

不过在经历了燕王哙让国失败之后，孟子对"选贤与能"、实行禅让持保留态度，认为"唐、虞禅，夏后、殷、周继，其义一也"（《万章上》），表明他不再看重禅让与世袭的差别，不再强调对于天子、国君选贤与能的必要。在《礼运》那里，被认为存在根本差别且分别属于"大同""小康"的政治原则，却被孟子说成"其义一也"，这不能不说是一种退步。本来"天下为公""选贤与能""以民为本"是三位一体，相辅相成的。"天下为公"是政治原则，"选贤与能"是制度设计，"以民为本"是价值目的。只有选贤与能、实行禅让，才能保证天下为公、权力公有，只有天下为公、权力公有，民贵君轻、以民为本才能得到落实和实现。由于孟子不再坚持选贤与能、实行禅让，天子即位之后，除非残暴"若桀、纣者"，否则也不会被轻易废弃。而一般的人想要成为天子，"德必若舜、禹，而又有天子荐之者"（《万章上》），才可以实现。这样权力公有就成

---

① 杨国荣：《儒家政治哲学的多重面向——以孟子为中心的思考》，《浙江学刊》2005年第5期。

为空洞的口号而无法落实，民贵君轻也成为道德说辞而失去现实的意义。孟子放弃禅让是在特定历史背景下的抉择，是种无奈甚至必然，但对其民本思想则产生了消极的影响，使其无法突破君本的束缚和限制。孟子的思想或许可以概括为政道上的民本，治道上的君本，至于政道与治道如何统一，则是其没有解决的问题。

如果说孟子主要继承了周人"民主"说中的保民、养民说，以及春秋时期的民本思想而向前做进一步发展的话，那么荀子则更多地吸收了古代"民主"说中的治民、教民说，同时与保民、养民说相调和。以往学者认为，荀子也有民本思想，主要根据是《荀子·大略》：

> 天之生民，非为君也；天之立君，以为民也。

这是以天命的形式肯定生民不是为君，而立君则是为了民，确有民本的性质。但仔细分析又不难发现，荀子对"以为民也"并没有做具体规定，上天设立国君，究竟如何为民？是教之、治之，还是保之、养之？并没有详细说明。如果上天设立国君，其目的是宠爱或者有利于民，那么国君的职责就在于关注和保护民众的利益，这往往具有民本的性质。相反，如果上天设立国君，其目的是治理民，甚至是民众的过错，那么国君的职责就在于建构与维护政治秩序，这又具有君本的倾向。从荀子的一些论述来看，其所谓"以为民也"，实际包括了治民与养民两个方面。在荀子看来，君之为民，首先是制定礼义，确立法度，使民众摆脱"偏险悖乱"的困境，以达到"正理平治"的目的。"人生而有欲，欲而不得则不能无求，求而无度量分界则不能不争，争则乱，乱则穷。先王恶其乱也，故制礼义以分之，以养人之欲，给人之求。"（《荀子·礼论》）先王制定礼义是为了治理民众，消除混乱，最终的结果则是"养人之欲，给人之求"，"故礼者，养也"（《荀子·礼论》）。所以治民与养民是统一的，只有治民，才能养民；只有建立起礼义秩序，才能保障民众的生命财产和物质利益。"人之生，不能无群，群而无分则争，争则乱，乱则穷矣。故无分者，人之大害也；有分者，天下之本利也。而人君者，所以管分之枢要也。"（《富国》）礼义、名分才是天下最大的利益，国君则是制定和管理名分的关键所在。"今当试

（注：尝试）去君上之势，无礼义之化，去法正之治，无刑罚之禁，倚而观天下民人之相与也。若是，则夫强者害弱而夺之，众者暴寡而哗之，天下之悖乱而相亡不待顷矣。"（《性恶》）一旦没有了国君、礼义，社会就会陷入"强者害弱""众者暴寡"的混乱局面，故"夫先王之道，仁义之统……彼固天下之大虑也，将为天下生民之属长虑顾后而保万世也"（《荣辱》）。先王制定的仁义礼法才是对民众的最大关切和照顾。故荀子的"天之立君，以为民也"实际是指治民以养民，它虽然具有民本的性质，但也强化了君主的地位和权力。与孟子不同的是，荀子并不强调君主的权力需要经过民众的授予，这就使其权力公有的观念大打折扣。与孟子相同的是，在经历了燕王哙让国失败后，荀子对禅让同样持否定态度，"'尧、舜擅让'，是虚言也，是浅者之传，陋者之说也""擅让恶用矣哉？"（《正论》）这样就使权力公有的观念失去了制度保障。所谓"以为民也"，主要是一种道德的职责和说教，至于如何为民，则取决于君主的抉择和判断。这样荀子思想中又存在明显属于君本的内容，"君者何也？曰：能群也。能群也者何也？曰：善生养人者也，善班治人者也，善显设人者也，善藩饰人者也"（《君道》）。君不仅能治理人，还能抚养人，更能重用人、文饰以区别人，"故美之者，是美天下之本也；安之者，是安天下之本也；贵之者，是贵天下之本也"（《富国》）。这是明确肯定君乃天下之本，属于典型的君本说。有学者称，荀子"天之生民，非为君也；天之立君，以为民也"的命题，"上通孟子'民贵君轻'之义，下接梨洲'君客民主'之论，仅此一语，荀子已可堂堂在儒门中占据一席崇高之地位"。① 这显然夸大了该命题的积极意义，忽略了其内涵的特殊性和复杂性。前文说过，"天下为公""选贤与能""以民为本"三者相互联系，彼此影响。荀子既然对于前两项或有所保留，或根本放弃，作为第三项的"以民为本"自然也大打折扣，笼统将荀子思想概括为民本，是不恰当也是不准确的。

在荀子看来，君与民更像是车与马、舟与水的关系。"马骇舆则君子不安舆，庶人骇政则君子不安位。……《传》曰：'君者，舟也；庶人者，水也。水则载舟，水则覆舟。'此之谓也。故君人者欲安则莫若平政爱民

---

① 金耀基：《中国民本思想史》，台湾商务印书馆，1993，第83页。

矣。"(《荀子·王制》)马能拉车也能惊车,水能载舟也能覆舟,故君主若要获得平安,"莫若平政爱民"。这是在治道、君本的前提下讲民本,"平政爱民"是手段,"君人者欲安"则是目的。故一方面,"君者,仪也;民者,景也,仪正而景正。君者,槃也;民者,水也,槃圆而水圆。"(《荀子·君道》)。君是本,民是末,君影响、制约着民。另一方面,"人主欲强固安乐,则莫若反之民;欲附下一民,则莫若反之政;欲修政美国,则莫若求其人"(《荀子·君道》)。君主要获得安定,就要反过来爱护民众。最能反映荀子君民思想的,应是下面的文字:

> 君者,民之原也,原清则流清,原浊则流浊。故有社稷者而不能爱民,不能利民,而求民之亲爱己,不可得也。民不亲不爱,而求其为己用,为己死,不可得也。(《荀子·君道》)

君是源,民是流,君的治理、教化决定了民的表现。君若能爱民、利民,民则能为君所用;相反,若对民不亲不爱,而求其为己所用,则完全不可能。荀子的君民思想,似可概括为政道上的君本、民本混合,治道上地地道道的君本,实际是对古代"民主"说中教民、治民说与保民、养民说的折中与调和,但同时又做了进一步发展。

三

综上所论,三代的主流意识形态乃"民主"说,包含了做民之主和为民做主两个方面,并呈现出从强调教民、治民到重视保民、养民的变化。春秋以降,"民主"思想的发展演变实际存在三条思想线索:一是突出古代"民主"说中蕴含的民本思想,由"民主"而民本,以春秋时期的邾文公、战国时期的《礼运》、孟子为代表,并经明末清初黄宗羲,下接近代的民主(Democracy),构成了"民主"—民本—民主的思想线索。由于一部近代思想史就是从"民主"到民主(Democracy)的历史,此线索乃中国近代政治思想的主线,也最具有思想和理论价值。需要说明的是,民本与民主虽然有古今的差异,但中国古代哲人关于民之地位、作用的思考,实际已经触及或接近民主思想，传统民本中的权力公有、选贤与能和以民为本三大理念若真正得以实现，民本就可能完成向民主的转化，而要完成这一转化，就需承认民众有基本的政治权利和自治能力。从这一点看，民本与民主虽有差别，但在精神上是相通的，其对近代国人接受西方民主观念也起到了积极的推动作用。诚如梁启超所言："要之我国有力之政治思想，乃欲在君主统治之下，行民本主义精神。此理想虽不能完全实现，然影响于国民意识者既已至深。故虽累经专制摧残，而精神不能磨灭。欧美人睹中华民国猝然成立，辄疑为无源之水，非知言也。"① 第二条线索是将"民主"说中的君本、民本相融合，既强调做民之主，又要求为民做主；既肯定君主治民、教民的合理性，又要求其保民、养民，照顾到民众的利益。这条路线以春秋的师旷、战国的荀子为代表，秦汉以后更是大行天下，成为两千年帝制的主导思想。如汉代贾谊称："夫民者，唯君者有之。"（《新书·大政上》）这是从政道上肯定君本。但他同时又说："故夫民者，至贱而不可简（注：轻视）也，至愚而不可欺也。故自古至于今，与民为仇者，有迟有速，而民必胜之。"（《新书·大政上》）这是从治道上强调必须以民为本。民虽然低贱、愚笨，但其人数众多，不可战胜，所以就必须以民为本。"国以为本，君以为本，吏以为本。故国以民为安危，君以民为威侮，吏以民为贵贱，此之谓民无不为本也。""夫民者，万世之本也，不可欺。"（《新书·大政上》）这样君本与民本交融在一起，虽然实际是以君为本，但要长治久安，又必须以民为本。徐复观先生说："在中国过去，政治中存有一个基本的矛盾问题，政治的理念，民才是主体，而政治的现实，君才是主体，这种二重的主体性，便是无可调和的对立，对立的程度的大小，即形成历史上的治乱兴衰。"② 与这种二重主体性相应，在秦汉以后的帝制社会中，实际产生影响的便是源自荀子的调和君本与民本的思想。谭嗣同称："两千年来之学，荀学也。"③ 未必准确，但若是指君民关系的话，仍是可以成立的。第三条线索则是继承"民主"说中的君本说，发展为尊君卑臣、崇君弱民的思想，所谓"天主圣明，臣罪当

① 梁启超：《先秦政治思想史》，东方出版社，1996，第5页。
② 徐复观：《学术与政治之间》，台湾学生书局，1985，第104页。
③ 谭嗣同：《仁学：谭嗣同集》，辽宁人民出版社，1994，第70页。

诛",其在法家思想以及后世的政治实践中连续不断，发挥着作用。以上三条线索中，第一种思想最有价值，属于古代民本思想的精华，并对理解、吸收近代的民主观念起到接引的作用；第二种思想在传统社会中影响最大，是帝制时代的统治思想，虽然也披着民本的外衣，实际却是民本与君本的混合，是君本前提下的民本。第三种思想是赤裸裸的君本，虽然是一个暗流，但被历史上的独夫民贼信奉，成为其压迫、摧残民众的理论依据。以上三种思想都源自古代"民主"说，是从后者发展分化出来的，"民主"说才是古代政治思想的母题，搞清"民主"说的具体内涵和发展演变，才能对中国古代政治思想做出全面、准确的把握，中国古代政治思想研究需要从民本范式转向"民主"范式。

造物模型与权力的超验根据

——洛克政治权力论建构基础探赜

惠贤哲　傅永军[*]

摘　要：对于洛克政治权力理论的建构基础问题，学术界存在不同的观点，部分学者认为洛克的政治权力理论可独立于神意基础，纯然依赖理性建构而成，还有学者强调洛克理论中的神学要素，将神学命题当作其政治理论的前提。本文试图从两个层面对此问题进行阐释：一是单纯以理性为根基诠证洛克的政治权力理论，会遭遇论证逻辑自洽性难以满足之难题；二是这个难题只有通过在理性诠证之外诉诸神学叙述才能得到解决，这说明洛克对自己的政治权力理论的阐释并没有切除神意基础而纯然依赖于理性。职是之故，笔者尝试重构洛克政治理论中的神意基础，匡正前见，却行求前，开放诠释，丰富认知。

关键词：政治权力　神意　自然法　理性

引　言

在《政府论》中，洛克致力于追寻政治权力的"起源、范围和目的"，可以确认的是，政治权力正当性的来源与衡量的标准是理解洛克政治哲学的关键所在。在《政府论》上篇解释其政治权力理论的缘起时，洛克对费

---

[*] 惠贤哲，澳门大学人文学院哲学与宗教学系博士研究生；傅永军，山东大学中国诠释学研究中心暨哲学与社会发展学院教授。

尔默的反驳主要是在诠释《圣经》文本的神学语境中完成的，而在《政府论》下篇中，洛克则转向一种以自然状态和自然法为主的世俗话语方式来证成政治权力理论，双重语境的出现致使学术界对其政治权力理论的建构基础一直存在争论，主要存在两种对立的观点。

施特劳斯及其追随者认为洛克脱离了上篇中的神意维度，将政治权力理论的建构置于理性基础之上。[①] 这一观点的主要思路是认为政治权力的建构逻辑单纯凭借理性能够得到自洽性说明，并将《政府论》上、下篇看成断裂式、孤立的两个文本，将洛克视为一个纯然的理性主义者，弱化甚至是否认神意基础在洛克政治理论中的作用，根据此观点，脱离神学前提的阐释导向了将洛克政治权力理论趋同于霍布斯的政治理论的结论。

与之相对，如果不将上、下两篇看作孤立的两个文本，而是将其视为具有内在逻辑关联，那么必然要对上篇中所凸显的神学维度进行分析与考察，由此也导致了对洛克政治权力理论阐释的第二条可能路径，即将神学命题当作洛克政治权力理论的核心。以邓恩为代表，部分学者认为洛克在下篇中所使用的那些关键概念均不能脱离神学语境，如自由、平等与自然法等，洛克在下篇中所给出的论证仍未脱离神学语境，政治权力的使用不能超过上帝的目的。[②] 根据此种看法，《政府论》下篇中所呈现的整个政治结构都离不开基督教的假设，洛克的政治理论与神意基础密不可分。

两种解释路径代表着理解洛克政治哲学思想的不同向度，而从文本上看，两种观点都得到了一定的支持。那么，洛克究竟是一个"隐秘的霍布斯主义者"还是虔诚的神学政治家？这是洛克研究界中争论不休的问题。本文首先试图厘清洛克的政治权力理论及其建构逻辑，对于其建构过程中所使用的的关键概念做一些澄清性的工作；其次，表明以理性作为洛克政治权力理论的建构基础的两种解释路径，以及这两种路径共

①　施特劳斯的观点参见〔美〕列奥·施特劳斯《自然权利与历史》，彭刚译，三联书店，2003，第 210 页。

②　John Dunn, *The Political Thought of John Locke*, Cambridge: Cambridge University Press, 1969, pp. 87-127.

同面临的理论困境；最后，指出在洛克理论中，理性诠证所遭遇的困境实则指向神意基础的出场，由此去探寻以神意为政治权力理论奠基的可能性。①

一　双重语境中的政治权力理论

在早期的《政府短论两篇》中，洛克在与基督教学会同事白格肖探讨执政官的政治权力与宗教事务的关系时，已经提出了政治权力在宗教领域管辖的正当性问题，并将执政官的权力来源最终归结于上帝为人类生活所设立的规则——自然法。② 而在《政府论》中，洛克以上篇驳论、下篇立论的方式更为系统地阐发了其政治权力理论，并完整呈现了其内涵与建构逻辑。为了便于讨论，我们从洛克对政治权力（political power）的建构过程开始说明。

洛克对于政治权力的建构开始于对那些非政治权力形式的辨明，这集中体现在与费尔默的论战之中。在《政府论》上篇中，洛克首先澄清了费尔默君权神授论的具体论证逻辑，费尔默的论证开始于"人类生而不自由"这一论断，以亚当为线索人物，他认为亚当具有多重身份：父亲、丈夫、主人和君主，并结合《圣经》文本提出论据：亚当由于为神所创造、神的赐予、夏娃对其的从属和父亲身份而享有政治权力，证明亚当对于其余人类所拥有的政治权力正是源自他的私人身份所带来的特权。洛克针对费尔默所提出的论据一一进行了反驳，他指出费尔默对于《圣经》存在着诸多误读，基于此种误读才产生了亚当及其后代享有绝对君权的错误结论。通过对《圣经》文本的重新诠释，洛克提出，亚当为上帝所创造，接受神的赋予并不能给予亚当以一种绝对的主权，作为上帝的被造物，我们

---

① 邓恩及其观点的支持者侧重于从理论背景层面对洛克的政治理论进行阐释，将洛克的政治思想限制在特定的历史语境之中，强调洛克的清教徒身份，将《政府论》理解为辉格党的政治宣传册，将政治权力看成人们履行宗教职责的工具。本文无意于从此层面进行讨论，而是试图从理论逻辑建构层面去反驳施派学者的观点，以此说明神意基础在洛克的政治理论中不可缺失，为此条解释进路提供辩护。

② 此部分观点参见 John Locke, *Locke Political Essays*, 中国政法大学出版社（英文影印本），1997, pp. 76-77。

居于平等的地位。此外，洛克认为亚当的父权仅仅是一种自然的权力，只能及于自己的子女，而不能扩大到对于他人的支配权，这与政治权力的特性并不相同，而即使将父权等同为政治权力，父权的继承难题也无法解决。至此，洛克不仅阐明了夫权、父权并非合法的政治权力，还指出《圣经》文本并不能给予亚当绝对君权的一种充分的支持，反而证成了人们的自由与平等。

在上篇澄清了非政治权力之后，洛克在下篇中转向一种理性建构式的世俗话语论证方式，通过自然法和自然权利理论来探讨政治权力概念。洛克认为作为上帝创造物的个人先于政治社会而存在于一种自然状态之中，这是一种人人平等且自由的状态。在自然状态中，自然法是自然状态起约束效力的基本准则。自然法规定人们都拥有的最基本的自然权利：财产权、自由权与生命权，同时，每个人也需要肩负自然义务：人也不应当损害他人的权利，而应当保存全人类的和平与安全。自然状态是一种和平与安全的状态，但存在不便之处，人们各自是自然法的裁判者，依据自然法所享有的保护（preservation of himself and others）与惩罚（punish）的自然权力，难免会存在对自然法的无知与偏私所导致的违法行为，人们为克服自然状态的不稳定性，更好地保护人们的权利和社会福利，依据理性的指引，转让自身基于自然法所享有的保护权及与惩罚权结成契约，建立起政治权力。在进入政治社会后，可利用共同体的力量去维护自然法的秩序，并制定和执行成文法，由此就构成了三种具体的权力形态，彼此之间相互制衡，依然受到自然法的约束。

基于上述建构逻辑，洛克概述了政治权力的真正内涵，其具体讨论段落如下：

（A）政治权力就是为了规定和保护财产而制定法律的权利，判处死刑和一切较轻处分的权利，以及使用共同体的力量来执行这些法律和保卫国家不受外来侵害的权利，而这一切都只是为了公众福利。[①]

（B）政治权力是每个人交给社会的他在自然状态中所有的权力，

---

① 〔英〕洛克：《政府论》下篇，叶启芳、瞿菊农译，商务印书馆，2009，第4页。

由社会给他设置在自身上面的统治者，附以明确的或默许的委托，即规定这种权力应用来为他们谋福利和保护他们的财产。①

首先，上述文字表明，在洛克的语境中，政治权力可以在权利的意义上去理解，即他将"power"等同于"right"，而"right"一词指向享有或拥有对某物的一项权利和道德力量，这意味着政治权力应当具有道德或正当性（legitimacy）基础，文本（B）指出，政治权力是基于每个人所转让的自然权力而形成，而自然权力是人们基于自然法所享有的正当权力，自然法构成了政治权力的规范性基础，政治权力的正当性根基在于自然法；其次，政治权力是制定和执行法律的权利，目的是保护个人财产权（property）与公共福利（public good）。②若持有权力的人自己不遵循法律，超出自己的权力范围非法行使强力，并强迫人民接受，使人们陷入战争状态，这就是所谓暴政（tyranny）。暴政一旦发生，与自然法的要求相悖，政府设立的初衷便不复存在，此时，社会拥有对于政府非法强力的反抗权（rebellion）。

从上述的建构过程可以看出，上篇对费尔默进行驳论时，洛克诉诸一种《圣经》话语的论述方式，对于政治权力概念的阐明是在神学话语的语境当中实现的，而在下篇中，洛克则转向以自然法与自然权利为主的世俗话语论证模式为政治权力理论奠基，下篇的转向是否可以解读为洛克抛弃了上篇中的神意语境，完全以一种世俗化的方式去建构政治权力理论？这为洛克政治哲学理论提供了两种不同的解读空间。传统解释更多关涉下篇中的世俗化话语论证方式，如果我们将洛克理解为一位纯然的理性主义者，是否能获取对于政治权力理论的一致性理解，理性向度的解读方式是自足的吗？要理解政治权力的意涵及双重语境，必须更为细致地考察政治权力的理性基础。

① 〔英〕洛克：《政府论》下篇，叶启芳、瞿菊农译，商务印书馆，2009，第105页。
② 此处的财产权并非指狭义的财产权，也即物质层面上的财产权，而是作为个人所有权的典型代表，拉斯莱特指出，财产权既包含非物质层面上的对象（生命、自由），也包含物质层面的对象（如土地）（参见〔英〕彼得·拉斯莱特《洛克〈政府论〉导论》，冯克利译，三联书店，2007，第115页）。

二　政治权力的理性基础

在《政府论》下篇中，洛克弱化了从《圣经》文本来阐释政治权力理论的做法，而是以理性来为政治权力理论奠定基础，对此他做过如下说明：

> 自然状态有一种为人人所应遵守的自然法对它起着支配作用；而理性，也就是自然法，教导着有意遵从理性的全人类：人们既然都是平等和独立的，任何人都不得侵害他人的生命、健康、自由或财产；①
>
> 人的自由和依照他自己的意志来行动的自由，是以他具有理性为基础的，理性能教导他了解他用以支配自己行动的法律，并使他知道他对自己的自由的意志听从到什么程度。②

由引文可以清晰看出，自然法，与理性相一致，在自然状态下规定着人们的权利与义务，约束着人们的行为。这为以理性视角来解读洛克的政治权力理论提供了直接的文本支持。当然，为了证立这种观点，澄清理性与政治权力的关系，还需对洛克所使用的"理性"（reason）概念进行探究。

关于理性，洛克有以下三种不同的用法：（1）推理官能（discursive faculty），指形成思路的和演绎证据的一种理智官能，是人心灵上的一种官能和我们的组成部分。③（2）正当理性（right reason），指"某些明确的行动原则，从中产生了所有德性和适宜的道德塑造所需的一切。正确源于这些原则的东西被恰当地看成合乎正当理性的"。④（3）自我保全的欲望

---

① 〔英〕洛克：《政府论》下篇，叶启芳、瞿菊农译，商务印书馆，1996，第6页。

② 〔英〕洛克：《政府论》下篇，叶启芳、瞿菊农译，商务印书馆，1996，第39页。

③ 洛克指出，所谓"理性"（reason）主要有四种意义：正确而明白的原则；由这些原则所推出的清楚的演绎；指原因，尤其是最后的原因；指的是人区别于畜类的一种推理能力。洛克指明自己是在第四个意义上界定理性（参见〔英〕洛克《人类理解论》，关文运译，商务印书馆，2012，第717~741页）。

④ John Locke, *Locke Political Essays*, 中国政法大学出版社（英文影印本），1997，p.82。

（a strong desire of self-preservation）①，即按照自我保全的自然趋向行事。由于洛克在其文本中往往会从不同层次上使用理性这个概念，这就为后续研究者根据自己的需要和喜好采信某一种用法提供了方便之门，其结果直接导致在权力与理性关系上衍生出了两条不同的解读路径。

第一条解读路径以施特劳斯等学者为代表。施特劳斯认为，洛克虽然指出了可通过自然之光来认识自然法，但对于自然法的内容却未过多提及，这是因为自然法和《新约》法之间存在一种紧张关系，以致自然法并不能够建立于《圣经》文本之上，故此，洛克本不能够承认严格意义上的自然法。施特劳斯继而指出，洛克实则与传统自然法学说相决裂，走向了霍布斯所引导的道路，唯其如此，我们才能理解洛克的政治理论。② 施特劳斯将洛克视作政治享乐主义者，认为洛克的自然法是不依赖于神意的理性法，教导着人们按照自我保全的欲望行事，洛克将理性行为看作由人们"受减轻痛苦的痛苦所支配着的生活"，所谓理性所给出的实践原则实际上就是趋乐避苦、渴求幸福的自然权利取代了对他人的自然义务，此种自然权利比自然法更为根本，也无法被阻碍，而这同时意味着自然法不能成为真正的法律。一旦自我保全与保护他人发生冲突，自我保全作为人的更高诉求必然处于优先地位，自然法可归于无效，因此，自然状态必然是松散的，不受法则所约束，大部分人都不能严格遵守自然法，造成无休止的战争，此为战争状态。政治权力实质上也是为摆脱此种战争状态，通过人们结成自我保全的契约，由本然属于个人的权力派生而来的共同体的最高权力。根据施特劳斯的解读，人们在进入市民社会时，转移了所有的自然权力，因此，社会契约实际上就等于服从"主权者"（霍布斯）或"最高权

---

① 〔英〕洛克：《政府论》上篇，叶启芳、瞿菊农译，商务印书馆，1997，第48页。

② 施特劳斯在此处的主要观点为：一方面，自然法是上帝赐予的，并且必须附加上神的来世报偿与惩罚使其具有约束力；另一方面，理性无法证明有来世的存在，唯有通过启示才可以，由此，将导致自然法的可知性问题难以解决，而通过将《新约》与自然法等同来解决这一问题，依然会遇到障碍，并且洛克也从未书写一本《圣经政治学》，因此自然法并非严格意义上的法，为避免将洛克的理论视为混乱无章，最安全的做法是认为洛克是对霍布斯理论的修正。就笔者看来，施特劳斯指出洛克自然法理论中论证的缺陷是确然存在的，但因此就将其理解为自我保全的实践原则，此种观点则有待商榷（参见〔美〕列奥·施特劳斯《自然权利与历史》，彭刚译，三联书店，2003，第248~255页；施特劳斯《柏拉图式政治哲学研究》，张缨等译，华夏出版社，2012，第193页）。

力"（洛克），而为洛克所强调的反抗权实际上并非对于个人自我保全的有效保障，因为纯粹的无政府状态中，人们的自我保全依然处于持续的危险中，唯一有效的保障，就是社会要建立的能够压制其成员，拥有强制权力的利维坦。① 考克斯、戈尔德温等学者也与施特劳斯相同，强调洛克政治理论中自然状态与战争状态的不可区分性，认为政治权力实质上可被看作人基于理性考量，也就是基于自我保存欲望的驱动所形成。洛克以人性观中的欲望为起点，最终只能恢复到自我保存的起点，构成一个完整的圆圈，政治权力理论忽略了义务和保存社会等更为高尚的目的。②

与之相对的还有第二条论证路径，即不将洛克的"理性"看作霍布斯式的实现"自我保全的欲望"的工具，而是将其理解为"正当理性"（right reason）。此种解释的论证思路是强调正当理性在决定人类行动中起到关键性的作用。洛克指出，人的行动受到欲望的驱动，这并不意味着意志必然按照当下的欲望来行动，人心中还存在一种力，能够使人"悬置（suspend）对它任何欲望的执行与满足"③，来考究所欲求的对象，这个"力"就是所谓自由，即通过自己的理解力悬置、考察、比较所欲求的对象，来认肯合理的欲望和意志，从而使人追求幸福。人的真正自由在于依靠理性的判断去超越现下欲望的支配，引导人们的意志，最终规定人的行动。既然正当理性起到判断的作用，判断必然要依据一定的标准，这个标准何在呢？洛克继而指出，"取罪恶而舍德性"是明显的错误判断，判断的依据就是道德法则，也即自然法。④ 一切人都是欲望幸福的，而真正的幸福正在于遵循自然法的德性生活。在给出了人类基本行为逻辑的看法后，反观自然状态，它正是人依据理性，也即遵循自然法则生活所处的和平状态，但这样的自然状态却存在不便之处：首先，人们需要一个明确的法律，也即明确的标准去衡量彼此间的争论，虽然自然法浅显易懂，但人

① 〔美〕列奥·施特劳斯：《自然权利与历史》，彭刚译，三联书店，2003，第248~255页。
② Cox，Goldwin都曾指出自然状态和战争状态的不可区分性。参见（1）Richard H. Cox, *Locke on War and Peace*, Oxford：Clarendon Press，1960，pp. 75-76；（2）〔美〕施特劳斯、克罗波西主编《政治哲学史》，李天然等译，河北人民出版社，1993，第483页。
③ 此处洛克对于人们行动结构的勾勒（参见〔英〕洛克《人类理解论》，关文运译，商务印书馆，2012，第250页）。
④ 〔英〕洛克：《人类理解论》，关文运译，商务印书馆，2012，第271页。

们可能会因偏私和无知而在具体事务上偏离自然法；其次，自然状态中缺少公正的法官和权威来裁定分歧，每个人都充当自己案件的裁判者和执行者，可能会带来偏袒自身和漠视他人的结果；最后，人们需要公共权力去执行正义的裁决，由受害者自身施行惩罚权，惩罚行为可能会变得危险，①由此导致有过渡为战争状态的潜在可能性。政治权力正是为了避免自然状态中人们各自为政的弊端，转让自然权力而形成的。政治权力合法使用的正当理性要求不言而喻。

这里需要指出的是，尽管两种解读路径对洛克理性概念的理解不同，论证权力与理性关系的角度不同，但它们都或这样或那样地肯定了洛克政治权力理论的建构必须依靠理性。所以，进一步需要解决的问题不是它们的论证方式的差异，而是它们的论证是否满足理性论证的自足性要求？

三　纯然理性证成的乏力与不足

我们先对理性证成的第一条解释路径进行考察。施特劳斯将洛克的政治理论等同于霍布斯的理论的依据为：在洛克的"自然状态"理论中，自然法基本上是无效的，所谓的自然状态实质上为战争状态。但在笔者看来，如果采纳了施特劳斯的解读方式，将会造成洛克政治权力理论的建构逻辑不自洽，这需要进一步的论证，笔者将从文本阐释和论证逻辑两个方面对施特劳斯的观点进行反驳。

首先，从文本阐释上讲，施特劳斯对于洛克自然法的描述与洛克对于自然法的界定是相悖的。在《自然法论文集》（*Essays on Law of Nature*）第八篇论文中，洛克明确指出，自我保存或者说个人利益不能成为自然法则的根基（groundwork），他坚决反对此种建立在效用基础上的自然法。当然这并非指个人利益与自然法相对立，遵从自然法是对个人所有权的有效保障，但个人利益并不能构成自然法则的全部内容和根基，仅是人们遵从自然法的结果。洛克对自然法也给出了说明：自然法是一种具有普遍约束

---

① John Locke, *Two Treatise of Government*, Indianapolis: Hackett Publishing, 1823, pp. 159-160.

力，不可被违犯的德性法则。① 倘若自然法以自利为基础，道德和善行将不复存在，并且对于该法则的违背是不可避免的，因为自然法不可能兼顾到所有人的利益，自然法的约束力一旦解除，便会造成战争状态的出现，在此，洛克提出，如果我们为作为道德德性法则的自然法另立基础，那结果显然与那种欺骗、暴力、仇恨和谋杀状态是正好相反的。"我的正义不剥夺别人的公平，君主的自由也不会妨碍臣民的慷慨。父亲在道德上的纯洁不会腐化他的孩子，加图的适度也不会减弱西塞罗的节俭。"② 由此，洛克表明，自然法并非建立于自我保全的欲望之上的。

此外，虽然在《政府论》中，洛克已经直接指出了自然状态与战争状态的区分，而且否定了自然状态必然过渡到战争状态，但施特劳斯与考克斯都认为洛克的自然状态与战争状态两者实质上不能明确区分。施特劳斯指出，自然状态是纯粹的无政府状态，由于人的自私本性，以致大部分人都不能严格遵循公平和正义，充满了恐惧和持续不断的危险，远离和平状态，成为人们所无法忍受的战争状态。由此，我们必须重新回到文本之中去对自然状态与战争状态的论述进行考察。在"论自然状态"和"论战争状态"两节中，洛克指出了两者的区分，即自然状态是人们处在自然法支配下的状态，主要特征是安全、和平、互助与善意；洛克认为人们处于战争状态的情况是：当一个人经过深思熟虑明确宣称（a declaration of a design）将他人置于我的强力之下，此时他就是以强力而非自然法作为自己的行动准则，而此时又缺乏可以求助的裁判或尊长，由此导致人们之间出现暴力、恶意、敌对和互相杀戮的状态。当然，洛克的自然状态里同样存在违法行为，但并非等同于"一切人对一切人的战争"、永无休止的混乱和仇恨的战争状态，惩罚权与赔偿权的存在使得人们不会轻易尝试宣布自己放弃自然法则，并与所有人类为敌。③ 在此，阿什克里夫特指出，人们会违背自然法的一种情况可能是：个人出于自我保存的目的误用了（miscite）

---

① 此处自然法的观点参见〔英〕洛克等《论自然法则》，徐健选编，华东师范大学出版社，2014，第 170~174 页。

② 〔英〕洛克等：《论自然法则》，徐健选编，华东师范大学出版社，2014，第 174 页。

③ John Locke, *Two Treatise of Government*, Indianapolis: Hackett Publishing, 1823, pp. 109 - 110.

自然法，使得自己与他人产生冲突。但这也并非战争状态，因为陷入战争状态的前提是经过深思熟虑从而主动宣布放弃自然法则，与所有人为敌，而人们往往并非主动与他人产生冲突。[1] 自然状态是和平与混乱共存的状态，但是人们仍处于理性支配下的状态，不能因为违法行为的存在就将洛克的自然状态等同于霍布斯式的战争状态。

其次，从论证逻辑上讲，施特劳斯等人认为洛克的自然状态实质上正是战争状态，两者实质上是无法分离的，政治权力的形成正是为了摆脱战争状态。约尔顿对此观点表示反对，洛克从未将自然状态等同于战争状态，自然状态并不是以每个人对他人有着故意的企图为特点的。而阿什克里夫特也提出，洛克在其理论中试图表达的正是保全自我和保全人类的"所有理性行为"并不必然产生人与人之间的冲突，也不一定进入战争状态。[2] 而在洛克的理论中，政治权力形成之前，自然状态是否必然过渡到战争状态？对于此问题，笔者认为，可以考虑以下两种解答模式。

模式一 自然状态必然过渡为战争状态或者说自然状态本身就是战争状态，为摆脱战争状态，人们进入政治社会。

模式二 自然状态并不过渡到战争状态，战争状态仅仅作为一种潜在的可能性而被勾勒，目的是凸显自然状态的对立面，政治社会的成立是为了弥补自然状态的不足，维持自然法的秩序。

结合洛克对于政治社会及政府的论述，在《政府论》（下篇）第七章与第十九章中，他证成了人民反抗专制政府的合法性，即当专制政府产生时，君主与人民实质上又重新处于自然状态，因为专制君主试图将人民置于其独断的意志之下，人们当然享有自由的反抗专制统治的权利，建立新的立法机关。以此来考察两种可能的解答模式，如果按照施特劳斯的观点，也即按模式一来推论政治社会及政府的缘起，假使专制政府产生时，

---

[1] Richard Ashcraft, "Locke's State of Nature: Historical Fact or Moral Fiction?" *The American Political Science Review*, Vol. 62, No. 3 (Sep., 1968), pp. 898-915.

[2] 阿什克里夫特、施特劳斯与约尔顿的观点分别参见：Richard Ashcraft, "Locke's State of Nature: Historical Fact or Moral Fiction?" *The American Political Science Review*, Vol. 62, No. 3 (Sep., 1968), pp. 898-915；〔美〕列奥·施特劳斯《自然权利与历史》，彭刚译，三联书店，2003，第229~231页；〔英〕洛克等《论自然法则》，徐健选编，华东师范大学出版社，2014，第196页。

人们对其进行反抗，回到的将仍是作为战争状态的自然状态，但返回到战争状态是比处于专制政府之下更好的选择吗？施特劳斯指出，个人有抵抗社会或政府的权力，但这对于个人的自我保全来讲并非最有效的保障。因为纯粹无政府状态会使人处于纯粹的危险之中，也就是战争状态。对于个人权利的唯一有效的保障，就是将全部的自然权力转移给社会，社会要能够压制住其成员。当然，个人也保有革命的权利，但是通常都是蛰伏着的，此种权利并没有对个人之服从共同体和社会有什么限制。"尽管洛克进行了诸多限制，国家对他而言仍然像霍布斯一样是'巨大的利维坦'"。① 那么按照施特劳斯的解读方式来推论，能够压制住其成员的专制政府显然要比无政府的战争状态更值得选择，因为完全有理由设想一个专制君主出于自身的权力、利益努力维持社会秩序，使人民得到很好的照顾。② 笔者认为，人们的反抗权在这种解读模式中实质上并未得到有效证成，并与洛克反对专制政府的初衷有所背离。实际上，洛克表明，即使专制政府确实能够遏制暴行，让法官裁决臣民间的争论，但这不过是专制君主为了保护自身利益必然采取的行动，并不是出于维护人们所有权的目的，专制政府依然不值得被选择。③ 当处于自然状态中的人转让自然权力结成契约之时，他们让出的并非手中所有的自然权利，也就是说个人的基本自然权利仍然保留，政治权力必须基于权利的目的去行使，履行契约，一旦统治者违约，人民与统治者又重新处于自然状态中，此时，人民基于自然法拥有对于统治者的反抗权，政治权力没有绝对性。洛克提出政治权力运行机制上的分权以及人民的反抗权正是为了对政治权力施加限制，不使人们受到来自政府的压制。

若按照模式二来理解，自然状态并不过渡到战争状态，政治社会是弥补自然状态下的不便之处而形成的。洛克指出，当人们在专制政府的统治

① 〔美〕列奥·施特劳斯：《自然权利与历史》，第 231~234 页。
② 在《政府论》（下篇）第七章中，洛克对于这种情况进行了明确的反对："主人不过是出于自身的快乐、权力和利益，必须使辛苦劳作的牲畜不互相伤害或残杀，他们得到了很好的照顾，但主人这么做不是出于对它们的任何爱心，而是出于它们给自身带来的快乐与利益。"（参见 John Locke, *Two Treatise of Government*, Indianapolis: Hackett Publishing, 1823, p. 144）
③ John Locke, *Two Treatise of Government*, Indianapolis: Hackett Publishing, 1823, pp. 144-145.

之下时，实质上人们与专制君主已经就处于自然状态之中，因为他们独揽了立法权和执行权，使人民屈从于他们任意的意志下，此时社会中并没有可诉诸的裁决者存在，同时人们还失去了在自然状态下所享有的捍卫自身权利的自然权力，所以专制政府是一种比自然状态甚至是战争状态更无法忍受的状态。那么当政治社会中产生暴政时，人们对专制政府拥有反抗权，因为他们原初所处的自然状态虽然是纯粹的无政府状态，但并非处于混乱中的战争状态，相反，洛克在"论自然状态"一节中明确指出，自然状态虽有不便之处，但比专制政府更能够保证人们的自由和安全保障，因为在自然状态中，他人没有理由将我置于他任意、专断的权力之下，专制政府实质上使人们的境况恶化了，由此，理性人有充分理由去反抗专制政府，收回自然权力，重新选择政府形式。模式二更切合洛克在文本中所呈现的建构逻辑以及证成人民反抗权的目的。

　　上述论证意在表明：施特劳斯的诠释路径对于洛克理论中理性自然法和政治权力的理解存在问题，将理性解读为按自我保全的欲望行事，以此作为逻辑起点来解读洛克的政治权力理论会造成文本论述和建构逻辑上的不一致，并与洛克试图驳斥专制政治权力的原初诉求有所偏离。当然，施特劳斯的解读方式并不意味着理性解读不可行，我们还需对理性解释的第二条路径进行考察。

　　以正当理性作为洛克的自然状态和自然法理论的根基，显然更为切合洛克的文本及原初诉求，但在笔者看来，此种解释路径在建构逻辑上依然存在问题。洛克对于人类的基本行为逻辑分析中最关键的环节在于：人心中存在理性，理性的判断可以悬置现下的欲望，使其不立刻转化为行动，以做出正确的判断，达致最大的幸福。结合《人类理解论》与《政府论》中的论述，理性依据的判断标准正是自然法。此时，我们要继续追问一个重要问题：作为理解力的正当理性是否能够给出自然法诸原则？洛克的确在文本中指出理性即为自然法，[①] 如果将正当理性作为自然法的根基，能否保证自然法在自然状态下的约束力，从而为政治权力理论提供一个稳固的逻辑根基？对此，洛克在《政府论》中始终未给出清晰的说法，笔者认

---

① 参见 John Locke, *Two Treatise of Government*, Indianapolis: Hackett Publishing, 1823, p. 107。

为还需借助《自然法论文集》与《人类理解论》中的观点进行探究。

在《自然法论文集》的第一篇论文中，洛克认可自然法则的存在，指出自然法则等同于道德善好（moral virtue），并且说明正当理性能为人们指示出自然法则，自然法与理性的本质存在一致性，但他却不同意将自然法称为"理性的指令"（the dictate of reason），明确指出理性不能赋予我们法则，并非自然法则的制定者，理性仅仅是发现和解释自然法。自然法则源于一种更高权力（superior power），出自神圣意志（divine will），他已明确排除了理性作为自然法根基的可能性，而在其后第七篇论文探讨自然法的约束力时，这一观点似乎又得到缓和，洛克又将自然法的持存立足于人的本性中，自然法与人类理性之间存在一种和谐，并以道德准则类比数学知识，是可解证的。① 就此而言，洛克似乎在为自然法则奠定理性根基，并使人类理性成为道德法则起源与人们义务的自足性来源。这种尝试是否可行呢？在《人类理解论》中，洛克继续讨论数学知识和道德知识的契合性，他再次使用三角形的例证，试图指出道德知识如同数学知识一样是可以被证明的，只要人们以理性去考察和探索，就能推论出行为的规则。道德知识虽然缺乏可感的表象，比数学知识更为复杂，但依旧可被解证。但洛克最终承认，这种路径在现世中往往是不可企及的，道德真理的获得仍要依靠"天主把他自己的灯光亲手植在人们的心中"，② 洛克在《基督教的合理性》中重述了这一观点。对此，汤姆森指出，洛克从未对道德科学如何可能给出解释，仅有一些零散的评论。邓恩也指出，虽然在《人类理解论》中，洛克在尝试为道德寻找理性根基，但在理性层面上，洛克并没有完成他的自然法论证。③ 洛克试图采用数学方法去推论道德知识的路径是存疑的，他无法仅依赖理性的理解能力推演出理性自我立法与自律的实践能力。④

---

① John Locke, *Locke Political Essays*, 中国政法大学出版社（英文影印本），1997, p. 82.

② 〔英〕洛克：《人类理解论》，关文运译，商务印书馆，2012，第586页。

③ 参见 John Dunn, *The Political Thought of John Locke*, Cambridge：Cambridge University Press, 1969, p. 187；〔英〕洛克《基督教的合理性》，王爱菊译，武汉大学出版社，2006，第132~141页；〔美〕格瑞特·汤姆森《洛克》，袁银传、蔡红艳译，中华书局，2014，第101~107页。

④ 李季璇：《从义务到权利——论洛克自然法理论的转折》，《哲学研究》2017年第2期。

　　更为棘手的问题是，若以正当理性作为自然法的奠基原则，仍无法说明自然法在自然状态下的约束力，而洛克最终未能解决这一问题。在此，要对自然法的约束力（binding force）这一概念先行阐明。洛克在《自然法论文集》中指出，自然法对人的约束力体现在使人们负有自然义务的能力，并足以为每个人所知，即"履行那些取决于人们对自然理性的运用的责任，或者服从对犯罪行为所施以的刑罚"。① 自然法是依赖自身和靠内在的强力具有约束力，政治权力的约束力是基于自然法的首要约束力产生的，是间接的和借助外部的力量所具有的约束力。自然法的约束力也是普遍而永久的，自然法则命令人们去做某件事情，人们就必须表明自身服从于法则，自然法与人类同在，并对自君主至臣民都具有约束力。在此，可进一步追问：理性能否成为自然法具有此种约束力的根基所在？莱登提出反问，如果将自然法的约束力看成源于自身，那么人类本性中有什么东西自身便能赋予自然法约束力？洛克虽给出了数学知识与自然法知识的类比证明，但依然无法保证自然法必然有约束力，因为几何学论证有效的原因同道德法则具有约束力的原因不能等同。人们或许可以通过正当理性指示道德观念与人类本性相一致，可这仅能表明某种行为在道德上是必要的，但未证成人们有做出此种行为的道德义务。② 在此问题上，洛克并未给出更多论据，也未给出清晰的解释，反而始终强调上帝才是自然法的制定者及保证自然法的约束力的原因所在。笔者认为，这些问题最终会导致两个理论困境：一方面，自然法在自然状态下的约束力无法保证，那么必然会与自然状态和平安全的最初设定相矛盾，又陷入施特劳斯解读所带来的问题，即自然状态与战争状态概念的重合；另一方面，如果人们对自然法的道德义务无法证成，那么人们在政治生活中的服从也将失去根基，因为对于政治权力的服从义务正是基于自然法而形成的。

　　单纯以理性作为政治权力正当性基础的论证是不自足的，理性无法依靠自身去建立自然法，并赋予自然法以普遍而长久的约束力，因此会造成政治权力理论逻辑内部的不一致性。洛克在此部分的论证较为薄弱与模

---

① 〔英〕洛克等：《论自然法则》，徐健选编，华东师范大学出版社，2014，第157页。
② 莱登的观点参见 Von Leyden, "*Introduction*" to *Locke's Essays on the Law of Nature*, Oxford: Clarendon Press, 1954, p.59。

糊，由此导致政治权力理论的逻辑基础不稳固，但这种内在困难也揭示出洛克以源于神圣意志的自然法为出发点去诠证政治权力正当性的可能性，笔者认为，唯有将理性论证放在神学框架中去审视，弥补政治权力理论中的超验基础，才能获得对于政治权力理论更为完备的理解。

四　一种可能的思路：政治权力的超验基础

前面的论述表明，纯然依赖理性演绎和推论去考察洛克的政治权力学说，会导致洛克政治权力理论立足的自然法论证产生困境。理性维度的不自足性指向对于自然法基础的探寻，洛克在《自然法论文集》中已经指出：自然法源自神圣意志。那么，通过神意论证为政治权力进行奠基何以可能？洛克政治理论中的超验基础的解蔽是否能够有效弥合理性论证的不自足性？我们必须重新考察洛克的自然法论证，以此探究其政治权力理论的逻辑基础。

洛克指出，在自然状态中，人们自由且平等，这也是其论证的起点，而人们为何是自由与平等的？这与洛克对人在世界中地位的理解相关，这种理解建基于"造物模型"（workmanship model）的关系模式，即有一个作为造物主（maker）的上帝，人都是他的作品。在《政府论》中，洛克对此做过下述说明：

> 因为人们都是全能和无限智慧的创世主的创造物，既然都是唯一的最高主宰的仆人，奉他的命令来到这个世界，从事于他的事务，他们就是他的财产，是他的创造物，他要他们存在多久就存在多久，而不由他们彼此作主。①

从此段简短的叙述中可以看出，"造物模型"中隐含着两个基本观念：上帝存在和上帝作为创造人的造物主，当然，这两个观念需要进行论证，在《自然法论文集》与《人类理解论》中，洛克都给出了关于上帝存在及作

---

① 〔英〕洛克：《政府论》，叶启芳、瞿菊农译，商务印书馆，1996，第6页。

为造物主的基本证明。他提出"我"自身实存的这个事实是不可怀疑的，因为这种怀疑本身就可以使"我"知觉到自己的实存，怀疑活动本身的前提就在于怀疑主体——"我"的实存。凡是非永恒存在的东西，一定是由另一个东西产生出来的，并且后者的力必定大于前者的力，因此人必然是由另一个比自身更有力、更有智慧的行动者创造出来的，这个更有力更有智慧的行动者也必定是由一个比其更有力、更有智慧的行动者创造出来的，按照此逻辑推论，最终将会到达一个永恒的（eternal）、全知的（most knowing being）、全能的（most powerful）存在，他是一切事物和力的源泉，这就是作为造物主的上帝。[①] 人是上帝的作品和造物，这正是世界的基本之理。洛克以理性论证上帝存在是为了说明理性可以去解证上帝存在并创造万物的事实。当然，他也指出，虽然我们可以以理性的方式去证明上帝的存在，但理性并非可以解释一切。对于上帝的观念和存在，理性必有其不能达致之处，如果以理性来衡量一切，那就会将无限的上帝局限于有限的理性认识中。洛克指出，理性的局限为信仰留下空间，理性与信仰共同指向"上帝作为造物主"这一真理，并且这作为"所有宗教和纯正道德学的依托"，[②] 也是政治理论中最为重要的前提。

"造物模型"代表着上帝与个体间一种实质性的关系，洛克将这一基本的关系模式运用到政治生活中去为自然法奠基。上帝作为造物主，拥有对被造物的创制权（the right of creation），个人对于上帝是一种单向依存关系。上帝不仅赐予人们生命与理性，还给予人们维持生存的手段，人们的生存与劳作都依赖于上帝的意志，因此应当服从于他意志的权威，有义务遵守他所给定的限制。在《自然法论文集》中，洛克指出，上帝创造人类并非毫无目的的，而是让人们依据自身的结构与官能，也即感官经验与理性，推出职责的原理和明确的准则，也即上帝的律法，上帝为我们颁布的律法正是自然法，并且我们有明确的义务去服从上帝的律法。上帝律法的约束力来自其创制权，并且这种约束力是永久而普遍的（perpetual and

---

① 洛克对上帝存在的详细证明步骤参见 John Locke, *Locke Political Essays*, 中国政法大学出版社（英文影印本），1997, pp. 103–104；〔英〕洛克《人类理解论》，关文运译，商务印书馆，2012, 第663~675页。
② 〔英〕洛克：《人类理解论》，第618页。

universal）。正如塔利指出的，人在律法意义上隶属于（subject to）上帝的意志，并以一种与理性造物契合的方式参与到神圣秩序中去。①

在此，施特劳斯指出了一个关键问题：自然法如果不能对人们充分宣示，那么它依然对人的道德行为的义务不具有约束力。自然法作为一种神意法，在形式上的规定性和内容上的可知性间是否存在张力？人们能否凭借自身的力量去认识神意所宣示的自然法？洛克在《政府论》中未直接解释自然法的可知性问题，而在《自然法论文集》中阐释了这一问题。洛克明确反对一种天赋的自然法观念，他认为自然法并非天赋在人们心中的印记（mark），上帝意志的律令可以借助自然之光充分地宣示给所有人，自然之光正是指我们的感官经验和理性的共同作用。"我们对于上帝的服从与理性之光如此契合，从而大部分人类都能见证自然法"，② 人们借助自身的能力就可认知自然法。但在《基督教的合理性》中，洛克也指出理性也是有局限的，还需要启示作为补充，两者总是相契而非相对的，共同作用才能达到对自然法的认识。理性是自然的启示，神圣的启示是合乎理性的（reasonable），③ 洛克实质上是平衡了理性与启示之间的关系，以此来回答自然法的可知性问题。

由此，根据洛克的观点，"造物模型"观念可以从上帝和个人两个层面来理解：第一个层面是上帝存在，并且作为万物的造物主，对被造物拥有创制权；第二个层面是由于个人在生存上要依赖于上帝的意志，个人要服从上帝的权威，并且服从上帝为人类所设置的自然法则。自然法既为一种宣示上帝意志的规范法，又是一种理性的指示法，一方面，自然法源自上帝，是上帝为人类的和平与安全所设置的法则，人依赖于上帝存在，因此负有遵循上帝律法——自然法则的义务；另一方面，上帝赋予人理性的

---

① 〔英〕詹姆斯·塔利：《论财产权：约翰·洛克和他的对手》，王涛译，商务印书馆，2014，第60页。

② 〔英〕洛克等：《论自然法则》，徐健选编，华东师范大学出版社，2014，第119页。

③ 对于洛克的自然法问题，邓恩指出，虽然洛克没有指出理性与启示的不一致关系，但在《人类理解论》中试图以理性为基础的道德知识做辩护，与《基督教的合理性》中论述依然存在矛盾（参见〔英〕洛克《基督教的合理性》，王爱菊译，武汉大学出版社，2006，第132~141页；John Dunn, *The Political Thought of John Locke*, Cambridge: Cambridge University Press, 1969, pp.189-190）。

能力，正当理性正是上帝意志和道德法则的宣示者，代表"上帝之声"（the voice of God），人能够凭借上帝赋予自身的官能与理性去认识自然法，并按照自然法的要求而行动。

以"造物模型"为起点，在对自然法概念进行澄清后，以此重新考察自然状态。上帝创造了人的生命，拥有对于人生命的支配权，排除了父母或是他人对于个体的自然统治权，人的自由是在上帝法则约束下的自由，表现为对于生命和财产的支配权，就自由权而言，人们是相互平等的，互不从属。在自由、平等的自然状态下，人的理性行动正是服从以神意为基础的自然法的要求，受到自然法约束，理性与道德保证人们彼此不采取过于极端的行动，并且不以他人的生命为企图，共处于一种和平与安全的状态。为了避免自然状态中的不便之处和违法行为，人们以契约的方式将自然权力转化为政治权力，以此维持自然法秩序。在进入政治社会后，政治权力也并非无限度，其使用依然要接受来自自然法的约束和量度，政治权力的使用如果违反了自然法的要求，也就是违反了上帝的律法，那么，也必然不能被称为正当的。

以神意作为自然法的根基，法则的根基与约束力依赖神圣意志得到了说明，这符合洛克文本中对于自然状态与战争状态的区分，能够为政治权力理论提供逻辑根基，并且，也证成了政治权力的正当性与有限性。政治权力理论中神意基础的解蔽能弥补单以正当理性维度解读所带来的逻辑困境。当然，这并不意味着洛克的自然法理论是一个无矛盾的统一体，源于神圣意志的自然法理论中仍有待澄清的问题。笔者试图强调的是：唯有将神意与理性两个向度相结合，才能把握洛克政治理论的全貌。通过上述论证，可以尝试得出结论：以"造物模型"为起点的洛克政治权力理论依然要立足于神学基础。

结　语

在这篇文章中，笔者尝试对洛克政治权力理论独立于神学基础的观点进行反驳。在施特劳斯等人看来，洛克语境下的自然法，也即理性法，作为实现自我保全的欲望的手段，同时根据其在文本中的阐释，在自然状态下自然法可被归于无效，由此等同于战争状态，洛克的政治理论实质上与霍布斯趋同，可独立于神意得到自洽性说明。而笔者试图证明的是，施特劳斯等人将洛克的自然法奠基于自我保全的欲望之上有不合理之处，在文本阐释和建构逻辑层面的解读与洛克的原旨相悖。即使以正当理性作为自然法的根基，自然法的约束力依然面临着无法得到说明的理论困境。在说明以一种理性建构的方式去考察洛克的政治权力会导致对于洛克政治理论理解上产生困境后，笔者试图以"造物模型"出发再次探寻政治权力的建构基础，尝试通过解蔽神意基础摆脱理性论证的困境，从而为洛克政治权力理论的建构基础进行新的诠释提供可能。

理性、自然法与上帝：草描现代人的内心世界

——论洛克对现代个体之普遍生存维度的"发现"

尚文华*

摘 要： 如何理解现代人的出现，并进一步塑造这种现代人是现代思想的核心任务之一。相较于霍布斯只看到他的感官无限性维度，洛克对其可普遍化生存维度的"发现"和"论证"是推动思想史发展的重要力量。本文主要以洛克早期的"自然法"论文为范本，分析其何以能够论证式地"发现"隐藏在自然法中的人的可普遍化生存维度，以及这个维度是怎样进入对人的自然状态的描述，并为个体与国家在现代社会中的关系提供助力的。如何理解和领会自然法思路中的上帝意志，以及上帝意志之于理性和（洛克之后的）自由意志的意义成为最重要的思想主题。

关键词： 自然法　理性　上帝意志　普遍化维度

在霍布斯那里，我们看到他眼中的现代人肖像的一面，那便是感性欲望的无限性，他对感官中的一切都享有"权利"，以至于任由这种状况发展下去，人与人之间只能是敌对的。这种形象也很丰满地展示在莎士比亚等的作品中——它正是霍布斯式的"自然状态"所表达的。内战之后，尤其处死查理一世之后，人们意识到，哪怕诉诸上帝、以信仰之名，一味地反抗传统、一味地主张自己对一切事物的权利都是走不通的。对于见证到

* 尚文华，山东大学哲学与社会发展学院教授，山东社会科学院兼职研究员。

这些的洛克来讲，这一点体会应该是很深刻的。若要改变霍布斯式的"自然状态"，洛克需要在人的内心中找到不同于无限度的感官的另一个维度，这个维度需要把自己和自己以外的个体内在地联合起来，否则，不但政治和宗教的纷争无法解决，个人的内心也充满了冲突和对立。换言之，发现并论证个体内心中的可普遍化维度成了洛克的首要课题。但无论如何，这种可普遍化维度不能诉诸传统——这是霍布斯之于洛克等人的根本意义；也不能诉诸要由个体进行解释的信仰——这一点霍布斯也明确地表达了出来。

年轻的洛克选择了"自然法"这一题材表达他的认识和观念。由于霍布斯的影响，洛克不再诉诸任何传统中的自然法观念，也不再完全在对上帝的信仰中做出表述，相反地，他需要重建现代个体的内心世界，并在重建中，给出现代世界的基本秩序。这些体察直接进入《政府论》中，是我们理解其"个体—国家"体系的关键。

一　对霍布斯原则的批判

在霍布斯那里，前三条"自然律"（或自然法）是奠基性的。第一条自然律是自然状态下的"生存原则"，第二条推动自然状态的人走向契约，第三条则是形成国家的依据；其余的自然律则是国家建构后形成法律等规范的基础。《利维坦》出版12年后，年轻的洛克不点名地批判了霍布斯对"自然法"的理解。此时的洛克尚无力完成系统的论述，但对霍布斯的自然律，尤其第一条和第二条表达了不满，提出了自己对自然法的思考，并在这个基础上对理性和"上帝的存在"做出了定位。这些初步的思考经过改进后融入洛克后期的著述，尤其是《政府二论》。

洛克并未一开始就提出他自己的"自然状态"——这要等到36年之后，但对霍布斯的"自然状态"却提出了明确的批评。自然状态下，人拥有对一切事物的绝对权利，除非来自外在的障碍，自然状态下的人是绝对自由的，这是霍布斯的界定。但洛克一开始就拒绝了这个界定："鉴于有某种善恶原则为全人类所共知，也鉴于没有任何一个国度会如此野蛮、如此排斥一切人性的情感，以致连某种善恶观和荣辱观都没有，似乎就不得不探究以什么方式来认识那让人类以一种如此普遍同意的方式予以遵从，且使人类只要人性自身不灭就无法消除其一切情感的自然法；因为只有当一个人完全丧失本性时，才能妄称自己是绝对自由的。因此，我们认为，人类是依凭其本性而非其他途径认识了自然法。"①

通过其他各处的论述可知，所谓某种善恶原则为全人类所共知，并非指某种善恶观念是普遍的，相反地，没有任何一种善恶观念是普遍的，自然法并非铭刻在人类心中，② 而是说，只要有人类存在，都会有善恶观念。尽管不同的地方和时代善恶观念有着差别，但有善恶判断却是普遍的。与之相伴随的是，出于人性的情感，这些情感或者内在地推动了人类做出善恶判断，或者使人产生公共的荣誉意识等。换言之，只要是人，他便首先生存在群体之中，也正是这种群体性的生活，使其不得不拥有善恶观念和荣辱判断，这些善恶观念和荣辱判断意指个人本身拥有超出于自身的某种"普遍性"生存的动向——人性的情感正是这种内在生存动向的展示。③ 很难判断究竟是这些情感动向引导了人们的善恶判断和荣辱意识，还是这些善恶判断和荣辱意识塑造了情感，但无疑，设想人能够没有善恶判断和荣辱意识，没有普遍的人性情感，却是困难重重的——如果不是不可能的话。

由是观之，即使思想要抛开某个或某些传统确立全新的出发点和立足点——这是马基雅维利和霍布斯给出来的，但抛开传统并非意味着人成为霍布斯式的个体，相反地，如果成为霍布斯式的个体，那么传统可能恰恰是无法解释的。毕竟，为了生存缔约国家而形成的善恶观念和荣辱意识只是外在的、被迫的，主导这些意识的情感也只能是产生的、后天的；但事实是，一旦回到现实的传统和国家中，这些意识和情感可能恰恰是内在的、自生的。正因此，洛克说，当一个人完全丧失本性时，才能妄称自己是绝对自由的。本性，那个时代常用的"自然之光"，如果不从上帝造人的角度来看的话，它意味着出于人生存内在的、自生的东西，也正是这种

---

① 〔英〕洛克：《自然法论文集》，李季璇译，商务印书馆，2014，第 12 页。

② 〔英〕洛克：《自然法论文集》，第 22～25 页。

③ 洛克对霍布斯体系的回应正是从情感入手的，卢梭亦然。前者诉诸"仁爱"，后者诉诸"怜悯"，这些内在的情感是打开自然状态下人与人交往的动力。笔者会在下面的分析中展开这个问题。

内在自生的"自然之光"使得人成为人，传统成为传统。因此，被迫的、出于理性算计的东西恰恰不是本性、不是人之为人的东西。换言之，如果回到"自然之光"、回到本性，霍布斯式的"自然法"只是"理性法"，而非真正出于内心的、自发的自然法。

从内心的"自然之光"看，自然法不仅不是被迫的个体的理性的产物，也不是公共的所谓"理性共识"或契约的产物，即它不来源于人类的"普遍同意"。针对这一点，洛克"忧伤"而又"气愤"地批评了他正在经历的时代：

> 显然，关于"人民的呼声就是上帝的声音"这一不吉的格言是多么不可信，多么荒谬，以及随着它（近来）在民众中的广为散布产生了何其多的罪恶，带来了何其多的心灵纷争与邪恶意图，我们已有过一次极为不幸的经历（指内战、处死国王及其后果——引者注）。事实上，如果将之视为神圣法则的降临，则几乎根本无法相信神的存在。因为还会有什么是如此可鄙、如此邪恶，并与所有正义和法则背道而驰呢？还会有什么与其说是一群乌合之众在某一时刻所主张的普遍同意，而毋宁说是他们的阴谋呢？因此，我们必定听闻过诸如把神庙当战利品、傲慢无耻、目无法纪和颠覆王国等各种恶劣行径。然而，如果这是上帝的声音，它恰好有违于上帝创造和安排这个世界，并令其从混乱中趋于有序的首要法则；上帝也从未这样教导过人类，除非它期望一切重蹈覆辙以创建一个地上的无序之国。因此，我们从人类的普遍同意中去寻求理性的命令和自然的律令终将徒劳无获。①

"心灵纷争""有序的首要法则""无序之国"，这些用词点明了洛克眼中的秩序观念。心灵的秩序出了问题，必然意味着现实秩序会出问题；而现实秩序的问题也正意味着有些人以其邪恶的意图或阴谋挑动起人内在的心灵秩序。诉诸普遍同意，这表面上的"人民的呼声"似乎"是上帝的声音"，似乎是"人民主权"，似乎是"良心的产物"（卢瑟福很危险地进

---

① 〔英〕洛克：《自然法论文集》，第 35~36 页。

入这个境地），但事实上，"呼声"只是以一种生存方式或观念体系取代现实的生存和观念，它充其量可能只是一种生活观念，一种对"上帝的声音"的肆意理解；如果这"呼声"与现实的秩序相容还好，否则带来的正是秩序的颠覆，在秩序颠覆之后，心灵与现实要重归和解，就会付出更大的代价。因此，按照洛克，"呼声"也好，"契约"也好，这些所谓"普遍同意"只是基于一种生活方式，一种观念体系，甚或一种道德判断，它们中的任何一种都不足以充当普遍的自然法基础。① 霍布斯把第二自然律视为走向契约国家的基础，势必需要拿掉其中的普遍同意要素，而仅仅应该从自然法角度进行解释，否则便是引入人为要素，而使得自然法无据。

因此，自然法既不是被迫的产物，也不是普遍同意的产物，它乃是"自然之光"即本性的产物，但在洛克看来，人的本性并非像霍布斯所看到的那样只是欲求生存的本性，或像我们所阐释的那种感性欲望无限的现代个体那样。如果是那样的话，我们根本无法设想他能够从自身出发建立善或正义等观念，而这些观念之所以会产生，乃是出于要维持生存的被迫的结果——这也是霍布斯式的"个体"和"国家"所以可能的关键。换言之，如果要设想自然法，它首先不是被迫的产物，也不仅仅出于个体性，相反地，是其存在内在的普遍性，或普遍性的生存倾向是思考自然法的关键。于是，按照洛克，"法则的约束力之所以不依据于功用原则，乃因为只要你去考察人类生活中所有尽职尽责的行为，就会发现没有仅出于功用的，并仅因为有好处就具有约束力的行为。事实上，绝大多数美德，尤其最崇高的美德所蕴含的不过是：舍己为人……如果每个人的私利是自然法的根据，因为不可能同时考虑到所有人的利益，这一法则就会不可避免地被违背……任何原则都不可能成为自然法的根据，若果真有这样的原则，那么，所有正义、友谊和慷慨将从生活中消失殆尽"。②

如果按照个人的利益原则（霍布斯的原则即是如此）考察自然法，就会发现这样的自然法与人类的现实生活相违背。现实中所有被称赞、被鼓励的恰恰不是出于个人利益——如果不是完全违背的话，甚至，很多时候，完全考虑个体的利益正好与被称赞、被鼓励的行为完全违背。自然法

---

① 详细的论证参阅〔英〕洛克《自然法论文集》，第36~47页。
② 〔英〕洛克：《自然法论文集》，三点分别为第66、68、69页。

能够成为违背自身的"法则"吗？它能够违背所有关于善恶判断和荣辱观念的尺度吗？果若如此，它将根本性地与人类生活的普遍诉求相矛盾——我们很难想象，人们可以提倡不想要的东西，就像人们会提倡邪恶一样，尽然如此，自然法不正是适应生活想要的那个方向吗？并且这个方向不只是个人的，而更是公共生活的方向？① 换言之，个体利益原则过分强调，因而是抽象化了个体的生存方向，从而抽象掉了生存方向（必然是公共的）的"正义性"或"善性"。每个社会、每个时代中的善恶判断和荣辱观念，尽管有所不同，但都有相关要素的呈现，本身证明了洛克的分析相较于霍布斯的更加有力量。

因此，与霍布斯相比，年轻的洛克的分析更加切合人类生存的现实。如果善和正义等都是国家或社会建构起来之后的产物，善和正义就是为了维持生存而被迫产生的，尽管这个说法并不违背个体生存的"欲求"方向，但与人类共同欲求的方向相违背。因为没有任何一个地方和时代会不欲求善和正义，而把恶和非正义树立为欲求目标，这恰恰意味着个体和社会都是把善和正义树立为生存方向的。既然善和正义乃是一般的、普遍的方向和原则，那么无法设想它不存在于个体的生存方向中。据此，洛克对霍布斯的批评是有力量的：抽象地设想个体的绝对自由、设想人与人之间没有共同的出于人性的情感是与人类生存本性相矛盾的；在这个抽象的基础上认为善和正义只存在于契约之后的国家或社会状态，亦是与生存的倾向不相符合的。

既然自然法既不是个体迫于处境而使用理性的产物，也不是一群人出于某种处境而普遍同意的结果，更非仅仅出于个体利益的结果，但因着对一切人类生存的追踪，善恶荣辱等又是无处不在的，其存在乃是实实在在

---

① 这个论证延伸下去正是柏拉图的"人皆求善"的原则，也是孟子主张的"人性之善也，犹水之就下。人无有不善，水无有不下"（《孟子·告子上》）。这个观察或分析意味着人的生存是有一个走向的，这个走向既是"善"，或用谢文郁教授的说法是"生存即善"（参见谢文郁《善的问题：柏拉图和孟子》，《哲学研究》2012 年第 11 期）。深究这个原则，霍布斯或许也不与其相违背，每个人都沿着生存的方向展开，正是这个原则的展示；但是，霍布斯的问题在于，这个原则的展开又不仅仅是个体性的，相反地，它需要展示在共同的生活中，而一旦如此，个体的生存方向就不是抽象的、孤立的，而是现实的、公共的。洛克正是据此批评霍布斯的。

的，那么应该从哪里追踪自然法的存在呢？

二　生存中的可普遍化维度：一个理性的论证

每个时代、每个传统都会有善恶判断、荣辱观念等，这指示着自然法的存在；但鉴于不同的传统、不同的时代对善恶等问题的说法如此之悬殊，自然法就不是写在每个人的内心里如同天赋观念那样，同时，特定状况下的"普遍同意"，个人的利益非但不能证明自然法，甚至更多时候与自然法相违背。那么，如何追踪自然法呢？"某些东西可依凭本性被我们所认识，无非意指有某种真理，即关于它的知识人类凭借其自身而无须假以他人帮助便能获得，只要他恰当地运用了自然所赋予的那些能力。然而，有三种知识，如果这里不细究用词，那么，可分别称之为：天赋知识、传统和感觉经验。相应地还有第四种知识，即，超自然的、神启的知识，但它并非我们现在要讨论的内容。"①

由于善恶判断等因着传统和时代的不同而差别巨大，很难从天赋观念和传统的角度追踪自然法，② 同样地，鉴于神启知识的殊异，更是无法从这个角度入手，于是，对洛克来讲，追踪自然法只能从感觉经验出发。为什么只有感觉经验，而没有理性呢？要知道，在启蒙高歌猛进的时代里，理性可是最重要的一面大旗。甚至在霍布斯体系中，若非理性，自然状态下的人根本不可能走出原始的生存状态。洛克深知这一点，"有人想知道为什么我忽略了理性，它看起来是我们所有知识的首要启蒙者，尤其是自然法最常被视作正当理性自身及正当理性的命令"，但随后，洛克就指出自己的立足点，"在此我们要研究的是第一原则和知识的起源，以及基本的观念和知识的要素进入心灵的方法。而所有这些或先天印在我们心灵中，或通过间接知识为我们所接受，或通过感觉经验进入我们内心的知识，都无法为理性直接把握。除非有某些东西事先被设定，否则理性本身所具有的那种强大的演绎论证能力的确会一无所获。诚然，理性可运用这些知识的要素，去阐释和完善它们，却丝毫无法创造它们。因为即

---

① 〔英〕洛克：《自然法论文集》，第 12~13 页。
② 《自然法论文集》的第 Ⅱ 和 Ⅲ 节分别反驳了这两点。

使理性不断地建造一座高耸入云和宏伟至极的知识大厦，却不能为知识奠定基础"。①

从洛克对理性的基本界定可知，理性只是一种演绎论证能力，演绎和论证则需要基本的要素，只有当这些基本要素给出来之后，其强大的论证和建构能力才能发挥效力。因此，即使表面上看，人类的知识都是由理性建立起来的，但若缺少了基本要素，理性就会一无所有、一无所获。暂且不论神启知识的基本要素是什么，神启之外的知识要素则是由感觉经验给出来的，理性正是在心灵接受感觉经验刺激的要素产生之后才会发挥作用的。在自然法领域亦是如此。换言之，如果把自然法则视为第一原则，关于自然法知识的起源就只能在感觉经验中寻找，而非在理性之中；而同时，第一原则不是空的、知识的起源也不是知识，要寻找自然法及其知识，就需要理性来"整理"这些感觉经验。前者为后者提供要素（论证的素材），后者则引导前者形成新概念或新事物。那么，感觉经验为理性提供了什么？以至于理性能够得出有关自然法的知识？

洛克从年轻起就与波义耳等科学家建立起深厚的友谊，大学毕业后，就致力于医学研究，并成为出色的医生，与牛顿结识之后，成为牛顿自然科学的忠实信徒。对自然科学研究对象（感觉经验给出）的关注使其深刻地认识到大自然造物的"合规律"性，并进一步认为大自然造物为上帝的造物，从对自然的关注转向自然神学。与此同时，人的身体和心灵的完善（感觉经验给出），证明人类不可能自我创造，不可能是自己生命的真正创造者。②"依凭着这些感觉经验，理性已得出必然有某种我们理应服从的更高权力，也就是说，以正义的和无法抗拒的命令支配我们的上帝能随心所欲地……"，③ 换言之，感觉经验给出来的"精妙结构"和"无法抗拒的命令"等使得理性能够推论出上帝存在，并拥有绝对的意志，因而人必须

---

① 〔英〕洛克：《自然法论文集》，第 13~14 页。

② 对自然物和人为"上帝"所造的"自然神学"思路的具体论证，可参阅洛克《自然法论文集》，第 30~34 页。需要注意的是，年轻洛克的自然神学路径在后期开始转变为理性神学的路径，即一旦论证了上帝的存在，其与人的关系以及《圣经》等需要在理性的范围内说明。后面我们会分析这一点。

③ 〔英〕洛克：《自然法论文集》，第 31 页。

得服从上帝。① 这便是自然法成为第一原则的依据。

很明显，洛克采纳的是相对粗糙的"自然神学"的论证路数，根据这个论证路数，凡是认识到自然和人所拥有的"精妙结构"和"无法抗拒的命令"的人群，都可以认识到上帝存在并拥有绝对意志；而自然科学和道德学的研究证明，每个时代每个传统都是如此，那么，洛克就认为他的论证是普遍的。正因此，洛克调侃了以"良心"或"敬虔"证明上帝（加尔文）和以"心灵中的观念"证明上帝（笛卡尔）的方式是"可疑的"，② 因为很多人没有意识到上帝的存在，却没有野蛮地不认善恶和科学知识的人。我不拟在此评判洛克的论证方式及其软肋，我们关心的是，如是论证的上帝之于自然法的意义，以及理性究竟在对自然法的认识中起到了什么作用，进一步，相较于霍布斯的思路，这又说明了什么？

> 这种自然的法则可被描述为神圣意志的律令，它可通过本性被觉知，它表明什么与或不与理性的本性相符，从而有所命令或有所禁止。我认为，有人称自然法为"理性的命令"也不确切，因为并非理性创立和颁布了自然法，理性只是将自然法当作一种为更高权力（superior power）颁布并将其植根于我们心中的法则去追寻它、发现它。与其说理性是自然法的立法者，不如说是它的解释者，除非我们亵渎最高立法者的尊严，而期许理性对这一它仅是有所探究的既定法则负责；理性也的确不能给予我们法则，它仅仅是一种思考能力和我们的一部分。因此，很显然，一种法则不可或缺的因素都在自然法中被发现了。因为，首先，它是更高意志（superior will）的律令，其中似乎已包含了一种法则的形式因。③

---

① 其实，坦白地讲，"精妙结构"也好，"不可抗拒的命令"也好，本身就是理性参与的结果。从概念上讲，感觉经验给出的只是一些材料，至于这些材料何以有序，则是理性判断的结果，甚至有序本身就是理性建构起来的。因此，刻意地区分感觉经验和理性，明确地界定它们分别的"功能"是不太容易的。这个划分进入康德体系，不同的是，理性的"功能"得到了重新界定，一直到胡塞尔的现象学，才有了另外一种处理方式。

② 〔英〕洛克：《自然法论文集》，第32页。

③ 〔英〕洛克：《自然法论文集》，第5页。

很明显，既然"精妙结构"证明了上帝的存在、"不可抗拒的命令"证明了更高者的意志，上帝的意志便是其颁布自然法的依据，因而对洛克来讲，自然法便是一种出于神圣意志的律令。本性或自然之光既是上帝给予人的，便也是觉知上帝的，理性的使命便是追寻和发现自然法，而非给出或创立它。换言之，对于洛克来说，普遍法则（即自然法）的存在既不是理性出于自身的构造物，也不是外在于每一个生存个体的。相反地，理性只是它的发现者和解释者，个体也是内在地生存在自然法则的支配之下。不致力于追寻自然法，不把生存置于它的支配之下，或者证明了人的懒惰，或者证明了人无法进入自己的本性（the light of nature）之中。通过理性进入本性中；通过理性认识本性中的自然法，就是认识上帝的意志，并把生存置于上帝的意志之下。

洛克对自然法的理解完全不同于霍布斯。对于后者来说，第一自然法只是生存之法，只是由个体的生存给出来的，为了维持生存，理性进一步不断地把自然法开显出来，以至于共同体生活，或与他人共在的生活完全是从自然状态下的生存个体论证出来的；甚至，上帝也只是因为生存个体无法掌控终极的因果性而推论出来的，其意志问题也只能从人的力量的不足，以及共同体生活中的权力视角引申出来。在霍布斯体系中，生存是起点性的，理性则是动力性的，两者是上帝和国家问题由以被提出来的依据。而根据洛克，理性只有根据感觉经验认识到上帝的存在及其意志之后，遵循本性的生存才是正当的和可能的，而所谓正当，正是遵循自然法，从而能够内在地与他者共在。完全根据自己的原则，完全从自己出发的生存是不正当的，不合乎法则的。

洛克和霍布斯的差别是起点性的，前者认为生存的本性在于法则性，即从上帝的意志出发的与他者共在，因而善和正义是内在于生存的；后者则认为生存在于绝对的个体性，法则只是为了维持个体生存的绝对性而由理性给出的，从而与他者的共在只是契约的产物。更进一步看，霍布斯不认为生存个体内在地能够与他者联合，因而霍布斯式的个体是纯粹的个体，其生存只具有个别性（主要是无限的感官性），而无与他者内在地共在的可普遍化要素；洛克则在个体的生存本性中看到，个体能够内在地与他者联合，从而洛克式的个体拥有属于自己的个别性之外的可普遍化生存的要素，这是个体与他者能够在共同体生活（社会-国家）中实现内在联合的关键。因此，从概念上讲，洛克"开辟"了现代个体的"个体性"，与霍布斯式的个体的"个别性"相比，个体的自身确立性使其内在地与他者相纠缠（黑格尔哲学的一个基本原理），而非外在地、被迫地建立关联。①

对"自然法"论证，使其能够首次"发现"（套用洛克的用语）现代个体的"个体性"，这是洛克之于思想史的重要贡献。但无论如何，我们需要看到，洛克的论证不是纯粹理性的论证（这是现代性确立自身的标志）。他把上帝看作（在信仰中）起点性的——从命令到上帝意志的"论证"尤其说明了这一点；理性只是自然法的发现者和解释者。理性如何完成自身论证要由卢梭进一步推进。那么，洛克看到的生存的"本性"是什么，如何从这种本性出发讨论人类的共同体生活？这个问题引导我们进入洛克成熟时期的《政府论》。

三　自然状态与国家

据上，"自然法"部分只是通过对一切传统一切时代都有"善"和"正义"的"认识"论证生存本性中有可普遍化的生存要素；并通过对自然的认识论述上帝（自然神学路径）的绝对意志，以此把可普遍化的生存要素"意志化"，而有可普遍化的法则（自然法）。但对于生存本性中的可普遍化的生存要素，洛克并未有进一步的说明，这一点却是绝对必要的。根据洛克对知识的划分，天赋知识、传统、感觉经验，以及神启知识是唯有的四条途径，而能够认识自然法的只有感觉经验（有理性配合），但认识归认识，若生存中没有推动遵循自然法（其前提是实现可普遍化的内在

---

① 个体性（individual）是现代（性）论证自身的关键，也是启蒙的基本要义所在。正是因为现代个体除了拥有出于自己的"个别性"（主要是无限的感官性）之外的可普遍化生存要素，他才能真正确立起自身，并凭其自身内在地与他者共在，而确立起现代国家的原理意义。这是现代性（现代个体-现代国家的一体性建构）论证自身的关键。换言之，霍布斯只是开启了一条科学论证的道路，其论证的个体与国家尽管在逻辑上是连贯一致的，但是相互矛盾的，其根源是霍布斯式的个体只具有"个别性"，而没有个体性，后者才是完成现代性，以及随之而来的国家、政治、道德等自我论证的关键。洛克看到了这一点，也看到了理性之于现代性的意义，但由于把上帝"请"出来（哪怕是论证式的），而未曾完成对现代性原理的基本论证——这要到卢梭和黑格尔才彻底完成体系化论证。

联结）的力量，则实现内在的共同体生活联结就只是理论性的。换言之，尽管对自然法的认识让我们知道人与人之间能够实现内在的联结，但对于推动这种内在联结的"生存动力"却是进一步认识联结，以及之后的国家或社会状况建构的关键。

成熟的洛克需要认识到，单凭自然神学的论证，上帝之于人类生活的实际意义乃是单薄的；同时，自然神学的论证亦在逻辑上不否定精密的机械论论证，后者隐含着把一切都置于偶然的境地，即自然就是这样的，未必要设想其背后的人格神。甚至与自然神学的论证相比，机械论思维更加逻辑上一致，亦更好地遵循了"奥卡姆剃刀"。换言之，霍布斯提醒我们，在一切都要科学化的时代里，国家学说需要诉诸严格的科学分析和论证，这个基础上的国家理论才是可普遍化的。对权力和权力的论证同样需要走科学的路线，而非自然科学式的。从洛克不满霍布斯对绝对权力的论证，却少直接批判霍布斯；但在《政府论》中采纳霍布斯的思想方式，可见科学式的论证何等深地影响了洛克。

于是，我们需要认识到洛克思想的两个关键点：一是寻找生存本性中的可普遍化生存要素，这是推动人们实现内在联结的重要力量；二是严格的逻辑线索，正是逻辑推论保证了其体系的科学性——但恰恰在这里，我们看到了洛克的逻辑漏洞，但这个有漏洞的论证逻辑却深刻地进入英国历史，理解其中的吊诡之处，是我们审视历史与思想错综复杂关系的一个窗口。这两点都深刻地隐含在洛克仿照霍布斯所"构造"的"自然状态"中。

让我们先来看洛克给自己制定的任务。在"二论"的开头（总结"一论"之后），他便提到自己的任务："我认为政治权力就是为了规定和保护财产而制定法律的权利，判处死刑和一切较轻处分的权利，以及使用共同体的力量来执行这些法律和保卫国家不受外来侵害的权利；而这一切都只是为了公众福利。"① 这个开篇即体现出洛克和霍布斯的不同。后者把国家（权力）视为保障人能够生存下去不得不做出的理性选择，换言之，生存，是霍布斯式国家存在的依据。而洛克则把国家（权力）视为保障（私有）财产安全的权利，其使用这项权利是通过法律，此其一；其二，它是保卫

---

① 〔英〕洛克：《政府论》下篇，叶启芳、瞿菊农译，商务印书馆，2014，第 2 页。

不受外来侵害的权利。这两者的共同落脚点则是公众福利。因此，于洛克而言，生存并非唯一的问题，如果被剥夺财产、被拿走公众福利，还怎么设想生存呢？

从时代处境看，霍布斯的内战时代，或许求和平就是唯一的目的；而对于光荣革命之后已经获得和平的洛克来说，和平已经是既定的，真正的问题是维持财产和公众福利。从思想意义看，霍布斯并未为生存赋予生存之外的其他内容，国家的意义也只是从生存而发；洛克未明言生存（后面以人身、自由指称之），但财产和福利却以生存为前提，即洛克为霍布斯式"赤裸裸的"生存赋予了一些具体的内容。如何评判这些内容呢？为什么是财产和福利，而不是其他内容呢？（这在内容上涉及英国的资本主义状况）——对此，洛克并未明言，只是从《圣经》方面为添加财产作了一些引证和分析。这个问题会是切入洛克论证漏洞的关键。让我们看洛克对人的"自然状态"的描述：

> 为了正确地了解政治权力，并追溯它的起源，我们必须考究人类原来自然地处在什么状态。那是一种完备无缺的自由状态，他们在自然法的范围内，按照他们认为合适的办法，决定他们的行动和处理他们的财产和人身，而无须得到任何人的许可或听命于任何人的意志。这也是一种平等的状态，在这种状态中，一切权力和管辖权都是相互的，没有一个人享有多于别人的权力。极为明显，同种和同等的人们既毫无差别地生来就享有自然的一切同样的有利条件，能够运用相同的身心能力，就应该人人平等，不存在从属或受制关系，除非他们全体的主宰以某种方式昭示他的意志，将一人置于另一人之上，并以明确的委任赋予他以不容怀疑的统辖权和主权。明智的胡克尔认为人类基于自然的平等是既明显又不容置疑的，因而把它作为人类互爱义务的基础，并在这个基础之上建立人们相互之间应有的种种义务，从而引申出正义和仁爱的重要原则。……①

---

① 〔英〕洛克：《政府论》下篇，第3页。

我们看到，"自然法论文"、"一论"及其论述政治权力的那些关键词——"自由""自然法""财产""人身"等——几乎都出现在洛克对人的"自然状态"的描述中。其关于"平等""相互""自然的""身心能力"等的描述则分享了霍布斯的论述。但在这些之外，洛克特别地加入了胡克尔的一些描述，即人的互爱义务，以及这个基础上的正义和仁爱。很明显，"义务"（强意义上的）不能用在这里，它本就是人类社会组建起来，而有具体规则之后的产物，否则谈不上义务。或许是注意到这一点，洛克把"正义"和"仁爱"作为"组建"自然状态的基本原则。为何要在自然法和霍布斯基本原则之外加上这一点呢？——这就涉及对生存本性（自然之光）的理解了。

人与人能够实现内在的、合乎"正义"和"善"原则的联结是需要动力的，只是认识到这一点并不足以保障内在联结的实现，甚至在经验上是恰恰相反的。如果自然状态下的人能够走向普遍的国家和社会状态，内在的可普遍化生存要素乃是关键；思想的任务乃是"发现"这种可普遍化的生存要素。霍布斯所以只能走向绝对国家，走向主权者的绝对权力，是因为霍布斯式的个体缺乏这种可普遍化的生存要素，因而只能在权力的强制下实现联合，否则其生存就是无法保障的。因为深刻地看到这一点，洛克认为，哪怕在自然状态下，人与人之间也存在互爱。爱意味着人内在地希望并给予对方好，甚至在特别的情况下，愿意为了对方付出自己。互爱乃是说人之生存本性在于他者，也是在对他者的成就中，成就自己。换言之，能够互爱的个体们，其存在不仅仅在于自身，亦在于他者，自己与他者在爱中能够先在地实现某种联合，洛克把这种出于爱的联合称为"正义"，把通过爱建立的关系称为"仁爱"。

因此，根据洛克，在缔结社会之前，自然状态下的人已经通过爱实现了某种内在的联合，尽管这种联合不是现实的社会状态，即不是通过明文的法律或其他强制性的规范建立起来的，但这种内在的联合能够得到个体的认可和认识，甚至是推动他们平等而自由生活的重要情感力量。所谓按照"合适的办法，决定……"，或许就是洛克引述"义务"一词的原始意义，即由于生存中"爱"的力量的存在、由于"互爱"力量的推动，自然状态下的人"拥有"某种尽管尚未明确的法律、规范，但可以形成某种

"默会"的相处的模式；根据这种模式，哪些行为是"合适的"，哪些是"应该的"（义务），大家能够达成一种行为上的默契。与霍布斯式的只关注自己的生存和绝对权利的生存个体相比，洛克式的个体因为"爱"这种生存本性而能够在社会状态之前实现一种生存性的"合适"和"义务"的领会。这种领会也正是洛克认为自然状态下亦存在自然法的依据——尽管这种自然法尚不是明文的，从而在洛克看来，自然状态下的自由是一种"完备无缺的自由状态"。换言之，如果没有"爱"和"互爱"，我们很容易进入霍布斯的思路，如是，则合适地处置财产和人身、平等而不掌控他人的意志就是难以谈起的。

区别霍布斯和洛克的关键就在于自然状态下的生存是否拥有这种内在可共存的情感力量。如果没有，实现"善的"或"正义的"共存，就需要权力的绝对限制；如果有，权力的意义也就仅在于保障这种共存，并竭尽所能地把这种原始的共存力量激发出来。根据后者，自然状态与社会状态的分立并不像术语上的那么大，相反地，社会状态的意义只在于更大限度地激发生存个体内在地联合起来的情感力量，并把破坏这种力量的其他力量扼杀在萌芽里，而这便是法律、正义、善等的伦理和政治意义。正因此，洛克极力反对破坏自然状态下的平等和爱，并把对平等和自由的破坏视为"战争行为"——即使在建构起国家和社会状态之后，洛克仍然认为，即使凭借缔结的权力破坏个体的自由，也是一种对个体或公民发动的战争行为。[①] 这一点与霍布斯在解释主权者权力使用时的审慎态度是极其不同的。对于洛克来说，一切破坏个体生存自由的"权利"都是"绝对权力"，由"绝对权力"而起的对立和纷争乃是战争行为：

> 谁企图将另一个人置于自己的绝对权力之下，谁就同那人处于战争状态，这应被理解为对那人的生命有所企图的表示。……凡在自然状态中想夺去处在那个状态中的任何人的自由的人，必然被假设为具有想夺去其他一切东西的企图，这是因为自由是其余一切的基础。……不基于权利以强力加诸别人，不论有无共同裁判者，都造成

---

① 〔英〕洛克：《政府论》下篇，第146页。

一种战争状态。……避免这种战争状态是人类组成社会和脱离自然状态的一个重要原因。因为如果人间有一种权威、一种权力，可以向其诉请救济，那么战争状态就不再继续存在，纠纷就可以由那个权力来裁决。①

因为起点的不同，洛克与霍布斯对战争状态的界定也截然不同。对于后者来说，由于自然状态乃是无普遍生存维度的个体生存，自然状态下的生存本就是战争状态。但对于前者来说，自然状态乃是完备无缺的自由状态，凡对抗这种状态的就是战争状态：破坏爱和互爱的、破坏平等的、破坏自由状态下的财产和人身安全的，均是如此。也是在这里，洛克明确地把自由视为财产和人身的基础。一切生存状态、一切制度，都应该以保障个体的自由为基础，否则就是人与人的战争状态。为了避免这种战争状态，洛克诉诸缔结社会，正是在缔结的过程及以后，权威和权力产生了，其意义在于终止战争状态，重归自由状态。这就回到了洛克论述的政治权力的目的，即公众福利，自由，保障财产和人身。

从论证上看，既然自然状态乃是完备无缺的自由状态、既然自然状态下，人与人是通过互爱内在地联结起来的，战争状态又是如何可能的呢？对于霍布斯来说，这不是问题，因而从自然状态到社会状态在理性看来是自然而然的；对于后面即将分析的卢梭来说，由于引入自爱（不完全同于霍布斯式的自爱）和比较原则，这也不是太大的问题；但对于洛克来说，这却是个难题。② 从第五章论述"财产"的部分看，似乎是因为"人满为患"，以及交换、货币等之后，不平等不平均等诸多现象的出现才进入战争状态的，但严格来讲，这些可能都是社会出现之后的现象。因此，过分

---

① 分别参阅洛克《政府论》下篇，第 11~12、13、14 页。

② 从洛克论述的整个文脉看，确实看不到战争状态产生的根源。即使自然状态下存在恐惧和经常的危险，但其产生的根据是每个人对"合适的"理解的差异，这种差异并不在概念上导致一个人对另一个人的奴役和对财产和人身的剥夺。换言之，洛克只根据恐惧和经常存在的危险论述从自然状态到国家-社会状态的过渡，而无须设想战争状态。但洛克还是在第二章开篇中描述战争状态之于自由的剥夺，可见洛克受霍布斯影响之深远。一方面，洛克要与霍布斯针锋相对，战争状态并不存在于自然状态中，其存在恰恰是对自然状态的颠覆；另一方面，其深远意义恰恰是对国家的绝对权力状态的描述，其潜台词是，霍布斯的绝对主权者乃是带来战争状态的根源。

地强调人与人之间存在内在联结的可能性，而忽视生存个体的比较和自爱原则，似乎也是有问题的。或许也是注意到这一点，在距离战争状态很远的第九章，洛克为走出自然状态、走进社会状态提供了一个理由——但需要注意的是，这并非战争状态产生的理由：

> 虽然他在自然状态中享有那种权利，但这种享有是很不稳定的，有不断受别人侵犯的威胁。既然人们都像他一样有王者的气派，人人同他都是平等的，而大部分人又并不很严格遵守公道和正义，他在这种状态中对财产的享有就很不安全、很不稳妥。这就使他愿意放弃一种尽管自由却是充满着恐惧和经常危险的状况；因而他并非毫无理由地设法和甘愿同已经或有意联合起来的其他人们一起加入社会，以相互保护他们的生命、特权和地产，即我根据一般的名称称之为财产的东西。因此，人们联合成为国家和置身于政府之下的重大和主要的目的，是保护他们的财产。[①]

如我们所言，洛克并未明确地区分两种意义上的"公道和正义"：一种是出于生存的互爱的，一种是契约之后法律意义上的。但从离开自然状态进入社会状态后，人所丧失的两个"权利"，即"合适的"和"自己处罚"，[②] 能看到洛克意识到这个问题。"合适的"意指自然状态下每个人根据自己理解的"爱"和"自由"处理人与人间的关系，凡符合自己理解的，就是合适的，就是公道和正义的；凡不符合的，就应该受罚，因而是"自己处罚的权力"。在每个人都保有自己判断的状况下，对立和冲突必然会出现。从推论和现实双重意义看，自然状态下的人哪怕都"知道"自己的爱和自由，他们之间也是充满恐惧和经常危险的——但不能把充满恐惧和经常危险视为战争状态，两者的意义是不同的。这是洛克眼中的人愿意走出自然状态而进入社会-国家状态的理由。

进入契约国家之后，人丧失了根据自己的"合适"行事和"处罚"的权利，却把"合适"和"处罚"的权利移交给法律和权力，因而是把

---

① 〔英〕洛克：《政府论》下篇，第 77 页。
② 〔英〕洛克：《政府论》下篇，第 79 页。

"自己的"交给"公共的"。这也是洛克视国家权力为保障公共福利的原因。除此之外，个人自然状态下的自由，即其财产的权利和人身的权利都没有任何损失：原始意义上，他也是因为要保护一般意义上的财产（包括人身）而缔结国家的。洛克未曾明言的是，国家也应该支持并最大限度地激发人与人之间的爱，这种人势必会反过来激发出人对国家的爱。这是国家能够成为政治上的国家之外的伦理性的国家的关键所在——后来的卢梭和黑格尔等人都对此做了更为深入的分析和解释。

笔者在此不能苛责洛克，但需要指出的是，对自然状态下人与人之间的互爱的强调应该成为洛克论述的一个重点。正是这种爱，是人与人实现内在联合的关键——无论在自然状态下，还是在社会状态中，是人能够尊重他者的平等地位因而能够实现自由的共在的关键力量。霍布斯因为没有看到这一点，只能逻辑性地推演出一个绝对的国家；因为看到这一点，洛克的国家是一个文明、宽厚、尊重人之为人的自由和尊严的国家。对人之生存本性（自然之光）的这个可普遍化生存维度的认识，是洛克推进霍布斯的论证的关键一环；也是卢梭能够论述面对全然可能性的自由、能够看到"怜悯"和"爱"之于人之生存的伦理维度的关键所在。

在霍布斯那里，很难设想健康的伦理关系；但在洛克之后，一切就不一样了。

Liberty 和 Freedom 的翻译问题

周伟驰*

摘　要： liberty 和 freedom 现在一般被当作同义词，不作区别地使用。现代中文普遍译作"自由"，一般认为该译源于日本思想家福泽谕吉。本文首先考察福泽谕吉的翻译，看其关于相关汉语翻译的评价是否准确，有什么问题。其次，考察明清之际天主教对 liberty 和 freedom 的汉译，其语境是从神正论角度谈论人的自由意志问题，多译作"自主""自专"，亦有人写作"自由"。故西方神哲学意义上的"自由"之义在明清之际早已出现。再次，考察晚清传教士和中国人对 liberty 和 freedom 的翻译，作者以简表加以表述。最后，作者认为应该对 liberty 和 freedom 两词加以区分，配以不同的中译。以往学界关于 liberty 和 freedom 中译的讨论多局限于晚清，本文则涉及明清之际的中译。

关键词： libertas（liberty）　　freedom　　自由　　自主　　自专

一　福泽谕吉译为汉词"自由"

liberty 和 freedom 今天一般中译为"自由"。关于"自由"一译是否恰当及其含义，已经有非常多的研究和讨论，这里不再重复。[①] 虽然中国古

---

* 周伟驰，中国社会科学院世界宗教研究所研究员。

① 比如，熊月之《晚清几个政治词汇的翻译与使用》，《史林》1999 年第 1 期，第 57~62 页；胡其柱《晚清"自由"语词的生成考略》，《中国文化研究》2008 年夏之卷，第 18~31 页；陈启伟：《西学东渐话自由》，《西方哲学研究：陈启伟三十年哲学文存》，商务印书馆，2015；邓晓芒《什么是自由？》，《哲学研究》2012 年第 7 期，第 64~71 页；陈静《自由的含义：中文背景下的古今差别》，《哲学研究》2012 年第 11 期，第 49~53 页。

代就已经有"自由"一词，但一般认为，古汉文"自由"跟 liberty 和
freedom 无关，现代汉文"自由"一词源自日本思想家福泽谕吉对 liberty
及 freedom 的翻译，在 19 世纪末 20 世纪初由赴日学者（如黄遵宪、梁启
超）、留日学生搬到中国，成为被广泛接受的一个词。

福泽谕吉是在《西洋事情》中首先用"自由"来对译 liberty 及 freedom。
在那里，他多次用到"自由"这两个汉字。最重要的地方大约有两处。

在 1866 年的"初编"中他提到，根据欧洲政学家的说法，凡是能称
作文明的政治，都符合六条要诀。其中第一条就是"自主任意"：

> 国法宽松、不束缚人民，人们能做各自所好的事，愿成为士的人
> 便成为士，愿成为农的人便成为农，士农工商之间并无区别，固然不
> 谈论门阀，就任于朝廷的人不会轻蔑他人，上下贵贱各归本位，丝毫
> 也不去妨碍他人的自由，天禀的才力能得到发展即为趣旨。但是唯一
> 的一个贵贱之别，就是尊敬作为公务的朝廷的职位。这之外四民没有
> 区别，唯有识字讲理、操劳心力的人被当作君子来敬重，不识字而从
> 事体力工作的人被当作小人。

> 本文中所阐述的自主任意自由，不是指随意放任而不惧国法。其
> 中的趣意为，举国上下，民众之间无需互相顾虑，只需全力做自己力
> 所能及的事。英语中将此称之为"freedom"或"liberty"。至今没有
> 出现合适的译字。

在第二条"信教"中，他以宗教自由为例，指出英国支持新教，而对
爱尔兰天主教徒采取排斥、强制的政策，是违背了宗教自由：

> 政府要遵奉人民皈依的教义，而不该施加妨碍。古来，因为挑起
> 了教义的论争，而动摇了人心，使国家灭亡、危害人命的例子一直不
> 少。在英国，亨利·都铎王朝以来，一直只敬奉新教的教义，一段时
> 期在国内颁布法令，禁止其他宗教，但比如爱尔兰人古来就信奉天主
> 教，无法服从政府的命令，由此政府又修改了法令，规定人们应以自
> 己的意志来选择宗教。然而政府依旧有推崇新教的意愿，因此又采取

了举措，或主要建设新教的教堂，或摈斥他教的神父，而给予新教的神父丰厚的俸禄等。动辄就要回归人心，近来又制定了一法，规定涉及国政的大臣如非新教徒则不予采用。因为右述诸事，听闻有信奉天主教的人举家移住他国。这即是政府失去了信教之趣意的一例。①

在 1870 年的《西洋事情》第二编中，福泽谕吉又说：

第一，所谓"liberty"即意为自由，根据汉族人的翻译，有自主、自专、自得、自若、自主宰、任意、宽容、从容等等字眼，但至今还不足以解释尽原来这个单词的意义。

所谓自由，首先对自身满意，之后做事不感觉受拘束。古人曾说，自身自由，且能保护自己，是万人都具备的天性，接近人情，比保卫家财富贵更为重要。

也指，由上层的人主动给下层的人传达许可，告诉他们做某些事也无大碍。比如说，完成了读书学习，出去玩也无妨，由父母主动允许孩子。结束了公务，就离开官署也无妨，由上司主动允许下属等等，类似的事。

也指，在一些禁止的场所，比如禁止传道化缘、禁止杀生等等，标明出禁止二字。

也指，能持有自己的好恶。不做危险的事，也不违背心意、能做自己想做的事等等，不会于心不安，即是其宗旨。

由此，所谓政治的自由，即指，其国的人民，在践行天道自然的通用的道义（如下详细所述）的同时，也不干扰别人。所谓出版的自由，不论是什么书，出版发行是随意的，不该批判书中所写的内容。所谓宗教的自由，不论是怎样的教义，只要教义能让人们皈依于各自所信的宗教即可。1770 年代，美国战乱的时候，美国人说要为自由而战，高喊着不自由毋宁死。他们为英国的暴政所苦，为了救民众于涂炭，为了让国家获得不羁独立的自由，以死起誓。当时有名的富兰克林

---

① 福泽谕吉纂辑《西洋事情》初编卷一，庆应二年（1866）丙寅初冬，尚古堂发兑，第 7 页。日文翻译得到了王羽晴、王皓月帮助。

曾说，我居无定处，自由所在之处即为我的居处。由此，这自由的意义，就如我初编卷一第七页的批注所说的那样，绝不是指随意放任，也不是损人利己，仅指增强身心，人与人之间互不妨碍，致力于自身的幸福。自由与放任，很容易就会混淆。求学者应该仔细辨清才是。①

福泽谕吉对 liberty 和 freedom 不加区分，他说："所谓'liberty'即意为自由，根据汉语的翻译，有自主、自专、自得、自若、自主宰、任意、宽容、从容等等字眼，但至今还不足以解释尽这个单词的本意。……所谓自由，首先是按自身喜好做事，不感觉受拘束。"②

福泽谕吉所理解的"自由"，主要是伯林所说的"消极自由"，即不受干涉、不受强制、不受拘束意义上的自由，其带来的心理后果就是感到无拘无束、感到舒畅。这大致是英国和美国所重视发扬的不受打扰和干涉的"自由"。在这个意义上，福泽谕吉可以说接受了英美的自由观。这跟他的涉洋经历和主要通过英语来认识西方是一致的。当时正是英美自由主义流行的时候。

同时，福泽谕吉也意识到，"自由"这个词，很容易跟"放任"混淆。但他没有想出还可以选择什么词使"自由"不跟"放任"发生联想。

福泽谕吉还说，liberty 和 freedom "至今没有出现合适的译字"，暗示他是第一个将这两个词译为"自由"的人。

二 明清之际：神正论中的自由、自专、自主

福泽谕吉这么想，是因为他对于中文世界发生过的事情并不知晓。因为在他之前，不只晚清来华的传教士麦都思已经将形容词 free 译为"自由"，且远在明清之际，就已经有中国人在基督教神正论的语境下，在讨论人的自由意志时，提到天（主）和人的"自由"了。

比如 1628 年，天主教徒王徵在《畏天爱人极论》一书中说："或且妄

---

① 福泽谕吉纂辑《西洋事情》二编卷一，明治三年（1870）庚午初冬，尚古堂发兑，第 3 页。
② 福泽谕吉纂辑《西洋事情》二编卷一，第 3 页。

谓并天不自由，而皆出于天命之自然、当然，其势不得不然，而莫测其所以然。"① 这显然是在将"自由"与"必然"（自然、当然）对比。这里问题是"天"（天主）是否要受"天命"（自然、当然或必然之理）的限制。这是西方神学中常常提出的一个问题，上帝本身是否受必然性的限制，是否要遵守必然规律，比如能否造出方的圆等。

虽然明清之际天主教徒已经有人用"自由"来谈人的自由意志，但他们一般还是喜欢将 liberty（拉丁文为 libertas）译为"自专""自主"。比如，1584 年罗明坚在广州出版的《天主实录》"解释僧道诚心修行升天之正道"一节中，在僧（修士）与中国人的问答中，僧说："世界惟有三事得以诱人作罪：一者自专，二者贪色，三者贪财。是以天主讲道，劝人守此三教。一者凡事不可纵性自专，须从尊长之命令，二者无欲，三者绝无私财。"②

利玛窦《天主实义》第八节中士与西士对话，中士问："又闻尊教之在会者无私财，而以各友之财共焉；事无自专，每听长者之命焉。"西士曰："绝色一事，果人情所难，故天主不布之于诫律，强人尽守，但令人自择，愿者遵之耳。"③

利玛窦这里除了"自专"外，还用了"自择"这个较中性的词来表达"自由选择"的意思。

除"自专"外，也有人用"自主"来译 libertas。有人将两词并用。利类思翻译了阿奎那《神学大全》（中文名《超性学要》），他用"自专""自主"来译 libertas，"自专"更多一些。④ 比如"论人"有一节专门讨论"人自专否？"，里面"疏"这一部分说道：

① 郑安德编《明末清初耶稣会思想文献汇编》，北京大学宗教研究所，2003（以下简称"汇编"），第 3 卷，第 34 册，第 461~462 页。
② 罗明坚：《天主实录》，载黄兴涛、王国荣编《明清之际西学文本》第一册，中华书局，2013，第 22 页。
③ 汇编，第 1 卷，第 2 册，第 167 页。
④ 张西平等编《梵蒂冈图书馆藏明清中西文化交流史文献丛刊》（第一辑），大象出版社，2014。（以下简称"梵藏"）拉丁版见 St. Thomas Aquinas, *Summa Theologica*, Textum Leoninum Romae1888editum, http://www.corpusthomisticum.org/repedleo.html. 英译本可参：St. Thomas Aquinas, *Summa Theologica*, translated by Fathers of the English Dominican Province, Christian Classics, Allen Texas, 1948（下面所用拉英对照英文见该书 Vol. 1, pp.417-418）。

疏：人为自专（liberi arbitrii）不容疑矣。如云不然，则商议教诲劝谕规度禁戒赏罚皆为徒然。须知物之行为不一等，有无意者，如石之下坠等，乃无知觉之物。有有意者，而非自主（libero），如羊见狼意宜避，然其意非自主（non libero）。盖非因较比，惟因性然之引耳。人之行为，则有断意。意避此，意趋彼，由于知识之德矣。夫断用之行为于某某特一者，既非由性然之引，而由理之较比。则行为必自专（ideo agit libero iudicio）向与否焉。盖理之于可然可不然之物，为向两可也。而行为于某某特一者，乃属可不然之物。则理之断用于某某特一，是向两可，而非限定于一者矣。然则人具推论之性，则向两可，而非泥于一，则其为自专（liberi arbitrii）明矣。①

这是说，人跟动物不同在于人能通过理性的比较来判断，从而做出自由选择，石头下坠是出于必然，羊避狼，虽然在某种意义上可说它做出了判断，但不是一种自由的判断，而只是出于天性和本能。而人则由于有知，因此会在"可"与"不可"之间进行理性比较和判断，从而做出选择，这就是自由判断（libero iudicio）、自由选择（liberi arbitrii）、自主（libero）。在这里，利类思都将 libertas 译为"自专""自主"。

三　晚清至民国："自由"超过"自主"

关于晚清至民国的翻译，已经有大量的文章述及，为免重复，本文只着重谈几点，然后表列出不同词典编纂者的译名。

新教传教士马礼逊 1807 年来华后，继承了以往的译法。马礼逊将 free 译为"自主的"，freedom 译为"自主之理"，free will 译为"自作主意"。

值得重点一提的是郭实猎的翻译。其所主编的《东西洋考每月统记传》在介绍西方制度时，将 freedom/liberty 译为"自主"或"自主之理"，多用"自主之理"。如 1837 年 6 月号《侄外奉叔书》说到美国独立战争，"诸省民结党效死，执自主之理，由是国之列邦而兴也"。② 1837 年 12 月

---

① 梵藏，12 册，第 388~404 页。
② 爱汉者等编《东西洋考每月统记传》，中华书局，1997，第 241 页。

号首篇《通商》提倡自由贸易，里面以"自主"来指贸易自由。[①] 1838 年 3 月号首篇《自主之理》，首次系统阐述了英国自由主义。"英民说道：我国基为自主之理。……自主之理者，按例任意而行也。……至于自主之理，与纵情自用迥分别矣。"[②] 这里不仅指出英国国基在于自由，还简明扼要指出自由不是放纵，区别即在于自由是"按例"（按照法律）任意而行，在法律框架下行事，君臣百姓法律面前一律平等，这跟无法无天的"纵情自用"是不同的。这里对 freedom 的理解，跟 30 年后福泽谕吉的理解一致，并且表达得更为清晰，因为明确提到了"法"的框架。1838 年 4 月号首篇《英吉利国政公会》，在介绍大宪章后，谈到宗教改革所生变化："明朝年间，庶民改恶迁善，屏斥邪道，以厚风俗，渐渐进学，颖悟超群。既安详察物理，洞悉明白，然则自主之理，如影随形，及国政公会摄权理民。"[③] 1838 年 7 月号首篇《北亚墨利加办国政之会》，介绍了美国总统制和两院制，里面写道："乾隆年间，该国之民恨英吉利国不仁之政，怨其总督攻国之义，冤民之理，自操权焉。云：'一人摄统政，抚御四海，威镇万方，强服百姓，民不安，其自主之理自然废矣。擅自作行，敢作敢为，权势浩大，威震庶民焉。'"[④] 这里"自主之理"俱指 liberty 或 freedom。

在麦都思（W. H. Medhurst）1847 年编的词典里，除了袭用"自主""自专"外，还用"自由"一词来译 free，这是我们首次看到有人这么译。后来德国人罗存德（W. Lobscheid）也继承了麦都思的译法。不过，他虽然将 free 译为"自由"，将 liberty 译为"自由"，但还是将"自由"排在"自主"一译之后。

值得注意的是，罗存德将 free port 译为"无关税之地"，可谓抓住了 port free from tax/duty 的本质，这比今天"自由港"的译法更加接近原义。罗存德编的词典后来传到日本，井上哲次郎稍有改编。井上哲次郎仍旧将"自主"排在"自由"前面。在明治早期，日本的思想家普遍还是认为译为"自主"更好一些。比如，中村正直（1832～1891）在 1872 年时译密

---

① 《东西洋考每月统记传》，第 301 页。
② 《东西洋考每月统记传》，第 339 页。
③ 《东西洋考每月统记传》，第 353～354 页。
④ 《东西洋考每月统记传》，第 389 页。

尔的 On Liberty，就译为"自主之理"，而不是"自由之理"。但随着福泽谕吉的译法及日本民权运动的兴起，"自由"逐渐取得了统治的乃至唯一的地位。这种情况稍后也反映在中国的词典和撰著中，到民国时期，"自由"基本就成了排在第一的固定译法了。

为便于阅览，下面以表格形式按时间先后顺序列出清民之际一些重要词典对 free、freedom 和 liberty 的翻译。

年份	编者	free	freedom	liberty	重要例词
1822	马礼逊	自主的，释放，不为奴	自主之理	自主之理	free will，自作主意①
1847	麦都思	自主，自由，自为主，自主宰，由得自己主意，自己自专；不为人奴。free and easy，自得，自若，从容……	任意擅专，自主之事	自主；自主之理；任意擅专，自由得意，由得自己，自主之事	free-man，自主的人②
1866	罗（布）存德	自主，自由，自己做主，有治己之权。free and easy，自得，自若，自如……	自主者。治己之权；任意行之权	自主。自由。治己之权，自主之理	a free town，治己之城；free persons，自主之人，良人；free will，自作主意，有自释之权；Free-port，无关税之地。natural liberty，任从心意，任从性而行；civil liberty，法中任行；political liberty，国治己之权；religious liberty，任意择教，从某教在人③

① Robert Morrison, *Dictionary of the Chinese Language*, part Ⅲ, Macao, China, printed at the Honorable East India Company's Press, 1822, pp. 180–181, 254.
② W. H. Medhurst, *English and Chinese Dictionary*, Shanghae, printed at the Mission Press, Vol. I, 1847, p. 603；Vol. Ⅱ, 1848, p. 788.
③ W. Lobscheid, *English and Chinese Dictionary*, Hongkong, part I-part Ⅳ, printed and published by the Daily Press Office, Wyndham Street, 1866–1869, part Ⅱ, 1867, pp. 870–871；part Ⅲ, 1868, pp. 1107–1108.

续表

年份	编者	free	freedom	liberty	重要例词
1869	艾约瑟	自由自在，自家作主，安然无事；放脱，开释，救赎①	（无）	（无）	
1874	卫三畏	不自由：I cannot do as I would②			
1874	Stent	"自"字字下，无"自由""自主"条③	（无）	（无）	
1881	井上哲次郎		自由	自由	free-trade，自由贸易。free will，自由意志。libertarianism，自由意志论④
1882	Condit	自主，无；免，释放	（无）	自由，自主	free from duty 无税⑤
1882	邝其照	自主，自由，自做主，无	自己做主，无拘束直白	自可为主，无别人拘束，任意	free-man，自为主的人。free port 无关税之港口，无税关之埠。free-woman 自可做主之妇，不是奴婢的⑥

---

① J. Edkins, *A Vocabulary of the Shanghai Dialect*, Shanghai Presbyterian Mission Press, 1869, pp. 41，62.

② 卫三畏编译《汉英韵府》，许邑美华书院铜板梓行，1874 年首刻。(*A Syllabic Dictionary of the Chinese Language*，by S. Wells Williams，Shanghai：American Presbyterian Mission Press，1889，p. 1031.)

③ George Carter Stent, *A Chinese and English Pocket Dictionary*, Shanghai：Kelly & Co.，Ia，Canto Road，1874. p. 168.

④ 井上哲次郎等编《哲学字汇》（全），东京大学三学部印行，1881，第 36、51 页。（昭和五十五年覆刻版，名著普及会发行。）在《哲学字汇》改订、增补版里（东洋馆发兑，1884），freedom 改为"自由、自主"（第 48 页），其余不变。

⑤ I. M. Condit, *English and Chinese Dictionary*, compiled by Rev. I. M. Condit, American Tract Society, 上海美华书馆铜板，1882，第 51、71 页。

⑥ Kwong Kichiu（邝其照），*An English and Chinese Dictionary*（《华英字典集成》），Shanghai，London，San Francisco，1887。美国首版 1882 年，今存 1899 年循环日报承印本，第 147、195 页。

年份	编者	free	freedom	liberty	重要例词
1883	罗存德（井上哲次郎增订）	自主，自由，自为主，自己做主，有治己之权；free and easy，自得，自若，自如	自主者，无拘束，治己之权；	自主，自由，治己之权，自操之权，自主之理，无别人拘束；natural liberty，任从心意，任从性而行；civil liberty，法中任行；political liberty，国治己之权；religious liberty，任意择教，从某教在人	a free town，治己之城；free persons，自主之人，良人；free will，自作主意，有自释之权；free-agency，n. 为自主，随己便。free-port，n. 无税关之地。free-will，n. 自作主意，自择善恶之权；free-woman，n. 自主之妇，不是奴婢的。freeman，n. 自主之人，良人①
1904	狄考文	自主，自由	自由之能	自由	freedom of action，自由而行；freedom of volition，自由而择②
1908	颜惠庆	自由的；自主的，无束缚的；free and easy，自若，自得，自如，从容	自由；不受人节制；自主，不为奴隶；自主，选择自由	自由，自主，自操之权，自主之理，自由自在	a free person，自主之人；a free people，自由人民；a free town，自治之城；natural liberty，天然之自由；civil liberty，社会自由；political liberty，政治自由，国家之自由；liberty：信仰之自由，宗教之自由；印书之自由，出版之自由③

① W. Lobscheid, *An English and Chinese Dictionary*, by the Rev. W. Lobscheid, revised & enlaged by Tetsujiro Inouye, Bungakushi, Tokio: Published by J. Fujimoto, 1883. （《增订英华字典》，罗存德原著，井上哲次郎订增，藤本氏藏板，明治 16 年，第 534~535、677 页。）

② C. W. Mateer, *Technical Terms English and Chinese*, prepared by the Committee of the Educational Association of China, Shanghai: printed at the Presbyterian Mission Press, 1904, pp. 182, 248.

③ 颜惠庆主编《英华大辞典》，商务印书馆，1908 年初版，1914 年六版，1935 年缩本初版。1935，第 953~954、1335 页。

续表

年份	编者	free	freedom	liberty	重要例词
1913	李提摩太、季理斐		自由	（无）	freedom of the will 自由，选择； freedom of religion 信教自由； liberalism 自由主义； libertarianism 自由说； liberty of religion 信教自由①
1915	英华日用字典	无束缚；自由；释放，使自由；	自由，不羁。	自由	free-man，自由民，享特权者，有公民权者。free-trade，自由贸易。freedom of speech or action，语言或行动之自由。liberty：良心上之宗教自由，出版自由，言论自由。civil liberty，个人自由权；natural liberty，天然自由权。political libery，政治自由权。religious liberty，信教自由②
1916	Foster	自由，自主	（无）	自由③	

---

① Timothy Richard & MacGillivray, *A Dictionary of Philosophical Terms Chiefly from the Japanese*, by Dr. Richard and Dr. MacGillivray, published by Christian Literature Society for China, Shanghai, 1913. 李提摩太在前言中说，其译名主要参考了 1909 年日本《哲学大辞书》。

② 商务印书馆编《英华日用字典》（*A Modern Dictionary of the English Language*），商务印书馆，1915，第 279、492 页。

③ Mrs. Arnold Foster, *An English and Chinese Pocket Dictionary in the Mandarin Dialect*, Fifth Edition, Shanghai: Edward Evans & Sons Ltd, 1916, p. 5680.

续表

年份	编者	free	freedom	liberty	重要例词
1918	季理斐				自主之权：sovereign rights, free-will. 自由：to have one's own way, liberty, freedom. 自由权：freedom. 自由言论：freedom of discussion. 自有意志：freedom of belief.①
1926	樊炳清	自由	自由②		
1935	汪佣然	有自由的；（宪法，政治等）确保自由的；（国民，宗教，思想等）在自由制度之下的；自主的，解放的；有自由之身的；	自由，自主；出入或使用之自由；自在，安易。	自由；自由权；许，特许；自由区域，特许区域。	free of duty, 无税的，免税的。free port, 自由贸易港。freedom of will, 意志自由。Liberty：信教自由，意志自由，言论自由，出版自由。③
1947	邹朝潘	放纵的，自由的。	自由。特权。自由使用。放肆。	自由，自主	free port, 自由港。Freeman, 自由民。Liberty：信教自由，出版自由，言论自由。④

---

① D. MacGillivray, *A Mandarin-Romanized Dictionary of Chinese*（季理斐：《英华成语合璧字集》），4th edition, Shanghai：printed at the Presbyterian Mission Press, 1918, pp. 995, 997.

② 樊炳清：《哲学辞典》，商务印书馆，1926，第 187 页。

③ 汪佣然主编《综合英汉新辞典》，世界书局，1935，第 438、622 页。

④ 邹朝潘等主编《启明英汉词典》，上海启明书局印行，1947。前言中说例句用了日本人入江祝卫之英文作文辞典等。第 219、338 页。

四　进一步的理解与翻译建议

根据一些人对词源的研究，freedom 一词来自中古英语 fredom，该词又来自古代英语 freodom，该词可追溯至原始日耳曼语 frijadomaz，等于 free+dom。根据《牛津英语词典》，古代英语 frei（源自梵语）指亲爱的人，描述所有那些跟一家之主亲近或相关的人，也即亲友。亲友在家里是自由自在的，没有拘束的，他们跟奴隶和仆从不一样，后者就没有那么自由，或者根本没有自由了。可能是这个原因，导致后来它跟 liberty 混用。在英语中，free 的同义词有 liberty、允许（license）、免除（exemption）；反义词则有：奴役（slavery）、囚禁（imprisonment）、拘束（bondage）、限制（constraint）。①

Free 常常跟 from 连用，成为 "free from……" 这样的短语。From 后面接着的一般是表示负面现象的词，比如：恐惧、匮乏、饥饿、疼痛、仇恨、疾病、压迫、压抑、债务、税务、贫穷、必然性、暴力、战争、广告、沉溺等等。从根本上说，freedom 就是这种 "没有、免于" 限制、压制、束缚的意思。

英语中一般将 freedom 和 liberty 混用，不加区分。比如，以赛亚·伯林在区分他所说的 "积极自由" 和 "消极自由" 时，对两个词就不加区分。但从词源词义上说，这两个词的含义是有差异的。如果要用 "积极自由" 和 "消极自由" 来指称，那么，liberty 相当于 "积极自由"，即 "我要自主地去做什么或成为什么"，而 freedom 相当于 "消极自由"，即 "免受束缚或限制"（当然，也不是绝对的，因为亦有 freedom to，主动追求）。

如果要找到精确的翻译，liberty 最好翻译为 "自主"。Liberty 来源于拉丁词 libertas，是一个带有罗马法意义的词，指人具有主人的身份，有自主权，不是奴隶的身份。罗马人是有奴隶的，奴隶没有自主权。在城邦里，自主身份跟公民权是捆绑的。自主的人有法律责任和义务，也有自主的道德。奴隶则只是会说话的劳动工具，如猫如狗，或者如未成年的小孩，他们谈不上责任、义务和道德，责任要归到监护人（主人）那里。

---

① https：//en.wiktionary.org/wiki/freedom

Libertas 的 "自主" 之义从西塞罗等人的著作中很容易看清楚。也只有从这个主奴身份和关系来理解 libertas/liberty，我们才能更好地理解后来黑格尔所说的 "主奴关系"[①] 和尼采所说的 "主人道德" 和 "奴隶道德"[②]。在这种语境下，liberty 不能翻译成误导性很强的 "自由"，而最好翻译成 "自主" 或 "自主之理""自主之权"。简言之，对 liberty 和 freedom 应该区别对待，各自翻译。

Liberty 跟人的意志和选择有关，最好译为 "自主"，那么，freedom 是否可以译为 "自由" 呢？在中文里，"自由" 常常跟 "意志" 连在一起，指 "自由意志"（free will）。"自由" 就是 "由自"、"由着自己"、任意的意思。但其实，free 跟 liberty 不同，free 除了可以用在人身上外，还大量地用在物理、物质现象上，难道说，物理、物质也有 "自我""自己" 并且有 "自由" 意志吗？显然，如果 "自由" 指人类的感觉、权力、权利，就不能把 "自由" 这样的词语套在物理、物质现象上，因为物体并无自由意志（它们反而是 "不由自己"），也无感觉，也无权利、权力的需要。所以，跟物体相关的 free 一词最好不要译为 "自由"。

近来已有学者指出 "自由" 一译的滥用，造成失真的问题。比如，"自由落体"（freely falling body）就是一个错误的译法。这里 free 是指 free from all forces except gravity，因此，free fall 应译为 "无碍下落"，freely falling body 应译为 "无碍落体"。力学、物理、化学中这类名词很多。再比如，free body 不应译为 "自由体"，free end 也不应译为 "自由端"，因为这里 free 均指 not joined to or in contact with something else，即不受钳制，因此 free body

---

① 可参见隈元泰弘《黑格尔哲学中的主奴关系》，李文堂译，《世界哲学》1991 年第 2 期，第 55~61 页。比如，在宗教发展上，黑格尔认为，犹太人对上帝的关系出于畏惧，这是主奴关系而不是父子关系，犹太人还没有达到自由。这无疑是在重复基督教对犹太教向来的看法。另可参见斯蒂芬霍尔盖特《黑格尔导论：自由、真理与历史》，丁三东译，商务印书馆，2013，第 108~113 页，"自我意识与主-奴关系" 一节。对黑格尔 "主奴关系" 的批判，可参见俞吾金《走出 "主奴关系" 的哲学神话》，《东南学术》2002 年第 2 期，第 66~67 页。

② 叶秀山：《尼采的道德谱系》，《云南大学学报》（社会科学版）2002 年第 3 期，第 3~14 页。跟其对传统价值观的颠覆相应，其对 "主人道德" 与 "奴隶道德" 的看法跟传统相反。传统强调主人的责任意识，尼采则强调贵族式的血气之勇，贵族作为价值立法者，不必为罪责所纠缠。

应译为"分离体"，free end 应译为"悬空端"。Free particle 指不受力的粒子，应译为"无碍粒子"，free rotation 是合力矩为零的刚体的转动。还有，free space 不应译为"自由空间"，因为 space 并无实体，谈不上自由不自由。这里 free 还是指 free from matter，即无物质的空间，故可译为"空宇"。总之在谈到物理、化学现象时，出现 free 一词应从"无""免"某种束缚去理解。如 free electron model 应译为"无缚电子模型"。Free radical 含义为"未键结基""游离基"，跟"自由"根本无关。常见的 free charge 根本不是指自由的电荷，而是指人可以移动的电荷，应译为"可移电荷"。Free energy 也易产生误译误解，更准确的翻译应为"可利用能"。①

Free 可以用在人的身上。当它被用在人文社会方面，就跟 liberty 有交集，故而常常导致混淆，最终造成两词通用。但即使如此，在使用 freedom 时，我们仍能感受到里面较强的"free from"的含义。如 freedom from slavery，freedom from fear，freedom from want 等，有人把这几种"自由"译为"免于奴役的自由""免于恐惧的自由""免于匮乏的自由"，其实是同义反复，不如直接译为"免于奴役""免于恐惧""免于匮乏"。现代社会的公民权利，说公民有思想、学术、出版、集会、结社、立党等方面的 freedom，除了惯用的"自由"译法外，其实也可以从"否定""无""免"-限制/障碍的角度来译，比如"思想无拘""集会无羁""言论无碍"等。

很多人认识到，"自由"不是一个好的译词，因为它容易令人想到古汉语"自由"的"逍遥任意"，而跟责任、法律没有关系，因此在中国语境中，"自由""自由主义"这样的词很容易被污名化。清民之际张之洞、康有为都对"自由"有所抨击，后来有人亦将自由主义等同于没有组织纪律、任意散漫、不负责任等，加以批判。其实，西方的自由主义（liberalism）迥非此义，而是跟人的自主权、个人与政府的权力界限②等主题连在一起的，因此译为"自主主义"更加准确。只不过 liberty（自主）受到了 freedom（亦有

---

① 任庆运：《若干重要物理名词探源》，中国物理学会期刊网。

② 严复"群己权界"可以说很好地道出了 liberty 的本义即"权界"，但这个词不只有穆勒《论自由》所强调的社会与个人权界问题，还指国家与个人、个人与个人之间的权限，本质即个人自主权的范围、边界在哪里，哪些范围内可以自专其意、自己做事并负起责任、承担后果。严复用"自繇"来替代"自由"则可以说只是字面上改动，于两词实义并无改变，似乎还不如"自主"。

不受限、不受管之义）的连累，两个词都被不加分别地译为"自由"，结果就是"不受管主义"，接近于无政府主义，当然为强调政府、宗教、党派管教的人士所不容。freedom 指"不受限制""没有障碍""无拘无束"，在用于人类社会政治领域时，虽然它跟 liberty 通用（通用的一个依据可能是既然"自主"，那么就意味着不受别人主宰、控制、干涉、妨碍），但是它本来的"不受限制""不受约束"的意思仍旧不能消除。我们的看法是，在涉及物理物质现象的 free 时，用"无碍"这类中性的否定词，在涉及社会时，用"无拘""听任""不羁""不干涉"较准确，强调其不受拘束、自由自在的一面。原教旨"自由主义"坚持管得越少越好，走向"放任主义"，是执着于 freedom 否定任何干涉的消极意义。在个人层面，如果个人"不羁""不拘"过度，但又缺乏自我管束，不能用理性控制激情，或重视适当的义务，则会导致自由的滥用。至于个人的责任、义务等，还是让 liberty 承担，比如在谈 liberalism 时，更多地提负责任，担义务，具备主人道德。在社会、政府与个人权限关系的层面，谈"不拘"和"自主"，则会有不同的情况，东西方不同国家的传统亦有很大的差别。但无论是"不拘"还是"自主"，都涉及"权限"和"界限"的问题，西方中世纪在上帝和人的自主意志的权力关系（权限）上，近代在国家、社会和个人的权限上，皆有明确的划分，各主体在权限之内皆得以充分发展。划界先是跟本性法（自然法）相关，因为人是按神的形象造出来的，其本性上具有一定的尊严，需要一个不受干扰、破坏的空间去充分地发展。

总之，中文"自由"是个含混的词，它包含两个迥异的词，即"不拘"和"自主"。"不拘者"不一定能够"自主"，还可能恰恰失去真正的"自主"，而"自主者"也不一定"不拘"，还可能恰恰没有真正的"不拘"。

早期尼采的目的论研究遗稿

（1867 年 10 月至 1868 年 4 月）

尼　采 著　　余明锋 译[*]

【编译者按】

目的论问题在尼采成熟时期的思想中占有至为紧要的位置，我们甚至可以把全部尼采思想称为一种"反目的论"。早期尼采的目的论研究因而具有相当重要的意义。并且，从目的论问题出发，我们也能看到尼采思想与西方哲学史大传统的某种关联。译者故而选取了 BAW3 第 371~395 页的目的论研究，名之曰"早期尼采的目的论研究遗稿"。BAW3 即五卷本尼采早年文稿第三卷，这五卷本是对《历史考订全集》（*Historisch-kritische Gesamtausgabe. Werk*，München，1933–1940）尼采早年文稿部分的重印。这套全集的编辑工作后被战争中断，但它对青年尼采遗留文稿的编辑迄今仍不过时。主编梅塔（Hans Joachim Mette）和施莱西塔（Karl Schlechta）都是著名的语文学家。因这套全集在贝克出版社发行，又被称为贝克版（Beck'sche Ausgabe Werke），故通常简称 BAW。

这份目的论研究笔记与尼采同时期的德谟克里特研究具有紧密联系，这并不奇怪，因为德谟克里特是尼采熟悉的古希腊世界中最重要的反目的论先驱。当然，再往前追溯还有赫拉克利特。德谟克里特研究和目的论研究一起构成了尼采 1867 年秋季至 1868 年春季的"哲学笔记"的主要内容，这份笔记占据了 BAW3 的最后部分，即第 318~395 页。自 1865 年偶

---

[*]　余明锋，同济大学人文学院副教授。

遇叔本华的著作之后，尼采也渐渐将哲学兴趣渗透到语文学研究中去。同样，叔本华无疑也是尼采这时期阅读所有哲学著作的一个基本背景，在反目的论研究上尼采接续了叔本华。第395页上的"论学院哲学"或为他阅读叔本华时所做的笔记，如果考虑到叔本华对学院哲学的谩骂式批判其实与他的反目的论有着根本关联，那么这页笔记也与整个论题有相关性，故而一并译出。

从笔记一开始所列的书目，可以看出，尼采阅读了同时代重要的哲学著作。在所列几种中，读得最多的是费雪的两卷本《康德》。此外，1866年尼采第一次深入阅读了朗格的《唯物论史》，并且对它评价极高。尼采的哲学史知识有许多都源于费雪和朗格的哲学史著述。他在正式出版的著作中对于哲学家的评述，往往都以同时代新康德主义的哲学史著述为根据，其中尤为重要的就是费雪的现代哲学史系列和朗格的《唯物论史》。从这份遗稿也可以看出，尼采早年是对康德的第三批判及康德之后的自然哲学下过功夫的，也关注同时期自然科学的发展（参见第393～394页所列书单）。虽然他更多地借助了新康德主义者的叙述，可他的笔记仍有自身的思想意义。他的康德研究着重于目的论问题，而他对于目的论的考察背后隐含着他的基督教批判，乃至对全部西方思想大传统的重估。当然，后一个步骤只是隐含其中，真正意义上的展开是后期尼采思想的基本任务。

［371］

关于目的论

特伦德伦堡①：《逻辑研究》，第2版，莱比锡，1862，第2卷，第65～66页。

古斯塔夫·施奈德②：《论亚里士多德的目的因》（de causa finali Aristotelea），1865。

休谟：《关于自然宗教的对话》，施赖特（Schreiter）译，莱比锡，1781。

---

① 特伦德伦堡（Friedrich Adolf Trendelenburg，1802～1872），柏林大学哲学系教授，那个时代著名的亚里士多德主义者，《逻辑研究》为其代表作。——译注

② 古斯塔夫·施奈德（Gustav Schneider），哲学史家，柏拉图译者，编有《柏拉图读本》，著有《柏拉图的形而上学》（Die Platonische Metaphysik，1884）等。——译注

康德：《纯粹理性批判》《判断力批判》

罗森克朗茨①：《康德哲学史》

库诺·费雪②：《康德》等

关于目的论

康德尝试证明，"对于我们来说，有必要③把自然物思考为被预想过的（prämeditirt），也就是有必要用目的概念来理解自然物"。我只能说，这是一种对目的论的宣称了。

人类经验还提供了另一种类比，即偶然性，或没有预料到的合目的性的产生。比如，天赋与命运幸运地耦合，例如中彩票。④

换言之，在无数现实发生的情况中，必定总有有利的或合乎目的的情况。

对我们的时代来说，已经不存在康德所谓"必要"了：不过我们还要考虑到，"即便伏尔泰也不认为目的论证明是必要的了"。

乐观主义和目的论携手并进：两者都要把不合目的之物作为真正的不合目的之物来否定。

反对一切目的论的武器：指出不合目的之物。

可由此仅仅证明了，最高的理性［372］只是偶尔发力，还为更低等的理性留了一个领域。不存在一个统一的目的论世界：不过仍有一个创造性的理智。

这样一种假定是根据一种人性化的类比而做出的：为什么不能有一种力量，无意识地创造了合目的之物，大自然不正是如此？我们想一下动物

---

① 罗森克朗茨（Karl Rosenkranz, 1805~1879），柯尼斯堡大学哲学教授，曾主编《康德全集》。著名的黑格尔主义者，著有《康德哲学史》（1840）、《黑格尔的生平》（1844）、《丑的美学》（1853）等。——译注

② 库诺·费雪（Kuno Fischer, 1852~1904），或译为"费舍尔"，著名哲学史家，新康德主义奠基者之一。著名的新康德主义哲学史家文德尔班就师承费雪。——译注

③ 直译："有一种强制性（Nöthigung）。"——译注

④ 编者在这一句后面还加了括号，用斜体标出（字迹不清）。以下径直译出，不再另外说明。——译注

的本能。这是自然哲学的立场。

也就是说，我们不再把认识者置于世界之外。

可我们还陷在形而上学里头，还不得不援引一个物自身。

在严格的人类立场上最终可以有一种解决：恩培多克勒的解决办法，在这种办法中，合乎目的之物只是在诸多不合目的之物当中显现的一种情况而已。

尝试了两种形而上学的解决办法：

一种是以粗暴的人类学方式把一个理想之人放到世界的外部；

另一种同样也是形而上学的，即遁入一个内在包含了事物目的的合理的世界。

合乎目的之物是例外状况；

合乎目的之物是偶然的；

其中显现的是全然的非理性。

我们必须把一切神学旨趣从问题中排除掉。

自康德以来的目的论
自然哲学的［目的论］

单纯的理念分裂为有机体之部分与状态的多样性，然而，它却在部分与功能的必然联结中保持为一体。这是理智的作用。

［373］"我们的知性将有机物的合目的性与无机物的合法则性带入了自然。"

同一个理念扩展了、给予了对于外在的合目的性的解释。物自身必须"在一切现象的和谐中表现它的统一性"。"自然的所有部分互相协调，因为它们是同一个意志。"

然而，与全部理论相反的是个体与种类的可怕斗争（这当然也表明了一种理念）。因此，这种解释预设了一种一以贯之的目的论：一种实际上并不存在的目的论。

难就难在目的论与非目的论的世界的协调。

问题的位置。
康德拒绝了解决问题的各种尝试。
自然哲学家们的解决办法。
批判康德的观点。

人们因为忽视了一种协调解决的可能性，于是就在一个智性领域①寻求解决办法。就此而言，这个问题与人类自由意志的问题有相似性。

没有哪个问题是必定要通过假定一个智性世界才能解决的。

目的论：
内在合目的性。我们眼见一台自行运转的复杂机器，而无法设想另一种构造，不知道如何构造得更简单，可这仅仅意味着：

机器自行运转，所以是合乎目的的。我们却无法下判断说，这里有着"至高的合目的性"。我们顶多能够推断出一种理性，却没有理由称之为一种更高或更低的理性。

［374］一种外在的合目的性是一种错觉。

反之，我们熟知的是自然的办法。这样一种"合乎目的"之物是如何产生的？自然用的是一种无意识的办法。② 这个意义上的合目的性只是适于生存，即 cond. sine qua non［不可缺少的条件］。偶然能够发现最美的旋律。

其次，我们了解自然如何保存这样一种合目的之物。自然所采用的方法是一种无意识的轻率。

可目的论提出了好些无可解答的问题。或者迄今没有得到解答的问题。
有机世界论，恶的起源，不在此列。
可比如，理智的起源问题。

---

① 或译为"唯有理智才可进入的领域"。——译注
② Sinnlose 或译为"无意义"。——译注

必定要用一个已然得到解释的世界来反对目的论吗？

只是在一个受限的领域去证明另一种现实性。

相反的假定：显现出来的逻辑法则能够在更高的层次更高地存在。可我们绝不能称之为逻辑法则了。

合目的

我们看到了一种达到目标的方法，或者更恰当地说，我们看到了目标之实存以及相应的手段，于是推测这个手段是合乎目的的。不过这并不意味着一种很高的甚至最高的理性等级。

我们于是对复杂事物感到惊奇，并（用人性化的类比）猜测其中有着一种特别的智慧。

［375］对我们来说，值得惊叹的其实是有机生命：我们并且把所有维系有机生命的手段称为合目的的。为何在无机世界就不再运用合目的性概念了呢？因为我们在无机世界只有统一体，并无相互磨合的部分共属一体。

摒弃目的论有一种实用价值。要紧的只是拒绝一种更高的理性概念：做到这一点，我们就心满意足了。

对于人类的理念世界来说，目的论值得高度评价。

目的论和乐观主义一样是一种美学产物。

因果之间的严格必然性将目的从无意识的自然中排除出去了。正因为目的观念并非源于自然，它就必须位于因果性之外，被视作偶尔干预因果性的动机；因此严格的必然性就不断地被打破。此在之上打满了奇迹的漏洞。

目的论一再被视为有意识之理智的结果，合乎其目的，愈演愈烈。我们追问这种偶一为之的干预有何目的，于是面对着纯粹的任意。

"自然之中没有秩序和无序。"

"我们视偶然之事为某种结果，却看不见它与原因的联结。"

布罗克斯（Brockes）十分可笑

参见施特劳斯《短论集》

关于斯多亚，参见策勒第四卷

事物实存，因此必定能够实存，也就是说，它们必须具有实存的诸种条件。

[376] 一个人要做个东西出来，想要使之具备实存的能力，于是他就会想，在何种条件下这才是可能的。事后，他就把完成的作品的实存条件称为合目的性。

他也因此把事物的实存条件称为合目的性：只不过假定了事物是像人类的作品一样产生的。

如果一个人抽签定生死，没有抽中死亡签：那这既不是不合目的，也不是合乎目的，而是像人们说的那样，偶然的。也就是说，没有预先的考量。不过，这给定了他继续存在的条件。

德谟克里特真的说过，语言起源于方便？

"自然的有机构造与我们所了解的任何一种因果性无可类比。"（此即有机体）康德如是说，《目的判断力批判》① 第 258 页。

"在一个有机体中，一切都是目的而又互为手段。"第 260 页。

歌德说："每一个生命体都不是个体，而是多元体：即便它向我们呈现为个体，也还是诸多有生命的自立存在者的集合。"《歌德》，第 36 卷，第 7 页。②

极要紧，《歌德》，第 40 卷，第 425 页，关系到他的自然哲学从一个康德主义原理的起源。

"知性凭借其概念所认识的自然 [377] 无非是动力所发生的影响，也就是机械论。""不是以纯然机械论的方式所得到的认识，就不是精确的自然科学的看法。"

"机械的解释也就是用外在原因来解释。"

---

① 即《判断力批判》第二部分，第一部分为《审美判断力批判》。——译注
② 尼采指的应当是魏玛版《歌德全集》。——译注

"〔对自然的〕分类不能从外部原因去解释。""可没有什么是没有原因的。"也就是内在原因，此即目的，即观念。

"一种看待方式还不是知识。"

"这样一种必然的看待方式所遵循的原则必定是一种理性概念。"

"这种方式的唯一原则是自然的合目的性。"

"机械的合法则性概念能够解释世界的构造，却解释不了有机体。"

"无法设想自然合目的性内在于物质。"

"物质只是外在现象！"

"事物的合目的性永远只能相对于一个有理智者而言，事物要与其意图相合。"并且"要么是我们自己的，要么是一个陌生的意图位于事物本身的根本处。在后一种情形中，现象中显现的意图乃是事物之此在"。在另一种情形中，只有我们对于事物的观念被判定为合目的的。这后一种合目的性仅仅关乎形式（"在对客体的纯粹观察中，想象力与理智相和谐"）。

"只有事物的机械起源方式是可以认识的。"

有一类事物是无法认识的。

我们只理解机械体。

[378] 虽然事物的机械起源是可以被认识的，可我们无法知道，是否还存在一种全然不同的起源。

我们的生物机制已经限定了我们，使得我们只能理解事物的一种机械起源。

我们的生物机制也有（参见康德）一种强制，使得我们相信有机体。

从人类本性的立场出发：

我们只认识机械体

我们不认识有机体。

不过，无论机械体还是有机体都和物自身无关。

有机体是一种形式。如果撇开形式不论，那就是一个多元体。

Ⅰ. 有机体之为我们的生物机制的产物

Ⅱ. 只有数学性的东西才能被认识

Ⅲ.

有机体是一个各部分以合目的的方式相互联结的物质。

因此我们要求原因能够合目的地联结一个物质的各部分。

——也就是说，康德这么说。

起组织作用的原因，必须被思考为根据目的而起作用的——

这里却有着一种跳跃。只要指出一种协调的可能性，就可以摒弃康德观念中的强制性要素。

机械体加上因果性就能产生这种可能性。

康德的要求，是依照一种糟糕的类比而提出来的：因为如他自己所承认的那样，不存在什么与有机体的合目的性关系相类似之物。

合目的性是作为可能性的一个特殊情况而产生的：产生了无数的形式，即机械性组合——在这无数之中也能有适于生命者存在的。

前提是，有机之物能够从机械体中产生出来。康德否认这种可能性。

事实上有一点是确定的，即我们只认识机械之物。超出我们的概念，就全然无法认识。有机之物的产生就此而言具有假设性：仿佛我们想象其中有着一种人性的理智。可即便有机之物的概念也是人性的：可以指出的是这个类比——适于生命者产生于无量的不适于生命者。我们由此接近有机体问题的解决。

我们看到，许多适于生命者产生、得到保存，并且看到了方法。

假定在适于生命者当中起作用，和在产生者、保持者当中起作用的，是同一种力量：那是非常不理性的。

可这是目的论的假定。

"结果观念是……整体性概念。"

在有机体中，"有待产生的结果的观念……是那个起作用的原则"。

可整体概念是我们的作品。这里有着目的观念的源头。整体概念并不存在于事物当中，而是存在于我们自己。

我们称之为有机体的这个整体却是多元体。

事实上没有个体，个体和有机体无非只是抽象物。

［380］我们先是造出了统一体，然后把目的观念植入其中。

我们假定，产生了有机体的力量是一种统一的力量。

然后注意这种力量创造和保存有机体的方法。

由此可见，我们只不过把证明自身适于生命的东西称为合目的的。

秘密只在于"生命"。

这会不会也只是一种被生物机制所限定的观念呢？

"暴殄天物到令人张口结舌的程度。"叔本华《作为意志和表象的世界》第二卷，第375页中说："自然做工毫不费力"；于是毁灭起来也就毫不在意。（字迹不清）

叔本华认为，这可与有机物相类比，《作为意志和表象的世界》第二卷，第378页："意志是动力因，而激发意志之物是目的因（causa finalis）。"

歌德的尝试

变形乃是从发生作用之原因的角度解释有机物。

每一种起作用的原因最终都基于某种无可解释之物

（恰恰表明了，这是地道的人类道路）

因此我们不会要求无机自然具备目的因，因为这儿没有个体，只能观察到力量。

也就是说，因为我能够解开一切机械之物，于是也就不再相信什么目的。

［381］"只有当我们自己制造概念并运用概念，我们才能获得完全的理解。"

一种错误的对立

如果在自然中起支配作用的仅仅是机械力，那么合目的的现象也只是看上去如此，因为其合目的性乃是我们的观念。

盲目的力量不带目的地行动，于是也就不会产生什么合目的之物。

全然失败和半成功的尝试组成无尽的链条，那之后才成就了适于生命者。

生命、有机体并不意味着更高的智能：根本不意味着理智的贯穿。

有机体的此在仅仅表明了盲目作用的力量。

1. 清除延伸出去的目的论观念。

2. 概念的边界。自然中的合目的之物。

3. 合目的即适于生存。

4. 有机体之为多元体和统一体。

"把整体所具有的观念理解为原因也就是目的了。"

而"整体"本身也只是一个观念。

康德：

"有机体的产生纯粹是机械性的，这是可能的。不可能的是，我们机械地从中推导出来。"

为什么？

知性是推理的，而非直观的。

"他只能从部分把握整体然后集在一起"

[382] 可在有机体中，"部分是被整体决定的"。

"而现在知性试图摆脱整体，因为整体不是通过直观，而是通过观念给予它的。整体观念因此该当限定部分：'整体所具有的观念因此被理解为原因'，此即目的因。"

"知性如果当从部分理解整体，那么它的做法就是机械性的；知性如果当从整体理解既定的部分，那么他就只能从整体概念出发来推导。"

一言以蔽之，缺少直觉（Intuition）。

合乎自然的论战

首先否认了有机体真有整体。也就是说，统一体概念被核查，被归于人类的生物机制。

我们不该从此出发。

在有机体中，不仅部分被整体限定，整体也被部分限定。

所以，如果有机体是机械地产生的，那么它就必定是可以推导出来的。

我们承认，只能看到一面。

那么首先被考察的只是部分，部分又分为部分：于是就达到了（字迹不清）诸如细胞。

假定有机体以机械的方式起源。即便一种目的概念也一同发挥了作用，创造也仍然通过机械来进行。（如康德承认的那样）

因此必须得找到一个机械的机制。

generat〈io〉aequivoca［自发生成］没有得到证明。

目的因和机械一样都是人类的看待方式。［383］只有数学性的东西是纯粹得到认识的。

（无机自然的）法则，就其作为法则而言，是与目的因类似之物。

"在自然中不能仅仅以机械的方式被把握的东西……，就不是知性的对象。"

在自然中，只有严格的数学之物才得到了解说。

"机械地解说意味着从外部原因出发来解说"/这个定义的引入，是为了随后提出内在原因与之相对。

机械地解说还有更多意味。

"只有当我们自己制造概念并运用概念，我们才能获得完全的理解。"

所以，我们只能全然理解具有数学性质的东西。（也就值纯粹形式的洞察）此外，我们就面对着无可认识者。为了对付这一点，人发明了概念，可概念只是把显现出来的特征集合到一起，触及不到事物。

力、材料、个体、法则、有机体、原子和目的因都是这样一些概念。

这些不是建构性，而只是反思性的判断。

康德把机械理解为没有目的因的世界：因果性的世界。

离开了结果观念，我们也无法想象结晶体。

有机存在者的起源和维系——这些在多大程度上属于目的因［领域］？

［384］自然的目的：在个体的孕生和保存中，种类也随之得到孕生和保存。参见康德《判断力批判》，罗森克朗茨编，莱比锡，1838 年，第 62 节。

然后康德把一种物的概念揳入下方（参见康德《判断力批判》，罗森克朗茨编，第 63 节），并且，不再能看到合目的性的普遍形式。

其形式之偶然性与理性的关系（晶体中也可以找到理性）

"一物如果是自身的……原因和结果，那就以自然目的的形式实存。"这句话不是推导出来的。而是采纳了一个个别情形。

有机体是唯一的自然目的，这个推导是不成立的。

在自然中，机械也可以导向目的因。

合目的性概念：仅仅是适于生存的概念。这无关乎其中所显现的理性程度。

康德说："把事物的内在形式看作合目的的，这与这个事物的实存是否符合自然目的，是两码事。"——因此，一个有机体的不合目的的保存和繁衍方法与它本身的合目的性全无矛盾。

相反，说一个有机体是合目的的，与说这个有机体适于生命，是一回事。所以并不是说：这个事物的实存是自然的目的；而是说：我们把一个事物称为合目的的，无非意味着我们发现它适于生命，也因此，其条件被视为合目的的。

谁如果指责自然的存养之道①是不合目的的，那是因为他把事物的实存看作自然的目的了。

［385］

自然目的的概念只附着于有机体之上。

"然而，康德说，这个概念必然导向一个观念，即把整个自然视为一个依目的规则组成的体系。"

"通过存在于有机自然产物中的自然，以之为例证，我们可以合理地……期待自然及其法则在整体上是合目的的。"

只有当我们

（1）忽略目的概念的主体性

（2）把自然理解为一个统一体

（3）并且相信自然的手段构成一个统一体

才会做出这样的反思。

康德：《判断力批判》，罗森克朗茨编，第 267 页

"所以，如果我们为了自然科学而将上帝概念引入其语境，以便使自然界中的合目的性得到解释，然后又使用这种合目的性去证明一个上帝存在：那么这两门科学中任何一门都将没有内在的坚固性；而一种欺骗性的循环论证就会使它们都变得不可靠，因为它们互相跨过了对方的界限。"②

从自然的生养之道出发来推断有机体的起源：恩培多克勒的观点不是这样的。伊壁鸠鲁或许如此。不过这种观点假定了偶然抛出的骰子组合在一起能够成就有机存在者：可争执的要点就在这里。一堆字母可以抛出一部悲剧（与西塞罗的看法相反），一群流星可以碰撞出地球：可有待反思

---

① 直译为：保存［事物］的方法。——译注
② "两门科学"指的是自然科学和神学。这段话出自《判断力批判》第 68 节。——译注

的是，什么是"生命"，是否生命（像悲剧那样）只是一种秩序和形式的原则，抑或是某种全然不同的东西；相反，得承认，在有机自然内部，有机体之间的关系与无机自然遵循同样的原则。［386］自然对待事物的方法是一样的，自然母亲不偏心，同样严厉地对待无机和有机孩子。

自然中唯有偶然在起支配作用，而偶然是合目的性的反面。偶然是那驱动事物的潮涌，这是可以认识到的。

这里有一个问题，创制事物与保存事物所凭借的是不是同一种力量？等等。

在有机存在者内部，各部分对于其实存而言是合乎目的的，否则它就无法继续存在下去了。可这并不能就个别部分说明什么。这是一种合目的的形式：可不能说，这是唯一可能的形式。整体因此并不必然决定部分，相反，部分倒是必然决定了整体。谁要是同时断言前一点，那他就断言了最高的合目的性。是部分之间各种不同的合目的性形式中最高程度的一种合目的性：他由此假定，存在着一个合目的性的层级次序。

这当中采取了哪一种结果观念？必要条件之下的生命？这是所有有机体都共有的结果观念？

一种形式的生命在为此所必需的条件之下？可形式和条件在此是不能分说的，也就是说，当一种形式被设定为原因，连带着也就有一定程度的合目的性被算在原因之列。因为具有一种形式的生命也就是有机体。除了形式之外，除了具有形式的生命之外，有机体还是什么呢？

可如果我们说有机体的部分没有必然性，那就等于说，有机体的形式没有必然性；换言之，我们就把有机之物置于形式之外了。可形式之外只还有生命。所以，我们的原理是［387］：生命有着不同的形式，也就是不同的合目的性。

生命可能具有无量多的形式，多到令人惊叹。

这些形式中的每一种都是合目的的：因为存在着无量多的形式，也就存在着无量多的合乎目的的形式。

在人类生命中，我们在合目的性中区分层级：我们仿佛把"理性"限定在了一个很小的选择范围。只有当人在一种复杂的情境中找到了唯一的合目的的道路，我们才说他的行为是理性的。而当一个人想要在世界上旅行，却选取了任意的一条路，那么他的行为虽是合目的的，却还不是理性的。

所以，在不同的"合目的的"有机体中还没有显现出同一种理性。

"结果观念本身成了原因"，这只是生命的形式。生命本身不能被思考为目的，因为要按照目的来行为，就已经假定了生命。

当我们谈论目的概念和目的因，那就意味着：一个有生命、有思想的存在者意图具有某种它自身想要在其中显现的形式。

换言之，我们通过目的因还根本没有着手解说生命，而只是解说了形式。

而我们对于一个有生命者的把握仅仅局限于形式。生命是永恒的变化者；我们通过自身的理智本性而把握形式：我们的理智不够敏锐，无法感知持续不断的变形：它把自己能认识的称为形式。可其实没有形式这种东西，因为在每一个点上都有着无限。每一个被设想的统一体（点）都画出了一条线。

与形式概念相似的还有个体概念。人们把有机体称为统一体，［388］就好像一个目的中心。可统一体只对我们的理智而言是存在的。每一个个体包含了无量的有生命个体于自身。个体概念只是一种粗略的看法，或许首先源于人类身体。

所有的"形式"都可以被抛掷出来，可只有生命不行！

"整体的观念之为原因"：这就意味着，整体规定了部分，此外无他。因为部分组成整体是不言而喻的。

当人们谈论目的因，想的无非是说，整体的形式参与了个体构造，并且有一个形式的起源可以不是机械的。

生命源于繁殖，这没有被算在目的因之列。在康德那里，对"自我组织"的推导是任意的。

我们需要目的因才能解释某物活着吗？不，仅仅是为了解释它如何活着。

我们需要目的因来解释一个事物的生命吗？

不，"生命"对我们来说是全然晦暗不明的，因此我们也无法通过目的因向之投入光亮。

我们只是努力去为自己澄清生命的形式。

当我们说"狗活着"，现在又问"狗为什么活着"，这样问是不对的。因为我们在这里所谓"活着"其实就是"此在"的意思。"为何某物存在"属于外部目的论，因此全然不在我们的范围。（幼稚的拟人论。在康德那儿也能举出这样的例子。）

我们无法机械地解说狗；正因此，它是一个有生命的存在者。

[389]一切位于"生命"表面而可见的东西就是形式。

对目的因的考察因此是对形式的考察。

事实上，我们也必须通过目的因来解释向上生长的晶体。

换言之，目的论考察和有机体考察并不相同。

而是目的论考察和形式考察相同。

目的和形式在自然中是同一回事。

因此，当自然研究者说，一个有机体可以起源于"偶然"，也就是说，不是根据目的因，可从形式来说，已经承认了［目的因］。有待追问的只是什么是"生命"。

我们凭什么可以把一个事物（比如一条狗）的显现方式，理解为事先存在的？形式对我们来说是某种东西。我们将之思考为原因，也就是赋予一个现象以物自身的价值了。

"合目的性"只是针对"生命"来说。

不是针对生命的形式。

所以，在合目的性概念中没有包含对理性的承认。

作为原因的"结果观念"不会是"生命"，而只能是形式。

也就是说，一个事物的显现方式被思考为事先存在的和实在的。

一个事物有生命——也就是说，它的各部分都合乎目的：事物的生命就是各部分的目的。

可生命有无量多不同的方式，或曰形式，或曰部分。

［390］合目的性不是绝对的，而是非常相对的：从另一个侧面来看，常常就不合目的了。

目的因意味着：

整体观念被标识为原因，

也就是说，一种显现形式被标识为实在的和事先存在的。

整体概念只关系到形式，无关"生命"。

Ⅰ．不是"一个'生命'有待创造，而是形式有待寻求"；

Ⅱ．而是"一种'生命'要以以下形式显现"。

生命概念是无法被把握的：因此也就不属于"整体观念"。

论有机体源于"偶然""无目的性"的可能（机械论），

康德承认了这种可能性，却否认了对之有认识的可能。

有机领域与无机领域的自然之道是一样的。

当机械论是可能的，那么知识应该也是可能的。

可"我们的知性是推理的"。可是要解说机械体，这也已经足够了。

个体是一个不充分的概念。

我们从生命中看到的是形式；我们以个体的方式去看。位于背后的就无可认识了。

生殖没有包括在目的因之内，因为它所问的是：一个存在者为了何种目的而生成？［391］这属于外在目的论，也就是一种自然目的的体系。

一个自然目的的体系有以下几点困难：

（1）有机体的目的概念中的主观性被当作客观性了；

（2）自然被理解为一个统一体了；

（3）而又将手段的统一性赋予这个统一体。

如果一个东西是以机械的方式产生的，它就因此而不能是合乎目的的吗？

康德如是断言。偶然为什么不能产生合乎目的之物？

他说得对：那么，合目的性就只在我们的观念当中。

"生命"随感受而出现：因此我们把感受看作"有机体"的条件。

"生命"是"有意识的实存"，也就是"与人相似的实存"。有机体问题的实质是：自然中与人相似之物从何而来？

可缺少自我意识？

面对"生命"，也就是面对有感受力、在生长的存在者时，我们除了用人类生存去做类比地理解，别无他法。人在自然中认识了一些与人相似之物，也认识了一些与人相异之物，于是寻求解释。

我观察到，人们常常也在睡梦中作长久的思考：有时突然醒来还能在头脑中发现所思所想残留的痕迹。

各个部分被无意识地整合为一个整体，我们理解这种整合吗？

大可以把无机自然（比如，宇宙的构造）［392］中的合法则性和合目的性思考为机械论的结果。

"康德在其中看到了一种计划般的必然性，即偶然的反面。"

库诺·费雪：《康德》第一卷，第 130 页等。

极为值得注意的一处（库诺·费雪：《康德》（第一卷），第 132 页）："我想，人们这样说大约也不算过分：给我物质，我将向你们演示，一个世界是如何从中诞生的。"等等。

哈曼就康德的乐观主义所说的话（《对乐观主义做几点考察的尝试》），适用于所有的乐观主义："他的灵感是些盲目的青年，被扔给了一条急切的母狗——他为了能够对世界下判断而诉诸整体。这种知识却还是不完全的。从整体出发来推断碎块就仿佛从不可认识之物出发去推断已然认识之物。"

哈曼：《神学著作》第一卷，第 491 页康德对于置身陌生的哲学理论感到很困难：这对于一位原创性思想家来说是非常典型的。

在目的论问题上说了非常漂亮的反神学立场的话。①

"期待理性给出答案，却又事先规定了它必须倒向哪一边，这种做法是极其无耻的。"

《纯粹理性批判》

第二部分　第 62 页

章节Ⅰ. 合目的性概念（之为实存能力）；［393］

Ⅱ. 有机体（未被规定的生命概念，未被规定的个体概念）；

Ⅲ. 所谓以机械的方式解说一个有机体的不可能性（何谓机械的？）；

Ⅳ. 自然中可见的无目的性与合目的性相矛盾。

章节Ⅰ. 合目的性考察是对形式的考察；

Ⅱ. 形式（个体）是属于人类生物机制的概念，被超越人类范围作了运用；

Ⅲ. 生命力 =

康德:《自然史通论和天体理论》1755 年

《证明上帝此在的唯一可能的证明》

霍尔巴赫:《自然的体系》

赫特纳（Hettner）第二卷

莫莱肖特（Moleschott）:《生命循环论》

还要读：

叔本华:《自然意志论》

_____

① 从上下文来看，指的是康德。——译注

特雷维拉努斯（Treviranus）：《论有机生命的现象和法则》，1832 年

乔尔贝（Czolbe）：《感觉主义新论》，莱比锡，1855 年

　　　　　　　　《人类知识的界限与起源》，耶拿和莱比锡，1865 年

莫莱肖特：《生命循环论》，1862 年

　　　　　《生命的整体》，基森，1864 年

魏尔肖（Virchow）：《生命与疾病四论》，柏林，1862 年

　　　　　　　　《科学方法论文集》，法兰克福，1856 年

特伦德伦堡：《逻辑研究》，莱比锡，1862 年

宇博维克（Überweg）：《逻辑体系》

［394］亥姆霍茨（Helmholtz）：《论力的保存》，柏林，1847 年

　　　　　　　　　　　　《论自然力的交互作用》，1854 年

冯特：《人类和动物灵魂讲演录》

洛采：《争辩集》，莱比锡，1857 年

　　　《医学心理学》，1852 年

特伦德伦堡：《柏林科学院月报》1854 年 11 月、1856 年 2 月

　　　　　　《哲学史论》，1855 年

赫尔巴特：《自然法与道德的分析性阐明》

谢林：《一种自然哲学的观念》

赫尔德：《人类历史哲学的观念》

比查特（Bichat）：《生理学研究》

　　　　　　　　《论生命与死亡》

还要阅读：

约翰·缪勒：《论有机生命》

　　　　　《论感官生理学》

康德：《判断力批判》，1790 年

弗里斯（Fries）：《数理自然哲学》，海德堡，1822 年

施莱登（Schleiden）：《论新近自然科学的唯物论》，莱比锡，1863 年
（施莱登还有《有机体的机械论解释》）

罗森克朗茨：《谢林讲义》，但泽，1843 年

萨罗门·迈蒙（Sal. Maimon）：《柏林启蒙期刊》，里姆（A. Riem）编，第八卷第一期，1790 年

谢林：《先验唯心论体系》

奥肯（Oken），《生殖》，1805 年

《自然哲学教科书》，1809 年第二卷，1843 年版

卡鲁斯（Carus）：《比较解剖学与生理学原理》，1825 年

［395］

论学院哲学

学院哲学的用处。

弊大于利。

1. 反宗教者得不到政府的聘用。①

　　结果：学院哲学与国家宗教沆瀣一气：有损哲学的尊严。

　　比如：黑格尔主义及其支持者。

　　政府聘用哲学教授的目的：国家利益。

　　结果：真正的哲学无人问津，被埋没了。

---

① 原文如此。——译注

宗教研究

"圣心信仰"与中国神圣结构[*]

——阳明儒学与惠能禅宗的圣心观比较

李向平^{**}

摘 要：中华信仰及其神圣结构之中存在"圣心信仰"。禅宗与宋明理学的历史互动，可谓集中于"圣人"或圣人的"心"等概念。但佛教与儒教有关圣人的定义与成德的功夫各有差异。心学是个体神圣化的儒学，并且以其个体化的神圣方式抵抗制度化、官僚化的儒学。而禅学则是以无念为本，"直指人心，见性成佛"的顿教法门。一方面，"满街都是圣人"；另一方面，烦恼即菩提，凡夫即佛。其中，王阳明的"良知"及其圣人之心与惠能的"无念"及其圣人之心，恰好构成了中华文明中"圣心信仰"的一对核心问题，这就是中国人精神世界中天下国家、总体性"国家"神圣与个体性"天下"神圣的互动关系。宇宙即吾心的心学问题与见性成佛的禅宗信念，尽管各有特点，却共同促成了中华文明体系中的圣心信仰结构，走向自我神圣。而比较研究中华文明体系中"天下"与"国家"的双重神圣结构，当能把握中国人最关键的文化心态。

关键词：圣心信仰 天下国家 阳明心学 禅宗无念双重神圣

---

* 本文系国家社科基金重大项目"中国特色宗教社会学话语体系及其本土知识结构研究"（18ZDA230）、上海市教育委员会科创计划重大项目"中华文明信仰与当代中国心态秩序重建"（2019-01-07-00-05-E00011）的阶段性成果。

** 李向平，山东大学犹太教与跨宗教研究中心讲席教授，华东师范大学教授。

从宇宙到人类、从个人到天下、从国家到社会，"心"的问题很奇妙、很神圣。它可以大到极致，也可以小到极致。一颗神圣的心，包括了其他所有与神圣的关系。把自己的心奉为神圣，其他再无神圣。心量大的人与神圣结构，可容天地万事万物，纵然天崩地裂、日月无光，也能泰然处之、稳定如初；心量小的人与神圣结构，别人的一句冷语或一个脸色，就能让他的人生变成末日。所以，我们的心，可比虚空大，可比微尘小。

中华文明信仰及其神圣结构，无论是儒释道三家整合，还是个体与宇宙、天下与国家，无不存在一个关于"心"的问题及其定义、理解与互动乃至分层的方式，以至于形成了一个天下与国家双重神圣的文明结构，并以圣人之心为中介，建构了几乎每一个中国人的文化心态。

一　"圣人之心"：中华信仰核心

中华文明神圣深层结构中包含的所谓天人合一的境界，先后呈现在儒释道各家信仰结构里。其中，王阳明的"圣人之心"，是圣人向自己心内的要求，即"仁者以万物为体。不能一体，只是己私未忘"，然圣人指向万物的仁心，自格物、致知、正心、诚意、修身、齐家，直至治国、平天下，逐层建构一个源自个体神圣直通国家、天下的神圣呈现机制。

中华信仰结构中的天命圣人之心，一是成于圣人学问体系，始于知天、知人、知性的心学体系，强调生命的过程，始终不忘初心而回归成圣的本来面目，进而以良知为心之本体，无善无恶就是没有私心物欲的遮蔽的心，是天理，在未发之中，无善无恶，成为中国人追求的境界。它是"未发之中"，圣人与凡夫，不可以善恶分，故无善无恶。二是成于以心传心即为圣人之心的佛门圣教，即菩提本自性、起心即是妄的佛教信仰的人间觉悟体系，悟道超凡，迷悟。禅宗，故此法门立"无念为宗"。比较而言，佛教禅宗所强调的直指人心，见性成佛，来自禅宗的缘起式思维方式及其佛教神圣结构中的圣人之心。惠能大师创建的禅佛教，菩提自性，本来清净，以心传心，但用此心，直了成佛。明中叶之后，佛教禅宗与阳明心学相互发明，促使人的主体自我神圣能力、心的悟性得到了充分的发挥和极大扩张，在无念、无住的概念之中凝练为一个"心"的概念，成为当时乃至中国佛教宗派之间能够融通的基本范畴，促使一切存在既无中心亦能超越中心地形成于横竖无尽的相互关系之中。① 这种缘起式思维及对人之"心"的重视，无疑是和阳明心学有关圣人之心及其外王社会关系构建的神圣思维形成一种新时代的互动机制，最后建构了有别于"国家"的"天下"双重神圣信念。

圣人之心及其圣人信仰，乃是其双重神圣的中介。王阳明的良知成圣思想与惠能大师的无念成佛机制，皆为此圣人之心的重要建构者。

儒门道统之圣人主要有尧、舜、禹、商汤、周文王、周武王、周公、孔子。而颜子、孟子、子思和曾子，还有一些先贤大儒，也是被视为境界接近圣人的人。《孔子家语·五仪解》记孔子曰："所谓圣人者，德合于天地，变通无方，穷万事之终始，协庶品之自然，敷其大道，而遂成情性，明并日月，化行若神，下民不知其德，睹者不识其邻，此谓圣人也。"

道教认为圣人无常心，以百姓心为心。《抱朴子内篇·辨》中说："俗所谓圣人者，皆治世之圣人，非得道之圣人，得道之圣人，则黄老是也。治世之圣人，则周孔是也。"另有《黄帝内经·上古天真论篇第一》云："有圣人者，处天地之和，从八风之理，适嗜欲于世俗之间，无恚嗔之心，行不欲离于世，被服章，举不欲观于俗，外不劳形于事，内无思想之患，以恬愉为务，以自得为功，形体不敝，精神不散。"

佛教中的圣人则是修行位阶显示的结果之一。它曾是佛教常用术语，梵语阿利耶，义为"圣者""贵族""不凡""有价值"等，多译作圣者、圣、圣人等，如"圣观音菩萨"即"阿利耶阿婆卢吉低舍婆罗"；佛陀、阿罗汉、菩萨称为"圣者"。在大乘佛教中将法界分为六凡四圣，六凡为六道众生，又称凡夫；四圣为佛陀、菩萨、缘觉、声闻。此外，佛弟子也将佛陀的教法称为圣，尤其在巴利语系佛教中更为普遍，如四圣谛、八圣道，佛法典籍称圣典。佛教徒被称为"ariyapuggala"（高尚的补特伽罗），不信受佛教和毁谤佛法者，可称为"anārya"（非圣者）。

诚然，佛教信仰体系中的"圣人"相当于"大成就者"，是证果的修行人，最高成就就是成佛。佛，又称为佛陀，是指觉悟了无上正等正觉

---

① 李向平：《禅者眼中的和谐社会——兼论民间禅宗》，《探索与争鸣》2006 年第 1 期。

者。此外，依照佛陀的指示修行者，可以得到阿罗汉等四向四果，以及独觉辟支佛，这是声闻缘觉和独觉乘这二乘的圣果，是南传巴利语系佛教的主要圣果。而发愿成佛的人，并逐步修行证果的圣人，称为菩萨，大菩萨修行圆满将来必定成佛，这是北传梵语系佛教的主要圣果。另外，金刚乘里还可证得法身佛。

佛教通常把除了佛陀外的普通圣人分三品，即上品的菩萨、中品的独觉、下品的声闻，称为三乘。但实际上三者是互相渗透和融汇的，因为大乘佛教需要为僧徒们树立修菩提道而成佛的信心，故分列三乘，突出菩萨乘最大，但也明确提出"三乘俱一佛乘"。本来，佛、菩萨、阿罗汉都是具体的历史名人，跟神话中的神祇风马牛不相及，但因为长期把圣人神化，并对抽象的报身佛也使用本来对于真人的称谓，所以逐渐地变成了和古代神话相似的描述。在此，本文所论佛教圣人与儒教圣人及其神圣特征极其相似。

儒教开拓的"尊德性而道问学"的道路，通过德性的讲求，强调指出中国人的先天本具之性，进而把它予以神圣的高贵。殊途同归的是，这一神圣的德性对佛教的信仰来说，就是"一切众生皆有佛性，皆可成佛"，每个人都具备佛性。不管是一阴一阳之道，还是日用之谓道，抑或是佛教所说的佛性、真如。

无论儒佛，圣人才将这个道理点破，揭示人人皆具有的德性激情神圣性。如同孟子所言"仁义礼智，非由外铄也，我固有之也"，仁义礼智信并非外面强加的，而是我们本自有的。

儒学作为中国文化思想的主体，自其形成伊始，就致力于德性的讲求和德行的生活实践，即如《中庸》所言："尊德性而道问学，致广大而尽精微，极高明而道中庸。"尽管就儒学思想的体系而言，它也将问学与德性相提并论，但是，它的价值核心却在于德性之尊，重于德性之尊而整合其问学之道。在其圣人信念的追求层面上，儒学将问学和德性整合在以圣人为中心的神圣结构当中。

正因如此，儒学的价值追求可谓集中于一个心的问题，以尊德性为天命心性之学。

并分别为"尊德性"与"道问学"的两个进路。

与此相应的是，儒学的认识论追求，体现为重体认、重直觉，直将"个体神圣"置于"天命心性"的实践机制之上，所以其哲学特点和文化信仰则以成圣做贤为核心，主张"人皆可为尧舜"。学界一般认为，中国儒教自魏晋时代之后直至唐王朝，虽然其学术文化的发展，呈现为道、玄、佛诸学盛行，就儒家思想整体的知识旨趣而言，依然是重于德性之尊而轻于问学之道，就其圣人之心的神圣结构的起源与完善进程而言，此乃一以贯之的神圣实践路径。

佛教受此影响，其讲佛学者，亦大都由此行思，主张人人皆有佛性，大力阐扬"一念相应，便成正觉"以及"顿悟成佛"之说，从而形成典型的中国佛性论。其流风所至，则使唐宋时代的中国儒学，反而受到了中国佛学及其佛性论的深刻影响。作为中国化佛教宗派的典型如天台、华严、禅学诸宗，就已大量吸收了传统儒学的思想内涵，构建了儒学化的中国佛性论思想和佛学体系。儒学重德性，佛教讲佛性；儒学关注精神修养问题，佛学讲究心性修持；儒学追求极高明而道中庸的境界，佛学则以立处为真、理事圆融为超越精神；儒家主张人皆可为尧舜，佛家亦阐扬悉有皆佛性。

就佛家发展史而言，重佛性之尊而强调自心净化的禅、贤、天台各宗，占据了唐宋之后中国佛教思想史的主席。而从儒佛融合或佛家儒学化的过程来说，所谓"德性"与"佛性"已有相应的融通，佛性亦德性，德性也是佛性；佛性与德性的双重遵从及其神圣化赋予方式，促使佛学即圣学，圣学亦佛学。它们的互相交织和彼此影响，构成唐宋及其以后中国文化圣人之心神圣结构的主干，以至于天下与国家、德性与佛性、个体神圣与总体神圣，如何整合于社会实践机制，则成为近世中国遗留下来的一个时代问题。这是因为到了17世纪，人们已经不再像理学家一样相信，成为一个有道德的人是解决时代问题的基本方案，从而放弃理学的理念，不再认为"学"是为了成圣。人们"试图寻找一种新的，不需要依靠理学关于'统一性'信仰的学术"。[①]

圣人之心及其圣心信仰，恰好就是这样一种具有"大一统"特征的"信仰的学术"，同时也是一种个体的生存技术与天下、国家权力的治理技术。

---

① 包弼德：《历史上的理学》，王昌伟译，浙江大学出版社，2010，第243页。

二　阳明心学：儒教真传的天下信仰

阳明学，通常又称作王学、心学，是由明代大儒王阳明发展的儒家理学。元代以及明初以来流行的理学强调格物以穷理，王阳明强调"心即是理"，即最高的道理不需外求，而从自己心里即可得到。王阳明的主张为其学生们继承并发扬光大，其中又以泰州学派（又被称作左派王学）将其说法推向极端，认为由于理存在于心中，因此"人人可以成尧舜"，"天地虽大，但有一念向善，心存良知，虽凡夫俗子，皆可为圣贤"，即使不是读书人的平民百姓，也可以成为圣人。

在阳明心学之中，心的地位非常关键，也非常神圣。"心"即"我的灵明"，"我的灵明便是天地鬼神的主宰"，"离却我的灵明，便没有天地鬼神万物了"（《传习录》下），"凡知觉处便是心"（《传习录》下）。

在宇宙与人心的双重神圣结构之中，各种神圣关系皆有"位天地，育万物，未有出于吾心之外者"（《紫阳书院集序》）。"且如事父，不成去父上求个孝的理；事君，不成去君上求个忠的理；交友治民，不成去民上求个信与仁的理。都只在此心，心即理也。"（《传习录》下）"心"不仅是万事万物的最高主宰，也是最普遍的伦理道德原则，同时主张"知行合一"的认识论。

儒家经典的学习与研究、对外界事物的认知与把握，大多以道德境界与道德能力、自我神圣能力的强化为核心。在此核心之中，天命、人的本心作为道德的根源，如何使之呈现与实践，最后完善人的良心结构、在不同程度上体现圣人之心，方能实现道德能力强化的目的。这就是说，"心虽主于一身，而实管乎天下之理；理虽散在万事，而实不外于一人之心。……外心以求理，此知行之所以二也。求理于吾心，此圣门知行合一之教，吾子又何疑乎？"（《传习录》中）"知行如何分得开？""知之真切笃实处即是行，行之明觉精察处即是知。"（《答顾东桥书》）

"今人学问，只因知行分作两事，故有一念发动虽有不善，然却未曾行，便不去禁止"，"我今说个知行合一，正要人晓得一念发动处，便即是行了。发动处有不善，就将这不善的念克倒了，须要彻根彻底，不使一念不善潜伏在胸中，此是我立言宗旨"（《传习录》下）。实质是恪守儒家伦理，成为圣人。

余英时曾经从中国传统学术的内在理路上对"尊德性"与"道问学"进行梳理，提出了宋代是"尊德性"与"道问学"并重的时代，明代是以"尊德性"为主导的时代，清代可以说是"道问学"独霸的时代。[1] 百多年来"尊德性"与"道问学"断裂，今日中国学界总体上是偏于"道问学"，遵循精英与大众结合、官方与民间结合、体制内与体制外结合来复兴中国文化的思路。

然而，对此问题的讨论，在中华文明的神圣结构之中，所谓"尊德性而道问学"可谓儒家神圣结构中二元张力，延续千年直至当代。"尊德性"与"道问学"为一体，可是后儒在不同时代的诠释中各有创建，各有偏向。孟子曰："尽其心者，知其性也。知其性，则知天矣。存其心，养其性，所以事天也。夭寿不贰，修身以俟之，所以立命也。"

《礼记·中庸》说："故君子尊德性而道问学，致广大而尽精微，极高明而道中庸，温故而知新，敦厚以崇礼。"从《中庸》文本来看，"尊德性"的"性"就是其首章所说的"天命之谓性，率性之谓道"的"性"，是指上天赋予人的本性。而《中庸》解"诚"为："诚者，天之道也。诚之者，人之道也。诚者，不勉而中，不思而得，从容中道，圣人也。""诚"既然是"天之道"，人效法此天道，是乃人之"德性"，换言之，"诚"是人的天赋之"德"，具有这样一种"至诚"德性的就是圣人。所以，君子要尊重、遵从这样的德性，以修习"诚"为学问之道，以至于圣人的神圣境界。

陆九渊借助于儒家天人合一的思维模式，以为"心即理"，万事万物皆由心而生发，实际上也是天下信仰的一种实践机制而已。"四方上下曰宇，古往今来曰宙，宇宙便是吾心，吾心便是宇宙。"（《自杂谈》）朱熹所说的"理为天地、人物存在之本，是先于宇宙而存在"虽然与其不同，但朱熹主张由道问学，强调格物致知，即穷物理，强调学习知识的重要性，以为人的道德水准必将随着知识的增长而增进，此与陆九渊所说"明心"，要尊德性，强调为学的目的并不仅仅在于增进知识，同样是为了实

---

[1] 余英时：《文史传统与文化重建》，三联书店，2004，第203页。

现道德神圣的至高境界殊途同归。

王阳明对"尊德性"与"道问学"的理解基本上是沿着陆九渊一脉而来的，而他自己也努力在心学的构架中使"尊德性"与"道问学"取得统一。《传习录》载"尊德性"一条。先生曰："'道问学'即所以'尊德性'也。"王阳明强调其内在德性即是"良知"，即上天禀赋与人生命中不学而知的、不学而能的、先天具有的道德意识，是道的本体，是人格的主体性。

尽管明末清初顾炎武抨击阳明心学及其后学，为"语德性而遗问学"，"以明心见性之空言，代修己治人之实学"，[①] 以为阳明后学割裂尊德性与道问学的关系而片面地"语德性"，却并不是反对"语德性"本身，这种主张在顾炎武分别"天下"与"国家"之重大议论来看，的确如此。德性与圣人之心恰好是与天下信仰紧紧相扣、彼此整合，将千百年来中华天命心性之宇宙神圣结构确定为一个"天下"，建构为中华文明结构中圣心信仰的呈现方式。

在中华文明律法上，只有天子能够祈天，并由此垄断了中国人对天命心性及其天意的阐释。唯有陆王或阳明心学未能被阻止在祈天和养育圣行之外，其所养育的圣心信仰正代表着对既存秩序的抗拒。此外，在中国的绝大部分历史上，大众文化中盛行的是一种吸纳佛教和道家思想，且与儒家伦理相结合的混合性超越观念。借着对超越性理想的诉求，这些信仰运动借助于心学的强化，能够通过推导个体神圣的伦理规范，来挑战既有成规并引导历史的方向。

在此历史背景的制约之下，阳明心学及其圣人之心的神圣特征就显示了格外的意义。

王阳明在《大学问》认为："大人者，以天地万物为一体者也，其视天下犹一家，中国犹一人焉。若夫间形骸而分尔我者，小人矣，大人之能以天地万物为一体也，非意之也，其心之仁本若是，其与天地万物而为一也，岂惟大人，虽小人之心亦莫不然，彼顾自小之耳。是故见孺子之入井，而必有怵惕恻隐之心焉，是其仁之与孺子而为一体也。孺子犹同类者也，见鸟兽之哀鸣觳觫，而必有不忍之心焉，是其仁之与鸟兽而为一体

---

① 顾炎武：《日知录》卷七，《夫子之言性与天道》。

也，鸟兽犹有知觉者也，见草木之摧折而必有悯恤之心焉，是其仁之与草木而为一体也。草木犹有生意者也，见瓦石之毁坏而必有顾惜之心焉，是其仁之与瓦石而为一体也。"

阳明心学中的"大人者"，正是儒教神圣结构中的圣人。其能以"天地万物为一体者也，其视天下犹一家，中国犹一人焉"。"仁者以天地万物为一体"为宋代的程颢最先提出来，用"以天地万物为一体"来解释"仁"，发展了古典儒学对"仁"的理解。王阳明继承了这一点，把这一点视为"圣人之心"的基本内涵，并作为"圣人之教"的基本内容和出发点。圣人之教就是以这样的万物一体之仁，教导人们去克服个体私欲的蒙蔽，恢复心的本体，即心的本来状态。

依据阳明心学的说法，圣人看待天下的人，无论与他有没有亲属关系、有没有社会关系，也无论与他的距离远还是近，只要是有血气、活生生的人，圣人之心都会看作他的兄弟或亲属的婴儿，都希望使他们安全，要养育他们、教育他们，以实现和满足他的万物一体的心念。为此，王阳明认为，天下所有的人，他们的本心（也就是本来的心），在开始的时候与圣人并没有分别，都是以天地万物为一体的；只是后来由于被个体的私心和物欲蒙蔽，才把自己与天地万物间隔开来，也就不再能有万物一体的意识。圣人忧虑于此，因而立下了圣人的教法以教化天下的人。圣人之教的内容就是推广"仁者以天地万物为一体"，来克除人的私心，去掉其蒙蔽，恢复人们的本心心体。

"夫圣人之心，以天地万物为一体，其视天下之人，无外内远近。凡有血气，皆其昆弟赤子之亲，莫不欲安全而教养之，以遂其万物一体之念。天下之人心，其始亦非有异于圣人也，特其间于有我之私，隔于物欲之蔽，大者以小，通者以塞。人各有心，至有视其父、子、兄、弟如仇雠者。圣人有忧之，是以推其天地万物一体之仁以教天下，使之皆有以克其私，去其蔽，以复其心体之同然。"①

其所谓"仁者以天地万物为一体"，意为仁者将自己与天地万物视为一个整体，语出《孟子·告子上》："心之所同然者何也？谓理也，义也，

---

① 王阳明：《传习录》中卷，《答顾东桥书》。

圣人先得我心之所同然耳。"至于圣心信仰作为圣人教化的主要内容，即为传统沿袭的"道心唯微，唯精唯一，允执厥中"，如同舜让契教化天下的"父子有亲，君臣有义，夫妇有别，长幼有序，朋友有信"五大规则，因此构成了阳明心学有关圣人之心、圣人之学、圣人之教的神圣结构。

实际上，儒教有关圣心信仰的理论本身就在"天地君亲师"的神圣结构之中呈现出一种信仰特征，所以宋明之际的儒教无论理学还是心学，在接受佛教的影响重建其圣人之心及其信仰的统一性基础上，如同王阳明曾经在洞里修行，希望自己成为一个道家或佛教徒，并且号称"阳明子"，在圣人之心的信仰层面促成儒佛圣心的中华神圣大一统特征。

三　无念佛性：佛教的圣心信仰

在中华文明历史的演进过程中，虽然一贯强调儒佛互补，但是在圣人之心及其圣心信仰层面上，大多是强调以儒家圣人为主导，以为佛教强调的出家，不为儒教教义所强调。

然而，佛教也是一家非常强调圣人信仰的宗教，而且其信仰结构更加具有神圣性实践特征。在文明演进过程中，佛教也被称为圣教，表示佛教圣者所说之教法，即指佛所说之教与圣贤等所选述之典籍，又称经、律、论三藏及其他圣贤等之著书为圣教。异部宗论论述记曰："圣者，正也，与正理合，目之为圣。此言所显，即佛世尊所说教能引圣，名圣教。"

佛之教法被称为圣纲，以其罗致众生，使归于正法，故以纲喻之，又以佛所说之法契合于正理，故称为圣法。佛之感应则称为圣应。即便是佛教之八正道，也称为"八圣道"；而"圣道"作为佛教神圣结构中的"圣正之道"，恰好与世间"俗道""出世道"相对，即无漏智所行之正道，如"精勤修习者，能开发圣道"。①

更加关键的是，佛教神圣结构之中也有圣人与贤人之并称，其修行佛道，达于见道以上之阶位者，称为圣；而未达见道，仅离恶者，则称为贤。《俱舍论》中为此还举有"七贤、七圣"之说，以至于还有"圣僧"

---

① 《杂阿含经》卷二十二（大二·一六〇中）。

"上僧"，指的是开悟并德高望重之僧，后来也专指于斋堂上座所安置之圣僧像。因此，中国佛教的核心问题就是神圣的形成问题，同时就是中国佛性论的构成，佛教中国化的路径即贯穿着一道文化主线，以中国人如何成佛为中心，实际上也是佛教信仰体系中的圣人信仰进路。

与儒家的圣人之心大体一致的是，佛教禅宗的修持特征也正是以心传心，以呈现其圣人之心，也是从宇宙性的神圣结构开发其圣人之心。阿部正雄曾经认为，"虽然佛教和基督教首先关切人的拯救，但它们给予拯救的基础是不同的：它在基督教中是个人性的，而在佛教中则是宇宙性的。前者，人与上帝的个人联系是轴向的，而以宇宙为圆周；后者，个人的痛苦及其解脱是在非个人性的、无限的、宇宙论的范围中，甚至连神——人关系亦包含于其中"。① 这个宇宙性的神圣关系，正好也是圣人之心的体验与养成基础。唯有在此宇宙性的神圣关系之上，才能够担持《金刚经》，即自见性，直了成佛，"应无所住而生其心"。

惠能大师能够于东山得法，言下大悟，即是因为"教是先圣所传，不是惠能自智。愿闻先圣教者，各令净心。闻了，各自除疑，如先代圣人无别。一众闻法欢喜，作礼而退"。②

正是因为这一"先圣教者"，惠能言下大悟，一切万法，不离自性。遂启祖言：何期自性，本自清净；何期自性，本不生灭；何期自性，本自具足；何期自性，本无动摇；何期自性，能生万法。③ 如果说，禅佛教的这一先圣教者，作为惠能大师"识自本心，见自本性"的结果，而这一结果即名丈夫、天人师、佛，实际上也就等同于儒教的圣人之心、圣人之教与圣人之学。

不过这禅佛教与儒教教义不同的是，其"称觉为师，更不归依邪魔外道。以自性三宝常自证明。劝善知识，归依自性三宝。佛者，觉也。法者，正也。僧者，净也。自心归依觉，邪迷不生，少欲知足，能离财色，名两足尊。自心归依正，念念无邪见，以无邪见故，即无人我贡高，贪爱执着，名

---

① 阿部正雄：《禅与西方思想》，王雷泉、张汝伦译，上海译文出版社，1989，第39页。
② 《六祖坛经·自序品第一》。
③ 《六祖坛经·自序品第一》。

离欲尊。自心归依净，一切尘劳爱欲境界，自性皆不染著，名众中尊"。①

不同于格物致知、正心诚意、修身齐家、治国平天下的道德修养进路，禅佛教惠能大师主张的是"我此法门，从上以来，先立无念为宗，无相为体，无住为本。无相者，于相而离相。无念者，于念而无念。无住者，人之本性。于世间善恶好丑，乃至冤之与亲，言语触刺欺争之时，并将为空，不思酬害。念念之中，不思前境。若前念今念后念，念念相续不断，名为系缚。于诸法上，念念不住，即无缚也。此是以无住为本"。②

因此，惠能大师把禅宗的修行实践方法归纳为"无相为体，无住为本，无念为宗"。无相："无相，于相而离相"；"外离一切相是无相。但能离相，性体清净，是以无相为体"。"自性"是以无相为体的，为此，无相不只是离一切相，更是因离相而显性体的清净，

惠能大师认为，因为人的"本性"念念不绝，法的"自性"也就念念不住（三世迁流）。但是众生念念系缚，往来生死。体悟自性不住，一切法也无所住，即顿得解脱。心不住，即通流；住即被缚，故而"无住"是禅佛教信念的主体。其次是无念的实践机制，"于一切境上不染，名为无念。于自念上离境，不于法上念生。莫百物不思，念尽除却。一念断即死，别处受生"。正因为"无念"是"于自念上离境，不于法上念生"，人的念是被境相（法）所役使的"妄念"，所以要"无念"，即不依境起，不逐境转。

"无者无何事？念者何物？无者离二相诸尘劳。真如是念之体，念是真如之用。性起念，虽即见闻觉知，不染万境而常自在。""念"从"真如"起，本来解脱。当体见"自性"，虽能见能听，但念念解脱。不立"境"和"念"二相，不落能所。不但没有"于境上有念"的有念，也没有"不于法上念生"的无念，即正念现前。"无念"是从自己身心（本性念念不住）中去见性。③

诚然，与阳明心学不一致的地方是，阳明心学是把宇宙、天下国家系于一身，回归圣人之心，以"人的心决定了人的社会关系。心学所体现的

① 《六祖坛经·忏悔品第六》。
② 《六祖坛经·般若品第二》。
③ 《六祖坛经·定慧品第四》。

侧面很多，它在人的感性、知性、理性、悟性方面都有所体现"。① 孟子讲的"大而化之之谓圣"，此处的圣人之心之所以具有大的功能与气象，这是因为此处之"大"是一种"转化能力"，向内转化与向外转化能力两种类型。外部是转化世界，内部转化、自我转化才能成圣。② 既能够转化外部世界，也能够转化内部世界者才可能成为圣人之心，圣人之教。这是圣心信仰的硬核部分。唯有这类圣人之心，然后依据禅佛教提倡的"以心传心""直指人心"，这就等同于"满街都是圣人"了。

可是，"佛法"等同于"天心"，直指人心，以为不悟即佛是众生，心佛众生三无差别，均能见性成佛，与阳明心学之强调"满街都是圣人"如出一辙。所以，惠能主张"一念悟时，众生是佛。故知万法尽在自心。何不从自心中，顿见真如本性？《菩萨戒经》云：我本元自性清净。若识自心见性，皆成佛道。《净名经》云：即时豁然，还得本心"。③

尽管"人有两种，法无两般。迷悟有殊，见有迟疾。迷人念佛，求生于彼；悟人自净其心。所以佛言：随其心净，即佛土净"。④ 但是，人之本心一旦归依自心三宝，即是归依自性、归依真佛。这种即心即佛，自悟自修，自性功德，是真归依。惠能大师指出的"心佛"关系，⑤ 其后便是中华禅佛教的圣心神圣结构的信仰与修持方式，与孟子强调的圣人之心具有异曲同工之神圣。

此类心佛关系式的圣心信仰方式，同样具有"大而化之之谓圣"的神圣意涵，但更多的是强调内部转化，把外部转化为内部，以圣心去感应、对应外部世界而已，而非转化外部世界。此时的"禅是一把双刃剑，既斩去语言和思量，同时却又赋予了它们以生命。禅虽然超越了人类的理性和哲学，却是它们的根本和源泉"。⑥ 禅佛教希望独立于国家、社会之外，阳明心学却要转化进去。圣人之心及阳明心学与禅宗佛教的异同，关键就在此处。

为此，"禅宗在中国得以发扬光大，实不能不归功于六祖，那么穷本探

---

① 杜维明：《体知儒学》，浙江大学出版社，2012，第238页。
② 杜维明：《体知儒学》，第232页。
③ 《六祖坛经·般若品第二》。
④ 《六祖坛经·决疑品第三》。
⑤ 《六祖坛经·机缘品第七》。
⑥ 阿部正雄：《禅与西方思想》，第30页。

源，理学又不能不说是渊源于六祖的禅宗了。故中国宋、明以来几百年来的文化，亦可以说由六祖的禅宗所造成，故六祖实是中国精神建设的成功者"。

"中国佛教以隋、唐时代为最兴盛，所有大小乘佛教的分宗别派，皆从此时代演变出来。禅宗在这时代，亦从酝酿中产生了六祖。自有六祖，则中国一切从梵文译来的经典，向来在文字或思想上有隔膜的，不能体贴消化的，都可以融会贯通；从此，佛法与中国人的心理不发生丝毫的障隔，深深地契合和相应，流演于后世，没有文字语言上的障碍，也没有心理思想上的隔膜。故由六祖，才把佛教的真髓深深地打入中国人的心坎中。不仅于佛教的功绩是如此，即隋、唐以来的中国文化，亦莫不受他那种彻悟思想的影响，故六祖实为中国隋唐以后最伟大的人物。"①

阳明与惠能大师同为伟大的思想家，他们先后形成了中华文明的圣心信仰方式，建构了一个天下与国家并列的双重神圣结构。在此基础上，太虚讲的"中国之佛教，乃禅宗之佛教也，非由禅宗入手，不能奏改善世道之效"。② 这只是强调了圣心信仰在禅佛教成就的一个方面，还有一个更加重要的方面，此乃圣心信仰中的天下结构，作为阳明心学与惠能禅学共同建构的历史结果。

四　圣心信仰中的"天下"与"国家"

王阳明有关"仁者浑然与万物一体"的思想源远流长。惠施有泛爱万物、天地一体的思想，墨子的"兼爱"也有仁者与天地万物为一体的意义。墨子主张"视人之国，若视其国；视人之家，若视其家；视人之身，若视其身"。《庄子·齐物论》提出"天地与我并生，万物与我为一"。孟子提出"万物皆备于我矣，反身而诚，乐莫大焉"。

张载《大心篇》说"大其心则能体天下之物"，认为"视天下无一物非我"，即后来程颢所说的"莫非己也"。在《西铭》中，张载以"吾"为轴心，以天地万物为一体。程颢深受张载的影响。他提出"仁者以天地万物为一体，莫非己也，认得为己，何所不至？若不有属己，自与己不相干，如手

---

① 太虚：《禅宗六祖与国民党总理》。
② 太虚：《黄梅在佛教史上之地位及此后地方人士之责任》。

足之不仁，气已不贯，皆不属己，故博施济众乃圣之功用"，以及"仁者浑然与物同体。义礼智信皆仁也。识得此理，以诚敬存之而已，不须防检，不须穷索。此道与物无对，大不足以名之，天地之用皆我之用"的观点。

宋代以后，大多数儒者"同体"的思想直接来自程颢的这两段话。据湛若水《阳明先生墓志铭》，明正德元年（1506）阳明与甘泉会于京师，"遂相与定交讲学，一宗程氏'仁者浑然与天地万物同体'之指"，后来在《书王嘉秀请益卷》中阳明也强调仁者以天地万物为一体。即便是晚年的王阳明也通过对《大学》首章"亲民"的解释，阐发与物同体的思想。

阳明"心学是儒家思想的核心。……它在儒学传统中间贯穿了孔、思、孟、荀、董、朱、陆、王、李、刘，而不是一个和理学有张力并且常常冲突的思想"。① 所以，阳明心学中有关"万物一体"圣心信仰，无疑在儒家哲学中源远流长，是阳明思想的重要组成部分，与其"致良知"的学说是境界与本体的关系。阳明指陈时弊，积极应对。

在王阳明看来，圣人之学不传或没能真传，人心收摄不住，社会渐沦于混乱和不治，所以时代存在很大的弊端甚至危险。而其学说上承圣人之真传，可以挽救世道人心，为生民谋得终极利益。为此，立教化、安民心、养民德，则可以治世，可使天下太平，可使天下之民安享生活之乐。换言之，通过施其"良知学"于生民，使人人得而达圣人"万物一体"之"仁"，则天下可治。

惠能大师弘化于岭南，影响及于边区与海外文化。王维《能禅师碑铭》谓其"实助皇王之化"；同时也引起了中原皇室的尊重和供养，皇室屡次迎请惠能进宫，并为其建寺造塔。据说惠能还因此受到皇室的礼请，武则天在长寿元年（692）派张昌期首次"请能禅师"入宫，惠能"托病不去"；万岁通天元年（696）"再请"，惠能还是不去，武则天便把惠能袈裟请走予以供养；武则天晚年派薛简再请，去世后，唐中宗又派薛简再请，以至于在韶州修寺院并赐额法泉寺，给惠能的故居建有国恩寺。但是，惠能大师圆寂之际依旧主张："如吾在日一种，一时端坐。但无动无静，无生无灭，无去无来，无是无非，无住无往，但能寂静，即是大道。"

---

① 杜维明：《体知儒学》，第238页。

史载唐先天二年（713）八月三日夜，惠能在故乡新州国恩寺"奄然迁化"。"端身不散，如入禅定。"传说当时的曹溪"异香氤氲，山崩地动，林木变白，日月无光，风云失色"。此种异象，于中国传统天人合一的神圣理念，确实在说明禅佛教之佛性与儒教圣人之心、天命心性的汇通一体，佛心与天心、圣心之圆融互通。

依据中国佛教传统，佛法也可称为"圣人之法"，[①] 佛教之圣人"圣道"[②] 发演，如同儒教之圣人发明"圣道"，在此天命心性及其神圣结构方面，阳明心学与惠能禅宗在心性层面的彼此用功，共同发力，先后在中华信仰中建构出一个以"天下"为象征的神圣结构，以对应于"国家"这一现实神圣体系，同时也建构了"天下"与"国家"的神圣分别。

明代顾炎武的著名论断与此圣人之心具有深层的内在关系。顾炎武说："有亡国，有亡天下。亡国与亡天下奚辨？曰：易姓改号，谓之亡国；仁义充塞，而至于率兽食人，人将相食，谓之亡天下。是故知保天下，然后知保其国。保国者，其君其臣肉食者谋之；保天下者，匹夫之贱与有责焉耳矣。"[③]

在顾炎武看来，"国"与"天下"是两类不同概念。"国"是指姓氏朝代，改朝换代如同换帝王和换国号，而仁义道德等神圣规则如果无法获得发扬光大，天下就可能灭亡。所以，"保国"一类事情只需由帝皇、大臣和掌握权力的人去谋划。但是，"天下"就与此不同，天下之兴亡，匹夫有责焉。

因为，圣人之有公天下之心，盖以其至公无私之心。天心、圣人之心，实为天下一心。圣心对中华文明之神圣结构而言，它是总体性神圣结构，证明"中华民族的本土本性的信念"，制约中国人如何从个体身心的神圣化，链接家国与天下；同时也象征着一个经由天下、国家、个体多重整合的神圣结构，象征着中国人的道德根源与行动类型。

中华文明传统信仰中的"天命"与"天理"，至此几乎被重新建构为

---

① 《传法正宗记》："圣人之法一也。安用南北而分其宗乎？"
② 《传法正宗记》："初大鉴示为负薪之役，混一凡辈。自谓不识文字，及其以道稍显。虽三藏教文，俗间书传，引于言论，一一若素练习，发演圣道，解释经义。其无碍大辩，灏若江海。""其道德利人人至于今赖之。……是乃圣人降迹，示出于微者也。其等觉乎妙觉耶，不可得而必知。"
③ 顾炎武：《日知录》卷十三，《正始》。

"天理"乃至"圣心"，如此而来，既与天上的"命"相互链接，也不会与地面的"皇"发生冲突。阳明心学与惠能禅学之"心"，统称为人皆有之"心"，进而强调"天下"超越了现实，却又实践于国家现实。如此一个神圣结构，圣心信仰所以就会标志着一种象征性的神圣关系、神圣中国的道德准则，道德与政治整合之后的神圣身份、生命与道德的仪式主体。拥有圣心的人，几乎可以被赋予神圣总体性格，成为天下的代表、国家的救赎。与此同时，人们便会把国家归属为圣心，把圣心比附为天下，构成中华文明神圣结构中的深层张力。

这种以圣心信仰为主体的中华道德神圣论，表明了传统中国"士"的一种自觉或一种"内在价值"。[①] 但是，其中的关键问题是，如何以圣心克服私心?! 因为，阳明与惠能的心学皆会淡化帝国的观念。"一旦帝国的观念被内化，人们就不再需要相信，政治秩序是唯一能够实现综合性、和谐、延续性与统一性的方式。"[②] "天下"圣心信仰的形成，实际上就成为阳明心学与惠能禅学共同认同的一个神圣结构，各安其分。分别为圣，把天下神圣资源结构处理为天下与国家的二元对应结构，或者是整合，或者是深陷其中。

被后世奉为圣人的王阳明试图以其学说教化世间生民，使大家明其自身明德，而体天地之大道。以爱人之心而求世间无祸乱、得太平。其基点是个人一己之心，而此个人又不是孤立或独在的个体，而是联结在人伦之网中的个人，由每个人的成仁而达至仁行于天下。王阳明认为：人各有心。至有视其父子兄弟如仇雠者。圣人有忧之，是以推其天地万物一体之仁以教天下。使之皆有以克其私，去其蔽，以复其心体之同然。……当是之时，人无异见，家无异习。……用之者惟知同心一德，以共安天下之民。……天下之人，皆相视如一家之亲。

虽然圣心信仰的本质源自天心与佛性，而天心与佛性的体认源自人心，它们的实践方式在阳明心学来说是推己及人的"推"的逻辑；而佛教禅宗则是以缘起为基础的无念、无住、无相，惠能强调无常即佛性，以觉为师，其以"无"的方式予以展开。

比较而言，禅佛教的圣心信仰却是以"无"为特征的实践逻辑。如六祖

---

① 杜维明：《体知儒学》，第 236 页。
② 包弼德：《历史上的理学》，王昌伟译，浙江大学出版社，2010，第 190 页。

不说"佛"而直指"般若"："菩提般若之智，世人本自有之。即缘心迷，不能自悟，须求大善知识示道见性。"一般人向外觅"佛"的他力摄受；六祖的禅是直探一切，以其发愿、忏悔、归依、佛为直指人心的根本，直从自身本有的"菩提般若"去悟得，甚至延及天下、国家。这就是王维在《六祖能禅师碑铭》里说的："大师至性淳一……永惟浮图之法，实助皇王之化。"乃至于唐高宗敕惠能大师云："朕虔诚慕道，渴仰禅门……南方有能禅师，密受忍大师记，传达摩衣钵，以为法信。顿悟上乘，明见佛性。"这就把圣人之心的圣心信仰与国家神圣的双重结构予以融会贯通了。一旦基于圣心信仰而能知晓佛性，"天下"之神圣象征与"国家"权力结构的双重特征即可呈现出来。

而阳明心学之圣人之教有纲有目，圣人之教的主要纲领就是尧舜禹相授受的口诀"道心惟微，惟精惟一，允执厥中"。"道心"就是本性的直接发见，不被掺杂任何私欲。"精一"是专一于道心的状态，"执中"是持守使之不息。圣人之教的纲领是守住大本，圣人之教的条目是推己及人式的通向圣人之心所建构的天下甚至国家。

圣人之心推己及人的实践逻辑是圣人之教的主要条目，即古书记载舜命于契的五教："父子有亲，君臣有义，夫妇有别，长幼有序，朋友有信。"此类五教的提法曾见于《孟子》，即是五种人伦及其规范。王阳明认为，上古时代不仅士以上的贵族以此为学，下至闾井、田野、农、工、商、贾普通百姓，莫不皆有是学，即都是以道心精一、五教和顺为学。他认为，古代不论贵贱，人们都奉行"惟以成其德行为务"。

阳明心学与惠能禅学，它们作为代表性的"圣人之学"，修持圣心，这虽然是一种神圣信念，相对于汉代董仲舒的"天谴论"来说，这同时也是一种"天圣论"。继董仲舒"天谴论"之后，中华文明致力于建构的就是这种以圣心信仰为基础的"天圣论"。

最后要指出的是，阳明心学建构的圣人之心，是个体整合天下型，其神圣实践方式是以推己及人为主，以圣人之心整合国家、社会、他人；惠能禅学建构的圣人之心，是天下出离个体型，其神圣实践方式是缘起性空的无念机制，以无常为佛性，在消解固有天下的神圣关系之中重新建构另外一种个体神圣，再去体验天下之神圣，链接而非整合国家、社会、他人。但是，就此圣心信仰的总体神圣结构而言，与圣心信仰对应的却是基层中国社会弥漫的法术与神异。如同荀子早就说过的那样：君子以为文，百姓以为神；其间存在着实践机制的巨大断裂。尽管天下以为信仰，圣心象征着家国，但圣人之心如何整合于天下国家之间，庶民百姓如何尽其匹夫之责，谁又能够把控这么一个圣心信仰及其功能？这既是传统难题，亦是当代问题。

冬溪方泽禅师与明末心学

赵　伟[*]

　　摘　要：明代中后期佛教僧徒参与王学士人讲学活动的现象，目前仍不被研究者关注。实际上，佛教僧徒经常参与王学士人的讲学活动，甚至在讲学中还比较活跃。与王阳明弟子王龙溪同时代的僧徒冬溪方泽就是一个积极参与者。冬溪方泽的思想观念与王阳明的接近，他与王门后学交往密切，其思想观念具有明显的心学特征。冬溪方泽对于明末士人讲学活动的参与，反映了明末儒学与佛教之间的深入互动。
　　关键词：冬溪方泽　明末心学　三教观

　　明代中后期王学士人的讲学活动已为学术界所广泛关注，当时的佛教僧徒参与到士人的讲学活动却鲜有被关注。冬溪方泽禅师参与王学士人的讲学活动，是当时佛教僧徒参与明末士人讲学活动的一个典型案例。作为佛教僧徒，冬溪方泽的思想观念具有明显的心学特征，反映了明末佛教与王学之间的深入互动。

一

　　冬溪名方泽，嘉善任氏子，大概经历正德、嘉靖、万历三朝。青年时即

────────────

　　* 赵伟，青岛大学历史学院、国学研究院教授。

以文名，"当时名人若唐荆川、屠渐山先生咸齿誉之"。众多名士希望方泽能入儒学之道，"郡守梅林萧公、贰守梅潭赵公相继力挽归之儒"，方泽"皆以疾辞"而入佛，"于是废撰咏，专事梵策"。方泽于正德丁丑（1517）出家，时13岁。后以法舟禅师为师："（嘉靖）庚寅，法舟禅师由毗陵还于天宁，始与入室，朝夕请叩闻，举龙潭公案有省。念江淮间祖塔及金陵牛首诸胜，冀一礼造。偶受业师病甚，而两兄又相次没，法舟嘱之曰：'养亲侍师，事在吾子，不必远游为矣。盖以陆沉僻壤，而与翱翔大方者同一归也；应酬曲折而与深冥禅观者无相碍也；穷探经论，而与杜口因此耶者非二门也。故汤药之勤，承欢之馈，亦要道也。然则冲襟幽抱，讵可以行迹而拟议也乎。'"① 方泽成为法舟两个得法弟子之一，《南宋元明禅林僧宝传》载云："禅师名道济，字法舟，嘉兴人也……众知济有厌世意，请留偈。济以手摇曳曰'何多事也'，乃趋寂。时嘉靖庚戌之秋也。得法者二人：一居胥山，曰云谷会；一居精严寺，曰冬溪泽。俱以严标行话于世。"② 作为传法弟子，方泽为法舟禅师撰《法舟济和尚行状》，此文不载于《冬溪外集》，附于《天宁法舟济禅师剩语》之后。

明人张之象对方泽评价极高，在所作《冬溪集序》中云："儒者优于经济，万世之宗也。若夫徵心辨性以自觉而觉人者，释之教亦博大矣。合之则滋美，离之则自限。是故释之英者，研究宗乘之外，往往旁通于儒，而与文人名士游，因以深其词藻焕其名言，以自彰其离文之道、邕其勿思之秘者，盖资于儒；亦犹儒者之有余力而资于释也。晋道安、支遁、慧远，既道术高世而文词才辩又皆精拔，故当时君相翕然倾慕，若景星卿云可望而不可即也。唐宋间，禅宗丕振，王公贵人熟于闻见，盖有不藉文辩兴者，然玄奘、道宣、契嵩、觉范亦以文卫道，厥功甚伟。元有三隐，笑隐文独丰，虞文靖公谓如'张乐洞庭之野，蛟龙骇腾，物怪屏走'，盖亦一时之雄也。明兴，渤季潭、复见心诸老以魁奇之才渊宏之学承高帝宠眷，郁为师宗，致海内异衲闻风而兴，有光宗社文之不可以已也如此。今之释子谬领达摩深旨，诋为文字，曳方袍据名刹，率多庸浅，而欲比隆盛

---

① 张之象：《冬溪集序》，载《禅门逸书》第七册，（台湾）明文书局，1980，第2页。
② 《南宋元明禅林僧宝传》卷十四《法舟济禅师》，《续藏经》第79册，河北佛教协会翻印的台湾新文丰出版公司版本，第648页。

时，言下证圣，胡可哉。乃者大江之南吴越之境，有以文字显禅妙者，吾求之得一人焉，冬溪禅师是也。"① 这段长篇大论的话，主要论述儒释相资，及佛教中以文字卫道的僧徒，目的在于凸显方泽精通儒释及以文字显禅妙。此即陆光祖《刻冬溪禅师集序》中云方泽是以文字为佛事："乃出其余绪，时游戏于翰墨之场，抽毫属草，淡不经意。迨其成也翩翩焉，辞腴义晰，诸以文章名者靡不敛手服。然师之指意，务归于畅达性宗，阐扬至教，以语言文字而为佛事，非骛心与［于］雕虫篆刻者。"② 方泽与陆光祖交往不少，并作有《赠陆太常五台》诗。陆光祖对于方泽的上述评价，符合方泽的真实创作情况。虽然文字写作是为服务于佛事，方泽的作品仍得到文人们的认可，明曹大章《冬溪禅师集序》云"今观师之理言静行，盖已俯视群迷，而兹集又以禅藻而驱驰艺苑"。③

关于方泽的著述，《续通志》载《冬溪集》二卷，《千顷堂书目》载"方泽《冬溪内外集》八卷"，并注云"字云卿，嘉善人，秀水精严寺僧"。《明史》载"方泽《冬溪内外集》八卷"。张之象提到《冬溪内外集》云："所著诗文偈颂若干万言，门人真谧哀次为《外内集》，请余作序。外集盖寓给园微旨，而尽词林雅藻，内集多宗乘语，以缵先绪开来叶也。郁乎岁寒之茂松，灿乎幽夜之逸光，稽诸往匠同符作者，虽与《弘明》诸传流通四方、羽翼大教可也。"④ 即外集是文学作品，内集为宗乘语录。现存有明隆庆辛未（1571）本《冬溪外集》上下卷。《明史》《千顷堂书目》所载《冬溪内外集》八卷，其中的《外集》指的应该就是《冬溪外集》上下卷，则《内集》应有六卷。《冬溪内外集》之外，方泽纂有《大方广佛华严经合论纂要》三卷。《冬溪内集》似已不存，《径石滴乳集》卷之三、《五灯会元续略》卷第四下、《五灯严统》卷第二十三、《续指月录》卷之十五、《续灯存稿》卷第十皆载录方泽参法舟及一段语录，这是目前所见方泽唯一一段讲法语，云：

---

① 张之象：《冬溪集序》，第 1 页。
② 陆光祖：《刻冬溪禅师集序》，载《禅门逸书》第七册，第 7 页。
③ 曹大章：《冬溪禅师集序》，载《禅门逸书》第七册，第 7 页。
④ 张之象：《冬溪集序》，第 2 页。

解制秉拂。"佛法虽遍一切世间，而未尝有丝发透漏，作么生结？虽未尝有丝毫透漏，亦未尝有丝毫囊藏，作么生解？故知百丈大师曲引初学，为此方便诳諕之辞，其实不能结不能解也。设有个孟八郎汉出来，道：'我能向百丈大师结不得处一结结断，直使天下衲僧忘前失后，求出无门；亦能向百丈大师解不得处一解解开，直使天下衲僧七狼八藉，窜身无地。'却甚奇特，诸上座，彼既丈夫，我能不尔？"乃击拂子，曰"吽"。①

据此段语录可大概推知《冬溪内集》之部分内容与方泽之禅法。

为使文字能更恰切显示禅妙，方泽对于读书与创作颇为重视，如《闻西洲讣》中"身外却嫌空不了，更留诗草在人间"②之句，意思似乎是在说西洲禅师没有了悟真空之意，却将文字作品留下来。《谢方十洲护教帖》中肯定谢方以文字护教，云："吾丈之文清雄伟丽，光映三吴，数公或未兼也，此鄙人深为吾丈喜，而赞咏大乘之余，吾丈想亦自为喜矣。"③ 以文字护教，实际上是在强调文字的重要性，即以文字为佛事之意。《夏日燕坐简冲溪》以"多时不过扬雄宅，箧裹玄经想著成"④之句，表明方泽对于创作与著述的沉迷。唐宋派是明代中后期重要的文学流派之一，方泽对于唐宋派重要作家唐顺之的创作颇为钦崇，《读唐荆川在翰林时诗稿》云："汉家太史玉堂仙，吴会风流昔共传。对客不辞鹦鹉咏，登台更有凤凰篇。深山独往无人识，圣主同时颇自怜。再枉相寻曾不遇，空警丽藻在遗编。"⑤ 诗意表明，方泽不仅钦崇唐顺之的作品，更有对其仕途不顺的遗憾。茅坤亦是唐宋派重要作家之一，方泽《愁茅鹿门宪副》诗云："风流才藻自青年，垂老初逢数泽边。自说读书三万卷，何如一榻共论禅。"⑥ 寻访唐顺之，与茅坤同塌论禅，表明无论是文学写作还是论禅，方泽都得到了二人的认同。方泽与文人们的交往

---

① 《五灯会元续略》卷第四下，《续藏经》第 80 册，第 525 页。
② 《冬溪外集》卷下，第 51 页。
③ 《冬溪外集》卷下，第 69 页。
④ 《冬溪外集》卷上，第 26 页。
⑤ 《冬溪外集》卷上，第 33 页。
⑥ 《冬溪外集》卷下，第 49 页。

十分密切，这在下文中还有提及，与文人们的文字交往，必使得其能更好地以文字显示禅妙。

二

对于明末佛教的衰微，方泽颇为感叹，《题萝壁图诗后》序中感叹明开国初天下禅丛名刹光耀，宗泐等人诗画并举，云："顷在项墨林家批习良久，想见开国时弘法之人龙骧骥骤，相与扶树宗乘。如此而陵夷，至于今日贤圣并隐，伤哉。"① 方泽认为佛教具有重要的功用，其一就是这里提到的明初以佛教阴翊王。如《送云谷禅师入京》诗之二云："圣主龙飞北制胡，山河壮丽说燕都。行过三殿从容看，得似诸天气象无。"之五云："每闻游宦说瑶京，总似邯郸梦里行。他日倘逢中使请，好将真语悦皇情。"这两首隐含着佛教具有"阴翊王度"之意。之三更是直接指明朱元璋制定的宗教政策，云："高皇赞化礼名僧，冀冀袈裟在禁庭。四海分行新建国，一时诏译进来经。"诗中肯定了朱元璋对于佛教的支持，佛教僧徒对于朝廷的维护做出了贡献。之四赞扬了宋代同样维护朝廷的契嵩，云："遥忆镡津北上书，当时卿相尽吹嘘。中流屹立回澜柱，此去扶宗定不虚。"② 以契嵩向朝廷上书，鼓励云谷禅师为朝廷出力，并以此"扶宗"，体现出方泽以佛教阴翊王度的观念。佛教的功用之二，方泽指出佛教为万物之所依赖。方泽以风譬喻佛教，《说风》云："风之行于空也，凡生息于天下者，披拂鼓动，发育畅茅，咸风焉是赖矣。然莫可以形色也。风，青耶黄耶？修若短耶？有足翼耶？而又莫可离也。在谷盈谷，在陂盈陂，若呼若嘘，若奔若驱，若有神焉。极天下尽后世成物之功，莫风若矣。人之言曰：木也，土生之雨长之；鱼也，水生之；萤也，草生之象齿之；有花也，雷则生之；藻也，水也，烬也，火也，八窍也，卵也，九窍也，胎也，风独无所孳焉。"佛教如风一般，这是一个相当奇特的譬喻。风为万物所赖，"佛之道之在天下"亦如风一般为万物之所依赖。"明也窍于目也，聪也窍于耳也，窍于鼻，窍于口，运于手，行于足，通于思，涉于

① 《冬溪外集》卷上，第 27 页。
② 《冬溪外集》卷下，第 52 页。

变，以列天地，以左右庶物。则是道也，莫可以形色也。佛者，同天下之耳目，心知而大觉者也。是以总天下之人，而皆惜其有圣人之才焉，而莫之觉也。凡相也，来也，往也，荣也，落也，生也，死也，相相者无是也，弗生也，弗死也，极天下尽后世生生不息者，以是道也。"① 或许正是佛教为万物之所赖，方泽写到了万物对于佛教的同应，《杂花道场和定湖》诗中云"听梵游鱼排藻出，呈书飞鸟度花来"②。

佛教由于具有这些极为重要的功用，方泽对于佛教极尽描述之能事。如将佛教场所描写的宏伟壮观，如《戒洁山禅房晚坐》云"钟梵诸天接，楼台众登临"，对场所的描写，一方面突出佛教的宏盛，一方面为了衬托佛法的威锋与谈法人的风仪，"清谈皆俊雅，开尽昔来心"③。《同张樵溪姚玄岳过真如寺》诗写高塔的高耸与禅院的深翠云："湖渚得禅宫，幽人杖履同。香云浮象外，高塔峙天中。树壑攒深翠，花林落艳红。坐闻风铎响，历历证圆通。"④ 这些诗作将佛教寺院描写得庄严、肃穆、幽深。《和嵇公子长卿闻钟之作》云"花宫鱼梵静，鲸吼彻霜空"⑤，既写出了寺院肃穆深幽之境，又写出了佛法的威力。《寒夜》诗前两句"鼓彻林声静，香销夜气澄"以对比的方式写出难以言说的妙境，鼓声更凸显出树林的寂静，瓢浮空气中的檀香味道更显得空气的澄净；接下来"檐霜轻敝衲，窗月澹寒灯"写出寺院幽静且带丝丝清冷的明寂之感；后四句由此引发出佛教义理，云："有觉非真觉，无乘即上乘。定余还自慰，兀兀病闲僧。"⑥ 佛教以明悟内心的寂静使人了悟，方泽亦将佛教写得极为静谧。如《寄云溪上人》"闻说栖禅处，环溪尽白云"⑦ 极致地写出了佛教的静幽；《燕坐答友人》云"城市开精舍，栖迟宛在山"，写出处于城市中的精舍如山中精舍一样静谧；下两句"风庭幽草乱，露槛落花间"⑧ 是对城市中精舍的

---

① 《冬溪外集》卷下，第55页。
② 《冬溪外集》卷上，第34页。
③ 《冬溪外集》卷上，第17页。
④ 《冬溪外集》卷上，第17页。
⑤ 《冬溪外集》卷上，第19页。
⑥ 《冬溪外集》卷上，第19页。
⑦ 《冬溪外集》卷上，第18页。
⑧ 《冬溪外集》卷上，第18页。

静谧之境的描写。

《寒夜》诗前半段描写佛教的静穆、后半段阐发佛教之理的写作方式，即如陆光祖所言，是以丰腴之文辞畅达佛教之旨归，以此达到以文字为佛事的目的。从表面上看，方泽诗歌可以用文辞丰腴来形容。如《项少岳园亭看牡丹作》诗云："彩眩千重锦，香蒸一片霞。虽然空色相，亦复感年华。"① 《寄重玄寺企泉上人》诗云："瀑边衣溅雨，花外磬侵云。几时扪石壁，共览贝叶文。"② 《咏百舌》诗云："霏雾凝烟杂树林，幽禽调舌似撼心。听来不觉帘栊晓，卧起初疑管吹音。逞巧骤翻千鸟韵，含娇还过百花阴。莫教学语如鹦鹉，自遣雕笼锁怨深。"③ 《同诸友过姚玄岳》诗云："白龙潭畔霭苍云，黄鸟歌前紫凤群。既取澄湖临落景，还闻别馆坐南薰。葵明栏槛参差见，松韵笙簧飒杳闻。自说一春游雁宕，衣裳犹带海霞纹。"④ 《兰谷咏为熙上人》云"花杂天仙雨，香浮梵字书"⑤，《戚尚宝中丞过山》"溪静泉犹冻，岩明雪未消"⑥，《庚午除夕》"应腊梅全丽，催春柳暗舒"⑦ 等，用词用语无不透露着精思而贯胸臆而出之意，构建出佛教静寂而肃谧的丰腴意象。

从本质上看，方泽构建出来的丰腴意象，用意在于阐发佛教之理，以畅达性宗、阐扬佛教为旨归。如《见泉卧病》开篇"汝病更多余"等句一直是在说病与治病，最后两句"只应深圣理，谛了万缘虚"⑧ 将整首诗的旨意归于佛理。方泽以佛教为旨归的诗作，基本上是在整体上表达着佛教或禅学的玄妙之理，对于佛教具体的义理、概念的表述并不多。偶尔有对世事做切骨的描写，如《战蚁》诗云："穴蚁拘深争，荒成想米盟。阵严如有令，战苦不闻声。蛮触方虚国，雄雌迭锉兵。坐疑秦汉事，吟对暮云横。"⑨ 秦汉宏大之战争，在冬溪看来不过如蚁类之争一般，以此揭露世事

---

① 《冬溪外集》卷上，第 14 页。
② 《冬溪外集》卷上，第 20 页。
③ 《冬溪外集》卷上，第 24~25 页。
④ 《冬溪外集》卷上，第 25 页。
⑤ 《冬溪外集》卷上，第 15 页。
⑥ 《冬溪外集》卷上，第 19 页。
⑦ 《冬溪外集》卷上，第 21 页。
⑧ 《冬溪外集》卷上，第 19 页。
⑨ 《冬溪外集》卷上，第 17 页。

之可笑，从而领悟世事之本质。这样切骨的描写，体现出方泽对于世事之本质深于肌肤的感受与洞悟。对于这样的主题，历代文人与佛教僧徒多有言发者，通常的描写会将写作的重心放在对于无常与历史的慨叹上，方泽的这首诗却没有聚焦于这个中心。尽管"吟对暮云横"是众多文人与佛教僧徒写作此类主题时所经常使用的方式，以看透事物与世事本质之眼冷静看待世事、历史的迁变与变幻的万象，但方泽这首诗作整体上并没有显示出慨叹之意。

诗作中缺少对于迁变之无常的慨叹，是方泽与历史文人与佛教僧徒写作佛教诗歌颇为与众不同的地方。如《送云谷禅师入京》之一云"自说离乡四十年，归来都变旧桑田"似乎又是陈述无常巨变之意，不料下两句则云"只应悟得心无住，携锡翩翩又入燕"，完全没有对于无常的慨叹。这两句诗是揭明要以彻悟之心来看待无常，以彻悟的心境看待桑田变化则一切的迁变与人的行为都是任运随缘而无滞，"携锡翩翩又入燕"不再是离乡慨叹，而是显示了圆融的心境。更为典型的是《牡丹》诗。《牡丹》诗序中叙述其五十年来与交往至密者的三次雅集，云："北庄牡丹，正德丁丑，余始出家时植也。嘉靖戊申，项君少岳及弟墨林、严君少渠、夏君云川、陈君仰观、吴君练浦以看花至，始于此地，赋诗纪会。既而江草屡芳，流萍难偶。又十年戊午春暮获再会焉，斯时也，彭比部冲溪、戚仪曹中岳、徐山人玄峤、念上人西洲实始戾止，咸有藻咏，光于粉素，而陈仰观方游国学，吴练浦则已物故。又八年为尽丙寅，于是少岳之齿尊矣，无心之云始焉，聊出慵飞之羽，亦遂还栖。兹四月一日，爰招素心，复寻花事。囊在会者，少渠诸友凌晨来集，同声应者姚君玄岳，衲子定湖则与少岳并舟鸳浦，日午以至。而中岳宦在京朝，冲溪、墨林皆阻泥泞，西洲茕茕卧疴，徐山人又物故矣。嗟乎，戊申迄今垂二十年，杖履相将，破忘形迹，顾此郊园才获三过，而存亡康否，不齐若此。"按照此序之叙述，一般的诗作会慨叹人生之无常，方泽诗则云"迟迟三赏滋难得"，主旨是在感叹三次相聚之难得，颇为出人意料。《与诸友》诗云："庭前春候归，细草发柔翠。坐感东逝波，忽焉薄秋季。风凄木叶下，霜冽鸿雁至。物化无暂停，前修叹交臂。役利已困愚，宾名亦牵智。"诗中如"坐感东逝波，忽焉薄秋季""物化无暂停"

富含迁流之意，"风凄木叶下，霜冽鸿雁至"亦是由当下景物引发的对自然的感叹，"役利已困愚，宾名亦牵智"是对人生与世理的勘破，按照这样的逻辑，接下来应该是对无常的慨叹，本诗最后却是"所以英俊人，兢兢自磨砺"两句勉励人修道之语，与一般文人对于自然、社会、历史与人生的慨叹完全不同。感悟无常而勤力修道，正是佛陀所一直告诫与力行的，从这方面来说，方泽深切佛陀之所教。

　　以文字显禅妙，还表现在诗作中对于心境的阐述。对禅妙圆融的体味，往往体现在超脱洒然的心境上。如《燕坐用王雅宜韵》诗云："物虚城是壑，心远地皆山。清梵笙歌外，深禅市井间。"① 诗中描写的是超越的心境，超越的心境表现之一就是超越俗世而与道相亲。《人日与岩山人》云"幸君形外者，时以道相亲"②，《简少岳》"寻山亲鹿豕，临水狎凫鹭"③ 等表达就是与道的浑融一体。当然能够清晰看出的，是方泽所表述的这个"道"有道家与道教的成分。方泽确实同样深入《老》《庄》，如《酬严少渠》"齐物能调象，忘筌自得鱼"④，《酬彭冲溪》"莫讶山中异，忘机鸟不飞"⑤，《题近山草堂》"自说忘机久，时看鸟下群"⑥，《次冲溪韵兼酬诸友》"见道山长寂，忘心物自齐"⑦，《独坐》"独喜阶前鸟，忘机旦暮驯"⑧，《秋暮同刘山人登烟雨楼》"知君齐物理，荣悴付空花"⑨，《夏日与严少渠燕坐》"燕子人帘还自语，雀群驯食已忘机"⑩ 等诗句，都是对于《老》《庄》之意的阐发。方泽交往者中颇有道士，如诗中屡屡提到的彭冲溪便为道士，《赋得海外孤云赠左炼师》亦是赠道士之作。对道家道教的深入，使得方泽在阐述那种超越心境时更为游刃有余。

---

① 《冬溪外集》卷上，第12页。
② 《冬溪外集》卷上，第20页。
③ 《冬溪外集》卷上，第21页。
④ 《冬溪外集》卷上，第13页。
⑤ 《冬溪外集》卷上，第13页。
⑥ 《冬溪外集》卷上，第13页。
⑦ 《冬溪外集》卷上，第16页。
⑧ 《冬溪外集》卷上，第18页。
⑨ 《冬溪外集》卷上，第18页。
⑩ 《冬溪外集》卷上，第34页。

三

如《战蚁》诗反映的，方泽对于世事之本质有切骨的体悟，诗作中由此体现出对于超越世事束缚的期望，如《送阴别驾致仕还蜀》诗云："末路谁全璧，清风独振缨。悟来蝉蜕早，归去马蹄轻。"[1] 但从上文提到的对于无常慨叹的消泯而勉励修道的做法来看，相比于超越世事，方泽应该更重视经世。上引《送云谷禅师入京》诗中的"携锡翩翩又入燕"之语，实际上能够体现出方泽对于经世的重视。再如《送王翰林柘湖转比部还京》之一云"君王前席问，应是为苍生"[2]，亦体现经世之意。

对于经世的重视，反映出儒学对于方泽的深刻烙印。从对于儒学的描述和阐发来看，方泽似乎是一个纯粹的儒士，对儒家之德极力称赞。《韩氏徵德堂》序中极为认可韩月川父亲之德，云："盖月川父松邻翁之为南雄司仓也，前司仓坐失火逋官储，系狱，窘甚。翁闻，恻然曰'余同官也，苟能全其生，何用家为'，乃出橐中之装，得白金数斤，尽与之偿其逋，始获释。"诗中颂扬韩月川父亲的行为"鸿泽沛四方，兹唯国人仰"[3]。《赠尹游击》诗中宣扬尹游击的事功，云："飞将承恩南出师，楼船万里似彪驰。熊罴尽选燕齐士，龙虎遥分海甸旗。去拟斩鲸穷岛屿，归应饮马驻天池。汉家自有麒麟阁，不独周王杕杜诗。"[4]《朱氏双节》诗中赞扬"贞节谅不泯"云："志士赴国难，捐身在须臾。二母凛一生，岂不过丈夫。"[5]这些赞扬看得出方泽对于儒学发自内心的肯定态度。《邑掾会约序》中，方泽阐扬"友道"，云："嘉哉六君子，身为掾史而皆能以交道激引振励，以自进于古之君子。然则龙骧豹变之士宁不因心慕义而肯为今之交也，农工商贾宁不傍观兴起而以古道群相厚也。故友道讲，则邑之善治斯可图矣。波流风动，洋溢鼓扇，将且自邑而郡而省，而且达之天下，则三代之

---

① 《冬溪外集》卷上，第 16 页。
② 《冬溪外集》卷上，第 12 页。
③ 《冬溪外集》卷下，第 43 页。
④ 《冬溪外集》卷上，第 23 页。
⑤ 《冬溪外集》卷下，第 44 页。

学也。"① 以讲友道而致使邑、郡、省、天下得治，类似于以修身而致家齐、国治、天下平。《迁学说》阐扬以圣王之道风教民众，云："君子之莅民也，慈以柔之，刑以明之，鼓歌以徕之，是故言出而从，令行而悦，而民莫有奸也……学宫者，道德之渊，礼乐之圃，而圣贤之邸也。后世之学，离以文辞，裂以功利，炫以胸臆，而仲尼之宫墙、性命之坦途，或背驰焉。夫新沐者必弹冠，新浴者必振衣矣。古先圣王之道，将自此而兴乎。圣王之道兴，相高之艺寝，性命之源浚，功利之途塞，风教其有不迁者乎。"② 这些说辞，让方泽看上去确实与纯粹的儒士一般无二。即如《张银台石川见示西游之作倚韵奉赠》诗中"旧引葶羹辞圣主，新从松子学神仙"③ 之句，是对张石川辞官求仙的推扬，却同时表明了对于圣主的肯定与尊崇。

在思想观念上，方泽的看法与王阳明心学有着高度的契合。方泽深受王阳明的影响，所作《王文成公全集议》中对王阳明的学说、事功极力褒扬，云："儒者以释氏绝婚宦为异，而其文博大奇胜为诞，遂肆诋其神化证悟，则于洙泗微言亦自得之而浅，盖自唐宋诸名人然矣。阳明子，王佐才也，以不在辅相之位不获膏被海内，乃若发前圣之所未发，以鼓舞海内豪英，使千载绝学翕然兴起，顾不光且伟欤。它如策收宸濠、勘定诸叛，以赞隆平之治，其绪余也。观兹集所叙，虚湛闲寂之存，渊通周悉之辩，及所尝与当时禅衲觌面呈举，盖不唯优入孔氏宫奥，而翩翩乎撤名迹之藩，入无穷之境矣。至其疏清诸说之淤，振拔时趋之陋，是所先务则其言，亦遂俯循，终不尽张玄解以自崖峻，以疑人之从也。而与应化圣贤同弦异调，人鲜知之，斯以顺世之权也乎。夫夏虫疑冰，井蛙笑海，彼未知释者能无非乎。故人非也，阳明子亦且非之，然所非乃二乘之非，而大乘家所自非尔，终不违知，反睨以借人之诋也，于以见良工之苦心，而同事摄之婉矣。"④ 在《刻薛大参诚意解》中云"孔子之学心学也"之语，完全就是王学的说法。文中对心学的重要性给予了阐述，云："心学不讲，

① 《冬溪外集》卷下，第65页。
② 《冬溪外集》卷下，第60~61页。
③ 《冬溪外集》卷上，第23页。
④ 《冬溪外集》卷下，第65~66页。

则少者无以端其趋，壮者无以坚其操，处者无以淑其乡，出者无以康其国，而欲化成于上，俗美于下，犹北行而求越矣。"① 《原施》中从心学的角度对佛教六度中的"布施"进行了阐发，云："夫施也者，原诸心也，心弗原而行施，滋五陋焉：封诸己而假人以掠美者，其施也罔；悖取诸人而以衒惠者，其施也惑；割己之赢而以饵报者，其施也欲；色取诸外而不诚诸内者，其施也虚；借施为奇货而多方以必济者，其施也贾。五者，吾见亦多矣，是皆不原乎心也。心也者，仁理恻怛所自生也。"② 文中对于由心而布施的阐发，完全符合王阳明的心学之论。方泽由之称王阳明为旷世之豪杰，云："古本《大学》以'诚意'为初章，阳明先生释而序之，以意诚为首务者以此。往余读而征诸心矣，若入国之有门也，升堂之有阶也，盖爽然而悦之，则又慨然而叹之，曰'阳明，其旷世之豪也，微斯人，孔曾之学抑中晦也'。"③

方泽积极参与王学士人的讲学活动。方泽与阳明后学多有交往，《赠王龙溪先生》诗云："抽簪从所好，家在越江阴。曾入阳明室，因传阙里心。门人纷脱履，童子静调琴。闻说郊迎处，诸侯礼更深。"④ 王龙溪是王阳明重要的门人，《明儒学案》将其列为浙中王门，黄宗羲对王龙溪的评价很高，说："先生亲承阳明末命，其微言往往而在。象山之后不能无慈湖，文成之后不能无龙溪。以为学术之盛衰因之，慈湖决象山之澜，而先生疏河导源，于文成之学，固多所发明也。"⑤ 方泽与王龙溪的交往，表明其与王学的关系颇深。方泽又有《天心书院会唐一庵先生及讲学诸友》诗云："参差楼榭俯通川，章甫联翩奋起年。伐鼓正逢登七十，曳裾如见拥三千。平田皛皛秋旸映，零露瀼瀼夜气偏。讲席幸分挥麈客，漫将清梵答朱弦。"⑥ 唐一庵是唐枢，嘉靖丙戌进士，《明儒学案》有传。唐枢师事湛若水，"其后慕阳明之学而不及见也"，其学"于甘泉之随处体认天理，阳明之致良知，两存而精究之"，但"于王学尤近"。唐枢学说标"讨真心"三字

---

① 《冬溪外集》卷下，第 66 页。
② 《冬溪外集》卷下，第 56 页。
③ 《冬溪外集》卷下，第 66 页。
④ 《冬溪外集》卷上，第 19 页。
⑤ 《明儒学案》卷十二，中华书局，1985，第 238 页。
⑥ 《冬溪外集》卷上，第 29 页。

为的，黄宗羲云"讨真心，阳明已言之矣，在先生不为创也"①。《送郡伯徐公之福省宪副》中赞扬"私淑阳明之门而广圣学之波澜"的徐镜川，云："若夫夙夜不懈教民勤矣，奉身节约教民俭矣，威仪孔臧教民敬矣，皆某所亲炙者。"② 与王门后学的交涉，表明方泽与王学有着很深的渊源。

唐枢热衷于讲学，"讲学著书垂四十年"③，《天心书院会唐一庵先生及讲学诸友》诗即言其讲学之状，这首诗同时表明明后期的僧人参与了心学的讲学活动，《刻薛大参诚意解》提及心学者讲学于寺院，云："（薛旬宣）属诸生讲学于北城山寺，发明心体，观听者良多兴起，所示《诚意解》一篇，提挈纲领，包括隐奥，有尤世之心哉。"④《送郡伯徐公之福省宪副》载徐镜川的讲学云："郭外旧有别馆，辟而新之，政暇则与多士讲绎其中，圣学渊奥始弘邑，士知向方，民欣欣观感兴起。而发政施令，因人心之本良，革时习之浮骋，尽圣学之所流溢，信乎言与行、事之一贯也。"⑤ 关于明末士人尤其是王门心学士人的讲学活动，是明末思想史研究的重点之一。方泽参与王门士人的讲学活动，表明佛教僧徒亦是讲学活动中的重要参与者，由此所带来的佛教与心学、佛教与明末思想界的互动应该是相当深入的。

方泽与王学士人有着相同的三教观。《答安福伍九亭知觉讼》中提出儒释只是名称之异，云："儒与释皆名也，人均生乎天地间，求践为人焉已矣。苟能人焉，儒我可也，释我可也；华人竺人，因地名我无不可也。"⑥《早春喜禅侣云集》诗云："鹿子回翔衔果献，鸟王率舞听经来。从知佛日同尧日，八解多惭给苑才。"⑦ 诗中寓含着佛教与儒学具有相同的地位与功用，即明末人所常说的佛教与儒学同为圣人之教，如焦竑认为读懂《华严经》"然后知《六经》、《语》、《孟》无非禅"，并说"尧舜周孔即为

---

① 《明儒学案》卷四十，第 950 页。
② 《冬溪外集》卷下，第 67 页。
③ 《明儒学案》卷四十，第 950 页。
④ 《冬溪外集》卷下，第 66 页。
⑤ 《冬溪外集》卷下，第 67 页。
⑥ 《冬溪外集》卷下，第 68 页。
⑦ 《冬溪外集》卷上，第 23～24 页。

佛"①；袁宗道说"三教圣人，门庭各异，本领是同"②，李贽从超越名利上说"超然于名利之外，不与名利作对者，唯孔夫子，李老子，释迦佛三大圣人尔"。③ 这些相同，表明方泽在三教观上与王门心学的看法是完全一致的。

三教不过是名称之异，是王门后学一贯的看法。王龙溪说："人心本来虚寂，原是入圣真路头。虚寂之旨，羲皇姬孔相传之学脉，儒得之以为儒，禅得之以为禅，固非有所借而慕，亦非有所托而逃也。"④ 王艮的弟子颜钧的《论三教》云："大抵三教至人，原宗俱在口传心受。心受之后，各随自己志尚大小，精神巧力，年惯积造之。"又说："宇宙生人，原无三教多技之分别，亦非圣神初判为三教、为多技也。只缘圣神没后，豪杰自擅，各揭其所知所能为趋向，是故天性肫肫，无为有就，就从自擅。人豪以为有，各随自好知能以立教，教立精到各成道，是分三教顶乾坤，是以各教立宗旨分别。又流技习，习乎儒也，读书作文获名利；习乎仙也，符箓法界迷世俗；习乎佛也，念经咀符惑愚民，似此交尚以为各得受用，且沿袭百家技术，以遂衣食计也。"⑤ 儒释道三教之名均属后起，不过是道（心性）的不同名称而已。黄辉说："三者，教之名，皆名此心耳。心不可名教义，第辩其非心者，西竺谓心离念是曰正思惟，东鲁谓思无邪是正心，心本无邪，盖正之名亦不立焉。"⑥ 徐渭说："道之名歧于此，与释与儒而为三，而本非三也。"⑦ 《答安福伍九亭知觉讼》诗中"儒与释皆名也"，即上述王门学者所论述之意。尽管看法一致，作为佛教僧徒，方泽仍保存有一点对于佛教的优越感，《守默辩》中提到栖林朱子曾问学王阳明云："栖林朱子学老氏之学，初问道于王阳明先生，不合乃去。北游谒赤度子，问养生诀，赤度子不言，遽掩其耳，又问，掩其口。遂归，闭关韬光山三年。"⑧ 栖林朱子学心学、道教皆不合，后入禅林而悟守默之意，

---

① 《刻大方广佛华严经序》，《澹园集》卷十六，第183页。
② 《白苏斋类集》卷之十七。
③ 《复李士龙》，《续焚书》卷一，第13页。
④ 《南游会纪》，《王龙溪全集》卷七，第463页。
⑤ 《颜钧集》卷二，第15～16页。
⑥ 《正思庵记》，《黄太史怡春堂逸稿》卷二，第242～243页。
⑦ 《论中七》，《徐渭集》三集，中华书局，1983，第493页。
⑧ 《冬溪外集》卷下，第56页。

似乎是想表明佛教高于道教与儒学。

　　上文提到方泽与明代著名文学家唐顺之、茅坤等人的诗歌酬和，体现出与晚明文学思潮观念的一致，如《寄陈海樵》"托酒有真趣，寓辞宣至情"①，与晚明文学思潮的"求真""直抒胸臆"等文学主张如出一辙。《丘止山转南雍典薄》中有一段方泽与潜叟关于文学的问答，表达的是"求真"的文学观念。潜叟问方泽是否得丘止山之文，方泽云"得之"，"其辞简而旨婉"类似左丘明之风格。潜叟不赞同，让方泽"更往观之"，方泽再观之后云"斐乎其英发也，蔼乎其蕴藉也，豫乎若登乎春台，丽乎若历乎芳圃也"。潜叟仍不赞同，云："譬图龙于堂也，鳞甲首尾，龙也乃若为飞为潜为云为雨，求诸堂不可得也。子更往观之。"他日又问，方泽答云："顷者予系之目矣，予又接之声矣，跃入焕如，弗可以形诸言矣。"潜叟对此加以肯定，云："然哉。譬饮也，吐气糟而纳其醇醪。譬相马也，遗其牝牡黄骊而察乎其天机。则吾所谓文也。"方泽顺势提出"真文"之说，云："于是止山先生转南雍，泽不敏，请以曩所谈者赠焉。南雍，聚天下豪杰地也，先生之文折旋俯仰，无往而不昭著也，是真文也。真文兴则枝辞蔓学凋，枝辞蔓学凋则豪杰起，天下之文将玄同乎。"②求"真文"的文学观念，再次显示方泽文学观念的心学来源。《序维扬别驾徐蜃湖诗集》云诗乃由心之所发："于诗，吾见先生之心益审。夫诗，形心者也。先生家食时无抑郁之辞，在官无希援之什，归田无咨愤之声、烦惋之撰，先生之心其殆定矣。诗之体裁音响，非所先也。嗟乎，使高第显官而或不能保身完名，以不负所学，即其诗薄曹刘掩颜谢也，亦将为人藐矣。然则观先生诗者，不当别具眼哉。"③方泽指出诗文之创作须有本，《读少岳京稿循本论》云："夫文之阃奥，某无能知。若循本而言，文固思所出也，思之所从出，则本有之无尽藏也。能妙其思而犹忽其所从出也，是酌其流而遗其源也。"④文之本是"思"，综合上述来看，方泽的诗文之本无疑是"心"，即上文所说文乃由心之所发。

---

① 《冬溪外集》卷下，第 41 页。
② 《冬溪外集》卷下，第 59 页。
③ 《冬溪外集》卷下，第 64 页。
④ 《冬溪外集》卷下，第 68 页。

民间信仰与宗教认知[*]

——十王堂（唐）祭初探

梅剑华[**]

摘　要：本文探讨流传于长江流域及长江流域以南（河南、江苏、湖南、湖北、云南、贵州等地）的民间十王堂（唐）祭礼仪。对现存的十王堂祭礼仪做一初步刻画，从宗教认知的角度阐释丧葬礼仪，为理解当代农村尚未断绝的民间宗教信仰提供一个新的契机。

---

[*] 笔者十余年前曾关注过民间宗教信仰，以《活着的传统，死去的肉身：湖北省秭归县民间祭祀仪式田野调查》先发表论文（2006），后在此基础上撰写了硕士论文（2007）。十余年来，本人虽未能继续深入研究，但仍然长期保持关注，搜集整理了相关文献。本文是笔者计划申报"失落的传统：十王唐祭研究"课题的一个部分，整体计划包括：第一，根据在湖北民间搜罗的一百多本手稿，进行比较鉴别，进行全面系统的整理校勘工作，编辑整理出版《十王唐祭礼仪全稿》，为进一步的研究打下扎实的文献基础。第二，走访当代民间祭祀群落，利用影像手段记录流传至今的祭祀礼仪，与现有稿本进行对照比较。整理出流传文献和流传的仪式之间的同异。走访当代民间祭祀道士，获得第一手口述实录。第三，对唐祭之名进行考证。对这一名称的考证对于复原古代宗教信仰状态具有重要的意义，并非单纯的名实之辩。第四，梳理归纳出十王唐祭仪式的基本流程，结合地方志和宗教史文献考察十王唐祭在各个朝代、各个地域的流传情况。尤其关注，唐代初期的宗教信仰和朱熹家礼的民间流传情况。第五，研究唐祭中的婚礼，唐祭不仅仅包括丧礼，也包括婚礼，婚与丧是唐祭的两个维度。稿本中缺少婚礼的礼仪记载。分析研究唐祭中婚礼和丧礼之间的关系，是整体把握唐祭的重要一环。第六，从儒家、道教、佛教、地方特色宗教文化等多种宗教视角考察十王唐祭的宗教因素来源，如十王礼究竟是来自佛教还是道教，抑或是二者的结合；如唐/堂祭三献与《诗经》的关系。第七，结合民间巫术和风水之术从民间文化的整体立场来理解十王唐祭在民间精神生活中的地位。结合正统文献如《十三经》所载礼仪和民间礼仪做一系统对比研究，互为参照，发掘十王唐祭中失落的传统。

[**] 梅剑华，山西大学哲学社会学学院教授。

关键词：堂/唐祭　十王　祭文　民间宗教　宗教认知

近十余年，经学复兴，尤其礼学复兴，使得学者逐渐重视研究发掘中华文明礼仪。根据笔者的有限观察，主要集中在以下几个方向：第一，注重典籍的发掘、梳理和整理，例如对于经学基本著作的整理。第二，注重传统经学中礼仪制度的阐发，例如关于丧服制度、墓葬制度等的研究。第三，注重对仪式的社会学、人类学探究，例如对祭天等仪式的研究。具体到丧葬礼仪文化的研究，主要包括两个方面。其一，考古发掘中的墓葬文化研究。利用出土的墓葬用品以及墓葬的具体情形来复原古代的祭祀文化。这种研究存在一定的局限，身份尊贵之人才有正式的墓葬，依托墓葬研究就意味着只能通过少数人的状况来对某个朝代的祭祀文化做一推断。活跃在民间的祭祀仪式，既不能通过一些实物加以保存，也不能通过正式的文字记录流传。如《三通》主要记载国家祭祀，而于民间祭祀则阙如。其二，传世文献中的丧葬礼仪研究。这种研究忽视了"小传统"。既有的研究大部分是对处于国家权力核心的人物（皇帝、士大夫、乡绅）丧葬礼仪的研究，而对过日子的老百姓如何举办丧葬礼仪，缺乏足够重视。虽然也有学者研究民间的祭祀形态，如庙会、宗庙、祠堂等（因为其有实在之建筑，故研究起来方便）。民间具有过程性的仪式则容易变迁流失，从而很少进入学者的研究视野，遭到了忽视。

皇家之礼和民间之礼侧重有所不同，皇帝百官重视如丧服、明器、墓葬等丧葬器物，皆耗资巨大，为百姓所不能效仿。但百姓也有丧葬之礼，慎终追远，非皇族特权。江南民间施行十王堂（唐）祭，有深意存焉。王国维先生提出利用传世文献和出土文献来研究古史，这种二重证据法蔓延在古代历史研究的各个领域，葬礼研究亦复如是。对于民间祭祀礼仪来说，二重证据可以略做调整：一方面需要从传世文献、正式文献和考古材料（例如墓葬）来对十王唐祭进行研究，另一方面需要对民间流传的手稿和民间艺人口耳相传的资料来搜集整理获取十王堂祭的原始资源。因此文献意义上的学术考辨或短期田野调查收获不大。人类学家早在 20 世纪 50 年代就开始对中国的葬礼进行田野调查，以哈佛大学 Watson 为代表的美国学者主要选择了中国台湾和香港等地，1988 年出版的 *Death Ritual in Later*

Imperial and Modern China 论文集，是这一系列研究的总结。一些人类学者、历史学者、哲学学者开始调查研究一般的祭祀仪式，如吴飞先生主编《婚与丧：传统与现代的家庭礼仪》①，这些研究开辟了经学与宗教学交叉研究的新领域。遗憾的是目前关于民间丧葬礼的研究既缺乏原始材料，又缺乏长期跟踪体验，很难挖掘到民间的原生态信仰遗存。

十王堂（唐）祭是民间祭祀亡者的一种仪式，散见于河北、湖北、湖南、江苏、贵州等地。按照通常叙述，堂祭是源于朱子家礼并结合当地民间宗教形态产生的一种祭祀仪式。与通常的葬礼相比，堂（唐）祭仪式复杂，有两天三夜之说。孙大坤、干春松先生所探讨的豫北乡村葬礼②，未论及此。朱子家礼于此语焉不详。堂祭仪式并非随意规制，而是带有浓郁的儒家色彩，所引文献多出自儒家经典。堂（唐）祭礼，有的地方称之为十王堂祭，加上充满了佛道教色彩的十王仪式。有学者对三礼中的丧服制度进行了系统的研究。堂祭仪式与丧服制度不同的是，前者是活着的传统，对于理解当代农村生活，有着重要的作用；丧服制度是逝去的传统，对于理解中国古代礼仪文明有不可取代的作用。

2012 年论文集《婚与丧》是婚丧礼仪研究的重要进展。但关于堂祭研究，迄今没有引起学界的重视。就笔者所知，仅有几篇文章对堂祭仪式做了专门研究：第一篇是陈晓毅的《儒家乎？儒教乎？贵州地区堂祭三献礼的宗教人类学研究》③，第二篇是林春、胡鸿保的《武陵地区的堂祭三献礼》④，第三篇是笔者论文《活着的传统、死去的肉身：湖北秭归堂祭民间文化遗存研究》⑤，第四篇是张拥国的《儒教在民间存在形式略析：以唐祭为例》⑥，第五篇是周波的《明末以来豫南乡村社会的礼生与堂祭——以罗

---

① 吴飞主编《婚与丧：传统与现代的家庭礼仪》，宗教文化出版社，2012。

② 孙大坤、干春松：《"人道"与"鬼事"：豫北地区传统葬礼仪式的研究》；吴飞：《婚与丧》，宗教文化出版社，2012，第 277～293 页。

③ 陈晓毅：《儒家乎？儒教乎？贵州地区堂祭三献礼的宗教人类学研究》，《中山大学学报》2003 年第 6 期。

④ 林春、胡鸿保：《武陵地区的堂祭三献礼》，《民间文化论坛》2005 年第 3 期。

⑤ 梅剑华：《活着的传统，死去的肉身：湖北省秭归县民间堂祭仪式田野调查》，《天问》，江苏凤凰出版社，2006。增补版为 2007 年首都师范大学硕士论文。

⑥ 张拥国：《儒教在民间存在形式略析：以唐祭为例》，首都师范大学硕士学位论文，2011。

山县丁氏宗族为例（1636～2012）》①，两篇论文，三篇硕士论文，堂（唐）祭研究似乎进不了大雅之堂。上述堂祭礼仪研究侧重点各有不同，主要集中对仪式的过程及其在当代社会中的功能的研究，而对堂祭的流变发展有所忽略。

外祖父逝前，送给笔者一册《十王唐祭礼节》，稿本年代历久，繁体竖版，并无署名，抄写者当是一位老先生，其传承年代应在民国。稿本中的《十王堂祭序》对于十王堂祭旨要以儒家立场做了简明扼要的叙述：

昔孔子曰："为礼不敬，临丧不哀，吾何以观。"子路曰："丧礼与其哀不足而礼有余，不若礼不足而哀有余。"此皆有为而言之。夫古风甚朴，民心无伪，又得圣贤之教乃为礼。临丧犹有使圣贤感慨而言者，况后世失礼之甚者乎。

即如今日父殁必行唐祭礼也，始于文公家礼。以为孝子不忍死其亲，必用礼生祭奠，亦事如在如存之意也。弟愈失愈远，孝子无哀戚之情，礼生无诚敬之意，不过奉行故事，以饰众人之耳目。礼无可观，哀亦不足。徒见纷纷扰扰焉尔。

况今世唐祭之礼节，即诗书亦有未准理余思者。凡人将死，必有鬼魂钩摄，即行善之人亦有童子礼请。既殁之后，魂不返舍也明矣。譬如阳世人若犯罪既被差役捉拿府县监禁，即家人朝夕哭泣，献羹献馔，被禁者安能来享乎？而乃亲殁之时，或朝奠暮奠，衣冠沐浴。为孝子自尽其心则可耳，以为亲能享受未之敢信也。况人并不尽心，亲尸骨未寒，遂饮酒食肉为神所共怒者，安能尽慎终之礼乎。

愚以为人果不忍死其亲，以阳世之事比之。如亲犯刑，子必至有司，上下辩理，而有积诚以感动官府。如申包胥秦庭之哭，使亲即释。则可以享家人之供，受朝夕之膳，此理之昭然者也。故欲行堂祭之礼必先行十王礼。夫十王杳矣。安见其来格乎。然孝心动天地，人子果能至诚感神必有鉴其诚心者俟十祭毕，然后行唐祭，斯为情达礼通耳。

---

① 周波：《明末以来豫南乡村社会的礼生与堂祭——以罗山县丁氏宗族为例（1636～2012）》，辽宁大学硕士学位论文，2014。

祭十王之文，自不得草率。于每王祭文内，必（缺）敬诵某经若干。或行礼之时，或礼毕之后，请文人虔心跪诵。诵经之处供监经使者牌位。诵毕，上圆经表并牌焚之。（父殁或救苦经、感应篇、灶王经。母殁用血盆经诸经不一，唯在孝子诚心耳），祭毕十王后，即行赈济。于门外设一高台前祭十王焚牌之时。留土地县城隍二神。以使主赈祭之盟。移二神于台上。端正供仪。台下颂经，野外化财。随孝子之施舍为焚楮之多寡。至非七八十块不可。又设酒浆斛食，散给孤魂。财化毕，礼生化赈济文，行送神礼，并二牌位焚之。但此礼必须孝子不吝财物，更宜诚心方可行耳……

礼序有着丰富的内涵，值得深入讨论。十王堂祭仪式分为两个阶段：首为十王祭礼，次为堂祭。行十王礼，乃是为亡人申冤辩屈。行堂祭礼酒食安顿。十王祭礼俗称十王夜，仪式需一夜。其仪式过于复杂又耗费过大，民国时期乡间无论贫贱贵富皆以此礼节为重，如今十王全夜少有人作。堂祭则每有人殁即行此礼，几乎成为农村最为重大的活动。其重视程度超过其他生礼、婚礼、寿礼等。孟懿子问孝，孔子曰："生，事之以礼。死，葬之以礼，祭祀之以礼。"[1] 对孝的重视使祭祀仪式变得相当重要。

通常情况，由阴阳先生或道士通过卜卦或者根据亡人的生更八字推算吉日，决定何时堂祭、何时开山、何时出柩、何时上山。也有人不经程序，自行决定日期，这种情况下是不能翻农历或自己推算的，否则犯忌。这些都见诸各种礼仪之书，并无特别之处。

《佛光大辞典》"阎罗十殿"释冥界十王之信仰，约起于唐末五代。然关于十王之起源，则有诸多异说。据《释门正统》卷四、《佛祖统纪》卷三十记载，唐道明和尚神游地府时，见十殿冥王分别审判亡者之罪业，遂后寐，一一释述之，因而流传于世间。佛教本无十王或十殿之说，佛教传入中国之后，其地狱阎罗思想与中国民间信仰结合起来，形成十王之说。但其最为重要的阎罗乃佛教独有，故可说十王之说源自佛教。虽然中国地狱与佛教地狱差别极大。敦煌文献中有《十王佛经》。《佛光大辞典》称

---

① 《民间祭祀礼仪知闻》，梅大沛编。

为：为我国民间信仰与佛教信仰混合产生的经典，并指明伪经，乃中国人假托佛教名义结合中国传统冥府信仰编纂而成。大约产生于晚唐时期，敦煌的抄写本大概产生于五代至宋之间。十王经流传到民间产生了十王仪式，宋代历史学者认为，人死后的十王祭祀正是儒家丧礼体系与佛教为死者转移功德法师的完美结合①。在太史文看来"大量的既不能读也不能写的民众是怎么把信仰转变为行动的呢？中古的常见资料没有给出任何的解释。然而，我们可以去官修的中国佛教教义资料库意外寻找答案"②。他认为可以在中国本土佛教的经典里寻找答案。但最好的办法应该是看百姓到底如何实践这一仪式，需要走出经典，从民间流传的十王仪式稿本之中寻求更直接的答案。在十王仪式中有非常全面的体现，仪式如下：

　　十王各殿皆有牌位，牌位书写格式、尺寸大小各有不同，格式如下：本境当坊土地位；本（省府州县）城隍位，凡牌位皆用亭子，尺寸大小如下：土地位用一尺二寸、城隍位用一尺四寸、十王位用一尺六寸，所有牌位皆有匾额，各个牌位两边有一副对联③，有的地方十王仪式礼节各牌位没有对联，而且牌位共有一十七个，分别是秦广王神位、楚江王神位、宋帝王神位、伍官王神位、阎罗天神位、卞城王神位、泰山王神位、平等王神位、都市大王神位、转轮王神位、东岳殿、北阴殿、崔公殿、城隍殿、夏侯殿、当坊殿、长生殿。

　　肃静，执事人等分班序立，司金者鸣金三匝，金止，司鼓者代鼓三通，金鼓齐鸣，奏乐，止，孝士请灵，告行十王，帝礼，于神座前

① 太史文：《〈十王经〉与中国中世纪佛教冥界的形成》，张煜译，上海古籍出版社，2016，第16页。

② 太史文：《〈十王经〉与中国中世纪佛教冥界的形成》，2016，第17页。

③ 土地：善恶即时传奏，功过无不分明；省府城隍：阴曹兼理阳政，太守真为神君；州城隍对：为善行恶终有报，计功禄过终无私；县城隍：正直代为宣化，慈祥为国救民；秦广王：初开冥府司功过，总照人心判忠奸；楚江王：罪犯解来申审理，狱刑治去淘森严；宋帝王：那般事件忘丹恼，在此衙门坐黑绳；伍官王：恶造非轻送问尔，地狱活大肯饶谁；阎罗天：泪向望乡台上滴，心从叫唤狱中诛；卞城王：惩治罪刑轻已半，平推法网又难逃；泰山王：丧尽良心由尔作，收归地狱在吾权；平等王：莫在生前为不肖，须知到此难受刑；都市大王：阿鼻地狱铁罗网，犯人身上洗脂膏；转轮王：善恶到头终有报，权衡在我终无私。

就位，奏乐，跪，四叩首，乐止，歌请神词①：

诗终乐止，孝士立，请神登盘，侧立，孝子于灵位前就位，奏乐，跪，四叩首，乐止，咏歌请灵词。② 诗终乐止，孝子立，请灵登盘，绕棺咏歌一殿叹词③，诗终乐止，上堂朝王，孝子捧灵，捧神，上堂咏上堂词。④ 诗终乐止，孝子捧神灵绕一殿，咏歌一殿赞词。⑤ 诗终乐止，孝士请神入龛，请灵，朝王，奏乐，请大宾于一殿位前，侧立，整冠，束带，扬尘，齐领，衣冠整齐，告以享祀礼，就位，率孝位跪，奏乐，三叩首，于香案前行上香礼，通上香，通献帛，献钱献爵，合爵灌溉，献果品，献毕，听读享祀文，毕，立，复位，三叩首，立，平身，乐止，执事□仅财□文，□帛，微祀仪，鸣金，作大乐，孝士请神出龛，孝子请灵登盘，乐步，上前遵孝子□□咏歌下堂词⑥：欢喜地前荐馨香，敬贡陈仪忏罪殃。沐恩一殿判生方，仍捧椿/萱灵返孝堂。词毕，请大宾跪读一殿文，⑦ 文毕。孝子并牌亭于焚文所燎之。行送神礼，旋绕□棺，咏歌二殿叹词……如此循环十殿，是为十王仪式。⑧

整个仪式，除了文本内容不同，形式基本一样。堂祭仪式，俗称"闹夜"。堂祭的整套班子有以下人员组成：道士（主祭先生）或称大宾、歌童（12岁以上的主祭先生带的学徒）、乐队（鼓、锣、钹、唢呐、笛子等）、祭祀知客（当地懂得祭祀礼节的长者）、副祭（诵祭文的老先生）。闹夜有全夜和简夜之分，都需完成以下几个步骤：迎神、开灵、省牲、朝暮奠（早晨、

① 神光普照甚威扬，实式凭之临孝堂。享祀冥君宜裸降，恭迎神驭好倾觞。
② 严父/慈母倏然入帝乡，冥程过案极苍茫。入将赎罪祈生方，跪请椿/萱灵朝天王。
③ 叹广秦神惝恍，一较冤孽毫不爽。孽镜照来自思想，青童前引几送往。补经所下长稽颡，阿鼻狱中皆凄惘。今恐亡魂罗法网，叹广秦神惝恍。
④ 竭诚为父/母雪罪愆，敬朝一殿大王前。伏祈原宥早生天，特赴叹喜参法筵。
⑤ 秦广智临第一关，初开冥府判贤奸。台擘镜照□□，恶者皱眉善者安。
⑥ 欢喜地前荐馨香，敬贡陈仪忏罪殃。沐恩一殿判生方，仍捧椿/萱灵返孝堂。
⑦ 冥京一殿秦广大王，欢喜地菩萨，殿下而祝以文曰：恭维冥王尊居一殿一德入圣，一元体仁为审功判过之始，锁剑树刀山之狱，今有孝士之父/母某某某初离阳世，始投案下，祈赦无知之罪，哀求之仁，拔诸苦趣，指生道善。敢告。
⑧ 《十王唐祭礼节》，民间稿本。

傍晚各祭奠一次）、游五所（魂魄所、灵寝所、沐浴所、衣冠所、梳妆所），祭奠（念祭文：大文、客文）。在这些祭祀活动中可加入辞祖、朝祖、荐祖、上堂、下堂、绕棺等灵活多样的仪式。

十王堂祭是儒、释、道相互融合的结果，主要体现了浓厚的儒家色彩。李天纲指出："中古以降，儒、道、佛三教存在同构关系——同一个文化结构之下，以不同的方式，相互依赖着，共融共生。儒家、道家、佛学等学理之外，三教有其普遍信仰方式。近代学者都意识到，中国宗教的普遍信仰方式，与民间宗教有关。儒、道、佛三教相通，不但通在教理思想，而且通在民间实践，可以称为'三教通体'。"① 十王是佛道，堂祭是儒；主持祭祀之人：主祭是道士（还有佛教道士），副祭是儒者。所涉及的文本：既有传统儒家经典文本也有佛教如《血盆经》、道教如《太上感应篇》等。胡适在《我对于丧礼的改革》中提及丧葬三献礼等儒家传统，鄂西堂祭三献礼也是《朱子家礼》在当地的传承结果。就笔者所见，参加堂祭礼仪的都是有文化的老者，祭祀活动中，有一套进退跪拜礼仪，受人敬重。唱词中的诗、词、文多来自儒家经典。主持祭祀仪式的全套班子都受过一定的教育，主祭一般都是受过一定老式教育的老人。道士先生也许文墨稍粗，但其中的副祭一般文化程度较高，受过多年的私塾教育，甚至有的老人曾经就是私塾先生。十王仪式程序中道士直接主持整个仪式过程。鄂西地区各乡镇流传下来的抄本中都有招魂的内容，而其他地方的十王抄本中没有招魂内容，可能与屈原以及"招魂"习俗流行于湖北省长江干流等地有关。这说明十王唐祭仪式也受屈原文化的影响。

十王唐祭是极具地方色彩的祭祀礼仪，但地方的也有其普遍性的一面。宗教学、哲学、社会学、人类学等可以为理解民间宗教提供不同的解释，认知科学试图从一般人类认知的角度为信仰、仪式提供一个解释，由此产生了宗教认知科学。这一新的研究领域兴起不过十余年，以认知科学的基本框架和方法研究宗教现象。宗教认知科学的研究重点不在教徒信仰上帝存在、信徒具有神秘经验的论证和证据，而是关注人们接受宗教背后的认知机制、宗教认知和一般人类认知的关系、为什么人们愿意接受宗教

---

① 李天纲：《金泽：江南民间祭祀探源》，三联书店，2017，第 328 页。

信仰、具有不同信仰的人是否具有不同的认知模式，等等。所有这些思考背后都具有一个物理主义的背景：一切都是物理事物，一切事物的存在都归根到底依赖于物理事物的存在。在这个物理主义框架下，要拒斥两种极端的立场：第一种立场是神秘主义，认为存在上帝、鬼魂、神灵。对这种立场的拒斥，并非依靠逻辑论证或经验证据，而是由于我们整个世界观的调整，使得我们在一个自然的世界不再接受超自然之物。第二种立场是科学主义，拒斥神秘主义不意味着要坚持科学主义，虽然在本体论意义上不存在超自然之物，但是人类漫长的历史演化，存在大量的宗教现象、宗教经验，这是一个基本的事实，既不能简单拒斥，也不能完全利用科学来解释。因此要保留一个中间地带，承认有真实的宗教现象和宗教经验，承认这些现象和经验不能完全依靠科学得到解释。但结合已有的人文历史哲学解释，科学解释可以为其提供一个新的视角。总结起来，不妨说要放弃科学主义，坚持科学精神；放弃神秘主义，坚持精神理性。很多人常常将物理主义和科学主义混为一谈，但是需要指出物理主义不是科学主义[1]。李泽厚先生在《对话录》关于美学和中国哲学的讨论中，经常引入科学维度。他认为："美学为什么不搞了？因为生物科学不发展，美感是讲不清楚的。美感是四个要素集团——知觉、想象、理解、情感的综合，这四个每一个都是集团，不是一个因素，非常复杂，所以才有艺术、文艺的多样性。'人心不同，各如其面'，各人的大脑结构也不一样，这是生物基础……"[2] 审美经验需要科学研究，最近兴起来的神经美学正是在这个思路上工作。宗教经验亦复如是，"宗教的心理基础常常建立在神秘经验上，以此形成坚固的信仰。将来，神秘经验随着脑科学的发展，可以找出产生的原因。到那时就应当可以复制出某种神秘经验，那就不会再让人感到神秘了"[3]。像阳明的龙场悟道的神秘体验，李泽厚也认为有一天随着脑科学的发展，能够揭示其奥秘。像孔颜乐处，李泽厚在《伦理学纲要续篇》中也认为"虽然是道德，却已经超越道德而进入宗教-美学层次，特别是其中包括某种

---

① Alyssa Ney, "Physicalism, Not Scientism," in Jeroen de Ridder, Rik Peels and Rene van Woudenberg, eds., *Scientism: Prospects and Problems*, *Oxford* University Press, 2018, pp. 258-279.

② 李泽厚：《李泽厚对话集：中国哲学登场》，中华书局，2014，第126页。

③ 李泽厚：《李泽厚对话集：中国哲学登场》，2014，第197页。

神秘经验。伦理学只讨论人的行为及有关心理，并不讨论神秘体验"。①

李先生的想法暗合宗教认知科学的思路，这些神秘体验面纱终将揭开，不再神秘。因为所有的宗教思考和体验都要通过我们的认识系统、神经系统。宗教现象并非神秘现象，而是人类现象、自然现象。人类可以利用心理学和神经科学方法研究这种人类现象。当然这一立场并不意味着人类的每一个方面都是完全物理的，我们只需要接受在基本层面是物理的，非基本层面的现象虽然依赖基本物理层面，但并不能通过基础物理科学获得解释，否则当今种类林立的学科（历史学、社会学、心理学、神经科学、生物学、化学、物理学）的存在就没有必要了。

心理学家布罗姆认为我们有两个互相冲突的表征系统：第一个是朴素物理学认识系统，把世界表征为具有坚固性、有边界的物理对象，进而把我们自己也表征为同样的物理对象。第二个是朴素心理学认识系统，把世界表征为具有心智的能动者，进而认为我们自己也具有同样的心智，即具有思想、意图和感受。在布罗姆看来，人类具有来世的信念就是朴素心理学和直观二元论的自然拓展。这种信念有助于提升孩童的社会行为凝聚力。人们相信上帝、鬼魂和祖先精神正在观看他们时，更倾向于提升社会凝聚力。既然宗教思考和体验都要通过我们的认知、神经系统，那么就和其他人类理解（认知科学、艺术、政治）认知一样受到同样的约束限制。在这个意义上，宗教认知和其他认知是非常类似的。在科学认知和自然认知的讨论中，有学者提出了科学认识和自然认知连续的说法②，可以说宗教认知和日常认知也是连续的，二者之间并不存在截然的断裂。

宗教认知是日常认知的延展。十王堂祭仪式之中，《十王堂祭序》云："以为孝子不忍死其亲，必用礼生祭奠，亦事如在如存之意也。"在祭祀的时候，好像神和亡人就在现场一样，用我们日常的礼仪和情来对待不存在的神和祖先。在基督教中，如何侍奉上帝，也有将上帝比作父亲如何侍奉的说法。多用日常人类之间的关系来类比基督徒和上帝之间的关系。

在谈到为何行唐祭之礼时《十王堂祭序》云："凡人将死，必有鬼魂钩摄，即行善之人亦有童子礼请。既殁之后，魂不反舍也明矣。譬如阳世

---

① 李泽厚：《伦理学纲要续篇》，三联书店，2017，第135页。
② 王雨程：《从自然认知到科学认知：连续还是断裂？》，厦门大学博士学位论文，2018。

人若犯罪既被差役捉拿府县监禁，即家人朝夕哭泣，献羹献馔，被禁者安能来享乎？而乃亲殁之时，或朝奠暮奠，衣冠沐浴。为孝子自尽其心则可耳，以为亲能享受未之敢信也。"这里完全用阳世之人的行为来类比在阴间的鬼魂的行为。人死不能复生，就好比阳世之人被抓到监狱不能回家一样。因此献给亡人食物不过是尽心而已。朝奠是请亡人吃早餐，暮奠是请亡人吃晚餐，游五所包括魂魄所、灵寝所、沐浴所、衣冠所、梳妆所。魂魄对应于具有身体的活人，先请具有魂魄的亡人苏醒，然后到他的卧室灵寝所来请他，请出亡人，依次沐浴（沐浴所）、更衣（衣冠所）、梳妆（梳妆所）。自然认知和宗教认知是类似的。

在解释为何要行十王之礼时，《十王堂祭序》云："愚以为人果不忍死其亲，以阳世之事比之。如亲犯刑，子必至有司，上下辩理，而有积诚以感动官府。如申包胥秦庭之哭，使亲即释。则可以享家人之供，受朝夕之膳，此理之昭然者也。故欲行堂祭之礼必先行十王礼。夫十王杳矣。安见其来格乎。然孝心动天地，人子果能至诚感神必有鉴其诚心者俟十祭毕，然后行唐祭，斯为情达礼通耳。"这是认为死亡好比判刑，希望通过努力让处理变得宽大。虽然祭奠十王，十王未必接受礼仪，但也可能感动诸神，如此再行唐祭，则可以情达礼通。在宗教认知交互中，可以通过日常认知交互来获得理解，并无神秘之处。

从大的背景来看，宗教信仰有助于人类生存繁衍。社会学、人类学对宗教仪式的理解认为宗教信仰和意识有利于加强群体的凝聚力。仪式有助于团结、信任和互惠。但从演化论的角度来看，宗教并不是为了促进团结。遗传特性和文化实践的关系是偶然的。宗教的兴起源于基本认知系统加工的结果，而不是复制适应者或社会凝聚。一旦具有了宗教认知，就促成了社会凝聚，就形成了很好的生存优势。发展心理学发现小孩很自然地容易接受宗教观念。个体关于宗教信念实践的背后包含了一种适应超自然神的认知机制。宗教信念是演化过程中偶然出现的副产品，能够保存，是因为可以帮助我们的祖先生存延续。但是这并非选择的结果，因为认知机制导致了宗教观念的出现，而且因为不同的理由，这一副产品与生存密切相关。宗教是规范认知处理的自然结果。

认知科学需要结合演化论模型才能解释信念的起源和本质，甚至神经科学的证据可以支持宗教经验的真实性。不过需要警醒的是宗教认知科学研究的宗教模式和中国的民间宗教形态有极大差异。现有的宗教认知科学研究是根据西方主流宗教产生的研究，像中国的道教、佛教、民间宗教等和西方典范宗教之间存在极大的差异。这也需要我们对宗教认知科学的一些基本预设保持清醒。科学哲学的主要对象是物理学，通过物理学形成了对一般科学的解释、预测和刻画的基本原则。20 世纪 60 年代以来，生物学的突破性发展，使得科学哲学需要考虑生物学不同于物理学的特点，并根据生物学的一些基本框架，调整一般的科学哲学理论。因此宗教认知科学和中国民间宗教之间可以形成一种良性互动：一方面宗教认知科学扩大了研究范围，把更多不同文化地域的宗教纳入研究范围，丰富了宗教认知科学研究；另一方面，不同文化地域尤其是中国宗教本身又对宗教认知科学的基本框架模式提出了挑战，促使其做出更加合理的调整。这样一种互动对宗教认知科学和中国民间宗教都有非常重要的意义。

神道·天道·王道

——兼论宋代王道政治的内在转向

敦　鹏[*]

摘　要： 在中国传统社会中，王霸之间的关系历来是儒家政治哲学的讨论焦点。殷周时期，随着宗教神权的衰落与理性精神的高涨，传统的天民关系发生了从神的地位下降到人的地位上升的思想转向。在政治领域，出现道德化和民本化评价统治好坏的人文诉求。孔孟所倡导的"王道"以"仁"和"礼"的双重结构深化了王道理想的伦理基调。由于宋代的文化转型，以二程为代表的宋代儒家知识分子开始在形上层面思考政治理想的普遍模式，并对王道政治的价值基础重新加以思考，为王道世界开出了更为广阔的思想视域。他们以"天理"为批判现实政治的理论武器，并将儒家坚持的王道理想转变为内在转向的境界追求，为人的存在意义和价值开显预留了空间。

关键词： 王道　霸道　二程

在中国传统政治中，"王道"历来是思想家常用的一个术语。一般来说，"王道"始终体现着传统儒家对于应然政治的理解和崇高的道德追求，是好的政治或符合道义的政治的代名词。与"王道"相对，"霸道"被理解为在现实政治中当权者纯粹从治术权谋着眼，使用不正当手段或策略去实现功利和私欲目的的统治方式。因此，人们常用"王道荡荡"来象征传

---

* 敦鹏，河北大学哲学与社会学学院教授。

统政治光明正大的一面，用"霸道浩浩"来比喻现实政治的复杂多变和威严嚣张，王霸之间的紧张关系也由此成为古代政治哲学讨论的焦点。我们看到，早期中国先民的政治文化中，有着强烈的宗教色彩，进入文明社会以后，原始自发的宗教，转化为"人为的宗教"，统治阶级利用宗教来维护自己的统治。西周之后，伴随着天命权威的衰落与人文思潮的兴起，政治上开始出现肯定道德理性与敬畏民意的思想观念。

　　肇始于先秦时期的王霸之争，延至宋代又一次发生了重大的文化转型，即在儒学复兴的思想背景下，以二程为代表的新兴儒家知识分子自觉地重新思考王道政治的价值基础，其逻辑进路是：继承了先秦儒家以王道还是霸道来评价政治生态的好坏标准，强化了道义和德性在政治生活中的首要原则，开显与提升了人性本善对实践政治的导向作用，在伦理道德的教化中进一步肯定了人的尊严和精神价值。其政治意义在于，宣示了作为权力阶层只有在不断完善自身的品格修养的基础上才具有领导政权的正当资格，同时也使王霸之间的对立关系转变为是否符合儒家仁爱精神的理想人格问题，从而在理论上为中国传统政治的人文走向注入了平民化的活力。

一　由神道转入天道——早期政治思潮的人文特质

　　中国传统政治思想的起点是与殷周以来朝代更迭和对天命神权的怀疑、否定联系在一起的。众所周知，由于生产力的低下，早期人类社会的观念意识中具有强烈的宗教色彩，自然崇拜、祖先崇拜、宗教礼仪和禁忌成为古代先民精神生活乃至社会生活的根本特征。伴随着人类文明的开始，原始的自然宗教转为带有政治目的的人为宗教。所谓"神道设教"，原本就是一种意识形态的权威重建，神道的出现保障了统治集团在政治上的支持。因此，随着地上强大王权的形成，天国也出现了至上神。

　　殷商时期君主如纣王笃信天命，声称"我生不有命在天"，号称自己的政权基础与天命的眷顾有着内在联系，于是骄奢淫逸，无所不为。这种迷信"君权神授"的浓郁宗教气氛伴随武王灭商而发生了转变。

　　历史上，周人以属国身份取代原来的宗主而建立政权，周天子称"王"，为防止新的僭越篡权之事发生，周以殷为鉴，制定周礼。这种政治设计隐含着一个缺乏神圣性的理念支持，即新兴政权的合法性基础需要重新加以解决。在这种背景下，作为古代政治文献的典籍，《尚书》对周的"革命"进行了正当性辩护。周人认为，周人受命得天下，是敬天修德的结果，因此以天道取代了殷人的神道（上帝）。这种表述的变换不是简单的词义的改变，而是一种统治指导思想的重大调整。在周人的观念中，天道仍然带有宗教色彩，但它是一个政治、伦理、宗教三者合一的神学体系，但"德"作为天的本质属性被注入其中。更为重要的是，与殷代不同，周代统治者认为仅仅以天意论证王朝兴衰更替的合法性与合理性是不够的，在现实经验上周对商取而代之依靠的恰恰不是上天，而是民意。《尚书·泰誓》曰"天视自我民视，天听自我民听"，又说"民之所欲，天必从之"，这无疑是说天意的现实效验来自民心，重视被统治者"民"的需要和利益成为周代与商代对天命理解的不同取向。

既然"天命"不再是高高在上的神权意旨，那么人们开始从其他角度来理解"天"的价值属性。于是对"天命"的信仰不仅具有道德的品格，而且这种道德品格是以"敬德"和"保民"为主要特征的政治理念。周人在统治阶层内部对自身提出了"德"的要求。"皇天无亲，惟德是辅"，就是说，如果统治者有德，其政才可能是"德政"，"德政"是取得天下和维护天下长治久安的基础，相反，如果统治者失德滥罚，就背离了上天的意志，作为正义代表的"天"也会惩罚君主或改变他作为天子的合法地位，政权也因此会由盛而衰，不能保持持久统治的局面。值得一提的是，虽然在周代的政治思想中天的神性逐渐淡化，但当时的意识形态仍然潜藏着神权政治的观念，历史的惯性与削弱的神鬼观念之间在一定时间范围内交织其中，成为中国早期政治思想的主要基调。

但是，从殷周时期开始，宗教神权日趋转变，严酷的社会现实动摇了人们对天地鬼神的一味崇拜和信仰，天道与人道之间的关系表现为二者之间的分离与无神论思潮的出现，思想家们根据自己对自然、社会和人生的理解，开始从更加理性的眼光审视现实社会政治问题。具体来说，对人事的重视和肯定演变为最显著的政治特征。商的灭亡让周的统治者看到了人民反抗的强大力量，这种教训也使权力层认识到为了达到统治的坚固，仅靠天命是不行的，而如何做到爱民、利民就成为治理国家的现实要求。在

《尚书·泰誓》中突出地表现了这种以"保民"为特质的人本主义思潮："惟天地万物父母，惟人万物之灵，聪明，作元后，元后作民父母。"在这一命题中，天地神性的光环渐渐消失，而哲学意义上的自然之天以它的运行变化凸显了向人事的转化轨迹。天人关系的分离及神人之间的转化最终导致了以人为本的价值观念的确立和普及。于是，在政治领域天意即民意，民意即天意。由此，在理论上，民意扮演着终极和最后的判别角色，比起作为人格神的"上天"，民意具有更加优先的重要性。在君民关系之间，人民对君主并没有无条件服从和忍受压迫的义务，反而是君主应当像父母一样保护人民，实行德政。

　　总之，一系列迹象表明，随着这一时期理性精神的高涨，传统的神民关系已经发生了从神的地位下降到人的地位上升的格局转向。虽然在统治者眼里，"人"还是以"民"为群体出现的被统治者，但民的重要性比殷周早期重鬼神、轻人事的观念推进了一大步。人逐渐从传统的神学思想框架中独立出来，标志着中国古代政治思想取得极为重要的突破性进展。作为政治的核心理念，"王道"登上历史舞台一开始便带有相对于殷周早期更浓的人文色彩，在这背后体现的正是对政治评价的道德化和民本化的人文诉求。

　　当然，作为中国传统政治哲学的一个常用概念，"王道"是在春秋战国被频繁使用起来的。思想与概念之间的转换并不是一蹴而就或同步产生的，虽然"王道"的由来最早出现于《尚书·洪范》"无偏无陂，遵王之义；无有作好，遵王之道；无有作恶，遵王之路。无偏无党，王道荡荡；无党无偏，王道平平；无反无侧，王道正直"，但是作为这一时期的儒家代表人物，孔子、孟子等都对王道推崇备至，其中正是源自对王道所蕴含的人文理念有着强烈认同，于是怀抱对王道、仁政的向往和追求构成了早期儒家政治哲学的鲜明特质。

　　西周末期，以宗法伦理为基础的周代礼治遭到破坏，以周幽王"烽火戏诸侯"为标志的政治闹剧打破了周政权的实质统一局面，中国政治进入了诸侯称霸的春秋时期。尽管在名义上各诸侯国还承认周为封建天下的共主，但形式上的一统与现实中的分裂存在着巨大反差。以赵、魏、韩三家分晋和田氏代齐为标志，此时的政治格局呈现出最为典型的"礼崩乐坏"的春秋乱象。

在这一阶段，孔子提出"克己复礼""礼乐征伐自天子出"，意在恢复以尧舜文武为代表的"王道"秩序。据《史记·十二诸侯年表》记载：

> 晋阻三河，齐负东海，楚介江淮，秦因雍州之固，四海迭兴，更为伯主……是以孔子明王道，干七十余君。①

就孔子的政治理想而言，"王道"是上古帝王的成王之道，它是尧、舜以至文、武、周公等历代圣王经世治国的政治理念和实际举措，代表着绝对符合道义的政治。因此，"王道"意味着效法先王，即恢复三代之前的古老秩序。那时治理天下所依靠的不是暴力，而是美德，是以统治者行为的正当为前提的道义逻辑。在孔子看来，实现"王道"首先需要在现实层面依靠礼仪制度来约束君臣和君民关系，所谓"正名"就是在遵守"君君、臣臣、父父、子子"（《论语·颜渊》）的伦理原则基础上展开政治和社会的秩序结构，这种礼制的规范作用有助于防止僭越行为的发生，使不同社会等级成员的行为符合"礼"的规定，在此之下有差有序地保持社会自然和谐的状态。同时，孔子所提倡的"王道"理念的着眼点不再是作为统治者"王"的自我纠正和为我独享天下的"德政"，而变成外延更为宽泛和内涵更为体现人文关怀的"仁政"。相对于周礼的"德政"，"仁"字突出了"二人"，这实际上要求对政治的参与不再狭隘地停留在特定集团，而是包括"士"在内的广大知识群体同样有权加入体制内部，从而实现对政治的操作甚至抗衡。更为关键的是，在"礼"和"仁"的关系上，孔子创造性地赋予"仁"以价值优先。"仁者人也"，就是说"仁"规定了人之所以为人的本质，"仁者爱人"肯定了每个人应当具有的良好美德。在政治原则和社会交往中，对人的尊重和爱护不仅是一种手段，还应当作为目的。每一个政治主体和社会成员都应理性自觉地以"仁爱"为行为的旨归。这还意味着人的独特存在价值，当面对人与物的相互取舍时，首先将人的"生命"加以重点关注，"人而不仁如礼何？""礼"作为外在规范，它的目的是实现仁。在马棚失火的紧急时刻，问人不问马，表现的正

---

① 司马迁：《史记》，中华书局，1982，第509页。

是儒家"天地之性人为贵"的人本理念，人与动物的价值轻重得到了充分的事实展现。

但就王道而言，它只是一种理想的政治，这意味着，在政治的理想与政治的现实之间始终存在一定的距离。从周到秦，中国的政治思想逐步畸变为从礼仪教化到运用阴谋权术的杂霸时代。与孔子一样，孟子魂牵梦萦的政治抱负在现实中遇到了权谋和利益的挑战。在孟子看来，王道理想的屡屡碰壁是因为君主不屑实现仁政而一味崇尚武力，这注定了王霸之间存在不可调和的紧张关系，孟子曰：

> 以力假仁者霸，霸必有大国；以德行仁者王，王不待大——汤以七十里，文王以百里。以力服人者，非心服也，力不赡也；以德服人者，中心悦而诚服也，如七十子之服孔子也。《诗》云："自西自东，自南自北，无思不服。"此之谓也。（《孟子·公孙丑上》）

因此，从这个意义上说，王道或仁政奉行的是通过非暴力手段和以德服人的治国原则，而与此相对应的霸道则凭借以力夺取天下，从而缺乏主观上使人心服的内在条件，也必然无法达到让百姓心悦诚服的认同和支持。至于作为掌握最高权力的国君如何能够在实际行动中落实王道理想，孟子也给出了自己的解决办法：修身、循礼、重民。

首先，立德修身是参与政治实践的本位前提。把完美的人格引入治国的政治实践，是儒家思想的一贯做法。孔子提出："政者，正也。子帅以正，孰敢不正？"（《论语·颜渊》）凸显了政者自身的表率作用对为政的重要性，以道德立身的正面形象在孟子那里得到继承，修身成为参与政治活动的本位前提，"人有恒言，皆曰天下国家。天下之本在国，国之本在家，家之本在身"（《孟子·离娄上》）。修身不仅是个人安身立命的道德要求，也是扮演政治角色的身份需要。榜样的示范意义发挥着普遍的引导作用，也是统治者取得权力的正当前提。

其次，礼乐教化是实现王道仁政的主要方式。孟子认为，政治的最高目的是让人民存有完美的品性和行为，人有"四端"就是说循礼教化具有先天的可能性和可造性。"善政，不如善教之得民也。善政民畏之，善教民爱之；善政得民财，善教得民心。"（《孟子·尽心上》）对人而言，作为政治共同体的成员不同于动物的种群，使用权力和强制暴力最多只能治标而不能治本。循礼意味着不再出于纯粹的实用目的，而是站在人性本善的立场来化解冲突和矛盾，从而以更加积极的人文精神引导社会成员的现实行为。

再次，重视民众的生存权和民生利益是孟子政治学说的鲜明特点。君主治理国家，应当具备何种条件，孟子发表了如下看法："诸侯之宝三：土地，人民，政事。"（《孟子·尽心下》）土地是一国的自然资源，具有政治版图的空间意义；政事涉及国家管理体系的具体操作，而人民则是社会的存在主体，更是关系国家政权兴衰存亡的关键。孟子所谓"民为贵，社稷次之，君为轻"（《孟子·尽心下》），不就是说唯有顺应民心，体察民意，看到君民之间的相互依存关系才可能得到人民的拥护。由此我们也可以得出，孟子怀抱王道理想，却并非以往人们所认为的空想或一味不加实际考量。孟子认为，为政需要关注衣食住行等经济方面的养民、利民、富民办法，反对横征暴敛等增加人民疾苦的剥削行为。

二　王道理想与现实政治的紧张

如果说儒家王道理想在秦汉之后扮演着愈加关键的主导作用，那么这种作用在宋代应该比以往的任何时期都显得更加突出。作为一代思潮，北宋理学的产生标志着自唐代以来儒学复兴运动开始渐成正果。反映在政治领域，"文人主政""儒术治国"，这种具有儒家理想主义色彩的追求在宋代政治中得到了某种程度的实践。思想的成就不能完全决定现实的存在，但在这背后的确形成了某种交锋抗辩，无论如何北宋的政治格局与儒家士大夫的观念主张是分不开的。作为北宋理学代表人物，二程以纯粹的"天理"作为审视实际政治的形上依据，在更为抽象的层面上思考政治治理的理想模式，为王道世界开出了更为广阔的思想视域，也影响着自宋之后中华文明的人文走向。

熙宁元年（1068），程颢向新即位的宋神宗上了《论王霸札子》，他说：

得天理之正，极人伦之至者，尧、舜之道也；用其私心，依仁义之偏者，霸者之事也。王道如砥，本乎人情，出乎礼义，若履大路而行，无复回曲。霸者崎岖反侧于曲径之中，而卒不可与入尧、舜之道。故诚心而王则王矣，假之而霸则霸矣，二者其道不同，在审其初而已。……故治天下者，必先立其志。正志先立，则邪说不能移，异端不能惑，故力尽于道而莫之御也。①

在程颢看来，王道是顺应天理的政治，三代圣王之治所遵循的道义原则来源于作为世界本原的天理。但更重要的是，先王之道作为历史存在，虽已达到较为完善和极近理想的状态，却不能脱离作为逻辑起点的"天理"，或者说，二者相比"天理"是更具理论原型和标准价值的存在。把"王道"等同于"先王之道"是先秦儒家的一贯思维，在先秦儒家看来，三代以上的政治秩序已尽善尽美，孔子"郁郁乎文哉，吾从周"、孟子"言必称尧舜"，其所参照的理想模式都来源于三代以上的圣王治国经验，满足于参验式的先王经国治民之术，二程则不然。从北宋理学开始，儒家思想家对三代和三代之后的政治模式认识发生了新的转变。这就是，在形而上学的层面为政治所必须坚守的理想典范发展为本体论的诠释，本体成为绝对独立不变的价值准则，二程说："理则天下只是一个理，故推至四海而准，须是质诸天地，考诸三王不易之理。"②又曰："天有是理，圣人循而行之，所谓道也。"③天理或天道是指导现实的理想模型，所以任何历史中出现的理想政治可以作为指引现实方向的合理对象，但不能代替真正的对象本身。天理映照下的政治理念是对现实政治批判的重要武器，对二程来说，三代是理想的政治，但必须承认三代已然成为一个先验的价值符号，是批判历史和要求历史的应然之法。相反，三代之后的历史和当权者因为"用其私心"和"依仁义之偏者"，早已落入"霸者之事"，王霸之间的现实对立无法调和，而评判二者的标准在于统治者的内在动机和品行操守。二程说：

---

① 程颢、程颐：《二程集》，中华书局，1981，第450~451页。
② 程颢、程颐：《二程集》，第38页。
③ 程颢、程颐：《二程集》，第158页。

人君惟道德益高则益尊，若位势则崇高极矣，尊严至矣，不可复加也。过礼则非礼，强尊则不尊。①

二程认为，理想远在天边，现实却近在眼前。当下，君主个人是治理好国家的重要因素，统治者的心术是否符合"德"的要求直接决定王道能否实现。但问题是，就一般而言，现实政治以利益为基本主题，在利益关系中寻求所欲目标，进而通过某种手段以期遂其所愿。人的生存首先在于满足各种物质需要，因此人欲是每个人本有的基本事实，好货、好色、好名不过是在现实环境中司空见惯的常态。对此二程看得很清楚，"人之身有形体，未必能为主"。② 又说："人心莫不有知，惟蔽于人欲，则亡天德也。"③ 关键在于，在二程看来，现实政治和个人的欲望诉求往往是不健康和存在危险的，"人心作主不定，正如一个翻车，流转动摇，无须臾停，所感万端。又如悬镜空中，无物不入其中，有甚定形？"④ 平常人在利益面前因主观欲望和个人喜好常不能自制，一旦将这种感性欲望不加节制地延伸至政治领域，尤其是作为统治者的君王那里，稍有不慎就可能产生巨大的灾难。当这种欲望化作成就"千秋霸业"的目标时，他们就会试图追寻更大的权力、更多的土地和财富，这不仅违背和偏离王道所承载的道义原则，霸道也遂即成为现实政治的基本形态。

在针对唐代社会纲常失序所导致的亡国之乱时，二程给予了毫不留情的批判：

> 唐之有天下数百年，自是无纲纪。太宗、肃宗皆篡也，更有甚君臣父子？其妻则取之不正。又妻杀其夫，篡其位，无不至也。若太宗，言以功取天下，此必不可，最启僭夺之端。其恶大，是杀兄篡位，又取元吉之妻。后世以为圣明之主，不可会也。太宗与建成，史所书却是也。肃宗则分明是乘危而篡。若是，则今后父有事，安敢使其子？⑤

---

① 程颢、程颐：《二程集》，第551页。
② 程颢、程颐：《二程集》，第157页。
③ 程颢、程颐：《二程集》，第123页。
④ 程颢、程颐：《二程集》，第52~53页。
⑤ 程颢、程颐：《二程集》，第405页。

表面上看，二程对唐代政治的各种倒行逆施所造成的纲纪混乱严加申斥，但对于二程来说，观"政"和"史"的着眼点并不在具体的政治事件和历史事实，也不在当时统治的功业成败，而在是否"得天理之正"。依"天理"而行靠的是国君心术正大光明、一心为公，依人欲而行最后只能与王道背道而驰，成为纯粹争权夺利的霸道阴谋。二程认为，唐代君主统治的出发点完全出于人欲，而非天理。"天理"是行王道仁政"为治之大原"，从无私之"天理"出发判断政治人物的行为，唐代国君不仅有悖天理，且利欲横行无一日之明，堪称最大的霸道之治。所以，从事政治统治的皇帝应在道德上保持最大的仁义，养成坚强无比的仁德善心，这才是天理王道的应有之义。对此二程说：

> 天下之治乱系乎人君仁不仁耳。①

"仁"是儒家礼法道德的最高标准，也是社会成员——特别是当政者——推行善政的品行依据。二程认为，个人修养与政治作为之间存在一致性，从起点来看，内圣是外王的前提，以内圣的"仁"向外推展至家国天下，是伦理政治不可颠倒的行动逻辑。所谓"将欲治人，必先治己"。②也就是说，只有内圣才能外王，一个政治人物只有担负了某种道德理念，他的政治统治才可能是"合法性"的权力归属。倘若单从自然本能去操控政治，用权谋和强制的方式安排事务，不仅不能排除"恶"的产生，还会加剧政治生态的秩序混乱，这种混乱是对天理的遮蔽，也是程颐所描述的唐代乌烟瘴气的政治现象：

> 唐室三纲不立，自太宗启之，故后世虽子弟不用父兄之命，玄宗使其子篡，肃宗使其弟反；选武才人，以剌王妃入也；纳寿王妃，以武才人进也。终唐之世，夷狄数为中国患，而藩镇陵犯，卒以亡唐，及乎五季之甚，人为而致也。③

---

① 程颢、程颐：《二程集》，第 390 页。
② 程颢、程颐：《二程集》，第 1155 页。
③ 程颢、程颐：《二程集》，第 1212～1213 页。

最理想的状态当然是作为统治者的皇帝个人品行是善的，治理国家所采取的方式是善的。在二程看来，优良的政治环境首先是在伦理礼法上有序的生活，唐王室伦常混乱，君不尽君道、臣不尽臣道、子不尽子道，这些都是天理丧尽的表现，尽管后世有人认为唐太宗是"圣明之主"，但那不过是从事功的眼光看问题，若以天理的原则来衡量，唐太宗及其整个唐代王室充斥着子娶父妃、父夺子妃、兄杀弟娶其妻、妻杀夫夺其位等政事失序的乱象，根本配不上以王道政治来做定论。出于同样的理解，二程拒绝用事功来作为评价政治好坏的标准，面对春秋争霸中诸侯们的各种成败，程颐说：

> "晋文公谲而不正，齐桓公正而不谲"，此为作春秋而言也。晋文公实有勤王之心，而不知召王之为不顺，故谲掩其正。齐桓公伐楚，责包茅，虽其心未必尊王，而其事则正，故正掩其谲。孔子言之以为戒。正者正行其事耳，非大正也，亦犹管仲之仁，止以事功而言也。①

这里，程颐不以客观事功或者结果划分"正"和"谲"，而是从心术动机来论述王霸之别。在这一点上，二程秉持儒家传统，拒绝手段至上和效果主义的经验评判，而是把道义和仁政作为看待政治事务的基本出发点，自觉地强调政治的道德属性，"行一不义，杀一无罪，而得天下，仁者不为也"（《荀子·王霸》）。这种强烈的王道信念为二程所继承，纵然历史条件千变万化，但政治的原则不能有变，王道的精神向度不是参照现实来给思想定位，而是按照理想来改造现实。在这种立场的引导下，二程认为，身为大权在握的王者，首先在于保养身心、重归大本，"治道有自本而言，有就事而言。自本而言，莫大乎引君当道，君正而国定矣"。② 因此，王霸之间的分别，在二程那里以纯粹的道德动机得到了再次强调，只有统治者心中严守道义原则的政治行为才是出自天理之正，才能符合王道的根本要求，如果没有善的动机，即使取得好的效果也只能算是霸道。

从二程开始，中国政治思想由于宋代理学家的论辩及其理论建构，儒

---

① 程颢、程颐：《二程集》，第238页。
② 程颢、程颐：《二程集》，第1218页。

家所坚持的王道理想成为矫正、批判现实政治的思想武器，本体、伦理与政治的互为契合又彼此抗衡，无不影响着诸多儒生面对现实困境所表现出的独特气质，这种王霸关系的思想碰撞在特定的文化气氛下转变为人文性质的境界追求，同时为人的存在意义和价值开显预留了空间。

三　修身与境界：宋代理学的内在转向

通常，古代中国的士大夫对于皇权保有两种心态：一是作为实际政治的运作者倾向采取支持和拥戴的做法，试图以政治权力推行实用、直接和速效的改革实验，达到世俗政治所需要的利益诉求；二是在没有或暂时失去权力的思想士绅那里，又常会通过超越"皇权"的"天道"抵消和限制君权的无边蔓延，以社会声望赢得参与政治的话语权力。以文化权力抵消政治权力，以文化中心抗衡政治中心，这在 11 世纪中期的北宋政局中表现得尤为突出。正当以王安石为改革领袖的激进主义在政治首都紧锣密布地推行变法时，"在另一个文化中心洛阳，却聚集着一批一直相当有影响而暂时没有权力的高级士大夫"，他们坚守着一种高调的文化保守立场，"形成了一个以道德伦理为标榜，以思想与学术为号召的知识集团，表达着当时知识、思想与信仰世界的另一种声音"。① 其中包括北宋理学史上最重要的几个学者，如邵雍、程颢、程颐，也有赋闲洛阳的司马光、富弼、文彦博等保守政治人物。

在理学雏形将成的那个时代，知识阶层对自身的定位总是相当自觉和明确的，那就是凭借自身拥有的较高学术声望，通过私人的收徒、讲学和交往来宣传自己的学说。二程也不例外。在他们看来，思考天地宇宙的终极问题才是把握政治与人生的根本依据，"学者须先识仁，仁者，浑然与物同体"。② 也就是说，寻求超越具体万物的意义问题才是关涉"人"的基础问题。这种精神领域的境界追求不仅是宋儒远大理想的象征性话语，而且表征着自身参与家国天下治理的社会责任。儒家"内圣外王"的信仰传统，使信奉者一旦以政治身份进入实际权力空间，他们所拥有的思想资源

① 葛兆光：《中国思想史》第 2 卷，复旦大学出版社，2000，第 278 页。
② 程颢、程颐：《二程集》，第 16 页。

就形成以"道统"自居的文化权威。在儒家看来，真理与权力不能由皇帝独占。首先，儒门真传作为传承道统尊严的肉身，是有别于政治领袖的"思想之王"，代表着道德标准、精神力量和天地良知的崇高理想。"为天地立心，为生民立命，为往圣继绝学，为万世开太平"表达的正是儒家士大夫打通天、地、人三界的宏大目标。其次，以道德理想为思想话权的文化士人并不满足于单纯的师道尊严，而是试图以思想的力量参与天下的治理。文彦博所谓皇帝"为与士大夫治天下"、二程以"君臣合力，刚柔相济，以拯天下之涣者"① 都在昭示着处于思想制高点的士人以"道"优先或高于"政"的理论优势意图独立于世俗政权的任意摆布，进而构成世俗权力之外的另一种力量。

不过，宋儒在思想领域的自信隐含着否定权力主导下的制度、风俗以及现实世界的政治规则。在一个有限的时空当中，建立强大的盛世景象是任何一个权力拥有者所希冀的首要任务。尽管从庆历新政到熙宁变法，北宋的改革思潮一直没有间息，但国家的内忧外患还是没有得到根本解决，皇权虽然也对一批文化士人报以较高的礼遇，但更多的是看重他们学术资源的知名度，或者说借助这种"以儒治国"的知名度来赢得士大夫阶层的广泛认同。

然而，在当时的政治世界中，现实主义的思想主张仍占据着主导地位。熙宁二年（1069）二月，宋神宗擢用王安石为右谏议大夫、参知政事，设制置三司条例司，议行新法。同年七月，颁布均输法，九月颁布青苗法。这两部"理财"的新法一出，立即遭到司马光、富弼、范纯仁、赵抃、曾公亮、韩琦以及苏辙、苏轼、程颢等保守派的反对。针对这种局面，作为最高统治者的宋神宗却一味地强调"当今理财最为急务"，这自然激起朝臣之间的政争以至党争。

二程对新法的态度总体是否定的，他们指责新法过于重"利"而失"义"，批评王安石"其身犹不能自治，何足以及此"。当程颢被皇帝召见，他却"每进见，必陈君道以至诚仁爱为本，未尝一言及功利"。② 对此宋神

---

① 程颢、程颐：《二程集》，第 1037 页。
② 程颢、程颐：《二程集》，第 1251 页。

宗很不满地说"今一辈人所谓道德者，非道德也"①，而王安石则批评程颢"公之学如壁上行"，讽刺这种天真的理想主义近似迂腐、空谈。本来，皇权以顺势变通为策略、以富国强兵为目标，与道德理想之间存在天壤之别。根据二程的王道原则，道高于君、本高于术、义高于利，这种超越世俗政治的绝对理念自然不可能得到皇权的真正肯定，在如此情景下，皇权的"择道任儒"和对影响变法的"空谈"心性之辈的反感也由此产生。于是，就出现了上文中提到的二程等退居洛阳的边缘状态。

其实，就二程来说，王道理想远非其生命思考的全部，或者说王道理想的背后是更为宏大的宇宙人生问题。二程虽也不排斥世俗社会的政治生活，但追求尽善尽美的理想人格才是最高的境界实现。尤其是当面对现实困境时，这种超越外在名利的精神追求就越发强烈。在这方面，二程兄弟又可谓典型地承续了儒家传统，他们对王道理想的坚守和努力并没有化作真正的外在实现，"先王之世，以道治天下。后世只是以法把持天下"②，这种三代以下的政治现实就如同朱熹后来说的"千五百年之间，正坐如此，所以只是架漏牵补过了时日。其间虽或不无小康，而尧、舜、三王、周公、孔子所传之道，未尝一日得行于天下之间也"。③ 但这并没导致他们对德行修养的要求降低。甚至可以说，政治上的磨难不但深化着他们对人生命运的感悟，而且迫使他们思考理想遭遇现实阻挠后的精神出路。"君子于任事之际，须成败之由在己，则自当生死以之。今致其身，使祸福死生利害由人处之，是不可也。"④ 现实的遭际也许不能完全被自己所掌握，坏的结果会让人付出代价、做出牺牲，但君子单凭善性良知而为，做自己该做的，无论遇到什么情况都要坦然承认，正面直对。自此，正如刘子健所指出的，"在新儒家学者的头脑中，最重要的就是修身和内心的思想。它们倾向于转向内在"。⑤

应当说，人生在世，是非对错、功过成败往往不取决于人，而取决于

① 李焘：《续资治通鉴长编》，中华书局，2004，第5218页。
② 程颢、程颐：《二程集》，第139页。
③ 朱熹：《朱子全书》（第36卷），上海古籍出版社，2002，第1583页。
④ 程颢、程颐：《二程集》，第15页。
⑤ 刘子健：《中国转向内在》，江苏人民出版社，2001，第141~142页。

"天"。一个拥有理想抱负和智慧贤能的人,如果没有赶上适当的历史时机,纵然再有德性与能力,也不能施展作为,对此孟子看得最清楚:"求则得之,舍则失之,是求有益于得也,求在我者也。求之有道,得之有命,是求无益于得也,求在外者也。"(《孟子·尽心上》)既然政治理想的实现不是我们个人所能决定的,那么再如何地哀叹与逃避都是无济于事的,二程说"在天曰命,在人曰性,循性曰道"[1],天命是"非人之所能为"的外在力量,是个人在实际生活中无法抗拒的客观指令,"天命"使作为受动者的主体在很多时候无法成就愿望与目的的一致,但这又不等于说我们只能在命运面前消极待毙、无所作为。在二程看来,天命之本然赋予人以使命或德性,"天地储精,得五行之秀者为人",人是得天地精华的灵长,从人的本性可以透视与天命、天理的统一,即发挥人的先天本性——仁义礼智——顺应上天赋予人的先天禀赋,就可以达到最完满的合一状态,这就是安命之后的精神升华。二程说:

> "乐天知命",通上下之言也。圣人乐天,则不须言知命。知命者,知有命而信之者尔,"不知命无以为君子"是矣。命者所以辅义,一循于义,则何庸断之以命哉?若夫圣人之知天命,则异于此。[2]

至此,儒家所倡导的以义安命、以义处命在处于被摒弃和冷落的二程那里又化作了消解现实矛盾的精神言说,从此"一箪食,一瓢饮,在陋巷",只要保持乐观向上的精神节操,无论外在的时遇和相应的事功多么纷乱复杂,也能够"无内无外、容内容外"[3],如颜回一般独善其身、通达安宁。值得指出,对于这种"孔颜乐处"的理想境界,二程曾有过切身的学术体验,早在少年时期,二程兄弟问学于周敦颐,周告知曰"寻颜子、仲尼乐处,所乐何事"[4],就是让他们明白内在心境的安定和快乐不是功名、富贵所能比拟的,孔颜之乐就在心灵的充实和精神的高尚。或者说,

---

① 程颢、程颐:《二程集》,第680页。
② 程颢、程颐:《二程集》,第125页。
③ 《牟宗三先生全集》第6卷,台北:联经事业出版公司,2003,第114页。
④ 程颢、程颐:《二程集》,第180页。

通过修身而提升境界的满足和愉悦，本身构成了儒家天命与人性的合一，是包括孔子在内的圣人理想的最高追求。可以说，它体现的不再是以政治为手段的统治策略，也不是周人之前的宗教寄托，而是根植于关注现世生活的本真精神，是儒家人文化成的自由表达。事实上，站在今天的人类社会，我们依稀能够感受到儒学政治关怀在更深层面所传递的生命要义，纵然我们期许的内圣或未开出外王的理想政治，但宋儒对人的内在幸福所洋溢的达观、平实的精神追求无不彰显着它的永恒价值。

"天人合一"之辨方法论漫议

——从钱穆的"临终澈悟"说开去

张志刚[*]

摘　要："天人合一"可谓中国古典哲学的根本命题、中国传统文化的基本精神。钱穆先生在其生前留下的最后一篇短文里，将"天人合一观"澈悟为"整个中国传统文化思想之归宿处""中国文化对世界人类未来求生存之主要贡献"。本文由此澈悟着笔，通过辨析这一中国古典哲学根本命题的核心概念"天"的复杂含义，试从方法论上反思：何以进行中西哲学与宗教比较对话，何以深究中国传统文化的哲学思想资源、构建"自在自觉的概念、理论与方法"。

关键词：天人合一　"天"　钱穆

一　钱穆先生的"临终澈悟"

钱穆（1895~1990），字宾四，著名史学家、思想家和教育家，被誉为"国学大师、中国最后一位儒家士大夫"，专著多达 80 余种，包括《国史大纲》《中国文化史导论》《中国思想史》《中国历史精神》《中国历代政治得失》《中国学术通义》《中国学术论衡》等，他生前留下的最后一篇短文题为《中国文化对人类未来可有的贡献》。该文不足 2000 字，但因其表达了"国史通才"——深谙中国文化史、中国思想史、中国学术史等的

---

*　张志刚，北京大学外国哲学研究所、哲学系宗教学系教授。

钱穆先生的"临终澈悟"，如下核心论点颇受海内外华人学界的高度重视：

> 在中国文化中，"天人合一"观，虽是我早年已屡次讲到，惟到最近始澈悟此一观念实是整个中国传统文化思想之归宿处……我深信中国文化对世界人类未来求生存之贡献，主要亦即在此。①

这话从何且凭何说起呢？按钱穆先生的解释，人类最初碰到的难题就是有关"天"的问题，而"天人合一观"可以被看作中国文化对人类的最大贡献。西方人是把"天"与"人"分离开来讲的，即离开"人"来讲"天"。在今天，科学愈发达，这种观念对人类生存的不良影响也愈易显现出来。中国人是把"天"与"人"和合起来看的，认为"天命"就表露于"人生"，离开"人生"就无从讲"天命"，离开"天命"也无从讲"人生"。所以，中国古人认为，"人生"与"天命"的最高贵、最伟大之处，即在于能把二者"和合为一"；一切人文演进都顺从于"天道"。

> 西方人常把"天命"与"人生"划分为二，他们认为人生之外别有天命，显然是把"天命"与"人生"分作两个层次，两次场面来讲。如此乃是天命，如此乃是人生。"天命"与"人生"分别各有所归。此一观念影响所及，则天命不知其所命，人生亦不知其所生，两截分开，便各失却其本义。决不如古代中国人之"天人合一"论，能得宇宙人生会通合一之真相。
>
> 所以西方文化显然需要另有天命的宗教信仰，来作他们讨论人生的前提。而中国文化，既认为"天命"、"人生"同归一贯，并不再有分别，所以中国古代文化起源，亦不再需有像西方古代人的宗教信仰。在中国思想中，"天"、"人"两者间，并无"隐"、"现"分别。除却"人生"，你又何处来讲"天命"。这种观念，除中国古人外，亦为全世界其他人类所少有。②

---

① 钱穆：《中国文化对人类未来可有的贡献》，《中国文化》1991 年第 4 期。

② 钱穆：《中国文化对人类未来可有的贡献》。

由此可见，在其学术生涯的最后时刻，钱穆之所以要澈悟"天人合一"，并据此反省中西方文化传统，尤其是思维方式、信仰观念的根本差异，就是为了回应当今人类所面临的重大现实问题——世界文化向何处去。就世界文化的兴衰大势而言，在钱穆先生看来，过去百余年间作为"宗主"的西方文化已近衰落了，而中国文化之所以能屡仆屡起，绵延数千年，原因即在于，中国文化自古以来就具有"天人合一"精神，不违背"天"，不违背"自然"，且能与"天命""自然"融合一体。因而，"世界文化之归趋，必将以中国传统文化为宗主"。

二 "天"的多义与不同理解

钱穆的上述"澈悟"一发表，便在海内外华人学界引起热议。从研讨情况来看，可以说大多数华人学者认同钱穆所阐发的"天人合一观"的重要现实意义，但对该命题中的基本概念——"天"却有不同的理解。例如，季羡林和汤一介两位先生的理解与解读，就代表两种不同的意见。

汤一介在考察作为哲学命题的"天人合一"时指出，"天"在中国哲学史上是一个复杂的概念，归纳起来至少有三种含义：（1）"主宰之天"（有"人格神"义）；（2）"自然之天"（有"自然界"义）；（3）"义理之天"（有"超越"义、"道德"义）。[①] 但在专文评议钱穆的《中国文化对人类未来可有的贡献》时，汤一介是严格地按照该文的用词来解读"天命"与"人生"的，即把这一对概念理解为"天道与人道"或"天道与性命"，一上来就强调，"天命与人生"的关系问题是古往今来人类所关注的主要哲学问题。[②]

季羡林显得更"认真"，他在《"天人合一"新解》里先把"钱穆的原文"一字不落地照抄一遍，随后提出了如下不同的理解：钱穆讲得比较明确，"天"就是"天命"，"人"就是"人生"，这和我的理解不一样；钱穆又讲"不违背天，不违背自然"，把"天"等同"自然"，这同我的理解差不多；我不把"天"理解为"天命"，也不把"人"理解为"人

---

① 汤一介：《儒学十论及外五篇》，北京大学出版社，2009，第27~40页。

② 汤一介：《儒学十论及外五篇》，第183~189页。

生"，我认为"天"就是"大自然"，"人"就是"我们人类"。上述不同的概念诠释，其根据在于季羡林对整个命题的重新理解：

> 什么叫"天人合一"呢？"人"，容易解释，就是我们这一些芸芸众生的凡人。"天"，却有点困难，因为"天"字本身含义就有点模糊。在中国古代哲学家笔下，天有时候似乎指的是一个有意志的上帝。这一点非常稀见。有时候似乎指的是物质的天，与地相对。有时候似乎指的是有智力、有意志的自然。我没有哲学家精细的头脑，我把"天"简化为大家都能理解的大自然。我相信这八九不离十，离开真理不会有十万八千里。这对说明问题也比较方便……谈到"天人合一"这个命题的来源，大多数学者一般的解释都是说源于儒家的思孟学派。我觉得这是一个相当狭隘的理解。《中华思想大辞典》说："主张'天人合一'，强调天与人的和谐一致是中国古代哲学的主要基调。"这是很有见地的话，这是比较广义的理解，是符合实际情况的。①

季羡林的上述"新解"发表后，擅长中国古典哲学范畴研究的张岱年也发表专文，重新评议"天人合一"。他指出，评论"天人合一"，首先要全面且清晰地把握中国哲学史上的有关学说。虽然"天人合一"思想源于先秦时代，但在汉宋两代哲学中，才正式成为一种理论观点。汉宋哲学中主要形成了三种天人合一理论，即"董仲舒的天人合一观""张载的天人合一观""二程（程颢、程颐）的天人合一观"。

> 这三者用语不同，其学说的内容亦不同。但他们的基本观点还是一致的，即肯定天与人有统一的关系。天是指"广大的自然"，人是指"人类"。人是天所生成的，是天的一部分。人与天不是敌对的关系，而是共存的关系。所谓"合一"不是说没有区别，而是说有别而统一。②

---

① 以上概述与引文，详见季羡林《"天人合一"新解》，原载《传统文化与现代化》（创刊号，1993 年），收入季羡林《三十年河东，三十年河西》，当代中国出版社，2006，第 43~57 页。

② 张岱年：《天人合一评议》，《社会科学战线》1998 年第 3 期。

三　自然哲学范畴之首"天"

为了有所比较，我们再来看看张岱年先生在其他多处对"天"所做的解释。在较早的一篇专论里，张岱年分析道，中国古代哲学家对"天"这个概念有不同的理解。大致说来，所谓"天"主要有三种含义：一指"最高主宰"，二指"广大自然"，三指"最高原理"。由于在不同的哲学家那里"天"有不同的含义，他们所讲的"天人合一"也就具有不同的意义。①

特别值得重视的是，在其主要代表作《中国古典哲学概念范畴要论》里，张岱年把"天"列为"第一篇　自然哲学概念范畴"之首，一下笔便释义如下：

> 天是中国古代哲学的一个重要观念。上古时代所谓天，本有两重意义，一指有人格的上帝，一指与地相对的天空。上古时代的宗教思想以为天是有意志的，是世界的最高主宰。哲学家中，孔子所谓天，仍有最高主宰的意义。如说："天之将丧斯文也，后死者不得与于斯文也。天之未丧斯文也，匡人其如予何！"（《论语·子罕》）文化的兴衰，个人的安危，都是天所决定的。但孔子讲天，有时亦指广大自然而言，如说："大哉尧之为君也，巍巍乎！唯天为大，唯尧则之。"（《论语·泰伯》）所谓"唯天为大"，不能理解为唯有上帝最伟大，而是说天是最广大的，这所谓天乃指广大的苍苍之天。孔子这句话，可能是晚年讲的。孔子关于天的思想可能有一个变化。②

翻开 2012 年版的《国学要义》，第一篇题为"中国文化的基本精神"。张岱年就此指出，中国几千年文化传统的基本精神的主要内涵是"四项基本观念"，即"天人合一""以人为本""刚健有为""以和为贵"。他对作为首要观念的"天人合一"，简明扼要地解说如下：

---

① 张岱年：《中国哲学中"天人合一"的思想的剖析》，《北京大学学报》1985 年第 1 期。
② 张岱年：《中国古典哲学概念范畴要论》，中国社会科学出版社，1987，第 20 页。

天人合一即肯定人与自然界的统一，亦即认为人与自然界不是敌对的关系，而具有不可分割的联系。所谓合一指对立的统一，即两方面相互依存的关系。①

为何如此理解呢？张岱年从大体上阐释了这样一条思路："天人合一"思想早在春秋时期就被提出来了。《左传》里说："夫礼，天之经也，地之义也，民之行也。天地之经，而民实则之"；"礼，上下之纪，天地之经纬也，民之所以生也，是以先王尚之"。在这两段话里，"天"是相对"地"而言的，"天地相连并称"显然是指"自然之天"；所以，"礼"是天经地义，即自然界的准则，"天经"与"民行"是统一的。《孟子》里讲："尽其心者，知其性也，知其性则知天矣。"这是把"人性"与"天道"联系起来，认为人性是天赋的，所以"知性"便能"知天"。《周易大传·文言》里提出了"与天地合德"的理想："夫大者，与天地合其德，与日月合其明，与四时合其序，与神鬼合其吉凶。先天而天弗违，后天而奉天时。"这里所谓"先天"指"为天之前导"，"后天"指"从天而动"，"与天地合其德"就是与自然界相适应、相调谐。成语"天人合一"是由宋代哲学家张载明确提出来的，他在《西铭》里形象地宣示了"天人合一"的原则："乾称父，坤称母，予兹藐焉，乃浑然中处。天地之塞吾其体，天地之帅吾其性，民吾同胞，物吾与也。"这就是说，天地犹如父母，人与万物都是天地所生，都是由气所构成的，气的本性也就是人与万物的本性，人民都是我的兄弟，万物都是我的朋友。这充分肯定了人与自然的关系。由此可见，所谓"天人合一"是指人与自然界既有区别又有联系。人是自然界所产生的，是自然界的一部分，人可以认识自然并加以改变调整，但不应破坏自然。这种"天人合一"观念与西方所谓"克服自然、战胜自然"有很大区别。在历史上，中西不同观点各有短长，西方近代的科学技术取得了改造自然的辉煌成就，但也破坏了自然界的生态平衡。因此，时至今日，重新认识人与自然的统一，确实是必要的。②

笔者在此之所以专门梳理张岱年的上述论点与思路，不仅因为先生在

---

① 张岱年：《国学要义》，北京大学出版社，2012，第4~5页。
② 以上经典考释，参见张岱年《国学要义》，第4~5页。

中哲史界尤以古典概念范畴研究见长，更重要的是，他所做的前述"概念与命题"解释，可为我们打下扎实的"比较研究基础"，并由此展开更全面、更深入的哲学概念范畴特别是比较研究方法的研讨。

四　根本命题与逻辑关键

"中国哲学"尚是一门年轻的学科，她至今面临的"一道逻辑门槛"，就是如何在比较研究与文明对话的视野下，深刻诠释"中国传统文化特色的概念范畴及其义理"。如果说"天人合一"是"中国哲学的根本命题"乃至"中国文化的基本精神"，那么，如何把握这一"根本命题"暨"基本精神"，其逻辑关键显然在于"天"的概念。

如前所述，钱穆把"天"说成"天命"，尽管颇有"中国文化特色"，但并非相对"西方哲学概念"而是针对"基督教信仰"而言的。这是否意味着，钱穆主要是把"天命"视为"宗教的、信仰的范畴"，而非"哲学的、理性的概念"呢？问题在于，钱穆堪称"中国无宗教论"的主要代言人。[①]虽然汤一介认可钱先生所用的"天命"一词，且把"天命与人生"称为"古往今来人类所关注的主要哲学问题"，但他在高度评价"钱穆澈悟"的行文里所用的"天道"一词，能否等同于"天命"呢？这或许因为汤先生更想表达"天"的哲学意味，且充分了解"天"在中哲史上的复杂含义，主要包括"主宰之天、自然之天、义理之天"三义，而他所用的"天道"又主要是指"义理之天"。

比较起来，还是张岱年和季羡林两位先生对"天"的重新诠释更耐人寻味。说其"重新诠释"，并非别出新意，而是指精通中国古典哲学概念范畴的张岱年跟季先生一样，经过这一轮"天人合一"之辨，重新肯定的是前述"天"的三种主要含义中的"广义的自然"，即"自然界"（张岱年）或"大自然"（季羡林）。虽然季先生戏称"我没有哲学家精细的头脑"，这是一种简化的理解，但若略知一二先生在东西方思想文化特别是古典语言与经典翻译等领域的功力，那就不可小觑这位"山东老汉"一口断定的"这八九不离十"（这的确是地道的山东式的快人快语）！

就这里所要细究的概念问题而言，虽然上述几位前辈学者的见解都有一定的依据或道理，但笔者以为，相比之下，或许要数张岱年和季羡林两位先生所重新诠释的那种"简单的、广义的天"，最能启发我们从中国思想史尤其是哲学史上"返璞归真"——既能再现"天"的质朴含义，又能整合诸种不同的理论学说，还能更平实地表达中国文化传统所追求的智慧境界，即"人"与作为其生存境遇的"天地万物万人万事"的和而共存，或用古老《周易》中的概念来讲，"天、地、人三才之道"的辩证统一。

接着如上学术启发，让我们进而从比较研究的方法论上展开探讨。如果像钱穆先生所澈悟的那样，"天人合一"观念不仅是"整个中国传统文化思想之归宿处"，还是"中国文化对世界人类未来求生存之主要贡献"，那么，若要接受这一"澈悟的判断"，便须至少论证两点：何以论证这一命题是"整个中国传统文化思想的归宿"，何以论证这一命题又是"对世界人类未来生存的贡献"。笔者先从后一点说起，主要从方法论上提出三个比较研究论点。

五　方法沉思之一：儒教护教论

若要客观揭示"天人合一"的普遍意义，首先必须从比较研究方法上克服"儒教护教论"倾向。

从学术背景来看，现代学科意义上中国哲学与宗教研究，不但是在西学传入后才起步的，而且是在西方文化的强劲冲击下来展开的，这便使中西哲学与宗教比较研究尤其是"作为中国传统文化主流的儒家"与西方形而上学和基督教的比较与对话，自始至今显得尤为必要。关于这种特殊的学术背景，晚年主持《儒藏》工程的汤一介先生是这么理解的：

> 我们要了解中华文化，就必须了解中国哲学。但什么是中国哲学，中国有没有哲学？这都是我们首先要弄清的问题。现在中外学者的大多数不会再说中国没有哲学，也大都认为在中国的儒家思想、道家思想和中国化的佛教思想中有着丰富的哲学思想。但在两三百年前

并非如此……在西方哲学传入中国之前，在中国确实是没有"哲学"（philosophy）一词。"哲学"一词最早是日本学者西周（1829—1897）借用汉语"哲"、"学"两字指称源于古希腊罗马的哲学学说，中国学者黄遵宪（1848—1905）将这一名称介绍到中国，为中国学术界所接受。如果我们进一步讨论这个问题，大概可以说西方哲学传入之前，在中国还没有把"哲学"从"经学"、"子学"、"史学"、"文学"等等分离出来，使它成为一门独立的学科来进行研究，而"哲学思想"、"哲学问题"的研究往往是包含在"经学"、"子学"等之中来进行的……在中国把哲学自觉地作为独立研究对象大体上说是在20世纪初。研究20世纪西学传入中国的历史，西方哲学对于中国哲学的影响，中国哲学成为一门独立的学科，以及中国哲学相对西方哲学所具有的特点等等问题的研究，无疑是有十分重要的意义的。[1]

以上引文里只提到"哲学"一词是"外来的"，大家知道，"宗教"一词也是"西来的"。钱穆堪称"中国传统文化的虔诚士大夫"，在其一生的学术生涯中，他不仅坚决拒斥"中国传统学术西化"，再三论证"中国文化不自产宗教"，而且怀着深厚的儒家情结来传扬中国文化的主流传统，并探究中西文化的主要差异。[2] 这种执着的志业可让人充分理解，为什么先生在临终定要澈悟"中国传统文化思想的归宿及其对人类未来的贡献"。如前所见，钱穆主要是针对西方基督教的"二分法信仰方式"来阐发"天人合一观"的重大现实意义的。关于他所阐发的现实意义，大多数中国学者都会认同或赞赏。但问题在于，钱穆的论证方式在"国学界"堪称典型，且值得从方法论上予以深刻反思，这就是他一生所坚守的"儒教护教论"立场。

例如，在钱穆看来，"中国文化大体系偏重儒家一途"，孔教"宜为吾国人惟一之信仰"，他谈到第三次世界大战或将带来世界末日时，把孔教

---

① 汤一介：《在西方文化冲击下的中国文化》，《汤一介集·面对西方文化》，中国人民大学出版社，2016，第81~82页。

② 参见张志刚《钱穆的宗教观与中西文化比较研究》，《北方民族大学学报》2016年第6期。

称为"最后希望",并深情地写道:"我日祈之,我日祈之……"① 又如,他在比较"孔、耶、释"三教时指出,"释迦以杜绝人类生机为其设教大宗旨,今日似当转为一种哲学思想,供人类闲暇中讨论,似不宜奉为人类共同之大教。耶稣放开政治一路,成为西方之政教分离,此层似尤不宜沿袭。惟中国孔子,以政治纳入教化中,一切政治事业均当服从教化,此一层似为今日以后人类所最当信用"。② 正是基于这种一贯的"儒教护教论",钱穆才会在临终澈悟时断言:过去百余年间作为"宗主"的西方文化已近衰落了,"世界文化之归趋,必将以中国传统文化为宗主"。

像这样的护教立场及其论证倾向,即使触及的是人类面临的重大现实问题,恐怕也只能"关起门来"说说罢了,而根本无法引起国际学术同行的共鸣,更无助于传扬"天人合一观"所追求的智慧境界,因为这种护教论立场,突破了文化比较与文明对话的学术底线。当然,说到这里必须申明,本人十分敬仰钱穆先生的为人为学,作为山东人也深受儒家传统的滋养熏陶,以上学术评论,只为客观理性地探讨文化比较与文明对话的方法论难题。

说到这里,笔者禁不住冒昧指出,中国学界近些年来越来越盛行的"种种贴标签现象",如在文化比较、文明对话或其他学术问题研讨中,自我标榜"新儒家""新左派""新自由主义""基督教学人"等,同样在方法论上存在着类似"护教论"或下述"中心论"倾向。笔者以为,就个人信念而言,这种自我标榜"于己是自由自愿的""于他人是可以理解的";但就学术研究而论,如此种种"标签群体"所诱发的"自我中心、排斥异己"的不良学风,的确有待深刻反省。

六　方法沉思之二：儒学中心论

若要全面阐发"天人合一"的义理内涵,其次必须从比较研究方法上消解"儒学中心论"倾向。

研讨"天人合一",为何要消解"儒学中心论"呢?这主要出于两点

---

① 钱穆:《现代中国学术论衡》,三联书店,2016,第1页。
② 以上摘要与引文,参见钱穆《世界孔释耶三大教》,《中国史学发微》,九州出版社,2011,第283、296页。

学术疑虑：一是若如钱穆先生所澈悟，"天人合一"乃是"整个中国传统文化思想之归宿"，那么，能否只提或主要讲儒家的思想观点呢？二是假如儒家思想的基本精神是"以人为本"的，且如庞朴、楼宇烈等前辈学者一贯强调的那样，整个中国文化传统的根本精神就是"人文主义或人文精神"①，那么，只提或主要讲儒家的思想观点，是否足以解释"天"的本原意义或主要含义——"大自然或自然界"呢？在笔者看来，深究这两点疑问，既有助于更全面地发掘中国传统文化的思想资源，又可使我们更深刻地阐释"天人合一"的义理内涵及其现实意义。

这里所要反思的"儒学中心论"，就是指萌发于中外文化传统比较研究之初且一向在中国哲学史研究中占"大一统地位"的治学倾向。譬如，打开冯友兰先生的英文名著 *A Short History of Chinese Philosophy*（中译本名为《中国哲学简史》），一开篇便有如下论断：

> 哲学在中国文明里所占据的地位，一向可以跟宗教在其他诸多文明里的地位相比。在中国，哲学一向为每个受过教育的人所关注。从前，只要一个人接受教育，首先传授给他的就是哲学。儿童一入学，首先要教他们念《四书》，即《论语》、《孟子》、《大学》和《中庸》。《四书》曾是新儒家哲学的最重要的读本。②

冯友兰先生是中国哲学史学科的主要创建人之一。上述引文是他1946~1947学年在美国宾夕法尼亚大学讲授中国哲学史课程的开场白。这段话主要是从三个视角来阐明哲学传统之于中国文化的重要地位的：其一，中外文明或文化比较的视野；其二，"中国哲学的重要地位"是较之"宗教在其他诸多文明里的地位"而言的；其三，"中国哲学传统"从根本上就是"儒家思想"。冯先生的这次讲学，可以说是中国学者首次向西方学界系统地讲授中国哲学史。他的英文讲课稿经美国学者布德（Derk

---

① 关于庞朴、楼宇烈两位先生对"人文主义或人文精神"的阐释论证，可参见张志刚《中国文化传统研究要述》，《中国文化研究》2018年夏之卷。

② Fung Yu-Lan, *A Short History of Chinese Philosophy*, Edited by DerkBodde, New York, NY: The Free Press, 1976, p. 1.

Bodde）整理编辑成书，1948 年由著名出版社麦克米伦公司发行，且有多种外文译本，至今仍是外国学者从事中国哲学史研究的主要参考书。

又如，早年潜心"中西印文化比较研究"的梁漱溟先生，著有《中国文化要义》。该书强调指出，与其他文化相比，宗教与中国文化的关系既有一般性又有特殊性。人类文化皆以宗教为开端，中国文化也不例外，如最早出现的图腾崇拜、庶物崇拜和群神崇拜等。然而，自古相传的祭天祀祖则须分别而论。周孔教化形成以前，祭天祀祖也是一种宗教，此后则发生根本转变。"质言之，此后之中国文化，其中心便移到非宗教的周孔教化上，而祭天祀祖只构成周孔教化之一条件而已。"① 因此，就宗教与文化的关系而论，以"周孔教化兴起"为标志，"三千年前的中国"并不例外，而"近三千年的中国"另当别论。

> 两千余年来中国之风教文化，孔子实为其中心。不可否认地，此时有种种宗教并存。首先有沿袭自古的祭天祀祖之类。然而却已变质；而构成孔子教化内涵之一部分。再则有不少外来宗教，如佛教、伊斯兰教、基督教等等。然试问：这些宗教进来，谁曾影响到孔子的位置，非独夺取中心地位谈不到，而且差不多都要表示对孔子之尊重，表示彼此并无冲突，或且精神一致。结果，彼此大家相安，而他们都成了"帮腔"。这样，在确认周孔教化非宗教之时，我们当然就可以说中国缺乏宗教这句话了。②

再如，港台新儒家领军人物、被誉为"近现代中国最具原创性的智者型哲学家"牟宗三（1909～1995）的中西哲学比较观点，显得更直截了当、更有"儒家理论自信"。他在其著名讲演录《中国哲学的特质》的两版序言里都强调：儒家是中国哲学的主流；尽管中国哲学包含很广，大体说来是以"儒、释、道"三教为中心的，但他只以"中国土生的主流——儒家思想"为讲述对象，通过与西方哲学的比较来阐明中国哲学的特质，

---

① 梁漱溟：《中国文化要义》，上海人民出版社，2005，第 90 页。
② 梁漱溟：《中国文化要义》，第 91～92 页。

即使不加上道家与佛教，也没有本质的影响。①

尽管以上三位先生的鲜明观点，的确切合中国传统文化特别是中国哲学传统的主流或核心，但今天看来，他们的说法却未必完全合乎"兼容并包、和而不同"的中国"道统"及其"学统"。对于这种"主流的或核心的观点"，我国学界，尤其是"新儒家学者"，尚未充分重视不同的批评或纠偏意见。譬如，性情温和、学养深厚的赵朴初先生曾在多处点明，现在有一种偏见，一提中国传统文化似乎只是儒家文化一家，完全抹杀了佛教文化在中国传统文化中的地位及其贡献。其实，魏晋南北朝以来的中国传统文化，已不再是纯粹的儒家文化，而是儒释道三家汇合而成的文化形态。因此，研究中国历史，尤其是中国文化史，离不开佛教研究。正如著名史学家范文澜晚年所悟：不懂佛学，便无法研究中国的文化史。② 再如，尽管钱穆心怀浓厚的"儒家护教论"情结，但他的如下批评或许更耐人寻味：

> 所谓分门别类之专家学，是否当尽弃五千年来民族传统之一切学问于不顾。如有人谓，非先通康德，即无以知朱子。但朱子之为学途径与其主要理想，又何尝从先知康德来。必先西方，乃有中国，全盘西化已成时代之风，其他则尚何言。③

以上两种批评意见，的确发人深思。既然前述"儒家中心论"主要是通过中外文化比较特别是中西哲学与宗教比较而立论的，为什么却轻视甚至漠视本土"佛、道"的文化地位与哲学贡献呢？众所周知，"儒释道"三教合流、鼎足而立，此乃中国传统文化的独特色彩。张岱年先生曾对中国哲学传统的形成过程、主要学派的分合消长、儒家思想的主导地位等勾勒如下：

> 先秦时代，主要有六家：儒、墨、道、法、名、阴阳。其中最重

---

① 牟宗三：《中国哲学的特质》，罗义俊编，上海古籍出版社，2008，"再版自序"和"小序"。

② 重点参见赵朴初《赵朴初文集》下卷，华文出版社，2007，第797~808页。

③ 钱穆：《现代中国学术论衡》，"序"，第5页。

要的是儒、墨、道三家。名家资料散佚，法家主要是政治思想，阴阳家也仅有片断资料。儒、墨并称显学……汉代"罢黜百家、独尊儒术"，于是诸子之学转入两汉经学。从两汉到明清，儒学虽有盛衰，但始终居于统治地位，而道家思想亦流传不绝。从两汉到明清，中国哲学思想的基本形势是儒道交融、墨学中绝……汉末佛教传入，后来流传渐广，到隋唐时代，形成儒佛争胜、三教鼎立的形势，亦出现三教合流的趋向。中国的佛教徒接受中国固有思想的影响创立了中国佛教。儒家学者也汲取了道家、佛教的若干观点。到宋代，理学继承、宣传孔孟的基本思想，采纳了道家、佛教的若干思想资料，开辟了儒家的新阶段。明清之际的进步思想家又突破了理学的局限，达到了中国古典哲学的高峰。①

佛教传入大致始于两汉之际。若从中国本土的哲学思维源头上讲，主要是"儒、道"两家。关于道家对于中国哲学史的重要贡献，在笔者交往的前辈学者中，可能首推陈鼓应先生最有研究心得。他在近年出版的个人著作集里回顾展望道：他在北大哲学系执教期间（1984 年至今），除了陆续完成道家各派典籍的诠释，也针对大陆学界的研究现状，主要围绕三个议题表达不同的观点：一是中国哲学的开端问题；二是《易传》的学派归属问题；三是理学开山祖的问题。这三个重要问题构成了他正在撰写的《道家哲学主干说》的中心议题，这将是他的最后一本学术专著。② 关于"天人合一"，陈鼓应先生也有新的理解。他指出，英国著名哲学家罗素（Bertrand Russell）所著《变动世界的新希望》开篇便说，人类有三种冲突：人与自然的冲突、人与人的冲突、人与他自己的冲突。道家同样注意到这三种冲突，但强调它们的和谐关系。用庄子的术语来说，这三种和谐关系就是"天和""人和""心和"。庄子所开创的天人合一境界，成为中国人生哲学的最高境界。在这种境界与思想格局下，"天人合一"就必然成为"人和"与"心和"的最后归依。③

---

① 张岱年：《国学要义》，第 17~19 页。
② 陈鼓应：《陈鼓应著作集》，中华书局，2015，"总序"，第 3~4 页。
③ 陈鼓应：《陈鼓应著作集》，第 22~23 页。

假如陈先生的上述见解基本上能够成立，作为本土本源性的道家哲学思想便有待更全面、更深入地发掘与阐释了，因为不仅中国古典哲学中的"天""地""大自然""天人合一""天地人三才之道"等概念命题的理解诠释，离不开道教思想资源，中国古典哲学的宇宙观、本体论、认识论、自然观、自由观等的思想根源，或许也主要孕育于道家道教典籍。关于上述未定之论，我们不妨参照"他者的哲学眼光"。

七　方法沉思之三：他者的哲学眼光

若要深刻诠释"天人合一"的根本精神，还有必要从比较研究方法论上借鉴"他者的哲学眼光"。

《诗经·小雅·鹤鸣》留下一句传世美言："他山之石，可以攻玉。"中国哲学史学科创建初期，冯友兰先生谈到"西方哲学传入"的学术意义时，曾用典指出：对中国哲学研究来说，真正值得借鉴的并非"西方哲学的现成结论"，而是其"逻辑分析方法"，此种方法犹如"点石成金的手指头"，可谓西方哲学对中国哲学的永久性贡献。冯先生当时所强调的"逻辑分析方法"首先是指"逻辑学"（辨名析理的"名学"），因为在他看来"中国哲学历来缺乏清晰的思想，这也是中国哲学以单纯为特色的原因之一"。[①] 今天看来，冯先生的上述观点仍然是有学术启发的，我们的中国哲学史研究尤其像"天人合一"这样的"根本命题"暨"基本精神"研究，确有必要从概念、理论与方法等视角，全面拓展中西哲学的比较对话。

笔者十几年前在法兰克福大学任教时，曾给研究生开设一门英文研讨课，题为"文化比较的双面镜像"（A Two Sides Mirror Image of Comparative Cultures），一方面主要研读中国思想家对西方文化特别是西方哲学的看法，另一方面着重研读西方思想家对中国文化特别是中国哲学的看法。总的来看，尽管从利玛窦等早期传教士一直到康德、黑格尔等著名哲学家，大多否认或轻蔑中国传统文化所内含的哲学思想，但也有不少西方思想家非常重视中国古典哲学的深邃思想资源。下面节要的几位著名哲学家的观点，或许可

---

① 参见冯友兰《中国哲学简史》，涂又光译，北京大学出版社，1985，第364~367页。

启发我们从本体论、自然观、社会观、自由观等诸多视角，更全面、更深入地探讨"天人合一"的思想根据和现实意义。

例如，在德国古典哲学家谢林（Friedrich Schelling）看来：

> 与孔夫子的政治道德完全不同，老子的学说是"真正思辨"的。孔夫子和老子是同代人，都生活于公元前六世纪。如果说孔夫子致力于把一切学说和智慧退回到中国国家的旧有基础，那么老子却在无条件地、普遍地探索"存在的最深层"。
>
> 法译本《道德经》附有注释和议论，从而保证了译文的严谨，也使我们可以理解——当然，不是所有人都可以理解《道德经》的，只有探知了哲学底蕴的人才可能理解。显而易见，道家学说是最遥远的东方人的思想和发明，其中决没有一丝西方智慧……的痕迹，当然也看不出有任何叙利亚－巴勒斯坦或者印度人思维方式和智慧的痕迹。"道"不是以前人们所翻译的理性，道家学说亦不是理性学说。道是门，道家学说即通往有的大门的学说，是关于"有（即纯粹的能有）"的学说。通过"无"，一切有限的有变成现实的有（读者一定还记得我们在描述"第一潜能"时所用的类似表述）。生活的最高艺术或智慧就在于把握这种"纯粹的能有"，它既是无，但同时又"无所不是"。①

再如，著名德国哲学家、"历史轴心时代理论"首倡者雅斯贝尔斯（Karl Jaspers），是这样理解"老子之道"的：

> "道"是世界万物及思维者的"本源和目的"。这种哲学的内容首先是，何谓"道"；其次，一切存在者如何来源于道又复归于道；再次，人如何在道中生存，如何会失去它，又如何失而复得，人如何作为个体在国家统治下生活……我们知道，按照西方的分类，哲学包括

---

① 参见〔德〕谢林《神话哲学》，载〔德〕谢瑞春编《德国思想家论中国》，夏钊译，江苏人民出版社，1989，第248~250页。以上两段引文里的""号，是笔者添加的，以凸显原译文中的重要哲学概念范畴；下述引文里也采取这种表述方法。

"形而上学、宇宙论、伦理学和政治学"。在老子那里，哲学是一个统摄一切的基本思想的整体。《老子》一章中的寥寥数句就将四个方面包容无遗。

老子接受了传统文献赋予"道"的内涵。这个词的原意是"道路"，后来指"世界万物的秩序"，及与之一致的人的正确行为。"道"是"中国宇宙论"的原始的基本概念……老子赋予"道"这个词以新的含义。他用它来指"存在的基础"，虽然这个基础本身不可名状。它超越一切存在，超越世界万物，也超越作为世界秩序的道。大约他还保留了它作为世界存在和只配存在的普遍秩序的意义，但这二者根源于"超验的道"……"老子哲学"植根于一种隐蔽的古老传统。他的贡献在于深化了神秘主义观点，并以"哲学思辨"超越了它……虽然在他的追随者中有人通过优美的文学形式改变把握"道"的方式，也有人迷信和歪曲他的语句，但他永远是"真正的哲学的唤醒者"……从世界历史来看，伟大的老子是与"中国精神"联系在一起的……①

又如，著名英国哲学家罗素指出，"中国最早的圣人"是道家的创始人老子，他对"老子的哲学"比孔子的更有兴趣。

他（老子）认为每个人、每个动物乃至世间万物都有其自身特定的、自然的方式方法。我们都应该服从这个方式……他们（指老子和庄子）都提倡的是"自由的哲学"。他们贬低政府，贬低对自然的干涉。他们抱怨当时忙忙碌碌的现代生活，将之同"古之真人"平静的存在进行了比较。"道"的学说颇有些神秘主义的味道，他们称万物虽众，但却"通道"，如果都能"遵循道"，那就天下无争了。②

还如，著名瑞士神哲学家、"全球伦理起草人"汉斯·昆（Hans Küng，又译孔汉思）试以"天坛"象征来阐释"天地人的大和谐"：

① 〔德〕雅斯贝尔斯：《大思想家》，"老子"，载何兆武、柳卸林主编《中国印象——世界名人论中国文化》上册，广西师范大学出版社，2001，第 323~343 页。
② 〔英〕罗素：《中国问题》，秦悦译，学林出版社，1996，第 148~150 页。

对大多数中国人来说，"天"始终是一个伟大的"原初象征"……因为在中国整个的哲学传统中，一以贯之的就是寻求天地间的和谐一致。时至今日，中国人仍然在寻求天地间的和谐：天与陷入毁灭中的自然、天与濒危的人类间的和谐，社会及人自身的和谐……这种由天坛放射出来的"大和谐精神"，对于中国的未来有着非常重要的意义。①

当然，以上西方著名学者对中国哲学思想及其文化传统的理解或诠释未必准确，笔者援引他们的一些基本论点，不仅是为中西哲学与文化传统提供"比较对话的学术镜像"，更是为了促使我们深入发掘中国传统文化思想资源，从哲学与宗教研究的基础理论上探求富有中国特色的概念范畴尤其是逻辑方法。关于这种学科基础理论建设的必要性与重要性，美国著名哲学家、儒学家安乐哲（Roger T. Ames）到北大任教后所做的如下学术评论，可给我们留下无尽的方法论余思：

中西方的哲学之间存在着"一种严重的不对等现象"（a profound asymmetry）。在中国，走进一家学术书店或一所大学图书馆，我们都会发现，为满足求知若渴的大众读者，几乎所有的西方当代哲学著作，包括比较哲学家和汉学家的著作，都已有高质量的中译本。反之，走进美国或欧洲的书店或图书馆……那么，上述"不对等现象"的根源何在呢？众所周知，最初来华的基督教传教士是抱有强烈的目的的，他们把中国的文献介绍到西方学术界，是为了拯救"中国人的灵魂"，而且是"用一套基督教词汇来加以复写的"（overwritten by a Christian vocabulary）。譬如，儒家哲学经典里的"天"变成了"Heaven"（意指"上帝或天堂"），"义"变成了"righteousness"（意指"上帝的正义"），"礼"变成了"ritual"（意指"基督教的仪式"），"道"变成了"the Way"（意指"上帝之道"），等等。显而易见，经过这样一番"亚伯拉罕传统的宗教词语包装"，儒家哲学便在很大程度上

① 〔瑞士〕汉斯·昆：《世界宗教寻踪》，杨熙生、李雪涛等译，三联书店，2007，第179~180页。

被转换成"二等的基督教"……其后果就是，儒家哲学课程在西方大学里只适合于东亚研究或宗教研究，儒家研究书籍在西方书店和图书馆里则被划归于宗教类。

然而，用"西方的概念与理论框架"来研究儒家哲学传统，不但是"西方哲学家的职业偏见"，也是"中国学界自己的问题"。19世纪后半叶，首先是日本学者，接着是整个东亚学界，因着迷于"西方现代性"，纷纷在亚洲语系——日语、汉语、韩语和越南语等，炮制出"一套以汉语为基础的现代性词语"，并被东亚各国"全盘西化的大学体制"所强化普及，从而导致了"一种持续至今的深刻影响"，这就是"时兴西方的文化范畴与知识框架"，且在东亚文化圈流行"一种殖民性的知识话语"……①

不言而喻，如何构建"自在自觉的概念、理论与方法"，要靠中国学人共同体的不懈努力。此乃本文"漫议方法论"之学术立意所系。

---

① 以上两段话不是"直接引文"，而是根据安乐哲教授的英文原稿所做的"扼要意译"，并征求过他的意见。正式发表的中译文，请详见〔美〕安乐哲《汤一介先生的哲学馈赠——让东西方哲学的不对称成为过去》，张锦译，《中国文化研究》2017年第二期（夏之卷），第7~18页。

图书在版编目（CIP）数据

宗教与哲学. 第十辑 / 赵广明主编. -- 北京 : 社
会科学文献出版社，2023.6
ISBN 978-7-5228-1631-9

Ⅰ.①宗…　Ⅱ.①赵…　Ⅲ.①宗教哲学　Ⅳ.
①B920

中国国家版本馆 CIP 数据核字（2023）第 067744 号

宗教与哲学（第十辑）

主　　编 / 赵广明

出 版 人 / 王利民
组稿编辑 / 宋月华
责任编辑 / 杨　雪
责任印制 / 王京美

出　　版 / 社会科学文献出版社·人文分社（010）59367215
　　　　　地址：北京市北三环中路甲 29 号院华龙大厦　邮编：100029
　　　　　网址：www.ssap.com.cn
发　　行 / 社会科学文献出版社（010）59367028
印　　装 / 三河市龙林印务有限公司

规　　格 / 开本：787mm×1092mm　1/16
　　　　　印 张：23.25　字 数：364 千字
版　　次 / 2023 年 6 月第 1 版　2023 年 6 月第 1 次印刷
书　　号 / ISBN 978-7-5228-1631-9
定　　价 / 148.00 元

读者服务电话：4008918866